imaginist

U0527612

想象另一种可能

理想国
imaginist

单身女性的时代

Rebecca Traister

All
the
Single
Ladies: Unmarried Women and
the Rise of
an Independent Nation

［美］丽贝卡·特雷斯特 著　　管燕红 贺梦菲 薛轲 译

山西出版传媒集团
山西教育出版社

图书在版编目(CIP)数据

单身女性的时代 /（美）丽贝卡·特雷斯特著；管燕红, 贺梦菲, 薛轲译. -- 太原：山西教育出版社, 2022.5

ISBN 978-7-5703-2286-2

Ⅰ. ①单… Ⅱ. ①丽… ②管… ③贺… ④薛… Ⅲ. ①女性—访问记—美国—现代 Ⅳ. ① K837.128.5

中国版本图书馆 CIP 数据核字 (2022) 第 060344 号

All the Single Ladies:
Unmarried Women and the Rise of an Independent Nation
Copyright © 2016 by Rebecca Traister
原英文版由出版商 Simon & Schuster 安排出版，保留所有权利。
本书由北京东西时代数字科技有限公司提供中文简体字版授权。
封面图片 © Westend61/Getty Images。

单身女性的时代
DANSHEN NVXING DE SHIDAI

[美] 丽贝卡·特雷斯特/著
管燕红　贺梦菲　薛轲/译

出 版 人	李 飞
责任编辑	李梦燕
助理编辑	韦 丹
特约编辑	刘小乔
复 审	朱 旭
终 审	彭琼梅
装帧设计	陆智昌
出版发行	山西出版传媒集团·山西教育出版社

（地址：太原市水西门街馒头巷7号　电话：0351-4729801　邮编：030002）

印　　刷	山东韵杰文化科技有限公司
开　　本	880mm×1230mm　32开
印　　张	14.75
字　　数	295千
版　　次	2022年5月第1版
印　　次	2022年5月第1次印刷
书　　号	ISBN 978-7-5703-2286-2
定　　价	72.00元

如有印装质量问题，影响阅读，请与出版社联系调换。电话：0351-4729588。

献给我的父母，感谢你们一直以来的宽容和理解。

内莉·布莱（Nellie Bly）："你认为新时代的女性会是什么样子？"

苏珊·B. 安东尼（Susan B. Anthony）："自由。"

——1896

目 录

前　言　001
序　003

第1章　小心那个女人：一个未婚国度的政治与社会权力　019
第2章　创造历史的单身女性：美国的未婚女性　057
第3章　都市诱惑：城市生活与女性独立　103
第4章　危险关系：女性之间的友谊　141
第5章　我的孤单，我的自我：靠自己的单身女性　177
第6章　富有人群：工作、金钱与独立　215
第7章　贫困人群：单身女性与性别歧视、种族歧视和贫困　257
第8章　性与单身女孩：贞操、滥交及其他　295
第9章　单身时代的婚与不婚　333
第10章　未来怎么办：从单身独居到为人父母　373

结　论　411
附　录　415
她们近况如何？　419
致　谢　425
参考文献　429
注　释　437

前　言

在为本书做调查研究的过程中，我采访了近百名美国女性。她们当中有的从事与本书话题相关的工作，有的曾经就单身或婚姻议题写过一些影响深远的著述；有些是我的朋友或朋友的朋友，有些甚至就是我在机场偶然认识的女性。为了在书中尽可能广泛地包含不同地域、不同宗教信仰、不同经济状况和不同种族女性的生活经历，我还结识了一些原本素不相识的朋友。我的助手蕾娜·科恩（Rhaina Cohen），这位聪明伶俐的姑娘也为我物色了一些访谈对象。还有一小部分女性朋友，从自己的社交圈子或工作圈子里听说我在写单身女性这一话题，主动和我取得联系。

我从近百个原始访谈中，最终选取了约 30 个女性的故事，在本书进行详细讨论。这些故事的主人公绝大多数和我一样，是受过高等教育的女权主义者、作家，以及生活、工作在纽约的人。但平心而论，大多数读者在生活中可能不会认识很多这样的人。因此我也将更多不同女性的经历融入论述中。

绝大多数受访者同意在书中公开她们的全名。也有受访者不愿意公开全名，书中就用她们的名字或中间名来称呼。对于使用名字还是中间名，我也遵从受访者本人的意愿——随着叙事的推进，我开始用名字来称呼她们，让故事有一种亲切感；也有些采访人选择全部使用中间名。

访谈在2010年至2015年进行，反映了这些女性在受访期间的生活经历。在后来的核实阶段，有些受访者提出做一些修改，因为她们觉得自己的生活状况、观念或对单身问题的思考，和采访当时相比已经有了很大的变化。为此，我又在书后增加了《她们近况如何？》这一章节，补述至本书出版前夕她们的生活状况。

最初我并没有想要把这本书写成一本仅仅以女性的话语和著述、女性的故事和见解为依据的书。事实上，当我后来意识到在全书四百多页的篇幅中只出现了少数几个男性的时候，我觉得不太妙。毕竟，不管从社会、经济还是情感的角度来说，男性在女性的生活中，以及在她们寻求独立的故事中，都是不可或缺的一部分，他们构成了我们正在重塑的这个世界的另外一半。虽说男性长久以来都是女性生活的重心所在，但事实证明，他们并不是我这些故事的中心。

序

我从小就不喜欢故事的女主人公结婚嫁人。记得小时候看《小木屋》系列小说，在最后一集《新婚四年》中，劳拉嫁给了很有男人味的阿曼佐·威尔德，并生下了女儿小玫瑰。尽管书中写到他们遭遇了冰雹袭击、白喉暴发以及其他影响农事的种种不幸，但劳拉结婚并喜获女儿理应是一个美好的结局。而当时看着这本书的封面，竭力让自己为她感到高兴时，我却怎么也做不到。在我看来，这并不是幸福的结局，劳拉的一生至此仿佛就结束了。从许多方面来说，确实是这样的。

我小时候的《小木屋》系列版本，前几本的封面都由加思·威廉姆斯（Garth Williams）作图，活泼好动的劳拉居于中心位置，她不是在山坡上嬉闹，就是光着脚丫骑在马上，要不就是在打雪仗。而在《新婚四年》封面上的那个劳拉，脚上穿着结实的鞋子，静静依偎在丈夫的身旁，画面中最生动的人物就是她怀中的宝宝。劳拉的故事到这里就要落幕了——一旦结婚，还有什么好讲的呢？

在《绿山墙的安妮》中，安妮·雪莉也是同样的结局。少女时期的安妮会把好朋友黛安娜·巴里灌醉，会在学习上和吉尔伯特·比雷斯暗暗较劲，然而这样的日子终究还是一去不复返。作者用三本书的篇幅描写了她的种种叛逆，她一次次拒绝别人的求婚，但最终还是嫁给了吉尔伯特。《小妇人》中可爱的乔·马奇，虽然没有如人所料嫁给她的好朋友加邻居劳里，但依然没逃脱结婚的老套结局，她最后和那位年长的教授巴尔一起携手步入了婚姻殿堂。还有《简·爱》，那位冰雪聪明又多愁善感的姑娘，她耗尽青春，总算争到了点自由和独立，但生活给她的犒赏又是什么？还是结婚嫁人。看看她嫁的那位，脾气暴躁，把结发妻子关进阁楼，用尽心机追求简·爱。等到简·爱终于投入他的怀抱时，他已是一个缺了一只手的瞎子。

这是一个理应浪漫的爱情故事，却让人备感苍凉。《小妇人》的续篇《乔的男孩们》、《绿山墙的安妮》的续篇《壁炉山庄的安妮》，同样显得苍白无力。女主人公曾经的生活多姿多彩，她们的身边不乏调皮捣蛋的朋友、暗中搞鬼的姐妹，还有总喜欢使坏的表兄妹；她们受过伤、冒过险，在生活中充满了希望和激情。曾经，生活的道路是那样的宽广，但随着她们结婚生子，接下来的路却越走越窄。生活中渐渐只剩下了两件事——照料乏味的丈夫，抚养几个无趣的孩子；故事的主角也很快要被这些孩子替代。

当然，我的失望，也是因为这些故事的形式过于老套——大凡成长小说*都是如此，一旦主人公步入成年，故事便都毫不例外地以同样的方式结束。无论是文学作品，还是现实生活，这都是一个无法逃遁的事实——对于女性而言，成年意味着结婚嫁人，意味着故事的结束。

婚姻在我看来如同一道隔墙。我所喜欢的那些女主人公在她们曾经的那个世界里自由奔跑，即便不能随意地偏离主道，至少也可以一路奔向前方，她们的身上总有说不完的故事。然而一旦结婚，她们就从此与原来的那个世界隔绝。常常就在她们完成学业、儿时的梦想即将展翅的当口，这些淘气而又可爱的女孩突然间就被生活的琐事包围，变得循规蹈矩，变得不那么美好了。

后来我又从书中得知，莎士比亚的喜剧多以结婚为结局，悲剧则以死亡为结局。莎翁赋予结婚和死亡同样的叙事效果，恰好证实了我童年的直觉——两者都有让故事结束的作用。我母亲是一名教授莎学的老师，她总是不无伤感地对我说，莎翁笔下那些争强好胜、能说会道的女主人公，包括《无事生非》中的碧翠丝，在一场轰轰烈烈的婚礼后便没有了台词。

那么，难道所有有趣的女主人公都要一长大就结婚吗？很

---

* 成长小说（Bildungsroman），18 世纪源于德国的一种文体，以主人公的心智与道德成长为主题。男性成长小说一般以男主人公走向社会结尾。在女性成长小说中，女主人公最终的命运往往是疏离社会、融于家庭。——译者注（后文页下注如无特殊说明均为译者注）

小的时候我就在思考这个问题。

而随着我慢慢长大，我逐渐发现女主人公最后没有结婚的故事也不在少数。《柏油孩子》中的吉丁·柴尔兹，她坚决无视传统的性别预期和种族思想，但这使她遭到了周围世界的排斥；西奥多·德莱塞（Theodore Dreiser）笔下的嘉莉妹妹，以色牟利，最后却落得两手空空；《劝导》中的安妮·埃利奥特，27岁仍旧待字闺中，险些就要过上那种经济上无依无靠、情感上没有着落的漂泊生活，幸好温特沃思上校再次出现，她才不至于"屈辱"地当一辈子老处女。海斯特·白兰（《红字》的女主人公）、郝薇香小姐（《远大前程》中的角色），以及伊迪丝·沃顿（Edith Wharton）笔下那个令人讨厌的莉莉·巴特（《欢乐之家》中的角色），也都有相似的经历。

这些都不是鼓舞人心的故事，但它们都说明了一点，那就是，终身未婚的女性，不管是出于自己的选择，还是由于生活不经意的安排，都注定要被贴上标签、遭人唾弃，不然就是守着那件从未穿过的婚礼服，服用过量的镇静剂，惶惶不可终日。故事中的这些人物虽然没有结婚，但是正如婚姻是对人的束缚一样，没有婚姻这件事也同样束缚着她们。

这似乎证实了波伏娃*关于现实生活中女性的观点——我想我最后也将得出和她相同的结论——她认为女性可以分为四类：

---

* 波伏娃（Simone de Beauvoir），法国存在主义哲学家，女性主义学者。著有《第二性》(The Second Sex)等。

"结了婚的、结过婚的、打算结婚的、因结不了婚而痛苦的"。

在我即将成年、准备离家上大学之时,我丝毫没有马上就结婚嫁人的想法,婚姻对我来说是绝不可能的事。当时大多数人都这么说,不出几年我就会被婚姻生活湮没。可那个时候,我满脑子都是选课啦、室友啦、啤酒派对啦,以及怎样在校园附近找个工作啦。对我而言,结婚是最遥远的事。

我18岁的时候还没有交过正式的男朋友,我那些闺蜜们也一样。在20世纪90年代初,我认识的同龄人中没有谁会正儿八经地约会谈恋爱。我们都是一起出去玩,喝喝啤酒、抽抽烟。做爱也是有的,但并非人人如此。那个时候很少有人会严肃认真地恋爱。当然,我的情况也许是因为我这人不太合群,注定不会喜欢上什么人(这是我花费了大量时间培养起来的想法),更别说结婚了。我也从没想过身边那些闺蜜们会很快结婚。

那个时候,我觉得自己马上就能享受到真正的独立自由,马上就能成为真正的自己。那种过不了几年就会萌生的结婚愿望,那种迫不及待地要与人共筑爱巢、终生相守的想法,在我看来是荒谬至极的。

然而,在我认识的上一辈女性中,几乎人人都是如此:我母亲在缅因州的农村长大,她刚过18岁就有了正式的男朋友,等到她大学毕业的时候,她原先的高中同窗不是已经结婚,就是已经怀了孩子正在准备结婚。我母亲是60年代初的大学生,《女性的奥秘》(*The Feminine Mystique*)一书的作者贝蒂·弗里丹(Betty Friedan)到学校开研讨会时,她曾是学生导游;21岁大学毕业后没几天，她就和我父亲举行了婚礼，那时候她还没有拿到硕士学位和博士学位。我姨母比我母亲小5岁，她在高中时就有过好几个男朋友，后来在大学认识了我姨父。姨母23岁和姨父结婚，那也是在她取得博士学位之前。我母亲和姨母并非特例，我朋友的母亲，我母亲的朋友，还有我的老师，她们大都在20岁刚出头时就已经认识了未来的丈夫。

古往今来，美国女性的成年生活肇始于婚姻——不管她们的生命中是否还有别的选择。从现有的资料来看，19世纪末以来，女性的初婚中值年龄一直保持在20岁至22岁之间。结婚已成了女性的固定生活模式。

过往的历史提醒着我，在不久的将来，即便啤酒派对和学期论文让我忙得焦头烂额，结婚的可能性还是会莫名其妙地冒出来。其中的原因之一就是，现实中没有多少不结婚也能过得很好的例子。

大反转

我在进入大学读书的17年后开始写这本书，这一年我35岁，再过几个星期就要结婚了。让我感到欣慰的是，即将到来的婚姻生活，并没有让我觉得这是我人生的结束。但是，我也没有觉得这是一个新的开始。

当我走过走廊，或者说走进法官办公室准备结婚的时候，我已经过了14年的独身生活，而我那位成年不久就结婚的母亲，在我这个年龄已经结婚14年了。在这些年里，我结交过朋友，也和朋友闹翻过；我搬过家，换过工作，升过职，也被炒过鱿鱼；我独居过，也和人合住过；我遇见过形形色色的室友，有投缘的，也有不投缘的；我使用过各种避孕手段，也生过几次大病；我自己支付账单，也遭遇过入不敷出的窘境；我恋爱过，也失恋过，甚至曾经在5年的时间里一直没有男伴；我搬到新的街区，熟悉新的环境，担心害怕过，也开心自在过；我有过伤痛、恐惧，也有过欢笑、厌倦。我是一个成年人：一个复杂但又复杂得很"合理"的人。我是一个身边没有男人陪伴的人，但我有我的朋友、我的家人、我的城市、我的事业——更有我自己。

我并不孤独。除我之外，还有许多形形色色的人和我一样。

事实上，2009年，美国已婚女性的比例已降至50%以下。[1]那么，从1890年至1980年一直维持在20岁至22岁之间的初婚中值年龄，[2]又有什么变化呢？今天，女性初婚中值年龄约为27岁，而且在许多城市这个数字还要大很多。我半数的闺蜜到了35岁左右依然单身。

在我步入成年的那几年，美国女性已经开辟了一种全新的成人生活模式——她们不是用婚姻来开启自己的成人生活，而是先让自己过上几年独立的未婚生活，有许多人甚至终身不婚。这些独立的女性不再是异数，也不再像以前那样受人苛责。社会的改变同样带来了婚姻的变革，而这场革命的受益者又将进一步改变这个国家：他们将重新计算女性的平均寿命，重新定义婚姻和家庭的概念，重新描绘为人妻母的生活内涵。简而言之，他们要改变的是美国一半以上人口的命运。

单身女性的数量（包括无婚史的、丧夫的、离异的和分居的）在美国历史上第一次超过了已婚女性。更令人吃惊的是，34岁以下无婚史的成年人数量占到了46%，[3]在不到10年的时间里上升了12%。30岁以下女性能够结婚的可能性微乎其微：如今只有20%左右的美国女性在29岁之前结婚，[4]而在1960年，这个比例是将近60%。美国人口资料局的一份报告，将当前美国未婚青年的比例高于已婚青年的现象称为"大反转"（a dramatic reversal）。[5]

对于年轻女性来说，不结婚和结婚头一回都成了正常现象，尽管在人们的意识里还不是如此。

英国新闻记者汉娜·贝茨（Hannah Betts）在2013年写道："如果有人问在我这一生中社会发生了哪些变化，我会说，我童年时期受人贬损的'老处女'，现如今转变成了'独身主义者'的概念。'独身主义者'就是41岁的我目前的状态。"[6]

今天的年轻女性不必像我当初那样，担心没有婚姻的未来生活将会怎样，因为我们周围有的是这样的例子。如今，没有按部就班地走入婚姻，虽然对许多人来说是造成他们精神焦虑或经济窘迫的一个因素，但也不至于因此遭到社会的排斥，甚至沦落到必须服用镇静剂的地步。

既然女性跨入成年不再由早早地结婚嫁人来界定，那么理应有一整套新的标准来衡量女性是否成熟。这是亟须认真讨论的问题。

在我大学毕业的那一年，也就是1997年，新闻记者凯蒂·罗菲（Katie Roiphe）写了一本书，谈及她那一代未婚女性的困惑。在这4年前，她曾发表《宿醉之晨：校园中的性、恐惧和女性主义》（*The Morning After: Sex, Fear and Feminism on Campus*）一书，长篇大论地批判当时对校园约会暴力（date rape）的激烈讨论。罗菲相信，究其根本，女大学生之"情欲自主"和独立是导致校园约会暴力发生的原因。然而，随着罗菲与她的支持者即将跨入30岁（其中许多人依然未婚），她们逐渐意识到独身生活的长远影响，反倒渴望起"19世纪那种简单而令人向往的婚姻模式"来。[7]

现在男女同居和分手就像家常便饭，先同居后结婚，对他们来说毫无思想负担。最近，我在一个聚会上听到一个很漂亮的女人不无遗憾地说："在我们母亲这一代，到了我们这个年纪她们不会养猫，而是早早嫁人了。"我认识不少这样正常、有头脑的年轻女子，她们正处于特别漫长的青春期迷茫中——在当前的美国，你可以让你的青春期延续到20多岁、30多岁都没有问题。养猫还是结婚——这种浪漫的情感是模糊而且不堪一击的。虽然我们偶尔也会去聚会，和不甚相识的人上床，但我们的枕边却总有一本读了无数遍的《曼斯菲尔德庄园》或《爱玛》——那是我们对一个更加有序的世界的向往。

罗菲眼中那种无序的、不结婚的状态事实上正是一种新的秩序，至少是一种新常态。在这种状态下，女性的命运不再是简单的二选一（不是结婚就是养猫）。相反，现如今她们的生活道路上有越来越多的选择，有越来越多的旁支岔道，有越来越多在以前几乎就是禁忌的生活方式。

尽管罗菲可能会觉得，自己因为婚姻姗姗来迟而一直走不出青春期，事实上，她过着十分成熟的成人生活——她谈过恋爱，有哈佛大学的校园生活，还有蒸蒸日上的事业。不同的是，罗菲和她的支持者们的状态不是也不需要由结婚还是养猫这个问题来决定，因为她们有自己的工作，有性生活，也有彼此。她们虽然嘴里说着向往简·奥斯丁*那个时代的"有序世界"，但是她们自己所处的这个世界，却是简·奥斯丁永远也无法想象的——奥斯丁的小说并不是关于婚姻生活的美好蓝图，而是对强加于女性身上的、由婚姻认同带来的经济和道德束缚的十分复杂的抗议呼声。

在当今这个时代，单身生活对于罗菲以及在她之后的许多单身女性来说，要比过去只有单一选择的那个时代更加复杂，也更加令人困惑和恐惧，但是从许多方面来说，女性生活的彻底改变，正是从女性成年后的独立自主开始的。

---

* 简·奥斯丁（Jane Austen），英国小说家，著有《傲慢与偏见》（*Pride and Prejudice*）、《理智与情感》（*Sense and Sensibility*）等。奥斯丁的作品很大程度上折射了她自身崇尚男女平等的婚恋观。

单身女性

这样的独立往往是要付出代价的。许多单身女性生活贫困，甚至难以为继。在美国 330 万最低收入人群中，有将近 50% 是单身女性。[8] 她们中间许多人还有孩子，通常生活在失业率高、种族歧视严重、等级观念极强的地区，反毒品运动又把当地许多青年男子送进了监狱。由于上述种种原因，她们拥有稳定婚姻的可能性变得很小，这也使得单身现象更像是社会发展的产物，而不是个人的自由选择。在养育 6 岁以下儿童的年轻单身妈妈中，可能有半数以上的人生活在贫困线以下，这个比例是已婚妇女中相应人口的 5 倍。[9]

没错，许多单身女性，不管她们来自哪个阶层、哪个种族，都愿意结婚，或者至少有一个和自己彼此相爱的、长期固定的伴侣，但是她们未必就能幸运地找到和她们有共同想法或能够维持这种关系的另一半。她们当中的一些人是孤独的。

许多到了 30 多岁仍旧没有结婚的女性，在长期奉行早婚的国度里，从地理、宗教和社会经济的角度来说，都属于边缘人群；还有很多为环境所迫而非出于个人选择的女性，到了 40 多岁、50 多岁，甚至 60 多岁依然孑然一身。她们并不认为自己身处于一个全新的、以单身人士为主导的世界。恰恰相反，她们觉得受人排斥、压力重重，还要面对家人和身边人的不满。

据统计，全美有不少这样的女性，而且数量在逐年增长。2014 年成年单身女性人数比 2010 年增加了 390 万。[10] 2008 年至

2011年，高中学历以下人群的初婚率下降了14%，本科学历以上人群的初婚率下降了10%。[11]

我在调查过程中，和许多美国女性谈论过她们的单身生活经历。她们来自不同的种族和社会阶层，出身背景和宗教信仰也不尽相同。

基蒂·柯蒂斯（Kitty Curtis）是新泽西州的一名发型师，26岁，未婚。"人们一到26岁就希望能结婚，"她说，"但我熟悉的人没有到了26岁就结婚的。就算有，感觉也怪怪的。在30岁之前结婚是个奇怪的想法。"梅根·里奇（Meaghan Ritchie）来自肯塔基州，是一所基督教原教旨主义教会大学的学生，她说她至少要22岁以后再结婚，因为中途退学从经济上来说不划算——她妈妈当年就是这样退学和她爸爸结婚的。阿曼达·内维尔（Amanda Neville）是一名35岁的纽约女性，她自己开了一家葡萄酒商店，之后交往了一名新男友，然后又在不到一年的时间里从俄罗斯收养了一名聋女。艾达·李（Ada Li）是一名来自中国的美甲师，目前住在布鲁克林，她说自己已经想好，要等到快40岁的时候再结婚生子，这让她在美国的生活开心又自在。

有些女性主动选择晚婚，部分原因是担心婚姻会断送她们的前程。杰西卡·贝内特（Jessica Bennett）是一名新闻记者，24岁那年有人向她求婚，但是被她拒绝了。她曾经在书中写道："我一看到那颗戒指，就预见了一堆脏兮兮的碗碟和琐碎的郊区生活……我马上就要起步的事业突然间变得遥不可及……马上就能实现的独立就要被人夺走。一想到这些，我气都喘不过来了。"有些女性则因为觅不到伴侣而苦恼，40岁的小说家艾略特·霍尔特（Elliott Holt）告诉我，她从未料到自己的人生在这个时候会如此孤单。有的人不是为自己担心，而是在乎别人的想法。苏珊娜·莫里斯（Susana Morris）是亚拉巴马州的一名英语老师，32岁。她说："你为什么焦虑？因为每次翻开一本书或杂志，或者打开电视，就会有人告诉你，你是个黑人女性，你这儿不对，那儿不好——你太胖了，说话声音太大了，没人会想要娶你。焦虑就是这么来的！"

这些女性，她们不是在等待人生的开始，而是正生活在其中。生活是千姿百态的，每个女人都有各自不同的精彩人生。

确切地说，单身女性数量的大大增加是值得庆贺的，这倒不是因为单身状态要比同居生活更好、更可取。革命性的变化在于，女性拥有的选择项大大增加。数百年来，几乎所有的女性（没有人身自由的奴隶除外）都被理所当然地推上一条她们不得不上的"高速路"——那就是早早地找一个男人结婚，然后生儿育女——不管她们有什么个人意愿和理想抱负，也不管当时的环境如何，结婚对象是否合适。如今这一局面已被打破，现代女性有更多的自由选择，她们面前有无数条可供选择的道路，它们蜿蜒交错，一路上有爱、性、伙伴关系，为人父母，有事业和友谊，以各自不同的速度向前延伸。

所以说，女性单身不是一种"约束"，恰恰相反，它是"解放"。

这种人性的解放正是国家对我们做出的最基本的承诺，然而对于许多生活在美国的人而言，这被承诺的"自由"总是可望而不可即的。因此，我们更要承认，虽然独立自由的生活通常是成功女性的标志，但是为此而战的却是那些几乎无法选择自由生活的广大普通女性——黑人，穷人，工人阶级女性。

单身女性时代

在我着手准备这本书时，我的初衷是要写一部反映女性最新状况的纪实报告，记录单身女性在21世纪晚婚或终身不嫁的生活状况，在怎样重塑美国的政治和家庭生活方式。简而言之，我在书中所记录的是一场由我们这个时代的女性发起的大众行为革命，这一切，在我看来，建立在前人取得的政治成果之上。

在我开始做研究调查的时候，我意识到，当今这个时代，女性在经济和两性关系上比以往来得更加独立自主，她们也更有能力选择单身，然而，大规模的单身群体绝非新生事物。今天，摆在未婚女性和晚婚女性面前、引导她们走向独立的康庄大道，正是一代又一代的单身女性在独身生活远比现在艰难的那些年代铺就的。至关重要的是，许多终身未婚和晚婚的单身女性，能够不受婚姻和孩子的牵绊，投身支持今天女性自由的事业，为改变美国的权力结构做出了贡献。

终身未婚的苏珊·安东尼是美国著名的民权运动领袖，她主张扩大妇女参政权，主张废奴，同时还是一名劳工运动积极分子。1877年，她发表了题为"单身女性家庭"的演说。她在这篇演说中预言，在争取性别平等的过程中，必须要经历这样一个女性放弃婚姻的阶段。"在女性自服从地位转向统治地位的过程中,必须要经过一个女性可以自力更生、独立维持家庭的时代。"[12]

她接着又富有预见性地说:

> 在这个工业时代,随着年轻女性接受教育,并由此品尝到自己赚钱养活自己的喜悦,她们将越来越难以接受婚姻中"夫妻合二为一且丈夫占主要地位"的约束。然而,即使男性在思想上已经真心且完全支持女性争取自由和平等,由于长期以来存在的习俗和法律影响,他们依然会不由自主地在妻子面前显摆自己的权威,从而引起自立自尊女性的反感……即使修改宪法和法律也无法在短时间内从根本上改变男女之间的关系,这和黑人面临的现状是一样的,即使宪法已经赋予黑人自由和公民权利,但白人实际上还是没有真正承认,昨天还是他们合法奴隶的黑人,今天竟然可以享受公民权利和政治权利了。

因此,安东尼预言,顺着这条逻辑,我们将"不可避免地迎来属于单身女性的时代"。

现在我们就处于安东尼所预想的那个单身女性时代——这个时代和安东尼当初所在的时代一样,女性自身的独立,是她们为争取更加公正、平等的社会地位而进行长期斗争所必备的武器。

第1章

小心那个女人：
一个未婚国度的政治与社会权力

我以前一直没有意识到，当代单身女性大浪潮是在我进入大学读书那几年掀起来的。20世纪90年代初期，女性的婚姻与生育模式发生了急剧变化，我母亲那代人所带来的社会与政治革命的余波还未平复，美国独立女性参与政治的时代洪流又即将掀起波澜。

1991年10月11日，时年35岁的法学教授安妮塔·法耶·希尔（Anita Faye Hill）现身参议院司法委员会，举证指控自己的上司克拉伦斯·托马斯（Clarence Thomas）在工作期间对她进行性骚扰。克拉伦斯·托马斯是哥伦比亚特区联邦巡回上诉法院的一名法官，在民权英雄瑟古德·马歇尔（Thurgood Marshall）退休之后，他由总统乔治·赫伯特·沃克·布什（George H. W. Bush）指任，填补最高法院的空缺。希尔出生于俄克拉何马州的孤树村，由浸信会的农民教友抚养长大，是家中13个孩子里年龄最小的一个；她的祖父和曾祖父都曾是阿肯色州的奴隶。希尔以优秀毕业生的身份从高中毕业，顺利进入耶鲁大学法学院深造。希尔在教育部和平等就业机会委员会（Equal Employment Opportunity Committion，简称EEOC）工作期间，托马斯一直是她的上司，她同时在俄克拉何马州立大学讲授合同法课程，一直单身。

当年的庭审现场进行了全程录像。通过直播，人们全神贯注地观看了整个庭审过程。直播中，希尔坐在全部由白人男性组成的参议院司法委员会面前，用谨慎、清晰的语调陈述了托马斯在她为其工作的多年里，跟她讲话时那种充满性暗示的粗俗方式，并且详细地列出了她的前上司曾在工作场合提及的色情电影明星、阴茎尺寸以及阴毛……然而，她却受到了来自保守派新闻媒体的嘲讽，被委员会的许多成员怀疑、侮辱，还有一些证人形容她不可理喻、性冷淡，没准患有"被爱妄想症"（erotomania）[1]——一种罕见的心性疾病，会引发女性幻想与有权力的男性发生性关系。

来自怀俄明州的参议员艾伦·辛普森（Alan Simpson）对希尔的"癖性"[proclivities，这个词由保守派专栏作家威廉·萨菲尔（William Safire）提议作为"描述同性恋的密语"[2]]提出质疑。还有一位名叫大卫·布洛克（David Brock）的学者认为希尔"有点古怪，还有点淫荡"。在希尔结束了她的证词之后，约翰·道格特（John Doggett）——托马斯的一个老同学，同时也是希尔的旧识——以证人的身份被传唤上庭，他形容希尔有

"几分善变",推测她"幻想我这样的男人会对她产生一种暧昧的兴趣"。基于他和希尔之间短暂的社交往来,道格特猜想"她难以接受她所钟情的男性对她的拒绝";另一方面,道格特又指出希尔"似乎很孤独"。³

希尔之后写下了这段经历:"大多数媒体报道都是从'我是单身'这个角度出发的,然而我的婚姻状态与性骚扰的问题完全是两码事。"

希尔的独身状况使得她的情况与公众原先对女性特质的认知有些不符:没有丈夫来为她的品行担保,也没有子女来证明她身为女性的意义——人们传统上信奉的女性价值,她都没有。那个时候的希尔觉得,正是她的单身身份让诽谤者们极力把她置于"完全偏离正常行为规范"的境地,她写道,司法部成员们"没法理解为什么我不依附于某些特定的社会制度,尤其是婚姻",这就使他们开始猜测,她之所以单身是"因为我嫁不出去或者反对婚姻,是个爱幻想的老处女或者仇恨男人"。

这无休止的猜测源于社会对成年女性的"预期",我小时候在看小说的时候,也曾被这样的"预期"激怒过:女性成年后就要和男人被一纸婚书捆绑到一起,只有这样才合乎常理。而在这个看似崭新的世界:女性在事业上有所成就,与有望成为最高法院法官的男性在教育背景和专业水准上势均力敌,还有能力通过指控让这个男人的事业陷入危机。然而,婚姻制度仍然能够轻松"平衡"上述男女平权的新局面:女性依然需要这个传统的制度才能得到男性的正式认可,让那些质疑希尔的人不再把她描绘成一个有妄想症的老处女。

谈及那些针对她的婚姻状态和精神稳定性提出的质疑，希尔写道，参议员们"企图把婚姻、价值观念和可信度联系起来"，还促使人们去思考，"像我这样的一个35岁的黑人女性，为什么会选择追求事业成功而不是选择婚姻——焦点被转移到了与案件本身无关的问题上，使我成了一个不被信任的人"。

事实的确是这样，希尔的证言并没有被采信，至少没能对委员会成员的决定产生影响。听证会结束后，没过几日，克拉伦斯·托马斯最高法院法官的提名就获得了批准。

但希尔不是当代的海斯特·白兰*，注定要过被流放的生活。相反，她的出现对这个国家及其权力结构产生了长久深刻的影响。"性骚扰"成为一个专业术语，它不仅被编进词典，更渗入到美国人的思想中，无论已婚还是未婚的女性都会有意识地面对、反抗在工作时受到的骚扰。它为我们提供了这样一种观念：那些长久以来被看作无可厚非的行为，实际上是对女性群体的歧视、压迫与残害。

希尔接受白人男性陪审员盘问的整个事件同样对美国的代议制度产生了深远影响。在1991年的时候，总共只有两名女性在美国参议院中工作。这实在把听证会大张旗鼓宣传的国家扶济政策置于十分尴尬的境地。从《纽约时报》（*New York*

---

* 海斯特·白兰（Hester Prynne），小说《红字》（*The Scarlet Letter*）的女主人公。白兰长期得不到丈夫的关爱，婚后爱上了一位年轻的牧师，犯下通奸罪，被彼时主要由清教徒组成的美国社会污名化。

Times）发布的一张照片里我们可以看到，为数不多的国会女性代表团，包括帕特丽夏·施罗德（Patricia Schroeder）和埃莉诺·霍姆斯·诺顿（Eleanor Holmes Norton），她们跑上国会大厦的台阶抗议，要求给予希尔继续指证和上诉的权利。

委员会对希尔事件的处理方式在社会上激起了一波历史清算的浪潮，大批女性向这个国家一边倒的偏见和由男性组成的代表机构发出声讨。在希尔进行指证的第二年，竞选参议员的女性人数创下历史新高，她们当中共有四个人竞选成功。其中之一是来自华盛顿的佩蒂·莫里（Patty Murray），她反复强调，托马斯一案的听证会激励她积极参与到政治选举中来："我当时一直盯着整个委员会，心里想着'天啊，如果我也坐在那儿的话，谁会说出我内心的想法'。我的意思是，所有的男性，他们不会代表我发声。我感到迷茫和无助。"[4] 还有一位是来自伊利诺伊州的卡罗尔·莫斯利·布劳恩（Carole Moseley Braun），她是历史上首位也是迄今为止唯一一位竞选参议员成功的非裔美国女性。人们把1992年这一年称作是"女性之年"。

毫无疑问，人们对希尔一案的关注（以及随之而来的死亡和强暴威胁）给希尔的生活和事业造成了颠覆性的改变，但她的人生还在继续。她并没有被社会永久地拒之门外，无论是她的事业还是个人生活。如今，希尔在布兰迪斯大学讲授法学课程，并且和她十多年的伴侣一起居住于波士顿。

希尔之所以没有被当作一名离经叛道者完全被社会除名，还有一部分原因是20世纪90年代初期是一个特殊的时期，那时候的希尔有很多同盟。很多像希尔一样的女性，她们靠自己的力量生活和工作，并在社会上占据了一席之地。调查数据显示，在 1990 年之时，35 岁至 44 岁的已婚女性数量占比已经从 1960 年和 1970 年的 87% 下降到了 73%。[5]

"在 90 年代，女性开始接受、关注自身的性别，并且以一种不同的方式表达'性'。"希尔在 2013 年的时候这样跟我说。希尔看起来和过去也许不太一样，但她对未来信心十足，正是这一点让她具有足够的震慑力，使那些参议员们如坐针毡。艾伦·辛普森曾向委员会列举了应该提防希尔的多条原因，并极具煽动性地警示说："小心这个女人！"[6]

在 20 世纪 90 年代初期，需要"小心"的，可不只是这一个女人，而是数不胜数的女人。

重大的转折

距离托马斯一案的听证会结束不到一年的时间，副总统丹·奎尔（Dan Quayle）在旧金山的联邦俱乐部发表了他的竞选演讲。在演讲中，奎尔就罗德尼·金*一案所引发的 1922 年洛

---

* 罗德尼·金（Rodney King），黑人司机，曾因酒驾超速被洛杉矶警方逮捕。4 名白人警察围殴金的视频事后流出，在全美新闻频道广泛传播。这 4 名警察遂因刑事犯罪遭到加利福尼亚州地方法院的起诉。

杉矶暴动*事件提出自己的看法。"我们所看到的缺乏法律约束的社会混乱,"奎尔辩称道,"与家庭结构的解体直接相关。"为了更好地说明这一点,他出乎意料地朝一个电视剧角色大肆开火。

在哥伦比亚广播公司(CBS)出品的电视剧《风云女郎》(*Murphy Brown*)中,由坎迪斯·伯根(Candice Bergen)饰演的女主人公墨菲·布朗即将分娩,但她与孩子的父亲并没有结婚也不是情侣关系。奎尔将其视为"当今社会上那些高智商、高薪职业女性的代表"。对于这种未婚生子的做法他十分担忧,"女性独自抚养孩子,还将其称为另一种生活方式,这真是极大地贬低和嘲讽了父亲存在的重要性"。[7] 奎尔的这些评论使他自己,连同虚构的角色墨菲·布朗和她的孩子艾弗里一起登上了《纽约时报》的头条,这也让这位女主人公的未婚身份比她其他方面的特质更惹人瞩目。

当然,奎尔的担忧并不只在墨菲身上。在抛出他那个流行文化的难题时,奎尔又搬出了那套关于福利项目是如何不利于婚姻发展的典型保守派说辞。看得出来,奎尔十分担心这种脱离婚姻的新式身份,会遍及各个收入层次的女性群体。事实上,一种新兴的生活模式的出现已经是大势所趋:假如女性能够独

---

* 洛杉矶暴动(Los Angeles riots),1992年4月和5月在洛杉矶地区发生的大规模暴乱。在罗德尼·金一案中,涉嫌伤人的4名警察经由陪审团判决无罪。审判结果使广大民众(尤其是少数族裔)群情激愤,还引发了聚众滋事、烧杀抢掠的恶性事件。暴乱中总计有64人丧生。

立生存（很多人都愿意这样做），并且当她们真的这样做的时候，男性就不再是经济保障、社会地位、性生活以及后来根据事实显示的在生儿育女方面的中心了。

虽然那时的奎尔肯定没有意识到，但1992年的确是后来被研究者称为"重大转折"[8]时期的关键年份。在90年代初期的那些年份里，不仅女性的结婚年龄一直在延后，初次分娩年龄早于结婚年龄的趋势也同样具有重大的意义。

古旧的文化制度和宗教规范在这个时候遭到了一次强力反叛，它们曾被人们认为是女性身份和家庭形成的根基所在，虽然事实并不完全如此，因为婚前性行为和未婚先孕的情况一直都存在。然而体面正派的官方公共道德准则却始终要求人们先结婚再生养孩子。如今，这个顺序已经被打乱了，而在众多的美国人中，对此感到最为恐慌的是那些对政治几乎掌握着绝对控制权的男性群体。

奎尔发表竞选演讲两年后，宾夕法尼亚州的参议院候选人里克·桑托勒姆（Rick Santorum）也同样在一次演讲中强调了未婚母亲和社会动乱之间的关联，并声称"我们正见证着这个国家一点点走向崩溃的边缘，而这都归咎于单身母亲"。1994年，前总统乔治·布什的儿子杰布·布什（Jeb Bush）在佛罗里达州竞选州长时说，接受社会救济的女性"应该能够过上稳定的生活，并且能够找到丈夫"。在这之后没多久，他就出版了一本书。在书里，他认为年轻女性未婚生子的原因是"人们不再觉得这种行为不光彩"，他建议社会也许应该重拾对这种行为的批判，视之为"耻"。

乔伊斯林·埃尔德斯（Joycelyn Elders）一直毫不避讳地宣扬并提倡富有人道主义精神的药品法规和堕胎权利。1993年，她接受比尔·克林顿（Bill Clinton）的委派出任美国卫生局局长。第二年，在一次以艾滋病为主题的联合国大会上，埃尔德斯因为表达了支持将手淫列入性教育课程的观点而引起公愤。当时会议正在讨论艾滋病这类传染病，在这个背景下，她提出这一倡议非常合理。但是，与会人员难以接受埃尔德斯所倡导的这种不需要同伴参与，也不会导致怀孕的独立获得性快感的方式，最终导致指派她上任的总统要求她递交辞呈。

"当时真是让人忧心忡忡。"安妮塔·希尔在2013年的时候这样跟我说。在那会儿，一些美国人"仍顽固地认为我们生活在20世纪50年代，他们还停留在电视剧《天才小麻烦》（*Leave It to Beaver*）的时代"。在这个想象中的白人世界里，性行为是异性恋专属，并且一定带有繁衍、生殖功能。女性会成为妻子与母亲，过着中产阶级的安稳日子，接受自己被指定的性别角色。"对于大多数女性而言，这样的世界并不存在"，它只是美国人勾勒出的理想幻影，希尔说道。

如今，即使是在流行文化的大背景下，《天才小麻烦》也已经被玩世不恭的《罗珊妮》（*Roseanne*）（一部大胆向传统发起挑战的情景喜剧）代替。《罗珊妮》围绕一个典型工人阶层核心家庭展开，故事中的女主人公罗珊妮把自己的（爱情和）婚姻调侃为"漫长的无期徒刑，并且看不到重获自由的希望"。这种氛围随即蔓延开来。在与家庭有关的影视节目里，摆脱婚姻与家庭桎梏的女性形象越来越频繁地出现。从1993年起，福克斯（FOX）推出一档名为"我的女友"（*Living Single*）的电视连续剧，这部剧讲述了一群来自布鲁克林的室友的故事，由著名黑人女歌手奎因·拉蒂法（Queen Latifah）担任主演。翌年，美国全国广播公司（NBC）也播出了一个由白人主演、以曼哈顿为故事背景发生地的版本作为回应，这就是著名的《老友记》（*Friends*）。1994年到1996年，记者坎迪丝·布什奈尔（Candace Bushnell）在一家周报上开设专栏，取名"欲望都市"（*Sex and the City*），后来专栏文章整合成一本书，被改编成电视剧，由美国家庭影院频道（Home Box Office，简称HBO）搬上了荧幕，轰动一时。

1992年，特里·麦克米兰（Terri McMillan）的小说《待到梦醒时分》（*Waiting to Exhale*）正式出版，它讲述了4个女性好友（其中几位刚被男性抛弃）在个人生活和职场生涯中乘风破浪、笑对人生的故事。这本书蝉联畅销榜冠军数月，也被改编成电影。4年后，英国作家海伦·费尔丁（Helen Fielding）出版了《BJ单身日记》（*Bridget Jones's Diary*），标志着新的文学流派——"鸡仔文学"*的形成。它专门讲述特定女性群体的故事，即那些被布里奇特[†]的闺蜜自嘲式地形容为"敢于拒绝爱

---

* 鸡仔文学（Chick lit），女性通俗文学，从女性视角探讨浪漫爱情、同性情谊、职场浮沉等现代都市女性的生活议题。语言诙谐幽默。
[†] 布里奇特·琼斯（Bridget Jones），鸡仔文学代表作《BJ单身日记》中的女主人公。

情中的任何妥协并且掌握独立经济权的先锋"女性。

而随着新世纪的来临，要想"防备"所有那些即将改变美国的女性，已经是不可能的事了。

奇怪的萌动

大量的女性在 20 世纪 90 年代初期放慢了她们步入婚姻的脚步；她们能够这样做，直接得益于上一代女性群体在政治、经济、社会和性别方面"打下的胜仗"，这也正是我们所熟知的女权运动的第二次浪潮。在我为这本书进行前期调查时，那些参与了第二次浪潮的女权主义者们让我彻底明白，不管从哪一个角度来说，当下社会风行的不婚或晚婚行为，并不是我们这代人的发明，而是从她们肇始的。

并且从某种程度上说，她们是完全正确的：女权主义不仅唤醒了众多女性的意识，还为她们提供了更多的可能性。不论是出于政治原因还是自身原因，她们都有机会选择晚婚或者干脆不婚。

然而，卷起这次浪潮的人数还没能足够产生一种摧毁性的力量，改变社会主流的婚姻方式，至少没有产生立竿见影的效果。虽说第二次浪潮的胜利一举扭转了原先的婚嫁格局，使我们这代人有更多机会推迟婚姻，但这次浪潮并没有将自身架设在婚姻的对立面上，它反倒从令人窒息的婚姻状况出发，向世人发出呼吁。

这一问题在美国女性的心底已经无声深埋多年了。在20世纪中期的美国,一种奇怪的萌动、一种不满足感、一种深沉的渴望降临到女性的身上。每个住在郊区的已婚妇女都在独自一人与之抗衡。当她们整理床铺、去杂货店购物、挑选沙发套、和孩子们一起吃花生酱三明治、开车接送男童子军和女童子军们、夜晚在丈夫身旁躺下时,她们甚至都不敢问自己那个埋藏在心底已久的问题:"这就是我生活的全部了吗?"[9]

这就是生活的全部吗?在书中的第一段,贝蒂·弗里丹就一片片地剥去了20世纪中叶美国现状的外皮,将真实的内核赤裸裸地展现给中产阶级的白人女性:在她看来,成千上万的女性亲身经历的厌倦、愤怒和痛苦,均来自所谓专家们的"言论桎梏",他们认定女性"只有扮演好贤妻良母的角色,才能实现她们的人生价值"。根据弗里丹的观察记录,这些"智者"用了15年的时间,来告诉女性"如何使自己拥有一个男人并且让他永远待在自己身边……真正的女性不需要职业上的成功、更高的学历和政治权利——只有老掉牙的女权主义者们才去追求自力更生的生活和发展机会"。弗里丹还写道,那些在20世纪中叶的美国成长的女性,对自身潜在发展的认知十分局限。她们矢志不渝地相信"从少女时期开始直到人生结束,唯一需要做的就是相夫教子"。

《女性的奥秘》这本书的第一版刚上市就卖出了140万册,

虽然它的畅销似乎说明了当时弗里丹的观点已经传播到世界各地,并且得到人们的接纳和认可,但是直到它成为第二次浪潮的发轫之作时,才真正得到了广泛关注。[10] 20 世纪中叶,中产阶级白人女性群体普遍早婚,并受到家庭生活的束缚。在这本书的号召下,女性解放的意识一下子在人们心中觉醒了。

但有件事却颇为奇怪,正如法学学者瑞秋·莫兰(Rachel Moran)指出的那样,虽然 20 世纪 70 年代的女权运动号称是"将矛头直接指向了早期和普通的婚姻状况",但极其讽刺的是,这场运动支持的核心诉求,不涉及单身女性。

尽管《女性的奥秘》这本书是向束缚女性自由的镣铐——早婚早育——发出的一声呐喊,但作者并没意识到(甚至没有考虑过)婚姻本身也是导致问题出现的因素,或者说婚姻对女性来说并不是一个强制性的选项。弗里丹主张赋予女性一定的权利,强调要扩大女性在家庭之外的活动,但是这个观点却没有质疑家庭本身在她们生活中的首要地位。

在弗里丹的书里,我们能很明显地看到,她把男性对女性的关注与女性价值的实现本能地联系在了一起,而且把单身女性置于一种极其绝望的境地中。[11] 弗里丹带着非常困惑和难以置信的语气写道:"很是奇怪,不少精神病医师根据临床经验判定,单身的女病人要比已婚的女病人更开心一些。"另外,她还把苏珊·安东尼,一个传奇的"怨愤泼妇"式的人物,列入早期女权主义者的队伍,并且富有让步精神(她的胸怀该是多么慷慨大度啊)地承认,虽然"当其他的'女性参政者'开始结婚和生孩子的时候,安东尼觉得她们背叛了自己",但她并没有变成那种"和一只猫孤独终老的刻薄老处女"。

1966年,弗里丹参与创办了美国全国妇女组织,并出任该组织的第一届主席。在一次电视访谈中,有人问及全国妇女组织的主要目标是什么的时候,她回答说,其主旨是阻止"女性将婚姻和抚育子女同工作结合到一起"。[12] 这一组织的宗旨进一步说明,其不"接受社会对于女性的传统设定,即一个女人必须要在做贤妻良母和走进职场这两者中做出选择……我们相信,真正的两性关系是建立在一种新式的婚姻观念上的,是对责任的平等分担"。[13] 这在当时(直到现在也是!)是一个具有突破性的观点,但是全国妇女组织不该只是全国已婚妇女的组织;而且不少迹象表明,这个组织认为每个女性都需要(或者都应该)按部就班地结婚和养育子女。

这只是弗里丹狭隘观点的其中一面。

她没有考虑到那些也许并不想被强迫加入这类新办协会的中产阶级白人女性,也没有注意到那些已经转变了婚姻模式的、在近几年以及在将来都越来越不依赖婚姻的、已经不再选择做家庭主妇而是选择外出工作的,以及从丈夫的控制中独立出来、能够同时供养自己和孩子的美国女性群体。另外,她还忽略了广大的黑人女性。

对于遭受性别和种族双重歧视的黑人女性来说,相较于她们的白人同龄人,她们接受大学教育和拥有"财政大权"的概率更低,她们的父母和未来的丈夫也不大可能接受大学教育,享有较高的经济地位，而且她们更不可能拥有外出工作的选择和机会，因此，黑人女性很少会像弗里丹的读者们所体验到的那样，在烦冗的家庭生活中萌生痛苦的醒悟。

事实上，在弗里丹被历史铭记与致敬之前，黑人女性就已经在相关领域做出了一些具有重要意义的贡献。早在20世纪30年代，费城的律师萨迪·亚历山大（Sadie Alexander）曾提出，女性渴望"自己也成为创造世界辉煌的一分子"，她们希望自己可以参与到那些"能生产出具有经济价值的商品"的工作中去。[14]亚历山大认为，通过这种途径，女性的地位和受保障程度会提高。另外，"如果她们意识到自己处于制造者的位置，她们就会收获一种满足感，这有助于她们获取内心的平静与幸福——这种原先在家庭生活中不可或缺的因素"。由此可见，早在弗里丹之前，亚历山大就已经在为女性的利益而申辩了。

就在弗里丹因为倡导已婚女性工作（事实上，黑人女性对此已经提倡了很多年）而被认为开启妇女运动之滥觞时，黑人女性却因为各种扰乱社会的理由被横加指责。在《女性的奥秘》出版两年后，那些用实际行动践行书中观念的女性，在一场席卷全美的讨论中被推至风口浪尖：人们认为她们不仅参与影响了黑人家庭单位的权力分配，还引发了社会和经济动乱。

1965年，美国劳工部助理部长，同时也是未来的纽约参议员——丹尼尔·帕特里克·莫伊尼汉（Daniel Patrick Moynihan）发布了一则名为"黑人家庭：需要国家为之采取行动"（*The Negro Family: The Case for National Action*）的报告。

这份报告详尽地分析了自建国起便一直困扰美国的种族议题。莫伊尼汉说,"美利坚合众国,是伴随着黑人奴隶制的先天缺陷出生的,黑人遭受到的不平等待遇,是这个国家辉煌历史中无法抹去的污点",这种不平等,早已背离了《独立宣言》所许下的全部承诺"。莫伊尼汉明言,随着中产阶级白人所在的城郊区的快速发展、非裔美国人安身的贫穷城市逐渐走向衰败,一道无法跨越的阶级鸿沟已然在种族群体之间形成,"由于这种新型住房模式的产生——其中大部分是由联邦政府提供经济支持的——恐怕在过去的二十年中,美国校园系统中的种族隔离情况变得越来越严重了"。

然而,尽管上述观点认识到了黑人与白人之间从古到今并将持续下去的不平等,莫伊尼汉最终还是把他的言论归结为一点,而这一点是如此冷漠无情:黑人贫穷的根源来自婚姻形式的解体,对此,那些叛逆的女性难辞其咎。"黑人家庭情况的恶化,"莫伊尼汉说道,与众多解体的婚姻关系、私生子现象以及"几乎四分之一的黑人家庭生活都是由女性主导"的事实紧密相连。

让我来梳理一下其中的逻辑关系:在经济十分动荡的社区,仅靠一份很低的薪水养育孩子,常常难以为继。但是很少有人能认识到,单份收入的情况不仅是一个结果,更是一个原因。越来越少的赚钱机会让婚姻不再有利于女性自身的生活,女性离开家庭外出工作不仅没有危害性,相反,还有利于促进处于劣势的黑人社区和黑人家庭的稳定发展。然而,莫伊尼汉却认为,女性如果脱离了男性的控制,掌握了家庭生活的统治权,将会使社会秩序卷入混乱、病态的洪流；母系社会结构凭空而生，不仅不符合美国社会之常理，还与父权制的结构体系相违背，进而"严重阻碍社会整体的发展进程"。

单身者的慰藉

在欣欣向荣的女权运动中，那些比弗里丹更激进的女权主义者们开始获得广泛关注。她们竭力主张女性不应该只单纯要求工作上的平等，摆脱婚姻的束缚同样是女性应该享有的正当权利。

1969年，芝加哥大学社会学教授马琳·迪克逊（Marlene Dixon）写道："婚姻制度是长久以来压迫女性的罪魁祸首……实际上，在历史的长河中，生而为人妻正是引起女性反叛的根源。"第二年，女权主义者希拉·克罗南（Sheila Cronan）也写道："婚姻制度使女性变成了奴隶……女性若想获得自由，必须卸下婚姻制度的镣铐。"除此之外，还有激进的女性主义作家安德莉亚·德沃金（Andrea Dworkin）发表的那句著名言论——"婚姻是将强暴变为现实的一种制度"。

1970年，女性首次结婚的中值年龄逼近21岁；在18岁以上的美国人中，已婚人数所占比例为69.4%。[15] 在某种程度上说，这个数据是很有价值的，因为它显示了当时社会与政治各方面的改革都取得了卓越成效：1960年，美国食品药品监督管理局（Food and Drug Administration，简称FDA）批准使用避孕药，向性解放的道路迈出了第一步。1969 年，石墙事件*引发了同性恋群体的维权运动，这些无意与异性结合的男人女人们一直坚持不懈地争取社会的认可。

作为政治派别登上历史舞台的女同性恋者在女性主义第二次浪潮中并不是很受欢迎。众所周知，弗里丹把同性恋者称为"紫色威胁"（lavender menace），她对那些所谓"仇视男人"的女权主义者表示嫌恶，[16]她认为她们"蔑视男性、蔑视婚姻、蔑视生育的言辞与行为"，很可能会歪曲女权主义的信条——"女性在渴望平等权利的同时，也渴望继续爱她们的丈夫与孩子"。[17]

实际上，长久以来，同性恋者所主张的权利与女权运动之间的交集，不仅揭示了存在于社会改革论者和性改革论者中的恐同症，也说明了 20 世纪 70 年代即使在众多女权主义者的心里，也很难相信一个异性恋女性会坚持单身——在一些女权主义者看来，假若一个女性冒出了不想与男人结婚的想法，唯一让她们相信和接受的理由便是这个女性是一个同性恋者。

直到格洛丽亚·斯泰纳姆（Gloria Steinem）出现在人们的视野中，这种观点才得以改变。

20 世纪 70 年代初期，女权主义迎来了一颗新星、一个强有力的宣传者——斯泰纳姆，她愿意支持（这种行为很是稀缺，为此她常常感到十分沮丧）各种不符合主流趋势的、有缺陷的、

---

* 石墙事件（Stonewall riots），1969 年在警察和同性恋者之间发生的一系列暴力冲突。骚乱始于石墙旅馆——纽约格林威治村的同性恋住所，引发了同性恋群体广泛的维权行动，促成了"同性恋解放阵线"的建立。

多元化的运动，并且卓有成效地将她那些颇为犀利的观点传播给广大民众。

斯泰纳姆从她的家乡托莱多（Toledo）来到纽约市后，便开始努力经营自己的事业——她成为一名出色的作家，为出版行业和电视媒体写作。她曾经和汤姆·沃尔夫（Tom Wolfe）等人一起被列为"新新闻主义"*的代表人物，同时她也是20世纪60年代纽约媒体钟爱的时尚女性。斯泰纳姆经常被拍到与各色知名男士并肩同行，出入不同的社交场合，其中不少男性都是她约会的对象。

斯泰纳姆算是比较晚才接触到女权主义的。1962年，她写了一篇关于避孕的文章。在这篇文章中，她探讨了女性被迫在事业与婚姻中做出选择的社会问题。第二年，她隐藏真实身份，秘密潜入由休·赫夫纳（Hugh Hefner）开办的花花公子性主题俱乐部，亲身体验"兔女郎"的真实生活。而在政治方面，她所参与的活动都与民主党、公民权利以及反战运动有关，当时她的活动范围还没有涉及蓬勃发展的女权运动。1963年，就在《女性的奥秘》出版同一年，斯泰纳姆也写了一本书，名字叫"沙滩指南"（The Beach Book）。这是一本旅游指南，其中不乏一些有意思的内容，比如教人们如何把皮肤晒成健康的颜色。让

---

* 新新闻主义（New Journalism），在20世纪60年代发展成熟的一种新闻报道方式，主张将文学写作的技法带入新闻写作，重视对话、场景和人物心理描写，带有强烈的主观色彩。此类新闻报道常见于《亚特兰大月刊》（Atlantic Monthly）、《纽约客》（New Yorker）等杂志。

我印象颇深的一条建议是,读者可以利用铝箔板来吸收紫外线。

尽管当时斯泰纳姆还没有那么超前的意识,但自20世纪60年代以来,她为女性树立了耀眼的榜样,也为她们的生活提供了全新的可能性:她单身未婚,周游四方,事业成功,而且具有自由开放的性思想。在1968年的一次电视访谈中,加拿大播音员摩西·扎莫尔(Moses Znaimer)向34岁的斯泰纳姆提出了一系列问题,比如,她怎么看待外界称她为"感情经验丰富的小妞"这件事?她究竟是怎么潜伏进花花公子俱乐部的?记者说他原本"以为兔女郎都得身材丰满性感才行"。另外,他还问她是否做饭(当时她正在访谈里熨烫衣服),有没有想过要结婚。

"总归是会的,"她回答说,"但是这种想法过两年便会消退,两个人的距离也就越来越远。"关于婚姻她是否想过很多?"的确想过,"她说,"你会想象那种生活,当你结了婚,你就要和你的丈夫一同外出……也许只有女士才会想这个问题……你会忍不住想:'这样一来,我的名字将会变成格洛丽亚·伯格迈斯特(Gloria Burgermeister)……还是算了吧。'"扎莫尔问的最后一个问题是:"当你年龄渐长的时候,你对未来的展望是什么?"

"自由,"斯泰纳姆回答说,"然后变老,带点坏脾气。"[18]

一年以后,斯泰纳姆写了一篇名为"黑人获得权力之后,女性需要自由"("After Black Power, Women's Liberation")的文章,她在文中讲述了正蓬勃兴起的女权运动。同一年,斯泰纳姆还报道了一场在格林威治村掀起的、以讨论堕胎为主题的风潮（20岁出头的时候，她曾在欧洲堕过胎）。斯泰纳姆的人生这时候已经走在转变的道路上了。

接下来的几个月内，她不仅向参议院司法委员会做证，支持平等权利修正案，还和雪莉·奇泽姆（Shirley Chisholm）、贝拉·阿布祖格（Bella Abzug）、梅丽·艾弗斯（Myrlie Evers）、范妮·露·哈默尔（Fanny Lou Hamer）以及弗里丹一起联合组织了美国全国女性政治会议。1971年，她与蕾蒂·科汀·波格莱宾（Letty Cottin Pogrebin）一同创办了《单身女性》（*Ms.*）杂志。该杂志的名字体现了对世俗观念的反抗——婚姻状态不应该是判定女性身份的标志。

斯泰纳姆最无与伦比的天赋，是她能够将那些激进的观点融汇在引人入胜、简练精粹、极具时代性的言论中。

"我们女人正逐渐成为我们想要托付的那个男人"，她认为，反对婚姻不是拒绝男人，也不是拒绝爱，而是提倡一种充实的、平等的女性生活，"说女人需要男人，就像是说鱼需要自行车一样"，她常会杜撰些新鲜的表述［虽然实际上这个比喻是出自澳大利亚教育家伊丽娜·邓恩（Irina Dunn）］。[19]斯泰纳姆还一针见血地指出，婚姻让女性只剩下了"半条命"。她曾经解释说她现在没有结婚，以后也不会结婚的原因是"我不愿在牢笼中寻欢作乐"。借这句俏皮话，斯泰纳姆表达了自己对延续至今的生活方式所持有的不满与愤怒。

但并非所有人都是她的信徒。

"我觉得（她）是给了单身者们一些慰藉，"贝蒂·弗里丹在提到斯泰纳姆时这样说，"但其实，她是个骗子。她的身边一直不缺男伴。而且，我有次看见她在肯尼思理发店，整张脸藏在一本《时尚》（*Vogue*）杂志后面，任凭理发师把她的头发染成一缕一缕不同的颜色。"[20]

2012年，斯泰纳姆本人也向我证明了这一点，她说她一直对敌视和诋毁男性的讽刺画"有些免疫"，因为"我的生活中确实一直都有男人"。也正因为如此，她才能够在单身生活的问题上发表比前人更具吸引力、更独到的见解。斯泰纳姆的美丽，她的独立，她光明正大展现出的异性癖好，以及那些源源不断的追求者，都明确说明她既不冷酷无情，也不敌视男性，更不是个同性恋者。不管斯泰纳姆（以及像她一样生活着的女性）是否依赖男性，她似乎都很享受这种自由的生活——这已经是对传统观念的极大颠覆了。

两件发生在20世纪70年代初期的、具有划时代意义的事件，促使越来越多的单身女性加入斯泰纳姆的阵营。

早在1965年的"格里斯沃尔德诉康涅狄格州案"（Griswold v. Connecticut）中，最高法院就已经在已婚夫妇的案例中，做出了避孕合法的裁决。法院认为，禁止夫妇采取避孕措施侵犯了夫妻卧室"至深圣殿"的隐私。但对于单身女性来说，相关的决议要等到7年之后才出台。在1972年的"艾森斯塔特诉贝尔德案"（Eisenstadt v. Baird）中，法院推翻了禁止向未婚人士出售避孕药的法律条文，由此确保了"每个个体，不管已婚还是未婚，都有权利反对政府无端干预那些会对个人命运产生重要影响的事情，像是否生育孩子的决定"。

这项决议确保了异性恋群体中的两类人（已婚和未婚群体）都能享受各自的权利，还打破了一些长期存在于社会中的婚姻法教条，这些法律条文在过去的两百多年里，从众多方面反映：女性由于婚姻而丧失了许多应有的身份和自由权利。"已婚夫妇不是个共享心智的单一整体，"法官威廉·布伦南（Willian Brennan）在他的裁决中写道，"而是两个个体结合，彼此依然拥有独立的理智与感情。"这项决议像是《单身女性》杂志的一个法律版本：它承认了美国人的权利既不应该被限制，也不应该被滥用，更不能潦草地由结婚与否的状况来决定。就像历史学家南希·科特（Nancy Cott）写的那样，通过"呼吁单身女性应该享有和已婚夫妻同等的隐私权，（艾森斯塔特）向前迈了一大步，她正在把婚姻从官方道德准则的桎梏中解救出来"[21]。

一年以后，法院在裁决"罗伊诉韦德案"（Roe v. Wade）时，承认了堕胎的合法性。这项决议对已婚和单身女性都产生了同等的影响力。但是对于那些单身的女性来说，堕胎合法化让她们多了一种可以不依靠婚姻生活的选择。

女性能够自力更生的观念就这样不断地渗透进整个国家意识中。1973年，《新闻周刊》（Newsweek）的封面故事不遗余力地称赞："单身是在美国人中出现的一种具有强烈仪式感的、受人尊重的新型生活方式……它也许是许多人的归宿。"[22] 1974年，国会通过了《平等信用机会法》（Equal Credit Opportunity

Act），保障女性在信用卡、银行贷款、住房贷款和购房方面的权利。

尽管妇女运动发起的初衷和努力方向都不是为单身女性争取权利，它在政治、经济和法律领域所施加的影响，还是为女性提供了选择不婚或者晚婚的权利。到了20世纪70年代，女性的生存环境愈加完善：她们拥有了更多的工作机会、更自由的性生活以及更宽裕的资金。

这些前所未有的成果，有力地冲击着在前女权主义时代的婚姻形态，同时离婚率也一路飙升；到70年代末和80年代，这一比例接近50%。高离婚率对那些一直是单身以及目前是单身的女性，都产生了非常大的影响。首先，随着单身人数的相对增加，社会从某种程度上减少了对单身女性群体的歧视；其次，它让公众重新审视婚姻这种制度，婚姻生活其实有好坏之分——一段婚姻如果让你忍无可忍，不如选择结束。这种意识为那些宁愿不结婚也不要一段缺憾婚姻的女性提供了有力的武器。

归根结底，20世纪70年代的妇女运动并不以降低结婚率为目的，也不拒绝寻找男性伴侣（就像大多数女性的真实生活那样），它只是想要探寻、扩大更多的可能性，并且使婚姻的阴影尽可能少地遮挡未来的光明前途。就如同法律学者瑞秋·莫兰写的那样："最为讽刺的一点是，第二次女权主义浪潮在为女性创造单身条件的同时，却忽视了单身女性这一重要群体的存在。"[23]

在20世纪70年代结束之时，虽然从未结过婚的人口比例达到有史以来的最低点[24]（统计数据很可能受到"二战"后美国生育高峰期那代虽已结婚，却准备离婚的庞大人群影响），但是女性结婚率明显下降，首婚的年龄中值已经升至22岁。

1981年，里根（Ronald Wilson Reagan）出任美国总统，随即对女性恶言中伤，称女性——他的原话是"福利女王"——利用政府援助来代替对丈夫的依赖。里根是跟随新右翼的崛起而登上权力宝座的，并且始终与新右翼的主张保持一致。新右翼是一个由财政和社会保守派组成的联盟，它不仅是宗教右翼的支持者，其中心思想还与20世纪以来取得的社会进步背道而驰。里根总统上台后便表示反对《平等权利修正案》（Equal Rights Amendment），这种反对意见自1940年起就一直作为共和党的提案予以保留；他支持所谓的《生命修正案》（Human Life Amendment）——这项法案几乎禁止了所有的堕胎方式，还把受精看作生命的源起。

这是美国后女权主义时代（post-feminist）的初期阶段，妇女运动和单身女性群体不断受到压迫，而单身女性群体的庞大数量似乎又预示着这种压制不会持续多长时间。

1985年，哈佛大学和耶鲁大学的男性研究者们进行了一项调查，他们发现一名从未结过婚的、受过大学高等教育的40岁女性，在接下来的人生里选择结婚的概率只有2.6%。受这个说法启发，《新闻周刊》发表了一则臭名昭著的封面故事，标题名为"婚姻困境"（"The Marriage Crunch"）。作者在这篇文章中抛出了一个极其荒谬的观点：一位40岁还单身的女人，相比结婚而言，她更有可能死在恐怖分子手里。《人物》(People)杂志也登出了一些未婚名人的照片，并在这些照片的上方印了"她们是老处女吗？"[25]的标题，同时还提醒人们"大多数35岁以上的单身女性都会忘了婚姻的存在"。显而易见，摆脱婚姻的做法面临着来自社会与文化的极大阻力。

然而，越来越多的女性还是坚持走在不婚的道路上。1990年，女性的初婚中值年龄一跃升至将近24岁。这个数值创下了该世纪的最高纪录。

未来已经到来。带着过去取得的胜利余音，带着前一代女性所争取到的性自由和经济权利，这一次，未婚女性将有力地向社会现状发起挑战。而等待她们的，是历史新一轮的更迭，她们将再次面对那些腐旧的政治与文化势力，以及那些急不可耐地想要把这些女战士赶回到婚姻牢笼中的人。

现如今

如果说在20世纪七八十年代，只有一些女性有意识地决定单身或者晚婚，那么现在，它已经成为一种非常普遍的选择了。女权主义者提出的最激进的观点——废除婚姻——在令许多保守派人士胆战心惊的同时，也愈加广泛地传播开来。其中的政治意涵差不多被过滤干净了，"废除婚姻"俨然成为一种生活中的惯常认知。它所拥有的强大力量，为普通女性的人生道路指引了新的方向。女性脱离婚姻，追求独立的做法，也就是曾被莫伊尼汉诋毁、称之为与父权制相违背的病态行为，现在已经屡见不鲜了。

2013年的数据表明，在第一次分娩的女性群体中，大约一半都是没有结婚的，其中30岁以下的女性占到60%左右。[26] 同年，美国全国婚姻家庭研究中心（National Center for Family and Marriage Research）发布的一项调查显示，当年的结婚率已经达到了过去一个世纪以来的最低值。[27] "婚姻不再是必需品，"全国婚姻家庭研究中心的联席主任在谈到这项研究时说，"它只是众多选择中的一个。"

相比于几十年前——那个时候大多数女性困在异性婚姻和怀孕生子的圈子里——现在的女性能够拥有"众多的选择"已经足够令人惊喜了。上百万的女性如今都和她们的伴侣长期生活在一起，但没有结婚；其他女性则在一夫一妻的婚姻关系中进进出出；她们过着性自由的生活；她们过着没有恋爱关系以及没有性关系的生活，不管是那些有孩子还是没有孩子的女性；她们可以和同性结婚或者进行民事上的结合，抑或综合以上多种选择（来过自己想要的生活）。

对同性恋者来说，同性婚姻合法化的进程看起来似乎偏离了异性恋婚姻的道路。事实上，他们争取权利的目的是相同的：瓦解长期存在的婚姻制度，建构婚姻的崭新蓝图，使婚姻不再是男性——借助他的法律权力、经济权力和性权力——来压制女性的一种守旧、傲慢的方式，而是成为一个民主的、灵活的、能够以平等的心态接纳每一个人的共同体。

总而言之，不管从哪方面看，这些转变都使社会保守派最害怕的噩梦变成了现实：它们对女性身份和男性身份进行了新的思考，进而也对什么是家庭、谁拥有家庭的内外统治权等问题进行了深入探索。越来越多的女性作为独立的群体出现在人们的视野中，昭示着包括选举权在内的各种权力——这些权力直到近代都一直被男性所主宰——都需要重新分配。

单身女性选民

在2012年的大选中，未婚女性选民的数量占全部选民数的23%。近四分之一的选票都是由那些没有丈夫的女性投出的，这比4年前高出了3个百分点。据选民登记中心（Voter Participation Center）的建立者佩吉·加德纳（Page Gardner）的说法，在2012年的总统大选中，未婚女性为争取在经济和生育上的权利，倾巢而出。一支由"40%左右的非裔美国人、将近30%的拉美裔人以及三分之一的年轻选民"组成的庞大选民队伍就此诞生。

奥巴马（Barack Obama）能够重回白宫、连任总统，单身女性群体的功劳不容小觑；大多数已婚女性把票投给了米特·罗姆尼（Mitt Romney），而67%的单身女性把票投给了奥巴马，投给罗姆尼的仅为31%。2013年，在弗吉尼亚州的州长竞选中，民主党候选人特里·麦考利夫（Terry McAuliffe）成功击败了他的共和党对手，其中，女性选民一共贡献了9个百分点的投票率，而在单身女性选民中，投票给特里·麦考利夫的人数比例则高达——按《纽约时报》的说法——"惊人的42个百分点"。[28] 未婚女性政治取向的形成，并不像人们在某些方面猜测的那样，仅仅是基于她们种族多样化的特点。根据雷克研究所（Lake Research Partners）的调查结果，整体而言，白人女性更倾向于把票投给罗姆尼而不是奥巴马，而在未婚的白人女性中，却有49.4%的人选择投给奥巴马，38.9%的人选择投给罗姆尼。[29] 2013年，专栏作家乔纳森·拉斯特（Jonathan Last）曾就25岁至30岁之间的女性在2000年大选中的投票情况做了一项研究。拉斯特在《旗帜周刊》（*The Weekly Standard*）中写道："结果表明，对于这些女性来说，结婚率是影响她们做出投票选择的最大因素。"[30]

有一点我们可以肯定，那就是女性的单身生活的确与她们参与政治选举之间存在着某种联系，而且这已经不是什么秘密了。就像2014年《纽约时报》的一则报道开头写的那样，"从上一辈人那里开始涌现的单身浪潮，催生出了大批未婚的女性选民，她们正深刻地影响着美国的选民构成"。

保守派人士当然也注意到了这种趋势，并且对此高度警戒。2012年，反女权主义学者菲丽斯·施拉夫利（Phyllis Schlafly）宣称，奥巴马总统给了女性太多的福利，这是在把女性往婚姻的门外推。她说："奥巴马总统一直在加强人们对政府援助的依赖程度，因为他知道那些都将是他的选民。"[31] 当代单身女性群体令保守党派十分恐惧，他们竭力将这一群体扫地出门：在

2012年10月的总统竞选辩论中，当候选人罗姆尼和奥巴马被问到他们要如何遏制枪击暴力的时候，罗姆尼回答说最重要的一步就是先要遏制美国"文化中的暴力"，也就是要"告诉我们的后代，在他们准备要孩子之前，应该先考虑结婚的问题"。他的意思很明显，任何人（异性恋）都会这么做。

21世纪的第二个十年已经过去，虽然许多派别的政治家们已经意识到未婚女性的政治力量，但他们似乎还是不能够站在婚姻之外的角度去理解女性的生活，因此只好认为，那些从男性怀抱里挣脱出来的美国女性，正在奔向政府的怀抱。2014年年中的时候，福克斯新闻（Fox News）评论员杰西·沃特斯（Jesse Watters）把未婚女性称为"碧昂丝选民"，并且声称"她们之所以依赖政府，是因为她们没有丈夫。她们需要一些保障，比如避孕以及健康医疗等，而且她们还渴望同工同酬"。同时，校园共和党全国委员会（College Republican National Committee）中的一些年轻的保守派成员采取了一种相对温和的方法，他们本着与TLC电视台的一档名为"我的梦幻婚纱"（*Say Yes to the Dress*）的真人秀节目相一致的精神，剪辑制作了一系列电视广告。画面是一个单身女性选民正在试穿结婚礼服。抛开广告，这件礼服实际上代表了一个共和党派的州长候选人，而这个准新娘正向他献上自己的投票承诺。不仅如此，具有自由主义倾向的《时尚》（*COSMOPOLITAN*）杂志也在这时发布了一项名为"踊跃投票"的倡议，其中包括11月4日选举日在社交媒体上投放"留个时间"*的宣传口号;与之同时,还有个更加直白的说法——"和投票结婚吧"。

城市发展学教授乔尔·科特金(Joel Kotkin)在《每日野兽》†中声称:单身选民的力量注定是会消散的,因为单身者"按理来说……是没有继承人的",[32] 而与此同时,其他那些虔诚的、保守的选民们却会不断往国家里注入他们的力量,因为他们拥有后代去传承他们的政治观念,由此确保了"传统的、以家庭为重的价值取向的必然胜利"。毫无疑问,科特金错误的一面在于他以为未婚者们不会去生育——事实上,未婚者们正在以空前庞大的数量繁衍着后代,另一方面在于他没有从根源上去探寻摒弃婚姻行为出现的原因。向独立生活迈出的步伐,并不像贝壳孕育珍珠那样简单,它源自世代人对有失公允的宗教、传统和社会现实的不满与反抗。

那些社会保守分子的后代,难道就不会像那些同样在保守观念浸染下长大的前辈们一样,去走那条远离传统价值观的小路?严酷的保守环境不能遏制自由思想的产生,反而促进了对自由的追求。

这些针对单身女性选举权所发出的所有诘难,都显示了一种强烈的焦虑感——只要这些独立女性全都站出来投票,她们也许真的会对美国政治产生前所未有的影响,尽管实现这种影

---

* "留个时间"(Save the Date),双关语,还有预留恋爱的意涵。
† 《每日野兽》(*The Daily Beast*),美国新闻网站,由《纽约客》前主编蒂娜·布朗(Tina Brown)创办。现已与《新闻周刊》合并。

响还具有一定的难度。

实际上,在所有的选民中,未婚女性是最难动员的投票人群。一部分原因在于,她们中的大多数人是穷困的单身母亲,她们工作辛苦,收入很低,没有时间去投票亭里排长队;另一部分是因为,对于那些无法享受社会保障的女性群体来说,她们根本看不到投票的意义所在。根据佩吉·加德纳的说法,2016年,"预计未婚女性群体将成为所有女性选民的主体力量,这是史无前例的"。然而,上次总统大选的登记结果显示,未婚女性群体中有40%的人没有参与投票。[33]

但即使她们当中只有一小部分人参与了投票,这些单身美国女性也已经用行动向世人证明(虽然这同时让很多人感到极为不安):她们同样拥有改变美国的力量。

性自由与婚姻问题的对策

2012年,桑德拉·弗卢克(Sandra Fluke),一名来自乔治城大学法学院的学生(后来她也走上了不婚的道路),提议应为女性专门制定购买计生产品的保险条例。弗卢克的论点几乎没有涉及性自由的问题,而是更多地围绕金钱、工资、教育等问题展开,她指出女性有选择多种生活方式的权利——这些权利在今天更为普及,因为把女性的成年生活等同于结婚生子的观念已经土崩瓦解了——不能再因避孕而缴纳额外的税。

持保守观念的电台主播拉什·林博(Rush Limbaugh)在直

播中猛烈抨击了弗卢克的提案。林博的盛怒溢于言表，因为他坚信：弗卢克要求这些权利的目的，只是为了使她自己能够享受不限次数的性行为。林博就这样迅速开始了对这位独立女性的诋毁，其诋毁内容带有明显的色情指向，这多少让人回想起20年前安妮塔·希尔所受到的待遇。在他主持的辛迪加电台节目（Syndicated Radio Show）里，林博说弗卢克是"荡妇""妓女""性欲狂"，他一边不厌其烦地重复这些辱骂性的词汇，一边谴责和弗卢克一样的"女大学生们"。在他的口中，那些"女大学生们"和很多人发生性关系——"只要她们愿意……总而言之，她们对此毫无节制"。林博多次使用了"毫无节制"这个词语，丝毫没有遮掩自己的愤怒，他认为这是独立女性集体策划的阴谋，看样子已经成功了——她们正在努力逃脱掉婚姻和传统的约束。

弗卢克，连同站在她身后的其他独立女性，一起爆发出的越来越强大的力量，正深深刺痛着保守派的神经。更有甚者，担心弗卢克的思想像瘟疫一样具有传染性……《美国观察者》（The American Spectator）杂志的一名写作者把弗卢克叫作"本世纪福利女王的原型"，并提醒人们注意，她那"成千上万"的同胞们"在今年毕业后将进入政府工作或者参与政治运动。她们会在一切可能的场合，向所有人宣传她们的理念"。[34]

在抨击弗卢克后不到一个星期的时间，林博又开始猛烈诋毁一本年轻女性所写的、以食品政治学为主题的书籍，他在直播时停下来向人们发问："这些年轻的白人单身女性到底都怎么了？"

"要小心这些女人啊"，这些男人口中念叨着。他们的声音无所不在。

然而还有大量的未婚女性，她们并不像弗卢克这类白人法学学生一样享有参与政治的权利，因此立法者们可以更加轻而易举地对她们施以严酷的压制手段。对这样的女性群体来说，各种各样的言论和政策一直都在试图把她们赶回并且永远锁在婚姻的牢笼之中。

在共和党人看来，婚姻制度的衰落是导致社会仍然处于不平等状态的根源（但实际上，这种衰落却有力地反抗了腐朽的社会保障体系和经济政策，使它们不再只有益于富人、白人和受过教育的群体，也使它们不再把这些利益建立在对穷人的压榨上），这种观点于 21 世纪初期，在共和党的幕僚中蔓延开来。如同佛罗里达州的党内人士马尔科·卢比奥（Marco Rubio）所说："把孩子和整个家庭拉出贫困泥沼的最好办法……不是政府的扶贫支援项目，而是婚姻。"[35] 在 2016 年共和党派的提名人选中，卢比奥的初期竞争对手包括了像里克·桑托勒姆和杰布·布什这样的政治家，他们从 20 世纪 90 年代中期——也就是女性婚姻状况的重大转折时期——开始，就一直致力于抨击、打压、诋毁单身女性的各种活动。

米特·罗姆尼关于早婚问题的看法更明确。2013 年，在弗吉尼亚大学的一次毕业典礼的演讲上，他曾向所有毕业生说："有些人本来早就可以结婚的，但是他们却一拖再拖，按照他们的说法，这样做是为了他们自己。还有另外一些人打算等到他们迈入 30 岁或 40 岁的时候，再去考虑结婚的问题。我私以为，他们的人生少了很多乐趣。"[36]

随着单身女性队伍的壮大，在社会政治与经济层面的焦虑出现了：她们无法为社会繁衍足够数量的后代。

"我们目前面临的许多问题，究其根本，是一直下降的人口出生率导致的。"专栏作家乔纳森·拉斯特写道。拉斯特写这些话并不是一时兴起，在《华尔街日报》(*Wall Street Journal*)的专栏里，他声称婚姻状况是影响党派立场的决定性因素。这些内容也是他在 2012 年出版的著作《当无人生育时还能期盼什么》(*What to Expect When No One's Expecting*)中的一部分。

这一言论得到了社会各界的回应。批评家们备感焦灼地指出，随着女性不再把结婚生子当成是自己成年生活的重心，我们国家的前途将愈来愈黯淡无光。《纽约时报》专栏作家罗斯·多赛特（Ross Douthat）曾写过一篇名为"请再多给我们一些孩子"（More Babies, Please）的文章。他在文章里把"生育率的下降"称作一种"衰亡"，"一种只顾眼前而不着眼未来的观念"以及"畅游于现代世界的安乐，却把首先要为建设人类文明所尽的基本义务扔到了一边"。多赛特并没有明确指出促进国家人口增长到底是哪些人的义务。相比之下，拉斯特则更为直截了当。他详细列出了导致人口出生率下降的原因，还特别提醒人们，"接受大学高等教育的女性数量已经和男性持平了（后来甚至超过男性数量）"，而且，"更重要的一点是，女性开始扩大她们的事业范围，不再只是教书和做护理工作"。最后拉斯特写道："避孕药加上同居的潮流，二者联合在一起，打破了性别、婚姻以及生育之间的铁三角关系。"[37]

针对这种关于人口数量的焦虑，经济学家南希·弗波莱（Nancy Folbre）在《纽约时报》上给出回应。据她所知，"没有任何历史证据表明一个社会的生产力和创造力由其人口的年龄结构决定"[38]。那些人的焦虑不是出于历史证据，而是源自对过去的怀念：怀念那个——按照拉斯特的说法——联结女性、婚姻和生育的"铁三角"还没有被打破的时代。

不论那些人是在焦虑新生儿数量太多，还是新生儿数量不足，不论是在担忧穷困潦倒的女性，还是享有权力的女性，他们最后得出的结论似乎都一样：必须还原以前的婚姻准则——它依旧是测量女性存在价值的尺规。而其他那些权衡女性成功的因素也就显得微不足道了。

她们的故事就是这个国家的故事

有趣的是，所有这些警告、诋毁和恐慌——包括其中最激烈的行为和言论——都不是空穴来风。单身女性的确在颠覆一切，她们愈加频繁地影响着经济、政治和性别权力关系在两性间的分配。女性得以选择单身生活的能力，正影响着美国的选举政治。大量的美国单身女性正在改写我们对于家庭的定义，并将进一步影响我们的社会政策。

有一种（或许是无意识的）观念在单身女性遭受顽强抵抗时悄悄作祟：她们不断扩大的权力意味着社会与政治结构的破裂，其影响之深远涉及避孕的权利、性自由、废除奴隶制、女性选举权、女权主义者的诞生、公民权利、同性恋权利以及劳工运动。

更关键的是，单身女性在那些早期的"破坏"活动中都发挥了极为重要的作用。尽管快速增长的未婚女性人数以及她们所带来的影响力，看起来似乎只在过去的 50 年里撼动了整个国家，但实际上，单身女性参与建设国家的力量，早已深深铸进国家历史之中。

女性——尤其是在旧式婚姻制度消磨生命、削弱身份的背景下，那些挣脱束缚的独立女性——自这个国家成立之日起，就一直在推动社会的进步。

第2章

创造历史的单身女性：美国的未婚女性

1563年，英格兰上议院（House of Lords）向女王请愿："恳请女王陛下着手处理自己的婚姻大事，包括举办婚礼的地点和结婚对象。请您尽快做出决定。"这位女王就是英格兰"童贞女王"——伊丽莎白·都铎（Elizabeth Tudor），她于1558年至1603年执掌权柄，终身未婚。伊丽莎白也曾经对几次求婚犹豫不决，其中有些联姻还能帮助英格兰在保持独立的条件下，缔结极具价值的国际联盟。但她最终还是选择了单身。1558年，在议会恳请她结婚时，伊丽莎白发表声明说，"我早已选定了英格兰王国作为我的丈夫"，并在另一场合说明了她想保持单身的愿望："在我这里将只有女主人，不会有男主人。"传言，这位女王曾对一名外国密使说："倘若可以遵照我自己的意愿，我宁为单身的乞丐，也不做已婚的女王。"[1]

然而事实上，在当时，一名女性乞丐保持单身要比伊丽莎白选择不婚困难得多。历史学家朱迪斯·贝内特（Judith Bennett）和艾米·弗洛德（Amy Froide）在关于早期欧洲单身女性的研究中发现，"几乎没有女性能找到和男性薪酬相等的工作"，这使得不想结婚的女性根本无法靠自己生活下去。然而在精英阶层，"富有的女性继承人能够掌握自己的命运，因此跟一般女性相比，她们更有条件放弃婚姻"。伊丽莎白也被列为"因掌握财富而保持单身的女性典型"。[2]

伊丽莎白的例子不仅说明了数百年以来单身女性获得成功的概率微乎其微，同时也证实，与步入婚姻的女性同胞相比，那些努力坚持单身的女性往往可以更好地把握自己的命运，甚至在这个世界上留下自己的印记。

对于大多数女性来说，从前除婚姻外，并没有其他途径可以让她们获得稳定的经济来源和社会地位，以及有社会认可的性生活和生育年龄。但是，拥有丈夫（然后生儿育女，甚至儿女成群）同时就意味着成为贤妻良母，意味着失去自我，放弃法定权利，丧失为公众谋福祉的能力。也有少数女性在历史上留名，她们通常来自更为富裕的阶层，大都没有走进婚姻——至少为获得历史地位奋斗的时候还是单身。

许多女性作家以及艺术家都终身未婚，包括画家玛丽·卡萨特（Mary Cassatt）、诗人艾米莉·狄金森（Emily Dickinson）和克里斯蒂娜·罗塞蒂（Christina Rossetti）、作家安妮·勃朗特（Anne Brontë）、艾米莉·勃朗特（Emily Brontë）、薇拉·凯瑟（Willa Cather）、凯瑟琳·玛丽亚·塞奇威克（Catharine

Maria Sedgwick），以及多产的非裔美籍作家波琳·霍普金斯（Pauline Hopkins）。许多在医学上取得重大成就的女性，比如医生伊丽莎白·布莱克维尔（Elizabeth Blackwell）和艾米莉·布莱克维尔（Emily Blackwell）、护士弗洛伦斯·南丁格尔（Florence Nightingale）、克拉拉·巴顿（Clara Barton）及多萝西娅·迪克斯（Dorothea Dix），都一直保持单身。还有一些社会改革家如简·亚当斯（Jane Addams）、苏珊·安东尼、弗朗西丝·威拉德（Frances Willard）、爱丽丝·保罗（Alice Paul）、玛丽·克鲁（Mary Crew）和多萝西·海特（Dorothy Height），以及教育家凯瑟琳·比彻（Catharine Beecher）和玛丽·里昂（Mary Lyon），也都没有结婚。

但这并不代表这些女性就没有性生活或家庭事务方面的烦恼，也不是说她们从来没有与异性或同性保持长期的恋爱关系，虽说其中有些人确实不曾有过感情经历。她们只是与当时的社会期望格格不入，不愿意缔结充满男尊女卑意味的婚姻关系。

安东尼曾向记者内莉·布莱这样说道："我爱过的人不计其数！……但我从没有爱到想要结婚的程度……我绝不放弃自由的生活，给男人当管家婆。在我年轻那时候，要是有位姑娘嫁给了一个穷小伙，那她就会变成管家婆和苦工。她要是嫁了个有钱人，就成了有钱人家的宠物和玩偶。想想吧，我要是在20岁结婚，那么接下来的55年，我不是个苦工就是个玩偶。"[3]

当然了，也有一些已婚女性跳出性别与时代的藩篱，取得了非同寻常的成功：伊丽莎白·盖斯凯尔（Elizabeth Gaskell）

和哈莉特·比彻·史杜威（Harriett Beecher Stowe）不仅是结了婚的作家，还是女性婚姻福利的大力倡导者。但许多已婚女性也确实承认，传统形式的婚姻使女性脱离了社会。伊丽莎白·卡迪·斯坦顿（Elizabeth Cady Stanton）是19世纪妇女权利改革家，同时也是一位有着7个子女的已婚母亲。对丧钟般沉闷的家庭生活，她常报以冷嘲热讽。有段时间，斯坦顿没有收到苏珊·安东尼的来信，便写了封信打趣道："苏珊，你现在在哪儿啊？最近干吗呢？这么久没你消息着实吓人，你是去世了还是结婚了？"4

那些取得卓越成就的已婚女性——社会活动家艾达·威尔斯（Ida B. Wells）、安吉丽娜·格里姆凯（Angelina Grimké）和宝丽·莫里（Pauli Murray），作家乔治·艾略特（George Elliot）、玛格丽特·富勒（Margaret Fuller）及卓拉·尼尔·赫斯特（Zora Neale Hurston），艺术家弗里达·卡罗（Frida Kahlo）和乔治娅·奥基弗（Georgia O'Keefe），演员萨拉·伯恩哈德（Sarah Bernhard），以及飞行员布雷芙·贝茜·科尔曼（Brave Bessie Coleman），都有着在当时看来非常前卫的婚姻：开放、没有子女、短暂，或是结婚很晚——在经济或事业上站稳脚跟后，都找到了更愿意视她们为同伴而不是附庸的伴侣。

然而，并没有多少行之有效的办法，可以让女性摆脱作为传统妻子的繁重枷锁。数百年来以各种方式合法构建起来的婚姻制度，在控制女性、限制女性权力上"卓有成效"，比如从社会、政治、医疗、文化等方面给无婚姻的生活带去重重阻力。因此在过去，不管是有意还是无意成为单身的女性，尽管她们拥有一定的能力和自我做主的权利,但几乎没有人能逃脱来自社会的责难,或者获得经济上的独立。

追溯美利坚历史上女性困难的奋斗之路,不难发现,过去单身女性在生活上面临的挑战和阻力,与当今单身女性的遭遇出奇相似:事实上,自美国建立以来,女性一直在为争取独立而斗争,在与政客、说教者和主流媒体做斗争。不仅如此,过去的两百年里,单身女性对美国的社会和经济巨变也做出了一定贡献,使今天的单身女性更容易过上独立自主的生活。

婚姻独立与新大陆

在早期的殖民地美国,由于欧洲政府的缺位,家庭成为社会管理的重心。在17世纪的普利茅斯、马萨诸塞湾殖民地、康涅狄格以及纽黑文,没有结婚的人必须从属于家庭,而且掌控家庭管理权的男主人必须热心宗教,还要拥有土地。17世纪50年代,纽黑文颁布法令,称"既不在服役,也不在家庭中生活的人"有可能成为"麻烦与动乱"的源头。每个家庭的"治理者"被赋予权力"监察每一个单身者的行踪、举止以及行为"。未婚女性则需要维持恭顺的居家女子身份,不得进入社会谋求独立。[5]

塞勒姆小镇的长老曾短暂允许未婚女性拥有自己的财产,不过州长很快便修正了这一疏漏,并要求今后最好避免"一切向未曾婚配的单身女性赠予财产的罪恶之事"。[6]历史学家爱丽丝·凯斯勒-哈里斯(Alice Kessler-Harris)指出,由于获得土地所有权的女性可以不用依靠婚姻独立生活，其他殖民地也"渐渐意识到给予女性土地会削弱女性的从属角色"，因此采取措施来限制女性的这一权利。1634年，马里兰州参议院颁布一项议案，提出如果未婚女性在7年之内仍未结婚，其拥有的土地一律没收。[7]

几乎只有一类女性有可能坚持自己的权利，那就是富裕的遗孀。这类女性有一定的社会地位，她们结过婚，并且合法地继承了已故男主人的财产。但这种情况却很少见，大多数寡妇都十分贫穷，根本没有办法养活自己或者子女，而是靠着邻里的帮助施舍来维持自己和家人的生计。

多数情况下，未婚女性都寄人篱下，她们被视为家庭的负担、社会的负担。

英文中"大龄未婚女性"（spinster）一词由纺织工（spinner）一词演化而来。在13世纪的欧洲，十字军东征遗留的寡妇和孤儿会去纺织棉花、羊毛和丝织品，这些人被称作"纺织工"。到了16世纪，"大龄未婚女性"一词是指，很多没有结婚的女性为了不成为家里的累赘，直到很大年龄还会日夜不停、不计回报地做些纺织活贴补家用。[8]

在新大陆，"大龄未婚女性"一词有了更为准确的定义：在殖民的俗语里，它是指23岁至26岁以下的未婚女性。到了26岁，还没有结婚的女性会被称作"刺鱼"（thornbacks）。刺鱼是一种背部和尾部长有尖刺的海鳐。这可不是什么赞美之词。

波士顿书商约翰·邓顿（John Dunton）在1686年写过这

么一句话："在波士顿，一个老姑娘会被视作最恶的诅咒、最可悲的人。"[9]但事实上，这种"可悲的"未婚女性在殖民地几乎难得一见。移居殖民地安家的男性大大多于女性，因此男女人口比例很高，而男性数量超过女性往往会造成结婚率高和婚龄偏低的情况。1755年，本杰明·富兰克林（Benjamin Franklin）写道："因此，与欧洲相比，美国的结婚率更高，结婚年龄通常也更早。"

美国人早期对待婚姻的态度，以及婚姻中的男女角色，都与英国普通法（common law）中的"夫妻一体主义"（coverture）原则一致。夫妻一体主义是指女性婚后的法律、经济以及社会身份，包含在其丈夫的法律、经济和社会身份之中。当时，已婚女性为"feme covert"，未婚女性为"feme sole"。威廉·布莱克斯通（William Blackstone）所著的《英格兰法律评注》（*Commentaries on the Laws of England*）对"夫妻一体主义"的解释是，"女性在法律意义下的存在状态，在婚姻存续期间暂停，或者至少是与其丈夫的法律存在状态合并统一。女性所行之一切，均在丈夫的保护之下……男性不得授予其妻子任何财产，也不得与其订立契约，因为授予妻子财产意味着她将独立生活，与妻子订立契约则相当于与自己订立契约"。

夫妻一体主义原则包含了历史学家阿丽拉·达布勒（Ariela Dubler）所说的"大量令人震惊的有关社会地位的法律限制"，这些限制包括妻子不得持有自己的工作报酬，不得签订合约或是提起法律诉讼。[10]历史学家南希·科特认为："从经济层面来看，传统婚姻契约类似于主仆之间的合约。"[11] 虽然一些学者的研究显示，欧洲以及新大陆的很多女性都想尽办法对家庭以及公共社会施加影响，但根植于婚姻条例中的性别不平等却使她们步履维艰。

对那些逃脱了婚姻的单身女子而言，也会有许多条条框框阻碍她们的成功。清教徒女性没有性自由，大名鼎鼎的牧师科顿·马瑟（Cotton Mather）曾对那些"外表、言语或是姿态显露出不贞放荡、放肆无礼"的女性大加谴责。[12] 未婚女性能从事的职业寥寥无几且薪水微薄，比如助产士、裁缝、护理、家庭教师或是助教，而这些工作也反映了社会大众对女人天性的一些看法。

后来美国独立战争爆发，使得两性关系变得更为复杂。首先，许多青壮年男性离家奔赴战场，在18世纪70年代、80年代，以及在1812年的战争中与英国人作战。这几场战争，加之后来天命论时代*大批男性西迁，造成了成千上万女性留守东部的现象，打破了全国男女性别比例的平衡。

但是女性与婚姻的关系绝不仅仅与人口数量有关，18世纪末是一个政治动荡时期，美国独立战争之后，法国大革命爆发，又催生了当时的法属殖民地圣多明各（今属海地）革命，奴隶由此获得解放。1804年，海地共和国成立。在启蒙时代自

---

* 天命论（Manifest Destiny），19世纪在美国广泛持有的一种信条，即美利坚合众国是被上帝选中的土地，上帝将北美洲赐予美国。"天命论"下，美国不断扩张疆土，增强其在北美的影响力。

由思想的作用下，世界各地的权力结构开始土崩瓦解。英国作家玛丽·沃斯通克拉夫特（Mary Wollstonecraft）（晚婚并在婚外育有一子）驳斥了法国哲学家让-雅克·卢梭（Jean-Jacques Rousseau）关于女性应顺从丈夫的观点，并在1792年出版的《为女权辩护》（A Vindication of the Rights of Woman）中对卢梭"贬低女性，把她们变成爱的奴隶的思想"进行了声讨。她自己则努力推动女性接受教育，获得独立。

"革命中的平权言论为女权运动提供了最初的词汇，"历史学家玛丽·贝思·诺顿（Mary Beth Norton）说。[13] 而李·弗吉尼亚·钱伯斯-席勒（Lee Virginia Chambers-Schiller）是这样描述女权运动的："最初兴起于1780年，中上阶层的女性……展现出一种引人注目的女性独立形象。越来越多的女性，包括美国东北部制造商、商人、农民以及从事'低微职业'者的女儿们，都开始拒绝'给她们带来束缚的婚姻'。"[14]

个人自由与部分美洲居民所受的限制完全背道而驰，这些限制不仅仅来自婚姻，更来自用来维持这个新国家经济稳定、确保白人男性统治地位的奴隶制。

婚姻和奴隶制是两种不同的制度。奴隶是财产，在宪法中被算作五分之三个人，他们可以被买卖，自身无任何权利。而在婚姻中，虽说女性一方会失去自己的权利和身份，但它承认女性是自由人，婚姻契约是女性自愿缔结的（虽然有来自经济、家庭或是邻里等方面的压力）。通过婚姻，妻子可以获得经济利益和财产继承权，并且能得到社会及教会的认可，她们的社会地位继而可以得到提高。

然而，奴隶法和婚姻法也有相同之处，表现在：一个群体可以运用政治、社会及性的权力迫使或禁止另一个群体结婚；黑人女性曾饱受种族歧视和性别歧视制度的双重压迫。在南北战争之前的美国，奴隶之间的婚姻得不到法律的认可，这既阻碍了奴隶之间的正当结合，更使奴隶主可以与奴隶发生性关系，又不会违背婚姻契约。[15]相反，一些奴隶主还会强迫奴隶违背自己的意愿结婚，让她们生下更多的孩子成为奴隶，或是让她们有了家庭之后不再设法逃跑。"有些奴隶如果无法与自己希望的人结婚，那么她们干脆就不结婚。"历史学家弗朗西丝·史密斯-福斯特（Frances Smith-Foster）这样写道。同时她还引用了奴隶哈莉特·雅各布斯（Harriet Jacobs）说过的一句话，当时哈莉特想和一名自由人结婚，遭到主人阻止，主人要求她只能在他的奴隶中选一位做丈夫，哈莉特质问道："先生，难道您不认为，奴隶也有权选择自己的婚姻吗？"[16]

当然，一直以来也有不少奴隶彼此相爱，按自己的意愿结婚，组成美好家庭。但是这些家庭通常因为奴隶买卖而被拆散，成年和未成年的女奴遭到主人或少主人的强暴而怀孕。控制女人的婚姻生活和生育年龄是压制她们最有用的办法。

在这个不断变化的国家中，有些地方的女性还是可以选择单身，即使单身生活非常艰辛，充满磨难。19世纪初，大量海地难民涌入新奥尔良市，"自由的有色人种"（gens de couleur libre），也就是自由黑人的人口大量增长。自由的非白人女性得到许可,能够继承或拥有财产、生意还有奴隶,这些人绝大多数不会选择结婚。较为宽松的经济条件和性别环境对这些女性是一种鼓励,大家都会尽力避免经历与玛丽亚·尚迪利(Maria Gentilly)类似的不幸:由于丈夫挥霍她的钱财,这位自由女性在 18 世纪 90 年代上诉法院要求丈夫归还财产。[17] 她自己把这件事称为"婚姻的枷锁"。[18]

工业时代的躁动

18 世纪末,农业经济向工业经济过渡,人们对性别角色重新进行了思考,至少在中产阶级家庭中是这样。长久以来,女性的生活就是生儿育女,在家做饭缝衣。随着食品和纺织品开始在市场流通,她们突然有了更多的自由空间。医学的发展、儿童死亡率的下降、寿命的延长以及农活的减少,更意味着女性无须生养很多孩子。

在这个年轻的国家里,性别角色的调整推动人们重新认识女性的价值。在 19 世纪的前 30 年里,随着宗教复兴和女性期刊业的蓬勃发展,人们用全新的方式诠释女性的美德和价值。《戈迪女性指南》(*Godey's Lady's Book*)就大力倡导一种令人向往的上层社会女性新形象和人生目标,也就是现在历史学家所谓的"贤妻良母风尚"(Cult of Domesticity)。富裕的美国白人家庭的太太,无须再为家里的衣食操劳,开始精心打造充满女性温情的家庭气氛,与外面喧嚣的男人世界形成鲜明反差。相对于他们投身事业的广阔天地,家被想象为男主人神圣的港湾、道德的庇护所。

1829年出版的《年轻女性指南》(The Young Lady's Book)一书称:"不管一个女人身处何种生活状态,她的一辈子就是要顺从、克制、谦卑。"[19]日常家事被写得费时费力,为的是要充实女性的生活,免得她们无聊厌倦而离开家庭。《戈迪女性指南》热心地告诉读者"大多数年轻小姐们都不愿相信,倒茶倒咖啡这类事其实大有学问"。[20]凯瑟琳·比彻提倡教育,而且大力倡导女性接受家政教育。她在1841年出版的《家庭经济论述》(A Treatise on Domestic Economy)一书里写道,女孩子学会了洗衣服,就能"领略到洗衣盆的艺术与神秘"。[21]

18世纪,随着时间的推移,由于男性的西迁,东部的女性结婚率开始下降,越来越多的未婚女性不得不负担起社会强加的家庭义务。19世纪早期出现一种论调,现在的历史学家称之为"单身是福风潮"(Cult of Single Blessedness)。"单身是福"背后的观点是,没有结婚的女性,不管是不是出于她们自己的选择,都有她们内心接受和需要去遵从的东西。人们假定"幸福地单身着"的女性都是神的器皿,丈夫或是子女都无法减弱她们的热情。这样的侍奉之心使她们成为上帝、家庭以及社会的忠实仆人。人们往往会期望未婚女子承担起照顾社区贫病者的责任,更期望她们在兄弟姐妹顾着自己新家的时候,担当起照料年迈父母的责任。

19世纪,牧师乔治·博纳普(George Burnap)在名为"女性的天地和职责及其他"系列演说（*Lectures on the Sphere and Duties of Woman and Other Subjects*）中，称单身女性为"后备部队"，一语道出了"单身是福"背后的悲哀逻辑。[22]"英明的将军不会让所有士兵一齐上阵，总会留一部分在后方，以免兵力不足，"博纳普写道，"留下的未婚女性也是一样的道理……让她们替那些不愿尽义务的人承担责任。"他还指出，在别人以夫妻之名享受生活之乐的时候，单身女士们却"在替那些不顾他人、只顾自己享受的人操劳家务事，或者在病榻前目睹病痛和死亡"。[23] 这是什么逻辑！

19世纪时，尽管外界社会的手段如此严厉，很多有志向的女性仍愿意投身于非家庭工作中，尤其是那些没有丈夫和孩子的女性，孜孜不倦地追求事业和知识。玛丽亚·米歇尔（Maria Mitchell）是一位来自马萨诸塞州的女天文学家。她说，女性"一旦从缝缝补补的活计中解放出来，便有时间专注于学习知识，针线活绝对无法与之相较"。[24]

这种说法也得到了路易莎·梅·奥尔科特（Louisa May Alcott）的认同。奥尔科特或许是整个19世纪最出名的、以文学形式来鼓动人们打破婚姻枷锁的作家，她大力倡导女性独立。奥尔科特的父母是超验主义*改良者和社会工作者，她从小便做出了不婚的决定。随着年龄的增长，这一想法越发坚定。1868年，

---

* 超验主义（transcendentalism），19世纪在美国盛行的哲学思潮。超验主义者强调个体在社会的重要位置，社会革新需要通过个人的修养与完善实现。

奥尔科特写下了自己认识的"所有辛勤忙碌、有贡献的独立未婚女性,"她在书中提出"对我们当中的许多人来说,自由比爱情更适合做我们的丈夫","失去自由、快乐和自尊,而换回空洞的'夫人'头衔是得不偿失的"。[25]

奥尔科特立志实现经济上的独立,或许是她家里的经济状况使然。为了贴补父母、供养兄弟姐妹,她当过教师、护士、裁缝、家庭教师、作家、女佣和杂志编辑。奥尔科特的成长之路非同寻常,她供养家人,还实现了经济独立,甚至成为那个时代的著名作家,著有《小妇人》《小绅士》等小说以及其他形式的作品。然而,对于绝大部分与奥尔科特同时代的人来说,写作仅是爱好,几乎是无偿劳动,完全谈不上是我们今天所说的"事业"。一个女性,纵使她有再大的抱负、再高的天分,纵使她取得再大的成就,也鲜有机会能获得与男性同行同等的地位,也不太可能赚取稳定的收入。

教师职业在当初虽然薪资微薄,又不大稳定,但却是个正在发展壮大的行当。工业化让越来越多的孩子从田间劳作中解脱出来,他们可以上学,而且有更多的时间受教育。在18世纪末至19世纪中期的美国,民众的识字率显著增长,中小学扩招增加了对教育工作者的需求。由于传统观念认为女性天生适合养育儿童,她们自然而然地填补了这些空缺。记者达娜·戈德斯坦(Dana Goldstein)称,在1800年,美国90%的教师是男性,而到了1900年,教师总人数的三分之一是女性,单身女性占女教师人数的一半以上。导致这种现象出现的原因是一系列

"婚姻障碍"（marriage bars）政策的出台，学区有权解除与已婚女性的工作关系，或拒绝授予她们终身教职。许多州的女教师在结婚之后很难再继续执教。[26]正如戈德斯坦指出的那样，很多教育先驱，包括贺拉斯·曼（Horace Mann）和终身未婚的凯瑟琳·比彻都"明确认为教师是未婚女性的工作"，这份工作能够"减轻不婚带来的耻辱"，[27]使未婚女性虽无自己的孩子也能教育孩子，履行应尽的家庭使命。

1853年克里米亚战争（Crimean War）的爆发，很快又将女性吸引到另一种职业——护理行业上。同时，工业革命导致棉纺厂数量激增，许多工厂，例如在马萨诸塞州出产纺织品的洛厄尔镇（Lowell town），几乎所有员工都是未婚的年轻女性。家政服务反而成为许多人最后的选择，这些工作往往留给最贫困的人群——非白人女性。

这样的社会背景，再加上19世纪中期宗教的复兴，提升了人们对社会改良运动的道德责任和关切，女性开始走出家庭，进行社交。

随着国家的发展壮大，人们开始争论新纳入的领土是否实行奴隶制这一问题，甚至引发了一场危机。在学校、工厂里结识的女性同胞，其中多数为年轻的单身人士，她们也参与了这场争论，并团结起来参加了一系列改变国家命运的社会活动。

妇女能顶半边天

1840 年，一名自称为"不幸的、受人讥诮和鄙视的女性群体中的一员（这个群体人称老处女、单身姐妹、俗世修女……然而更多的是被人叫作老姑娘）"的新闻记者贝齐（Betsey）致信《洛厄尔发行》（*The Lowell Offering*）说，"老姑娘是（上帝的）神来之笔"，之所以这么说，部分原因是"她们是废奴运动、道德改革运动，以及各种宗教和慈善协会的发起人和顶梁柱"。[28]《洛厄尔发行》是马萨诸塞州工业城镇洛厄尔的出版物，洛厄尔镇上雇用了成千上万名年轻的单身女工，后来洛厄尔镇成了劳工运动的发源地。

然而，她的这种说法却引起了人们极大的不安：女性会不会为了更多人的福祉、为了道德，选择不是顺服于一个更大的权力结构，而是组织起来去推翻它呢？

弗雷德里克·道格拉斯（Frederick Douglass）在 1881 年写道："将来，女性会在记载废奴运动历史的真实档案中，占据很大的篇幅，因为奴隶运动主要是女性的运动。"[29] 而许多有时间、有能力投身奴隶解放事业的女性，至少在她们投入运动期间，都没有丈夫或孩子，比如废奴主义者苏珊·安东尼和萨拉·格里姆凯（Sarah Grimké），两位女性终身未婚，还有萨拉的妹妹安吉丽娜，在 33 岁那年与一位同道的废奴主义者结婚，婚前曾以其言辞激烈的废奴演说吸引了公众的注意。

废奴思想与女权主张自然存在重合之处。反对奴隶制的改革者，包括安东尼和格里姆凯姐妹，以及伊丽莎白·卡迪·斯坦顿、卢克丽西娅·莫特（Lucretia Mott）、索茹尔内·特鲁思（Sojourner Truth）、哈莉特·塔布曼（Harriet Tubman）、玛丽亚·斯图尔特（Maria Stewart），还有莉迪亚·玛丽亚·柴尔德（Lydia Maria Child），她们最初的斗争是为了废除蓄奴制，但是她们关注的焦点很快就扩大到女性在法律、社会和民权等方面长期受压制的问题上。她们与男性同胞共同作战，其中包括威廉·劳埃德·加里森（William Lloyd Garrison），他曾为女性废奴主义者无法参加1840年于伦敦举办的世界废奴会议进行声援，还有弗雷德里克·道格拉斯，他是1848年签署《情感宣言》*的32名男性之一。《情感宣言》起草于纽约的塞尼卡瀑布城（Seneca Falls），是女性解放运动的早期蓝本之一。

并不是所有参与这些运动的女性都是单身，但是单身女性在废奴运动中的参与度非常高，有人因而指责早期的一些女性废奴主义者要解放奴隶，是为了可以和黑人男性结婚。[30] 许多改革者在当时确实是单身，至少她们对于婚姻模式的性别限制是有切肤之痛的。露西·斯通（Lucy Stone）既是废奴主义者，也是妇女参政论的主张者，1855年她与亨利·布莱克维尔（Henry Blackwell）结婚时，两位新人邀请主持婚礼的牧师给宾客分发一份抗议婚姻不平等的声明，其中写道："我们二人公开结为夫

---

* 《情感宣言》（Declaration of Sentiments），第一份由女性组织、讨论女性权利的宣言书，由68名女性以及32名男性联合签署，是女性在争取政治、宗教、社会权利过程中获得的重大成果。

妻，以此表达我们对彼此的感情……但这并不表示我们认同，或承诺自愿遵守现行婚姻法的一些规定，如不承认妻子是理性的独立个体，赋予丈夫几乎绝对的优越感。"斯通婚后继续使用父姓，后来又有一代代的女性效仿她的做法，保留父姓，被人们称为"斯通们"（Lucy Stoners）。

女性对婚姻中潜在伤害的认识，还推动了禁酒运动的壮大发展。领导禁酒运动的既有单身的活动家（以弗朗西丝·威拉德最为出名），也有已婚的妇女。这场运动旨在通过禁止酒类的买卖和消费，减少丈夫酒后轻则怠惰、重则暴力的行为。相比消除家庭内部不平等或改革婚姻法，彼时的禁酒令在遏制家庭暴力方面取得了更为卓越的成效。当然，没有什么比这个事实更能证明传统婚姻对女性的伤害了。

美国内战

内战期间，约有300万男性离家奔赴前线作战，60多万人死于战场和疾病。女性则加入两边的军队充当战地护士，照料前线士兵，贡献自己的力量。在战争期间以及战后的若干年里，女性单身和守寡都变得极为平常。

1865年，马萨诸塞州州长提议将本州的3.8万名"多余"的女性遣运到俄勒冈和加利福尼亚这两个缺少女性的州去，但是遭到了立法机构的反对，这说明社会开始对女性劳动力产生了依赖。立法机构指出，如果将新英格兰地区的这些年轻姑娘转移走,"数以百万的纺锤将会停止奏乐,这里将会如坟墓一般沉寂;十几万家庭的女主人,将会因为家中有一两个或更多'女佣'被带走而陷入恐慌"。[31]

历史学家瑞秋·塞德曼(Rachel Seidman)称,战后不久,中产阶级改革家圈子内开始出现"女性不应依靠男人"之类的新观念,而工人阶级女性则开始意识到她们根本没有男人可以依靠了——因为她们的丈夫、父亲和兄弟或是奔赴战场或是去了西部。于是,越来越多的女性外出工作,但劳动收入的差异让她们意识到,社会中还存在严重的性别歧视和阶级矛盾。

曾经做过教师的弗吉尼亚·佩妮(Virginia Penny)在1869年出版了《思考与行动》(*Think and Act*)一书,探讨越来越独立的职业女性所面临的收入不平等问题。她强烈要求政府实行(男女)同工同酬,甚至建议向收入优渥的单身男性额外征税,以此补贴未婚女性。差不多同一时期,来自波士顿职业女性联盟的奥罗拉·费尔普斯(Aurora Phelps)提出了获取宅地的请求,希望政府仿照西部《宅地法》*中政府把土地分发给移民的做法,将毗邻波士顿的有政府津贴的土地,分给愿意耕种的未婚女性。[32]虽然这些提议并没有实现,却从此拉开了单身女性通过政策辩论为自己争取权利的序幕。

不少女性还只身前往西部。李·弗吉尼亚·钱伯斯-席勒

---

* 《宅地法》(Homestead Act),美国政府于1862年颁布的土地法,将部分土地无偿分配给申请人。据统计,共有160万美国人获得超过2亿7000万公顷的公共用地,占美国总领土面积的10%左右。

报道称，1900年之前，科罗拉多州的两个行政区有大约10%的土地登记在未婚女性名下，其中一些人——如南达科他州的农场主"单身贝丝"（Bess Corey）——前往西部并非为了寻找如意郎君，而是要抢占更多土地。1893年，一听说俄克拉何马州的切诺基地区（Cherokee）向农场主开放，劳拉·克鲁斯（Laura Crews）便骑着马，在不到1小时的时间内跑了17英里，然后宣布这片土地归她所有。之后，克鲁斯亲自料理这片土地，直到那里发现了石油。[33]克鲁斯于1976年去世，是切诺基抢地运动参与者中最后一个去世的人，享年105岁，并且终身未嫁。[34]

女性拥有独立购置并占有地产的权利，看似不起眼，但却是史无前例的突破，这不仅仅是不动产行业的事件，因为土地所有权长久以来都与政治选举权联系在一起。最初，美国选民的资格要求不仅仅是白人男性，而是拥有地产的白人男性。1869年，英格兰拥有地产的未婚女性得到参与地方选举投票的权利。美国最早争取投票权的女性也是购置了地产的女性：未婚女子玛格丽特·布伦特（Margaret Brent）是马里兰州的第一位女性土地所有人。17世纪40年代，她曾两次在当地民事诉讼案件中要求投票。

在西部，女性可以拥有土地，而且许多地方授予女性选举权的时间都早于美国宪法第十九条修正案*的颁布时间，这或许

---

* 美国宪法第十九条修正案（Nineteenth Amendment to the United States Constitution），将妇女有权投票参与政治写入宪法，于1920年8月18日正式生效。

并非巧合。早在 1920 年以前，怀俄明州、犹他州、华盛顿州、蒙大拿州、科罗拉多州、爱达荷州、加利福尼亚州、亚利桑那州、堪萨斯州、俄勒冈州、内华达州、俄克拉何马州、南达科他州、密歇根州和阿拉斯加州便允许女性参加选举。而在城市化进程更快、更加传统的东部各州（除纽约州外），则要在宪法修正案通过之后才允许女性参加选举。

19 世纪社会改革运动之所以有所发展，是因为女性参与世界的方式改变了，也因为人们对于个体认同和两性依从关系有了新的认识。这期间，美国迎来了第一个单身高峰——1865 年至 1875 年出生的美国女性的单身率达到 11%。[35]

"女汉子"的面包和玫瑰

19 世纪末，女性越来越独立，奴隶也刚刚获得自由，这段时间社会运动频发，全美国都笼罩在不安之中。

除了参加社会运动，女性在教育方面也提出了更高的要求。对教师的需求激增，使得从事师资培训的教学机构，即"师范学校"的数量飞速增加。这段时期还陆续诞生了不少私立女子大学，如 1837 年创立的曼荷莲女子文理学院（Mount Holyoke College），1861 年创立的瓦萨尔学院（Vassar College），1870 年创立的韦尔斯利学院（Wellesley College），1871 年创立的史密斯学院（Smith College）。布林莫尔学院（Bryn Mawr College）创立于 1885 年，此后 10 年，学院一直由第二任校长——

M. 凯里·托马斯（M. Carey Thomas）管理。托马斯主张妇女参政，她曾向母亲写信解释自己不结婚的决定："婚姻意味着丧失自由，意味着贫穷和服从，在我看来实在是得不偿失……亲爱的妈妈，您必须做好思想准备，您的女儿将是一个终身不嫁的老姑娘。"

1862 年，美国颁布《莫雷尔法案》（Morrill Act），拨出土地用来兴办大学，包括西部和中西部地区的农学院和机械学院。这些大学的课程比较灵活，越来越多的女性能够和男性一起上学。[36] 1884 年，密西西比州工业学院（最早为密西西比白人女子工业学院）成为第一所为女性提供高等教育的州立大学。[37] 斯贝尔曼学院（Spelman College）则是历史上第一所黑人女子学校，由两位未婚女性于 1881 年创立。

然而，由被压迫者——时至今日，这些人的被迫服从还在为美国的权力结构筑底——发起的来势汹汹的自由运动，引发了声势更为浩大的反单身浪潮，社会动荡被直接地归咎于未婚的女性。这些"女汉子"[38]不是被指责错失了享受家庭生活的机会，而是被认定根本不适合家庭生活。针对 1853 年苏珊·安东尼关于禁酒运动的著作，《纽约太阳报》（New York Sun）发表长篇回应说，"那些不男不女、总是渴慕成为女中豪杰、绝不肯输给男人的人，她们不配做一个女儿、母亲和妻子，因为合格的女儿、母亲和妻子需要有默默奉献的精神"。

反单身人士把所谓的社会动荡与单身现象紧密地捆绑在一起，甚至给结了婚的社会活动家也贴上了单身、冷漠、不适合结婚的标签。1838年,《妈妈杂志》(Mother's Magazine)有一期直指格里姆凯姐妹(Grimké sisters)(也就在那一年,两姐妹中的安吉丽娜顺利完婚,后育有3个孩子,萨拉也已至少拒绝过一次求婚)说,"这些强悍的女人是在做自己的刽子手。在公众的眼里,她们已经不再是女人,因此无须担心她们这类人会延续下去"。[39]

也许是因为女性对婚姻的排斥,法律和社会风俗开始略有让步,为女性让出些许空间,让其在婚姻制度内获得一点独立,尽管这一过程十分艰难。女性请求颁布《已婚妇女财产法》(Married Women's Property Acts),并要求实行独立调查,在丈夫不在场的情况下,允许法官与妻子单独对话。1839年,法院批准该请求,由此逐渐开始推翻夫妻财产一体的制度,虽然这个过程已经历时一个多世纪。19世纪60年代末,玛拉·布拉德韦尔(Myra Bradwell)申请法律从业执照,并援引美国宪法第十四条修正案的内容,以捍卫自己从业的权利。伊利诺伊州最高法院以已婚妇女无权单独经营业务为由,驳回了她的请求。玛拉对裁决表示不服,但法官约瑟夫·布拉德利(Joseph Bradley)在判决书中写道:"原告显然无法证明历史上择业是女性的基本权利之一,"布拉德利认为,"女性的首要任务和使命是完成做妻子和母亲的责任,这是一个高尚而又美好的职责。"[40]

与此同时,法律更是打压一切有助于女性逃避"美好职责"的行为或与此相关的行为。1873年颁布的《康姆斯托克法》(Comstock Act),以及不久之后实施的一系列州法律,规定传播"淫秽"信息为违法行为,所谓"淫秽"信息包括有关节育和避孕的宣传资料。各州法律开始全面禁止堕胎,而在此之前,在某些特定情况下,法律是允许堕胎的。到了 1880 年,除非是为了挽救孕妇的生命,堕胎基本被禁止。

同一时期,世界各地的科学家试图用医学证明女性和有色人种从能力上便天生低等,让压迫女性和歧视有色人种的行为有理有据。

1864 年,德国科学家卡尔·沃格特(Carl Vogt)写道:"就智力构成而言,成年黑人的智力与白种人的小孩、女性和老人相当。"1879 年,著名社会心理学家古斯塔夫·勒庞(Gustave Le Bon)也撰文称:"在最智慧的人种中……许多女性的大脑,在大小上更接近于大猩猩的大脑,而不是最发达的男性大脑。这种劣势非常明显,目前无人可以辩驳,只是程度上还有待讨论。"但是勒庞也承认,"毫无疑问,的确有一些女性非常出色,明显优于普通男性,但这样的怪胎,就好比是长了两个脑袋的大猩猩,完全可以忽略"。[41]

毫无疑问,这些诊断的背后隐藏着对女性反叛的恐惧,正如勒庞所写,"让女性接受与男性相同的教育……是一种危险的思想。如果有一天,女人误解了女性天性赋予她们的低等工作,她们就会离开家庭,加入战斗,那一天便是社会革命的开始,一切维系家庭的神圣纽带都将消失殆尽"。[42]

美国医学界也将欧洲的医学声明作为理由和依据,建议限制女性的生活,促使她们依附于男性。在 1873 年出版的《教育中的性别：给女孩一个公正的机会》(Sex in Education; or A Fair Chance for the Girls)中，哈佛大学教授爱德华·克拉克（Edward Clarke）提出，女性如果和男性一同学习，而且负担一样的话，她们的大脑将会不堪重负，子宫和卵巢也会退化。[43] 钱伯斯-席勒更在报告中称，医学界认为"更年期的痛苦很可能就是女性生殖器没有定期沾染男人精液引起的"。

然而，尽管如此，依然有很多女性坚持不结婚，并且继续寻求改变。

进步时代

进步时代（1890—1920），是美国政治和社会出现巨大震荡的时期，正好也是美国女性结婚率达到历史最低水平的一个时期。在这数十年中，美国发生了许多大事，包括确定公平劳工标准运动、税号改革、公共教育改革，以及反私刑运动（私刑已成为南方白人对付非裔美国人的致命武器）等。[44]

欧洲移民开始大量涌入东海岸城市，或前往中西部地区，日本移民则越来越多地选择西海岸。华人移民虽遭禁止，但原有的华人社区也在不断扩大。美国的社会难题变得更加复杂，社会普遍认为是妇女选举权运动促成了工会运动，又进一步推动禁酒运动和社会福利改革。所有斗争都与一连串的技术创新相关联，这些技术创新创造了新行业，解决了新移民的就业问题。这些新移民继而加入当时的劳工运动、妇女选举权运动、教育改革运动和民权运动之中。

很多年轻女性迫于1873年和1893年的金融危机,纷纷涌向城市寻找工作机会。城市中的工作种类很快呈现多样化的趋势。很多女性原先在销售工厂产品的零售市场中做售货员。在打字机和电话机发明之后,她们从事打字员、电话接线员、秘书等职业。1870年,职业女性的比例还不到非农业女性劳动力人口的7%,而到1920年,这个比例增加了一倍多。[45]

许多女性,尤其是在工厂从事体力劳动、生活贫困的移民,每天劳动很长时间,没有休息日,工作场所环境恶劣,没有防火措施,没有监管。数以百万计的女工身处这样恶劣的工作环境,这是劳工运动出现的根本原因,而劳工运动之所以取得突飞猛进的进展,在很大程度上还是由于未婚女性的推动。

"女性参与并领导了美国历史上第一次工人罢工。"历史学家南希·科特在评论波士顿一家报纸所报道的罢工事件时这样说。19世纪30年代,马萨诸塞州洛厄尔镇爆发了几次"关掉机器"的罢工,其间,"其中一位领袖站在机器上,就女权问题慷慨激昂地发表了一篇女权主义者玛丽·沃斯通克拉夫特式的演说"。[46]

大多数在工厂干活的女工都是年轻的未婚女子。根据历史学家凯西·佩斯(Kathy Peiss)的说法,1900年,纽约市共有34.3万名有职业的女性,其中五分之四是未婚。[47] 1909年,一家生产女式衬衣的工厂女工发起了一次罢工活动,史称"两万人大罢工"。这次罢工的发起人是23岁的乌克兰移民克拉拉·雷穆里奇（Clara Lemlich），组织方是国际女装工人工会组织。当时未婚的克拉拉向一大群制衣工人宣称："我是一名女工，是那些为反对恶劣工作条件而罢工的工人中的一员。"这次罢工持续了12周，最终，几乎所有衬衣厂商都与工会达成共识，但仍然有少数几家拒绝合作。两年后，其中一家三角衬衣工厂发生了火灾，为了防止工人行窃，工厂管理人员将工人反锁在厂房里，导致146名工人全部葬身火海。这些工人中只有17位男性，剩余全是女性，而且大部分人都不满30岁，未婚。

参与这次罢工行动的还有一名俄裔波兰移民萝丝·施奈德曼（Rose Schneiderman），她是工人运动的组织者，也是妇女参政论的主张者，终身未嫁。1911年，她发表演讲，呼吁"女工既要有面包，也要有玫瑰"。这句话不仅成为1912年马萨诸塞州劳伦斯市纺织女工发起的"面包与玫瑰"罢工的口号，也成了后来劳工运动和妇女运动的口号。伊丽莎白·格利·弗林（Elizabeth Gurley Flynn）是一名激进的社会主义者，她在17岁时结婚，两年后与丈夫分居，在全国各地组织过数次矿工和纺织工人的罢工活动，多次被捕。作家西奥多·德莱塞称她为"东部的圣女贞德"，流行歌曲《叛逆女孩》（*The Rebel Girl*）就是为了纪念她而作，她还是美国公民自由联盟的创始成员。

工厂里的工会组织往往会关心工作场所的安全，而教育行业的劳工运动则主要关注薪酬公平问题。终身未婚的玛格丽特·海利（Margaret Haley）被媒体称为"劳工运动女斗士"，她是美国激进的教师工会——芝加哥教师联盟的领导人。1910年，美国全国教育协会（National Education Association）的一项调查显示，女教师通常都是家庭里主要的经济来源，她们有的孑然一身，有的则独立供养父母和兄弟姐妹。当时有人提出可以降低女教师的薪酬，而海利对此进行了驳斥。教师联盟97%的成员都是女性，因为女性没有投票权，没有办法成为独立的政治力量，所以海利计划与男性工人运动结成统一战线。她提议教师联盟加入由蓝领工人组织的芝加哥劳工联合会（Chicago Federation of Labor），使教师工会运动成为城市的一股政治力量，海利因此也被一位反对劳工组织的保守企业主称为"没有妇人样子的讨厌女人"。[48]

到了1920年，有将近40%的黑人女性参加工作，而白人女性只有18%。1919年的一项研究显示，纽约市的黑人劳动力大都年轻、未婚，至少接受过初级教育。历史学家宝拉·吉丁斯（Paula Giddings）曾写道："(黑人女性)有史以来第一次被允许使用机器，有些人甚至还找到了做文书、速记员和簿记员的工作。这些新的工作机会有着更好的薪资待遇，且更能发挥作用。"然而，机会虽然增多了，但黑人女性依然只能跟在白人女性的身后，从事白人女性曾经从事的、如今因为有了更好的机会而放弃的工作。她们在工厂里干着最热、最脏、最危险的活。正如吉丁斯所述，"她们的薪水也只有低收入水平白人女性薪水的10%到60%"。[49]

与此同时，其他改革者在积极从事睦邻运动（Settlement House Movement），其中有许多是妇女参政论的主张者、社会主义者和劳工组织者。他们要创造一个富人和穷人共同的生活空间,以促进人们对阶级不公、种族不公以及和平主义的了解,并更好地来解决这些问题。芝加哥的赫尔馆（Hull House）提供从儿童看护到继续教育的各种服务,其创始人是两位终身未婚的社会活动家——简·亚当斯和艾伦·盖茨·斯塔尔（Ellen Gates Starr）。

这些住所旨在建立一个可持续的生活空间,能让单身和离婚女性找到自己的群体,过上体面的生活。此外,它们还是先进经济政策的发源地。在赫尔馆工作的弗朗西丝·珀金斯（Frances Perkins）,33岁那年才结婚（而且上法庭要求保留父姓）,她一直是家中唯一的经济来源,后出任罗斯福政府的劳工部长。美国的社会保障体系就是她在任的时候建立的。弗洛伦斯·凯里（Florence Kelley）是妇女参政论的主张者、社会主义者、民权领袖和劳工组织者。她反对童工和血汗工厂,号召通过最低工资法（minimum wage laws）,并向伊利诺伊州立法机构请愿,为妇女儿童设立八小时工作制。离婚后,弗洛伦斯先搬至赫尔馆,然后迁入显利街社区（Henry Street Settlement）生活,后者由终身未婚的社会活动家莉莉安·瓦尔德（Lillian Wald）所建。

后来,劳工运动与睦邻运动顺理成章地和当时如火如荼的妇女投票权运动结成统一战线。正如克拉拉·雷穆里奇所说:"制造商有投票权,老板有投票权,工头、检查员都有投票权,唯独职业女性还没有。"

上一代的社会活动家,包括安东尼和反私刑斗士艾达·威尔斯，她们集结了一些向英国激进女权主义者借取斗争策略的年轻女性，并肩作战。爱丽丝·保罗和露西·伯恩斯（Lucy Burns）这两名未婚女性，常被叫作"同心人"，她们在白宫外设置纠察队，以争取投票权为名发动绝食抗议。后来保罗还起草了《平等权利修正案》，内容简洁精练："全国的男性和女性均应享有平等的权利，这项法案应该在全国范围内施行。"从1923年开始，每届国会会议都会讨论保罗的修正案，直至1972年获得通过，但依然遭到各州政府的反对（自1982年起，议案重新被提上各项会议，但一直没有获得通过）。

人们在斗争中所取得的最大胜利，永久地改变了这个国家的性别政治。1919年，美国宪法第十九条修正案在国会获得通过，并在1920年得到各州政府的批准。美国历史上女性公民首次获得了投票的权利（虽然在种族歧视严重的南方尚难以推行）。

经过一个世纪的努力，女性的独立精神越来越强，她们的生活也比以往任何时候都更加独立，她们为争取权利而发起的运动，推动了美国宪法第十四条、第十五条、第十八条和第十九条修正案的通过。

是她们，改变了这个国家的命运。

新女性：倒行逆施与重新定位

进入20世纪，美国的文化面貌和政治面貌都焕然一新。

全国各地的城市街道都安装了用电照明的路灯，街道上灯火通明,女性夜间出行更加安全。路灯让女性可以从事更多职业,也改变了女性的消费习惯和娱乐方式。按照凯西·佩斯的说法,虽然属于城市工人阶级的年轻女性在经济上尚不宽裕,但面对明亮的街道、遍地开花的影院、歌舞杂耍剧场、保龄球场和歌舞厅,女性(男性也是)逐渐意识到"家庭生活之外还有许多娱乐时间;相比她们的父母、结了婚的兄弟姐妹(尤其是当中的已婚女性),年轻女性在社交方面拥有更大的自由"。她们"衣着艳丽,于街头漫步,在娱乐场所玩到深夜;这些已经成为许多职业女性重要的生活方式"。[50]

佩斯指出,一些工人阶级女性渴望拥有更多的社交自由和性自由,单身的工人阶级女性"也纷纷走上街头,追求娱乐享受,在公共空间中释放自我"。尽管这些所谓的"野女孩"经常遭到公众的道德谴责,但是"年轻姑娘们依然我行我素,在街头物色男人,寻欢作乐,在大庭广众之下展示自己的衣着打扮和气质风度"。[51]

非裔美国人不断地从南方移入北部城市,纽约市更是迎来新一轮的东欧移民潮。黑人和外来移民混居在城市的中心,虽然偶尔会有摩擦,但是形形色色的人会聚一处,使得原本泾渭分明的阶级和种族界限变得模糊起来。哪怕是细微的改变,也为服装业和娱乐业带来了自由的新风。

起源于新奥尔良市黑人社区的切分节奏,引发了人们对雷格泰姆舞(Ragtime)的狂热追捧,这股热潮持续了一段时间,后来又被爵士乐时代风靡的查尔斯顿舞(Charleston)和黑底舞

（Black Bottom）等注重感官表达的舞蹈所取代。纽约鲍厄里街（Bowery）和西村（West Village）的职业女性为了方便在工厂做工，开始留短发，穿短裙。她们的新形象越来越多地出现在人行道和各种公共场所。中上阶层的女性也开始效仿她们的穿着打扮。很快，女人们卸下了19世纪风靡的、重达30磅的衣服，穿起了轻巧的短裙和宽松的外套。[52]

恋爱也不再囿于住所和受到严密监视的社区舞厅。1914年，《妇女家庭杂志》（Ladies' Home Journal）开始用"dating"一词来表示我们现在所称的"约会"。情侣之间尝试性行为的现象也更加普遍。斯黛芬妮·库茨（Stephanie Coontz）报告称，20世纪20年代，接受调查的女大学生中有92%承认和爱侣有过在脖子以下的亲密举动，那个时候，"中产阶级年轻男性第一次发生性行为的对象，更有可能是中产阶级的女性，而不是妓女"。[53]

受了几百年压迫的女性，现在终于可以抬起头来了，不过改革者并不满足于现状，她们继续拿起武器，推动社会对避孕的认可。避孕可以让女性在享受性爱的同时，免受怀孕的困扰，让婚内和婚外的性关系更加自由，让人们可以尝试交往不同的性伴侣，享受不同的性体验，或者简单说，就是让女性可以少生孩子，少承担怀孕的风险。

控制生育权的斗争引起了包括在俄国出生的爱玛·戈德曼（Emma Goldman）在内的无政府主义活动家的注意。爱玛·戈德曼本人有过两次婚姻，主张自由恋爱，还是同性恋权利的早期倡导者。她强烈批判婚姻制度，认为婚姻就是宣判女人"终生依靠别人，过着寄生的生活，成为无论对自己还是对社会而言，都毫无用处的人"。作为19世纪90年代纽约下东区的护士和助产士，戈德曼向禁止传播避孕和堕胎信息的《康姆斯托克法》发起挑战，20世纪初，她从欧洲偷带避孕隔膜和子宫帽进美国。她还指导过一名不受世俗陈规束缚的年轻护士玛格丽特·桑格（Margaret Sanger）。

桑格是一名已婚母亲，她的母亲曾在22年里怀孕了18次，年纪轻轻就死于宫颈癌和肺结核。1912年，桑格开始为有社会主义倾向的杂志《呼叫纽约》（New York Call）撰写性教育方面的文章。次年，她转到显利街社区工作，并在不久后与丈夫分居。1914年，她着手出版杂志《女反抗者》（The Woman Rebel），宣称每一位女性都应做"自己身体的绝对主人"，要采取避孕措施，桑格称其为"节制生育"。

1916年，桑格在布鲁克林的布朗斯维尔（Brownsville）开了一间计生诊所，开业10天就遭警察查抄，桑格因此被关押了30天。5年之后，桑格和丈夫离婚，并创立美国节制生育联盟（American Birth Control League），也就是后来的美国节制生育联合会，1942年又更名为美国计划生育联合会（Planned Parenthood Federation of America）。

20世纪初，女性裸露的肌肤逐渐多起来，空间有限的衣橱的负荷减轻，女性的性欲得到初步承认，更加方便的避孕措施得以推广……这一切都向公众传达了一个信号，放弃婚姻不再等同于放弃性、放弃享乐。20世纪初的大众媒体把这些受过教育、有政治意识、经济独立、崇尚性自由的女性称为"新女性"。

然而，并不是人人都欢迎这样的新女性。

"在现代工业文明中，有许多不容忽视的危险行为会抵消我们的辉煌和成就，"西奥多·罗斯福（Theodore Roosevelt）总统在1905年全国母亲代表大会上发表公开演讲，一开头便这么说，其中的一个危险就是有的女性"故意放弃……享受为人母的天伦之乐"。[54]

1890年，美国全国人口普查显示出生率下降，[55]罗斯福对此备感焦虑，他开始担心美国会出现"种族自杀"现象。所谓"种族自杀"是说盎格鲁-撒克逊白色人种未能繁衍后代，从而给国家带来危害。罗斯福支持普选，支持妇女参与劳动，却将生育率的下降归咎于那些因为事业、政治或其他非家庭事务的缘故晚生育或不生育的白人女性。"如果一个种族的女性不再大量生育，"罗斯福抨击道，"那么这个种族将毫无价值。"

罗斯福在离任后继续表达他的焦虑，并说他担心的不是"贫困家庭有营养不良、没有良好教养的孩子"，而是"不愿意生育的优裕家庭……如果上层阶级不繁衍后代，国家自然要走下坡路"。罗斯福的偏见源于他所处时代盛行的种族歧视观点，以及对西海岸日本和中国移民的敌视（当时日本和中国移民的生育率确实相对较高，并似乎对美国的白色人种造成了影响），但罗斯福也表达了对女性行使新型公共自主权的批判。他继续说："不管独身的动机是宗教、慈善、政治或是事业，坦白讲，独身主义生活不能算是有用的生活。"

罗斯福的担忧与种族政治背道而驰——其在50年之后又得到了莫伊尼汉的响应，更是与近年乔纳森·拉斯特和罗斯·多赛特等人权斗争者的观点不谋而合。这些忧虑呈现出不同的迭代形式，但都由时代和当时盛行的种族观念所形塑，彼此间有着紧密的联系：都是针对女性对妻子和母亲角色的抗拒，都认为这不是个简单的问题，而是会危及国家和种族发展的大问题。

"种族！种族！国王在喊，总统在喊，资本家在喊，牧师也在喊，"爱玛·戈德曼在1911年这样写道，"种族必须要延续下去，哪怕是将女性沦为生育的机器……女人的性觉醒贻害无穷，婚姻制度是我们唯一可以用来阻止她们觉醒的安全阀。"

在19世纪末，钱伯斯-席勒撰文称，"单身女性是一个充满政治意味的话题，从中可以清楚地看出单身与独立之间的联系"。这一认识，她接着写道，"激起了政治和文化上的强烈反冲，又使女性在20世纪20年代再次回归婚姻和家庭"。

婚姻地位的下降

1924年，《耶鲁评论》(*Yale Review*)发表了已故社会学家威廉·萨姆纳（William Sumner）的一篇文章，文章认为，工业时代为女性带来新的机遇，"婚姻不再是她们关心的头等大事，不再在她们的人生计划中占据最重要的位置。在整个人类历史中，这是对婚姻制度最伟大的革命……对广大女性来说，寻找丈夫不再是人生的全部，这种好处是显而易见的"。[56]

先不说这些或独立或以同事身份、社会活动家身份相互扶持的未婚女性对政治、行业和人口所造成的影响，单单结婚不再是女性唯一的选择这一点，就对社会文化产生了更大的"后坐力效应"。

这些反响有时候十分明显，甚至有些滑稽：妇女选举权活动家们经常发动政治"大游行"，她们身披肩带，肩带写有"女人要选票"的字样。1921年，也就是美国宪法第十九条修正案获得批准的第二年，却一反常态，出现了第一次选美巡游——未婚女性群体内部一改互相合作的姿态，表现出坚决不带政治意味的竞争。[57]

心理学的发展又给部分人群提供了有力证据，证明女性的不婚是病理原因。西格蒙德·弗洛伊德（Sigmund Freud）的拥趸之一，奥地利内科医生和心理学家威廉·斯戴克（Wilhelm Steke）在1926年出版的《女性情感生活中的性冷淡》（*Frigidity in Woman in Relation to Her Love Life*）一书中指出，"对婚姻的恐惧、对生育的反感尤其折磨着我们的'高层'社会圈。越来越多'上流阶层'的女性保持单身……她们'获得了自由'，自力更生，自给自足，在经济方面也越来越独立于男性"。

单身率在世纪之交的时候达到高峰，之后开始下降，同时结婚年龄也出现下降趋势。虽然生育率在经济大萧条时期骤降，但在20世纪30年代，人们还是大范围地抵制爵士乐时代倡导的性自由，以及进步时代独立的女改革家所从事的政治运动。

在发起抵制的人群中，有些也是身居职场或政坛高层的女性，她们认为家庭非常有存在的必要。自由派记者，劳拉·英格斯·怀德（Laura Ingalls Wilder）之女萝丝·怀德·莱恩（Rose Wilder Lane），成年之后便离家工作，1936年，她在《妇女家庭杂志》上发表了一篇题为"家，才是女人的归宿"（"Woman's Place Is In The Home"）的文章，认为女权运动严重威胁着"有着悠久历史，滋养身心，并且可以结出果实来的男女关系"。莱恩认为，女人真正的事业"是创造幸福的婚姻"。[58]

结婚潮

经济大萧条、第二次世界大战等接二连三的危机，迫使许多已婚和单身妇女加入了劳动大军。对于一些从来不需要靠劳动挣钱的中产阶层白人女性来说，这是新鲜事。而对于一直在工作的黑人女性来说，需要熟练技能的工作机会增多了，但她们的报酬却比白人女性低。

当经济回暖，军人从战场回归正常生活之后，女人们的爱国之路就变得艰难起来，随之而来的是崭新的、更加巩固的家庭模式。

由于《退伍军人法案》（GI Bill）的实施，退伍军人（至少是更容易被大学录取的白人老兵）能够通过接受大学教育跻身中产阶级的队伍。与此同时，联邦政府承诺拿出大量贷款，资助兴建郊区基础设施，为不断新生的数百万人口（这就是后来所谓的"婴儿潮"）提供住所。这是一个高效的循环体系。广告商向男男女女兜售贤妻良母型时代流行的旧观念：女人最重要的职责是要把家打造成男人的港湾，男人是她们经济上的依靠。女人为了更好地照顾家庭，越来越多地购买吸尘器、洗衣机等新产品，她们花掉的钱最后还是回到这些产品的所有者——男人们手中。

这种消费循环既依赖于资本主义，又巩固了资本主义的发展，从而缓和了战后人们对核攻击和共产主义的焦虑，而这两方面的焦虑又引起了人们对女性性欲冲动失控的担心。历史学家伊莱恩·泰勒·梅（Elaine Tyler May）称，"战后，以各种各样形式出现的、非婚姻的性行为，就像瘟疫一样在全国飞速蔓延"，而治疗的方法就是让女人结婚，并且取消她们近来取得的成绩。[59]

20世纪中期，种种举措不仅是为了推动白人女性去结婚，更是让她们赶在体验独立生活之前就早早结婚。1949年，美国卫生协会的宣传册子上写道："晚婚比不婚好。但早婚能让你有更多机会感受到生活的美好……抚育后代、促进家庭的发展，使之成为社区的财富，还能看到孙辈开始自己的职业生涯。"这比米特·罗姆尼对早婚的宣传要早60年。[60]

20世纪50年代末期，约有60%的女大学生中途辍学，有些因为要结婚，有些因为听信媒体的宣传，相信受教育太多会妨碍女性嫁人。19世纪时，中学教育让女性可以更快获得自立，而现在它却成了女性被剥夺自主权的原因之一。1957年，《哈珀斯》（*Harpers*）杂志发布的文章《美国年轻人的一夫一妻制》

("American Youth Goes Monogamous")中，阿默斯特学院（Amherst College）的校长查尔斯·科尔（Charles Cole）博士写道："如果一个大学三年级的女学生还没有找到男朋友的话，她很有可能成为老处女。"科尔很遗憾地将他正在寻找未婚夫的女学生们，和他20世纪20年代教过的女学生做对比，当初她们都是怀着发展事业的理想而非为了找到伴侣来上学的。[61]

1960年，在巴纳德学院（Barnard College）的应届毕业生中，有三分之二的大四学生都在毕业前订了婚，盖尔·柯林斯（Gail Collins）称，在毕业前的聚会上，已订婚的学生会收到胸花，而单身的学生只能得到柠檬。[62]

当时，一半左右的新娘都不到20岁，[63] 17岁订婚的女性有1400万人。[64] 1934年出生的格洛丽亚·斯泰纳姆回忆说，在她居住的位于俄亥俄州托莱多的波兰人社区里，大多数女孩在高中时便结婚了。"一个人不结婚是不可能的事，除非她疯了。"斯泰纳姆记得，她小时候有个在欧洲红十字会工作的表姐一直单身，大家都认为她精神有问题。"在我印象中，她是个异类。"斯泰纳姆说。

斯泰纳姆还记得有次去酒馆参加一个波兰人的婚礼招待会，"虽然我那时候很小，但我还是注意到新娘子心情很低落。"最后，她问新娘怎么了，新娘伤心地回答说："你不懂的，我已经20岁了。"斯泰纳姆解释说，社会对一个女孩的期望是"到了十六七岁就应该结婚，而新娘却没能找到丈夫。眼看满20岁了，家人只得让她嫁了个比她年龄小的人，这太糟糕了"。

一些得益于上代人的努力，获得受教育权利的女性，在面对社会上出现的历史倒退时，同样感到无所适从。作家朱迪·布鲁姆（Judy Blume）曾是一名满怀文学梦想的大学生，但迫于社会压力，她年纪轻轻就结了婚。就在拿到学位证书的时候，她得知自己怀孕了。她回忆说，当时心情特别差，赌气"把学位证书挂在了洗衣机的上方"。[65] 1996年，另外一位作家诺拉·埃夫隆（Nora Ephron）在母校韦尔斯利学院给当时的毕业生发表致辞讲话，谈到了1962年她毕业时的情形："那时候，我们没有未来，我们必须结婚嫁人，我们不得参与政治，不得有真正的事业，不得有自己的观点、自己的生活。那时候，如果你想要当建筑师，那就得嫁给建筑师。"

埃夫隆和斯泰纳姆都是在毕业前订的婚。埃夫隆后来在文章中说，"我每次想到那段订婚经历都非常尴尬"，并说她当时的未婚夫"是个彻头彻尾的白痴……他在哈佛商学院开了一家三明治店，十二月里的某一天，在新罕布什尔，我一时发昏对他说了句'我想结婚'——那完全是出于礼貌"。最后她并没有和他结婚。

斯泰纳姆则说，她当时非常爱她的未婚夫，两人的关系一直很好，他们断断续续地谈了10年恋爱。但一想到要结婚，她就觉得"非常沮丧"，而且她发现，"尽管他十分优秀，但我还是不能和他结婚。他喜欢打猎，喜欢滑雪，可我从来都不喜欢这些"。但她还是接受了他的求婚，理由是"除了结婚，我不知道还能做什么"。最后，在婚礼前夕，斯泰纳姆毅然决然地选择离开美国，前往亚洲。"我去印度的部分原因是，"她说，"我只能走得很远很远，才能做到不和那个魅力十足的男人结婚。我把订婚戒指放在他的枕头底下就走了。这么做确实不太好。"

再度受到限制

20世纪50年代，社会上刮起一阵"回归家庭"的风潮，很多人认为这是社会对经济大萧条和两次世界大战，尤其是第二次世界大战，以及战时大量女性外出工作的反应。但是提倡回归家庭绝不只是把女性赶出工厂，再向她们兜售食物搅拌机。它是要用婚姻的枷锁重新扼住女性的咽喉，把过去一百年里她们消除的以婚嫁为中心的身份符号，重新加在她们身上。

或者，婚姻的枷锁只需要扼住一部分女性的咽喉就可以了。

中产阶级白人女性的结婚率，在20世纪四五十年代飞速提升，但黑人女性的结婚情况在这段时间却不尽相同。奴隶获得解放后，黑人女性比白人女性结婚更早，结婚率也更高。"二战"结束后的几年里，由于前线士兵回国，黑人的结婚率再次经历了短期的增长。[66]

20世纪50年代，白人女性的结婚率持续上升，结婚年龄也越来越小，可黑人的结婚率却开始下降，初婚年龄也越来越大。[67] 1970年出现了大反转：黑人女性的结婚率远远低于白人女性，结婚年龄也明显偏大。

这可不是什么很好的现象。保障中产阶级发展壮大有两大基石,其一是强制白人女性回归家庭,把她们限制在理想化的核心家庭里;其二是排斥非裔美国人享受与核心家庭配套的机会和社区。

更直接地说,在罗斯福新政时期和"二战"后的数年里,经济效益覆盖到了白人中产阶级,但没有惠及非裔美国人。自1935年开始实施的社会保险并没有覆盖家政劳动者或农民工,而这两类人绝大部分是非裔美国人、亚裔或墨西哥裔移民。歧视性的雇佣政策、黑人群体在新兴工会中的低比例、种族间薪资的持久差异(虽然稍有缩小),[68]再加上退伍军人管理局(Department of Veterans Affairs,简称VA)实施的带有争议性的政策和大学对黑人学生的拒收政策等,都使退伍回国的黑人士兵很难获得《退伍军人法案》规定的接受大学教育的权利。[69]另外还有战后的住房问题,在美国城市的郊区,房地产市场非常繁荣,至今仍然是20世纪中叶家庭兴旺的象征,但只有白人家庭才能购买那些郊区住宅。在威廉·莱维特(William Levitt)打造的四个庞大的"莱维特镇",这些由退伍军人管理局和联邦住房协会(Federal Housing Association)做担保的郊区住宅,为符合条件的退伍军人提供廉价住房,但是里面居住的没有一个是黑人。[70]1934年到1962年,政府补贴1200亿美元兴建住房,98%都给了白人家庭。城市历史学家托马斯·萨鲁格(Thomas Sugrue)称,在费城,从战争结束到1953年,"共兴建12万栋住宅,其中只有347栋对黑人开放"。购房资格上的限制造成黑人住房供不应求,向黑人出售的房子价格飞涨，黑人只能"蜗居在人口密集的市中心的破旧房子里"，这些老房子的主人都是搬去郊区新住宅的白人。银行也经常拒绝为这些少数族裔社区居民提供抵押贷款。即使有特例，贷款利率也很高，因为他们认为给黑人提供贷款存在很大的风险。[71]

新建的高速公路把市郊和市区连为一体，郊区居民可以非常便利地到市区上班，但这些公路往往是在推倒了黑人社区之后修建的，通常把黑人居民带离商业区，将他们与通往工作地点和公共服务机构的公共交通设施隔离开来。战后的"旧城改造"计划号称是为穷人提供公共住房，拆除的大部分社区却是非白人居民聚居区，少数族裔居民只得前往设施不完善的地区居住。

当黑人真的有能力与白人竞争，获得原本可以属于白人的工作，买下白人领地附近的房子，试图参与选举、进入白人学校，或与白人女子恋爱时，却往往会遭受暴力的威胁，在种族歧视严重的南方尤甚。当时，3K党恐吓黑人选民，动用私刑，焚烧十字架，破坏黑人财产。虽然这些行为使黑人长期陷入处于经济劣势地位的恶性循环，但黑人女性可以因此脱离禁锢白人女性的传统夫权婚姻。如果黑人女性整天都要忙着工作（通常是为白人家庭打扫卫生），她们就不可能像白人女性一样，待在家里履行居家女性的职责，受人赞美。如果黑人男性很难受到教育、找到工作、赚取可观的薪水或获得贷款，那么他们就更难扮演养家者的角色。如果没有政府从各个层面来补助公立学校的学生，那么对于大多数黑人女性而言，在核心家庭中扮演和白人女性一样的角色几乎是不可能的。没有同样的优惠条件刺激她们（早）结婚，更没有什么住所、资金能让她们落地生根、生长。

黑人女性并非没有参与20世纪50年代中期的回归家庭运动，而是被阻挡在这场运动之外，陷入另一个困境——生活在被公路包围的、缺乏服务设施的社区。薪酬优渥的白人男性却可以每天通过这些公路回到井然有序而沉闷乏味的郊区，回到被禁锢在房子里的妻子身边。

历史总是有进有退，这些试图重新控制女性的努力，就像一把双刃刀，压制着女性和非裔正在萌芽的权利。这两个历来被边缘化的群体在19世纪末20世纪初取得了巨大胜利。而在大萧条和战争之后，这些"新起之秀"却被边缘化，白人男性重新执掌权柄。

但有趣的是，开"倒车"时可能会碰着"回火"。

美国的中产阶级女性再次被塞回婚姻的樊笼里，旧时的婚姻期待和家庭约束阴魂不散。在此不久前，上一代和上上一代女性还可以获得以往不曾有过的机会。相比她们，50年代这种笼子般的束缚让人透不过气来。到了60年代，世界就像一个密不透风的炉子，一触即燃，并且爆发出比以往更大的力量。

在参议员丹尼尔·帕崔克·莫伊尼汉哀叹"几乎四分之一的黑人家庭都是女性当家"的两年前，《女性的奥秘》开宗明义写道："'这就是生活的全部吗？'这问题在美国女性心中埋藏已久，一直没有被提起……"

美国女性为摆脱婚姻束缚而进行的斗争经历了种种曲折，她们最终获得了解放，获得了选举权，获得了更加公平的劳工政策和接受高等教育的机会。她们在 20 世纪中期所遭遇的强烈阻挠恰恰为社会运动搭建了舞台,让我们终于取得了今天的胜利。现如今,有超过半数的女性处于未婚状态。

今天的自由女性,正如格洛丽亚·斯泰纳姆所说,正又一次地重塑世界,为自己,更是为未来追随自己的独立女性,创造更多机会。

这是属于单身女性的新时代,它是由无数的单身女性前辈所铸就的。

第3章

都市诱惑：城市生活与女性独立

苏珊娜·莫里斯是一名英语教授，目前在亚拉巴马州的奥本大学执教。她出生于1980年，在康涅狄格州和佛罗里达州劳德代尔堡长大，后来进入马萨诸塞州的曼荷莲女子文理学院读大学。在准备继续攻读博士学位的时候，她曾考虑过去波士顿、芝加哥，或者去圣母大学，但最终她还是选择了位于亚特兰大的埃默里大学。她的理由很实际——埃默里大学的奖学金和补助更加丰厚。但是，学校的地理位置也是影响她选择的一个重要因素。莫里斯非常怀念她在新英格兰乡村度过的大学时光，她在那儿头一次读到了艾米莉·狄金森的诗，也十分钟爱那里生机盎然的秋天。然而，她说，在她20多岁、人生即将步入下一个阶段的时候，她会追求一些其他的东西。"我有意识地选择亚特兰大市，因为那里是一个黑人的城市。"莫里斯这样告诉我。

据她回忆，2012年，她到了亚特兰大，发现这座城市并不像想象中那么完美无瑕,时常有阶级冲突,满是裂痕的房子旁边竟然坐落着高楼大厦。但同时,这个城市也经历了——按照莫里斯的说法——"黑人好莱坞的复兴"。一座又一座世人瞩目、雄伟辉煌的传统黑人院校,不断吸引着充满朝气、心怀大志的年轻学生们慕名前来;毫无疑问,这个城市也是黑人企业家、艺术家、社会活动家和教育家的集聚地。"到处都是黑人,"莫里斯说,"他们正做着了不起的事,而且没有人对此感到吃惊。"莫里斯的生活很快就被朋友、博物馆、剧院以及那些允许女性在11点之前免费进入的俱乐部占满了。据她回忆说,她的同学和朋友中,没有几个是结了婚的。"我们年轻、单身,享受着美好快乐的生活,"她又补充道,"在一个朝气蓬勃的、充满单身黑人女性的城市中生活,的确很特别。"

这让她想到了联合有限电视网的一部名叫"欲望都市"的电视剧。在曼荷莲女子文理学院读书的时候,她曾经和一位来自多米尼加的女同性恋室友一起看过这部剧。虽然当时她们俩都觉得剧里的女性跟自己没有一点相似之处,但她们还是非常喜欢看。在《欲望都市》里,不管是哪种性格的白人女性,她们身上都展现出了充沛的活力,这正是莫里斯在亚特兰大所感受到的。"就是那种特别的感觉,"谈到活力,莫里斯这样说道,"我们结交朋友,约着一起去市区,探索女性的交际圈,每天都很快活。"她短暂停顿了一下,又接着说,"一谈到我年轻时候的独立生活,还有我在亚特兰大度过的青春时光这些话题,我就停不下来。"

我回想起以前的一个场景，那是我第一次感觉到了——或者说是认识到了——莫里斯口中所描述的世界：我当时30岁，有一天和一个同事兼密友在曼哈顿的一个小餐馆里一边吃饭一边互相倾诉着工作、男人、朋友和家庭上的琐事。这时候，坐在我们附近的一对异性夫妻突然激烈地吵起来，其中一个人还把盘子里的食物扣到了另一个人的身上。这阵骚乱让我们注意到了四周的情形。我突然发现，除了这对正在打斗的夫妻，其他饭桌旁（一共有20桌左右）坐的全都是女性。

在这些女性中，有二人同行的，有成群结队的，年龄从20多岁到40多岁不等；有白人，也有黑人，还有拉美裔和亚裔。有些人打扮得高贵雅致，有些人则像是刚从户外服装专卖店出来的；大多数人和我们一样穿着简单，像是普通的办公室职员。当我用眼光掠过每一张桌子时，我简直无法相信，周围竟然没有多少男人。但是在我因为那对吵架的夫妻观察四周之前，我没有觉察到什么怪异之处。这似乎很正常，也没什么可看的；我根本就没有注意到，自己竟然在一块女性的领地用餐。

彼时我已经在纽约市住了差不多10年了，那对异性夫妻着实是个特例，他们并不能代表这个城市的常态。在我周围，全都是女人们在喝酒说笑、相互闲聊的声音；她们会消费、聊天，还会和朋友一起商量着做决定：比如，工作、家庭、生活、性与爱，再比如，去哪里吃饭、喝酒或者跳舞，看什么电影，看什么书，等等。她们——实际上也是我们——从这个城市的每条人行道上汲取着一点一滴的能量，把自己的生活挥洒在城市街道、剧院、办公大楼和公寓的每个角落,并且赋予这座城市独特的个性和韵律,还有无与伦比的美丽与繁荣。

大都市中那些带有阳具意味的高楼大厦,是对男性战胜自然和自由市场取得胜利的赞美。它们天生就是男子气概的代名词。但是那些亮晶晶的玻璃尖塔和闪烁的证券代码却掩盖了这样一个事实:大多数城市中顽强坚韧的一面,都来自长居于此的女性。

更准确地说,是来自单身女性。城市为她们提供了更安全的庇护,反之她们也促进了城市的完善。

城市里到处都是单身的人,男性或女性,包括没结过婚的、离异的、丧偶的、分居的。总体来看,整个美国有超过25%的人过着单身生活,而在一些大都会,比如辛辛那提、圣路易斯、匹兹堡、西雅图和丹佛,独居人口数量甚至占到其城市总人口的40%以上。人口普查数据显示,[1]苏珊娜所在的亚特兰大市单身者数量居于全美首位,其比例为44%;华盛顿以及周边郊区的单身比例也大抵相当。社会学家埃里克·克林伯格(Eric Klinenberg)在他的书《单身进行时》(*Going Solo*)中指出,曼哈顿独居人口的比例已经增至50%左右。[2]

2010年,从未结过婚的女性数量占到了纽约市所有女性人口数的41.7%,超过了2006年的38.7%。[3]想象一下这意味着什么:在纽约市的5个区里,每10位女性中就有超过4位从未踏入过婚姻。在波士顿,一半以上的女性(数据显示为55%)都没有登记结婚,虽然在这座城市中,学生的数量很大,但这也不是造成单身女性比例高的原因。波士顿女性初婚的年龄中值约为30岁，高居全美榜首。[4]

城市里居住着大量的单身女性，这个现象由来已久，而且遍及世界各地。就像历史学家朱迪斯·贝内特和艾米·弗洛德所写的那样，在15世纪初期的佛罗伦萨，单身女性已经占到所有女性数量的20%左右；而在15世纪晚期的苏黎世，"近乎一半的女性从未拥有过丈夫"。[5]

为什么从古至今，城市中就一直存在着这么多的单身者？这主要是因为，城市中长久以来都有着大量的工作机会。

在现代欧洲早期，一旦有非农业的工作机会出现，女性就会立刻离开乡村，前往城镇。在那里，她们可以找到像制作饰品或者纺纱之类的工作。在人口更稠密的地区，她们可以结交其他女性，赚取工资，也可能会邂逅未来的伴侣，当然也可以——即使是暂时的——远离丈夫和父亲的控制，独自生活。

就这样，女性的迁移使她们的婚姻年龄不断推后，不结婚的人数比例上升，生育率持续下降。女性的聚集不仅打破了性别比例的平衡，同时也让她们更难找到丈夫。但是另一方面，离开乡下老家，也就意味着离开父辈和当地牧师的监督与束缚，这的确让她们获得了一丝自由：哪怕只有短暂的一段时间，她们还是有机会推迟被设定好的未来——成为依赖男人生存的妻子和母亲。历史学家玛丽安娜·科瓦莱斯基（Maryanne Kowaleski）引用一些学者的研究写道，在早期的现代欧洲，即使女性只能做一些辛苦却不讨好的工作——比如在鹿特丹和伦敦这些城市里当服务生,她们还是"可能更愿意保持单身,因为这起码可以为她们提供有保障和独立的生活"。[6]

随着农耕经济逐渐被工业经济取代,这种人口迁移方式和行为不断地循环、扩大。在19世纪的美国,尤其是新英格兰地区,新兴的磨坊和工厂雇佣了大批的年轻女性,以满足对廉价劳动力的需求。基础设施的完善,比如公路、隧道以及铁路的蓬勃发展,也让女性离开乡下老家,到大城市工作——通常是做裁缝、女帽商、女家庭教师和洗衣工——变得更加容易。在贫困中挣扎的女性,包括那些黑人女性自由劳动力,也都被新兴的城市工业家们雇佣去做家庭女仆。

这些女性劳工们吃尽了苦头。且不说少得可怜的工钱和超负荷的工作强度,她们的一举一动全都在老板、邻居、牧师以及私宅女主人的监管控制下。不过一旦进入了城市,她们就能够进入更广阔的社交圈子,能够结识更多的未婚男性和朋友,还能赚些工钱(虽然不太多),这些都标志着,在美国历史上,女性第一次在经济和公共领域内占有了一席之地。

需要女性做的通常都是些无报酬或者重体力的工作。在《女性之城:纽约的性与阶级(1789—1860)》(*City of Women: Sex and Class in New York 1789—1860*)这本书中,历史学家克丽丝汀·斯坦塞尔(Christine Stansell)回顾了1805年的纽约人口普查数据,她发现,其中一些女性的工作是当杂货商、水果商,经营小酒馆和商店;还有更多的在做女裁缝。斯坦塞尔写道,一些脏乱的城市,最需要的是洗衣女工,这个工作通常由黑人女性担任，因为它不仅需要体力，还需要经常在高温热水和冰水中干活。[7]

尽管如此，19世纪中叶，依然有成百上千的未婚妇女和年轻女性源源不断地来到纽约市，[8]她们从村镇而来甚至跨海而来。虽然白人与黑人女性都在城市中经历了工作的变化，但她们的处境并不相同。1925年，作家伊丽丝·麦克杜格尔（Elise McDougald）发表了一篇名为"双重使命：黑人女性寻求性别与种族解放的战役"（"The Double Task: The Struggle of Negro Women for Sex and Race Emancipation"）的文章，其中，她重点关注了生活在纽约曼哈顿哈莱姆区的黑人女性。因为她觉得，作为曼哈顿最重要的北方黑人社区，哈莱姆区中的黑人女性"比其他任何地方的黑人女性，更能挣脱贫困的家庭生活镣铐，也更能冲破利用性别和种族压榨来牟利的藩篱。在这儿，她们更有机会发挥自己的价值，为这座大城市的工业领域和知识领域贡献自己的力量"。那些以前一直由白人男性稳固掌握着的职业领地，如今哈莱姆区的女性也参与进来了。麦克杜格尔描述道，她们会"成为缓刑官和审查员，或在图书馆和细菌学实验室工作，在服装工业和公共卫生系统分部工作"。但麦克杜格尔又补充道："……即使是在纽约，主流意识和态度还是会让黑人女性陷入困境。黑人女性意识到所谓的骑士精神余绪与她们并无关系，她们知道那些艺术里勾勒的美好理想，已经基本把她们排除在外了。"[9]

聒噪与无礼

1959年，蕾蒂·科汀·波格莱宾从布兰迪斯大学毕业后，前往曼哈顿谋求生路。她居住在一个小公寓里，街对面就是剧作家爱德华·阿尔比（Edward Albee）的住所。后来因为车子被偷，她买了一辆小摩托车。有一任男友送了她一只鸭子做宠物——她把这只鸭子叫作"摩西"（Moses）——她一下子就爱上了它，后来她又多了一只兔子，名叫"桶桶"（Buckety）。从青少年时期开始，波格莱宾就一直在出版行业的宣传部以及附属部门积累经验，直到她最终得到了一份在年轻女性中"从未听闻"的正式带薪工作，那就是负责推广海伦·格利·布朗（Helen Gurley Brown）的作品《单身女孩与性》（*Sex and the Single Girl*），与其他畅销书竞争。

这个犹太裔女孩来自皇后区，她的母亲结束了第一段忍辱负重的婚姻后，曾在服装行业上过班，后来成了一位中产阶级家庭主妇，再后来因为癌症去世了，那时波格莱宾只有十几岁。但是在曼哈顿，波格莱宾不会被贴上与出身和个人经历有关的标签，她可以重新开始她的人生。波格莱宾带着她的鸭子、兔子，开着摩托车转悠兜风，谈很多次恋爱，还为《玩偶之谷》（*The Valley of the Dolls*）这部书的新闻稿辛苦奋战。"我拥有了最不可思议的60年代，"波格莱宾回忆起那段时光，那时候她还是生活在城市里的年轻单身女性，"非常单纯，我只想和霍莉·戈莱特利*一样,而且我已经心满意足了。"

如今的女性,像以往一样,为了工作与金钱来到城市。但同时,她们也会因为寻找乐趣而来,并因此留下。

大都市里的女性,在爱情和性方面,可能会有更加深刻、多样的体验,同时她们可以隐匿姓名地去做一些事,不再受制于几个世纪以来社会施加在她们身上的行为规范。从文化想象的角度来说,城市已经成为性、激情和权力的代言人了。它们吸引着女性,推动女性自由解放的进程,也让人们重新思考,对女性来讲,到底什么才是充实的人生。在多样化的城市景观中,不同阶级、性别、种族和宗教信仰的人群无可避免地交织在一起,形成了一个大熔炉。19世纪末20世纪初,每一间拥挤的出租屋内都弥漫着疾病的恶臭——健康人难免也会生病——这臭味在人行街道上集聚,在窗户外面和门廊上飘荡,甚至弥漫在每一条大街小巷。那些年轻人,他们和各个年龄段的人一起蜷缩在单身公寓。为逃避令人窒息的屋子,他们成群结队地到鲍厄里街寻求慰藉。

凯西·佩斯曾写过一本关于20世纪初期纽约工人阶级日常娱乐和商贸活动的书。她在书里指出,"在工人阶级社区里,街道是社会生活的中心……下东区街道上充斥着各式各样的乐趣和低价的娱乐消遣:街头手风琴师和卖唱艺人奏唱着动人的歌,流动的杂技演员表演着逗人把戏,还有随处可见的

---

* 霍莉·戈莱特利(Holly Golightly),小说《蒂凡尼的早餐》中的女主人公。

烤土豆的小商贩、卖热玉米的小摊、供顾客购买汽水的自动售卖机"。[10] 职业女性则要在每天的清晨和深夜，辗转几条街道到达工作地点。随着这样的场景逐渐变得普遍，性别上的限制和陈旧的礼仪规范在逐渐消失，女性是城市一分子的观念正渐渐深入人心。

1896年，在一次和内莉·布莱的访谈中，苏珊·安东尼针对女性骑车的爱好表达了她的自豪之感。"我认为这能最大限度地把女性从束缚中解放出来，"她说，"每当看见女性骑车从我身旁经过时，我都感到异常愉悦。它能够带给女性自由和信心，让她们感受到独立。"[11]

就这样，女性开始外出兜风，不再以之为羞耻。她们参与社交活动，在承担绿化工业城市、清新空气功能的公园中游逛。户外活动提供了突破社会和性别限制的机会，而年轻人，佩斯写道，"把街道作为邂逅异性的浪漫场所，他们寻觅着最初的异性体验，锻炼着自己搭讪调情的本领，而这些都在父母的监控和告诫之外"。[12] 根据佩斯的调查报告，这种自由的城市生活让基督教女青年会（Young Women's Christian Association，简称YWCA）颇感焦虑，她们担心"这种不符合传统的户外生活，极容易让年轻女孩们变得聒噪和无礼"。

贝齐·伊瑟列（Betsy Israel）在她的书《独身女子》（*Bachelor Girl*）中写道，在即将进入20世纪之时，"有那么多单身女孩都在外面——工作、吃饭、跳舞——还真挺难立刻给她们分类"。[13] 人们再也不能把顽固不化的阶级身份和行为规范强加到女性身上了,这意味着在这一新式人群之中,潜在的身份重塑和转换已经蓄势待发。

城市缺陷

1988年,艾莉森·特库斯(Alison Turkos)出生在佛蒙特州的昂德希尔——这是一个交通闭塞的小镇,其居民不超过3000人。高中和大学时,她说,她并没有过多少感情经历;事实上,她一直在努力思考有关身份与性别的问题。后来她搬去了纽约,在一家生殖健康中心找到了工作。她说:"我这才发现,在这个不可思议的地方,有这么多酷儿(queer),他们形成了一个酷儿群体。"这个发现让她大松了一口气,她说,她更有信心去面对真实的自己了,也让她勇于在家人面前,甚至在家乡人面前公开承认自己的同性恋身份。

当然,有着无穷魅力的城市生活也有缺点,就像艾莉森观察到的那样,尽管她很喜欢在纽约的独立生活,但是填不满的欲望总让她非常焦虑。"每个人都认为自己可以在别人面前表现得更睿智,或者自己能认识收入更高、智商更高的人。人们总是盼望着更迷人、更有趣的人或物出现。"

城市里五花八门的人和事,有时疯狂得让人瞠目结舌。我采访了许多城市生活的人,他们不断地向我抱怨,说遇见让人心动的伴侣是多么困难,尤其是(对异性恋女性而言)在传统人口迁移模式下,城市中的女性人数已经远远大于男性的时候。

一般来说，在西部许多城市，也就是那些曾经是农庄而如今改造成了科技工业区的城市，单身男性的数量要大于单身女性的数量。而在东部的一些城市，包括波士顿和亚特兰大，女性的人数仍然远远多于男性。纽约市单身女性的数量比单身男性的数量多了大约15万，[14]而与此同时，阿拉斯加州一直极为欠缺女性人口。这也使得奥普拉·温弗瑞*在20世纪90年代做了一些以阿拉斯加单身汉为主题的节目。

而人们常常认为，那些想要寻求伴侣的异性恋女性已经错过了享受都市乐趣的青春芳华。我22岁大学毕业，找到了人生第一份稳定的工作。那个时候，我经常和一个40多岁、离异了的同事一起，在办公室吸烟，八卦男人们的事。这个同事每次都会逼我发誓，说如果我到28岁的时候还没有结婚，我就要离开这儿，去个离城市远点的地方。"你不会想要跟那些女人一样的，"她忧郁地说，"那些留在这里却不再享受乐趣的女人。"

10年后，我已经30多岁了，然而我还一直享受着生活的乐趣。有一次，我和一个朋友约着吃饭，她曾经在纽约生活，35岁的时候被派遣到了新奥尔良，在那里迅速坠入了情网。"一旦你穿过了哈德逊河，"她跟我说，"你就会遇着一个男人。"就在最近，当我和一小群女性谈论纽约的黑人女性（尤其是事业成功的黑人女性）找到一个中意的男人有多么困难的时候，微软全国有线广播公司（MSNBC）的主持人——她同时也是一位政

---

* 奥普拉·温弗瑞（Oprah Winfrey），美国著名女脱口秀主持人。

治学者——梅丽莎·哈里斯－佩里（Melissa Harris-Perry）突然说道："你只需要往北卡罗来纳州的商场随便一站。"哈里斯－佩里担心她的话听起来太过肤浅，于是更详细地阐述道："我说如果你往商场里一站你就能拥有一个丈夫，并不意味着这个人是个好的丈夫或者他就是你想结婚的那个人。"她又更加严肃地补充道，"凭我的经验，对于南方的年轻男性和女性来说，婚姻是一种期盼和愿望。实际上，男人一直都渴望、期待婚姻的到来，因为他们把婚姻看作成年男子气概的重要组成部分。"

更准确地说，如果大多数女性并不愿意站在商场里找丈夫，而是选择在大城市里一直单身下去（或者说尽情享乐），那么这就说明，也许这些女性根本不想依靠丈夫过生活，也不想把自己的成年生活牢牢拴在婚姻上。

记者珍·多尔（Jen Doll）在《乡村之声》（*The Village Voice*）上发表了一篇文章，讲述在纽约做单身者的各种乐趣："这在很大程度上是我们住在这里的原因。不是因为我们想和一个有耐心的、可以信赖的、慢慢消磨时光的、脑袋不开窍的人结婚、生孩子，然后住在一个有三间卧室、带两个车位车库的房子里，过着每年夏天烧烤、冬天煮饭的平静生活，一直到我们死去。我们不想要规划好的生活，我们想要真正去体验生活。"

多尔的观点，正是一个世纪以前同为记者的朱丽叶·威尔伯·汤普金斯（Juliet Wilbor Tompkins）所嘲讽过的。在一篇名为"为什么女人不结婚"（"Why Women Don't Marry"）的文章里，她这样描述单身女性："她们很快乐……在呼喊着自由的战役里！她们不知道生活中有这么多美妙的出路。于是当看见摆在眼前的十几条小路时，她们对以前那些只知道一条无趣大路的女性抱有轻蔑的同情。"

不论汤普金斯关于轻蔑的同情的说法是否正确，可以确定的是，今天那条无趣的大路不会是所有人的选择，尤其是在有着更多出路的当下。而要想偏离大路，除了自身的选择，还需要城市对她们一定程度上的接纳。对于那些想和其他类型的人一起工作、娱乐或者发生性关系的人，城市把他们从乡村的约会场所揽进自己的怀里。也许，这些乐于逍遥的、渴求爱情的人本来就不应该做出婚姻的承诺，他们宁愿去做一些别的事情，而城市，为这样的人群提供了一片生存和成长的乐土。

通常，当一个人不去选择缔结长久的婚姻关系时，这个人会被我们看作失败的或者悲剧性的，这其实说明，我们已经在心里认定婚姻是每个人都需要或者都必须遵守的规则。但是城市却允许了那些人——那些在婚姻里躁动不安的、不满足的、总是充满渴求的、会给伴侣带来不幸的人——退出婚姻的大路，转而踏上偏僻小路，从小路走向他们心仪的目的地。

总想要追求新鲜的事，想要结交更多的人，想要成就一番事业，想要赶上火车去远方，想要痛快喝酒，想要参加马拉松长跑，想要参加各类培训课程——其实这些都不是坏事。等到女性寻觅到那个两情相悦的伴侣时，曾经浸淫在城市深处的她们，将会脱离这个深渊（如果她们比较幸运的话）；而那些推迟结婚的人，因为体验过单身的生活，她们也会把婚姻看作一种解脱，她们终于可以不用独自躺在冰冷的床单上了，这也许不是什么坏事。假如这些晚婚的女性迫于压力提前结婚的话，当楼下的派对歌舞升平，而她们必须带着孩子早早睡觉时，她们心中的愤怒也就可想而知了。

即使婚姻从未降临，或者在婚姻姗姗来迟之前，一些女性还是想要留在城市里，享受乐趣。就像多尔写下的："我们不清楚我们要什么。我们想要探索这世界的一点一滴，一直一直地探索下去。"多尔叙述道，"我们是单身的、独立的、经济自主的纽约女性……我们正坐在巅峰，俯身面对着前所未有的选择。这些选择让我们为之振奋。因此我们想尝试各种可能，不管是更大的、更好的、更快的、更闪亮的，还是更高的、更性感的、更强壮的或者更聪明的，还有那些非常与众不同或者完全自我的选择。主宰自己选择的权利——何乐而不为呢？"

基础设施与社区

蕾蒂莎·马雷罗（Letisha Marrero）的父母都在纽约市长大。他们虽是波多黎各人，但是打定主意要让他们的孩子拥有美国公民身份。后来，他们举家迁到了加利福尼亚州的市郊。当蕾蒂莎有足够能力的时候，她立刻回到了纽约市，靠给明星杂志打工赚钱，后来在纽约的上西区给自己买了一间公寓。她一直都在约会，但是从来没有遇见让她觉得心动的人。35岁的时候，她怀孕了，却下决心和孩子父亲分手，独自抚养这个孩子。

顷刻之间，这个令她魂牵梦萦的城市，变得如此冷漠。为了缓解经济上的困境，她把她那个小公寓卖了，然后在布鲁克林一个正在改造的街区租了间便宜的房子。然而，当她生下了她的女儿后——她没有丈夫，而且她的工作也没法让她有足够的空闲时间去照顾孩子——她发现自己住的地区并不发达，作为单身母亲，她必须要住在一个她喜爱的社区，并且要有足够的安全保障。"我不想当这个地方的拓荒者，"蕾蒂莎说，"无论如何，我可不希望看到枪击案发生。我决定我们必须搬走。"

2009年，蕾蒂莎被解雇了，她意识到搬家迫在眉睫。她和她的女儿洛拉去了弗吉尼亚州，这里离她家人和洛拉的父亲都近些。离开纽约后，她觉得自己长舒了口气，感觉像是"从一段虐心的感情中解脱出来"，觉得"哎！我终于不再这么操心费力了！我再也不用拖着一大堆东西爬五层楼梯了"！她还说，送她女儿去纽约的好学校上学，去参加公共教育系统中的资优班，"每一步都像是在打仗一样。我没有钱，也不愿意花2.5万美元送我的孩子去读小学，在这里，我不用再为了让她接受良好的教育而发愁挣扎"。蕾蒂莎目前和洛拉住在弗吉尼亚州的一幢公寓大楼里。蕾蒂莎现在发现自己对庭院和烧烤很感兴趣，而她的父母正是依靠这些在城郊落地生根的。

但蕾蒂莎也很怀念纽约的生活，怀念这个城市在她还是个单身母亲的时候所给予她的一切，即使是当她被迫要离开的时候。"在纽约，每条街都有认识我的人，"她说，"哦，是那个带着孩子和狗的棕皮肤女人。"这种群居的意识令人安慰，而且让人安心，即便是在那些她并不觉得有多安全的社区里。蕾蒂莎回忆道，她住过的一间公寓，"旁边就是一家隐秘的酒店"，但她说，"我从来没感到过不安全。"她还说，她从来没有在街上被人骚扰过，那些坐在街边的商店老板会用一种日常邻里间的目光来招呼她。她的纽约邻居们都非常贴心，常常会帮她把东西和婴儿车提上楼去。有时候，当她到街对面去拿洗好的衣服时，她还会把洛拉留在商店里请邻居们照顾。"他们的态度总是这样的：她是我们的一分子，我们照顾她就像在照顾我们自己一样，"她说，"我从没觉得我处在危险之中。但是你控制不了枪击案的发生，而且我也不愿意去那些街区参加聚会。"

在弗吉尼亚州的公寓大楼里，蕾蒂莎说，邻居们互相之间都不认识。

对于单身女性来说，不管有没有孩子，城市都为她们的家庭生活提供了完善的基础设施。城市变成了单身女性的另一半，给她们提供各式各样的服务——而这些服务是世世代代女性提供给男性的。男性能够参与公共事业，离不开背后那些一直在家里煮饭、缝补衣物、洗衣服、打扫卫生的妻子们。而当男性单身的时候（或者不是单身的时候），他身边还会有另外一群女性，她们给他当女仆、洗衣妇、裁缝、秘书以及妓女，以此换取微薄的薪水。

一直到现在，对于大多数单身女性而言，没有相关的一套服务是反过来提供给她们的。但至少，城市为了实现富裕的目标，还是做出了些弥补和改善。比如说，为居民们提供更小型的居住环境，这样就减轻了清洁和维护的工作量。在城市通常会有一个管理员专门负责维护工作。如果你的经济实力比较雄厚的话，那么你还会有一个门卫替你收包裹和杂货品，以及迎接你的访客。每个街角都会有商店和手推车，方便上班族购买早间咖啡和热乎乎的早餐。在城市里还常年流传着一个有关年轻成功女性的说法：她们用微波炉来储存毛衣。这一方面说明了女性衣柜的空间不够用，另一方面则证明了方便、快捷的食物外带开始广泛流行。多少年来，准备食物的工作一直都落在女性身上，而如今，这一呆板的传统有了可以置喙的余地。城市里还建起了自助洗衣店和裁缝店。此外，还有帮忙照看孩子的邻居、有分担房租和电费的室友。所有这些生活上的便利，都在一定程度上回答了那个由社会学家阿莉·拉塞尔·霍赫希尔德（Arlie Russell Hochschild）提出来的问题："20 世纪 50 年代，家庭主妇不再待在家里了，那么我们必须要问，'她的工作将由谁来接替？'"[15]

除了以上提到的，大都市里还有其他的城建设施：街路纵横交错，连通着各式各样的娱乐场所，酒吧、俱乐部、电影院、体育馆、篮球场和公园。公共交通也十分发达，人们可以选择火车、地铁、公共汽车以及有轨电车等多种交通方式，既便宜又快速（通常情况下）地去上班、回家以及拜访亲朋好友。[16]

即使对于那些不太容易享受到这类便利的人，城市里密集的人口也能让她们感受到蕾蒂莎所提到的"邻里目光"：街道上那些爱管闲事的邻居，路边草坪椅子上的小区居民，他们注视着每一个经过的行人。在公寓楼里，人们之间互相了解，你可以随时把孩子交给邻居照看，也可以随时从他们那里借一杯糖。

在市中心，庞大的人口催生了大量的工作机会：通常来说，这些工作的薪酬确实很低，比如说给富人送外卖或者清洗健身房的毛巾之类的。但是，城市里的工作机会仍然比村镇的要多，在村镇，你也许得开几英里的车才能到达离你最近且愿意雇用你的商店、游乐园或者医院。

事实上，城市确实存在一个问题，即这些一应俱全的福利设施和便捷服务，让人们不再需要来自伴侣的帮助了。长此以往，恐怕会出现越来越多的单身者。

谈到不同地区的婚姻模式，梅丽莎·哈里斯-佩里向我讲述了她的亲身感受，她说那些和她一起在南方上大学的女孩子们结婚都比较早，而她在普林斯顿大学工作时所遇到的那些女性朋友们都还是单身。这让她觉得，在南方，事业有成的黑人女性在20多岁就结婚了，而在北方，她们结婚的年龄则要推后很多。为什么会出现这样的情况？哈里斯-佩里又回想起她的一个朋友——"一个50岁的、典型的纽约单身汉"——这个朋友曾经解释过他这么多年仍然保持单身的原因，他说："随便哪一天我都可以把衣服送去干洗，如果半夜饿了也会有食物送来，我可以去外面闲逛，去公园小坐，或者去看场演出；所有的便捷服务、艺术文化活动，再加上各式各样的约会对象，都让婚姻显得相形见绌。"

女性（或者男性）从婚姻中所获取的东西，如今也许同样能从城市生活中获取到，这其实是一种对婚姻意义的积极思考。城市提供给我们的很多服务，都是在传统婚姻中不可或缺的，并且它们具有性别类化的性质；而城市的存在打破了这种性质，不仅让我们可以通过金钱的交易来获得这些服务，还让我们真正享受着这些服务，这也是我们花钱的目的。这种变化，同时也改变了女性看待、参与世界的方式——城市化身成了配偶，甚至有时候，变成了她们的真爱——这在以前是完全不可能实现的。

多黛·斯图尔特（Dodai Stewart）从小生活在纽约。她的父亲是一名医生，比她的母亲大 20 岁，在多黛十几岁的时候，她的父亲去世了，她的母亲一直都没有再婚。多黛交往过许多男性，每一个她都有过与之结婚的打算，但总是有这样或那样的原因，使她从来没能踏进婚姻殿堂。多黛跟我谈话的时候刚过 40 岁，她说："我和纽约谈了一场最长的恋爱，真的是这样。我给它拍照，记录着有关这个城市的一切，像'曼哈顿女孩'[*]一样。"

多黛跟我提起自己的一个旧金山前男友，他非常想和她结婚，还计划在院子里种一块草坪。但多黛并不喜欢打理草坪。而且多黛觉得他不知道老牌朋克夜总会 CBGB[†]，也分不清楚

---

[*] 《曼哈顿女孩》（*Girlhattan*），一档讨论女孩和城市的真人秀节目。
[†] CBGB，1973 年在纽约成立的一家摇滚俱乐部，包括雷蒙斯乐队（Ramones）、帕蒂·史密斯（Patti Smith）在内的众多朋克先锋都曾在此登台演出。它被视为美国朋克运动的策源地。

（不管是从文化意义上还是从地理位置上）住宅区和商业区。两人的共同话题少之又少。最后多黛没有接受他的求婚。"你不了解我生活的城市，"她说，"你也不会懂我。"她在纽约和男人之间，选择了纽约。她强烈地感觉到，这个城市才是一个更值得拥有的伴侣。"这个城市，无时无刻不在和你对话，"多黛说，"他会给你留言。当你走过涂鸦墙的时候，整个世界一瞬间都变了，因为你读到了他的话。纽约在我的生命里扮演了重要的角色。"

多黛的母亲没有改嫁——她的母亲在纽约生活了20多年——独自把她抚养成人，所以多黛选择独身的话，她的母亲应该比较能理解她的决定。而那些成长于早婚地区的城市居民以及那些较早结婚的朋友们，恐怕会对这种颠覆传统的行为略有抵制。

都市神话

妮莎（Nisha）来自伊利诺伊州的内珀维尔小镇，现在在华盛顿工作。她向我描述了家乡和华盛顿之间的巨大鸿沟。妮莎今年24岁，在社交媒体界工作，有个男朋友，还没有谈婚论嫁。她注意到，家乡的高中同学和朋友接二连三地结了婚，而在华盛顿和纽约（她也在纽约工作）社交圈里的人都还是单身。她说，城市的朋友们"更关注事业发展，享受多姿多彩的城市生活，而家乡的伙伴们却在琢磨她们的男朋友什么时候求婚"。

妮莎告诉我，她在华盛顿认识的所有人，除正式的工作外，还会做各种兼职，社交日程安排得特别紧凑，所以她实在很难想象在这样的生活节奏下，他们会考虑老古董一般的婚姻大事。她认为，在未来5年内，自己的人生前景会很不一样。"30岁是一道无形的分割线，"她说，"尤其是女人，快到30岁时，周围人就开始关注你的婚姻问题。"她的父母是印度移民，他们曾对妮莎说不希望她拖太久。但是，她又补充道，他们同样也很理解她，在一种新经济的环境下，"女性继续在经济上依赖男性，可不是什么明智的选择"。

当然，数不清的单身女性从未离开过村镇，或者走相反的方向——从城市搬去市郊和村镇。虽然每个地方都开始流行晚婚，但在那些更倾向于早婚的地区，年龄稍大的独身者还是常被污名化。

35岁的克里斯蒂娜（Kristina）是一名考古研究领域的律师，她居住在北达科他州的俾斯麦。她在费城出生、长大，但由于工作和研究的需要，总是搬来搬去，因此她成年生活的足迹遍及各地：马萨诸塞州、得克萨斯州的达拉斯市、新墨西哥州的卡尔斯巴德市、内华达州的里诺市、罗得岛州、康涅狄格州的费尔菲尔德市、新墨西哥州的法明顿市以及蒙大拿州的米苏拉市。

去过这么多地方之后，克里斯蒂娜十分肯定地说："在相对偏远的乡村，单身的确是个障碍。"当时，她准备从米苏拉搬去俾斯麦，许多人担心俾斯麦的城市化程度更高（犯罪率更高），在那里没有男人可以依靠很不安全。大家都这么说,弄得她很烦躁:"我从康涅狄格州搬到了新墨西哥州都没什么,你们反而担心俾斯麦的高犯罪率?"

在北达科他州,如果她跟当地人说自己还单身、从来没有结过婚的话,绝大部分人都会显得十分惊讶。还有不少人在听到她说"没有结婚"的回答之后,会跟她说"哦,我真抱歉"。但是,克里斯蒂娜告诉我,在这样一个早婚现象特别普遍的地方生活久了,即使是她,也会潜移默化地对那些单身的人表现出某些偏见和警觉。如果她遇见了一个和她年龄相当、从来没结过婚的男性,她的心中就会响起预警信号:"你怎么回事?我知道我也单身,那是因为我来自不安分的东海岸。你得把你的情况解释给我听听。"她觉得还是在大城市生活更安心,可以更舒服地享受和单身男人的约会,城市里单身的成年人越来越多,单身的状态也更……正常。

不可否认,晚婚已经成为一种普遍现象,而且不单单局限于城市范围。有意识地选择单身——或者至少对传统婚姻不再持有浪漫的看法,而是对其抱有一种客观的批判态度——已经不只是城市居民的专属了。2013年,来自得克萨斯州戈尔登的24岁女歌手凯茜·马斯格雷夫斯(Kacey Musgraves)在美国乡村音乐奖上获得了最佳女歌手的提名。她有一首歌叫作《旋转木马》(Merry Go'Round),这首歌的开头是这样的:"如果你在21岁的时候还没有两个孩子/你很可能会孤独终老/至少传统告诉我们是这样。"接下来,她又向传统提出了质疑:"我们百无聊赖，因此，我们走进婚姻圣殿，仿若尘埃，在小镇上安然度日……我们自以为初恋很完美／于是我们坚守着高中时的爱情。"

她们自己的房间

对于贫穷的女性而言，不论她们的婚姻状态如何，一般都会选择群居生活。历史学家克丽丝汀·斯坦塞尔提供的 1855 年人口普查数据显示，在纽约市的 400 名单身女性里，独自居住的只有 11 人。[17] 大多数住在城市的职业女性，都是和兄弟姐妹、表亲、父母和祖父母们一起挤在窄小的出租屋内，这样的状况一直延续至近代；其他地区的穷困家庭和移民家庭一般也是这样的居住情况。

即使单身女性很渴望打破多代人一起生活的居住方式，她们也很难拥有一间属于自己的房子。一方面出于对自身安全的考虑，另一方面顾忌社会对性行为的限制和道德规范的束缚，许多有工资收入的女孩们都住在寄宿公寓里。1863 年，社会活动家弗吉尼亚·佩妮写道："许多售货员女孩都是 6 个人挤在一间阁楼里。"[18] 那种阁楼的业主一般是年长的女人，她出于类似父母的"负责任的态度"，对这些年轻的租户们实行严格的宵禁，时刻监督她们的一举一动。

历史学家乔安娜·米耶维茨（Joanne Meyeowitz）写了这样一个故事，在 1891 年的芝加哥，一名年轻女租户向自立妇女之家（Home for Self-Supporting Women）申请，想和一名年轻男性外出，妇女之家二话不说联系了伊利诺伊人道协会（Illinois Humane Society），该协会紧接着又联系了这名年轻女子的继母。身在南达科他州的继母非常感谢协会对她继女的保护，称协会让其远离了"城市里的众多陷阱和圈套"。[19]

但想必读过弗吉尼亚·伍尔夫（Virginia Woolf）文章的人都很了解，女性其实非常强烈地想要开辟一块属于她们自己的空间。

19世纪的物理学家哈莉特·亨特（Harriot Hunt）和父母同住，后来她结了婚的妹妹也搬了进来，原本就不够用的房间更显拥挤，她说："没有一间属于自己的房子，真叫人备受打击。"[20] 甚至12岁的路易莎·梅·奥尔科特也带着奢望的语气描述过一个看似渺茫的心愿："我一直很想拥有自己的小房间，虽然我知道根本没有办法实现，但我还是没有打消这种期待，我想在里边唱歌、思考。"奥尔科特后来成为少数能负担得起单独房间的女性之一，而且她还把自己形容为蜘蛛，需要"独自吐丝"。[21]

贫穷的男人们，也像他们工薪阶层的姐妹们一样，和家人或者工友一起挤在有限的公寓空间内。而那些稍富裕的单身男性——比如能继承丰厚财产，赚取可观数目的租金的男性——相对其他人而言有更多选择。这些男性可以住在住宅楼或者俱乐部里，以金钱换取家庭方面的（大概是性方面的）需求。到19世纪末，曼哈顿已经有超过三分之一、不到二分之一的15岁以上的男性是未婚状态了，其中多数人是独自居住。曾有一个住在男士俱乐部的单身汉这样描述他的住处："成员们都像住在自己的城堡里一样无拘无束；这座建筑……就如私人住所一般干净、安全、舒适。每个人都可以自己做主，不会有来自主人的'关心'或烦扰。"[22]

这真让人羡慕！在很长一段时间里，都没有男女平等这一说。但是，随着越来越多的女性来到城市，她们不仅料理家事，还投身新兴的女性职业，这个时候，城市就必须给她们留出居住的位置了。

建于1903年的玛莎·华盛顿酒店（Martha Washington Hotel）是最早的综合大楼之一，它共有12层，专门为来纽约找工作的家庭妇女设计。[23] 2012年，这座大楼被定为纽约地标，《纽约时报》还发表了一篇报道，称："那时候，单身的职业女性费尽心力，寻找那些不会被怀疑做了有伤风化之事的住所。"玛莎·华盛顿酒店的首批住户有500人，其中包括速记员、编辑，还有一位律师（她后来成为纽约第一位被任命的女法官），即使是在这样的酒店里，也有一些严格规定：男性不允许上楼，而且，刚一开始的时候，被要求拎所有重行李的是男服务生，但到了1904年，酒店聘请了14位女服务生代替他们。

1906年，纽约格林威治村建造了图马特酒店（Trowmart Inn），它不仅为单身女性提供住宿，也为"收入微薄的劳动阶层，以及那些没法为父母在城里安家的人群"提供住处。图马特酒店没有宵禁，事实上，经过独具匠心的设计，它成了未婚女性通往婚姻殿堂的过路站。酒店的建造者告诉《纽约时报》，酒店原初被设计成一个允许男性追求女性的场所，如果不是独自居住的话，单身男女会在约会、恋爱以及性生活等方面碰到很多障碍。《纽约时报》上有篇文章曾形容："温柔优雅的女孩们并不在乎对方在高速公路上还是在公园里公开求爱，不过假如有一个更合适的地方，求爱者可以在那里向姑娘们表达爱意，她们会成为快乐的、尽职尽责的妻子，以及更加幸福的母亲。这些姑娘们的数量正迅猛地增长。"《纽约时报》继续说，"如果女孩们都有了幸福的家庭，并且每年都会有人在图马特酒店缔结姻缘的话"，这家酒店的建造者也会感到非常高兴。

这些酒店让女性独自居住成为可能，但是它们也逐步被那些更具有吸引力的住处所代替，比如说，1927年建立的巴比桑俱乐部（The Barbizon）——"为职业女性建造的俱乐部式公寓"，它不仅提供了简单的小房间，还提供了一些旧式男士住房所配备的服务。《芝加哥论坛报》（Chicago Tribune）在形容巴比桑的建造特色时，称它是"专门为商业和职业女性设计的，它配有健身房、游泳池、工作室和其他一些男性俱乐部才有的便利设施，这种风格真是独一无二"。两年以后，《纽约时报》也对那些正在享受巴比桑俱乐部健身设施的"现代女战士们"进行了报道，并指出，"据说，在她们的俱乐部里，女性比男性更为自由"。

20世纪中叶，女性不但能很便捷地找到心仪的公寓，还可以在报纸的广告页上挑选室友。但是能拥有一所属于自己的房子——正如贝齐·伊瑟列形容的那样——一直都具有强烈的吸引力，即使是在20世纪80年代，"房租稳定"一词，也"比'嫁给我吧'更加让人心潮澎湃，它蕴含着更多可能性，暗示着一种成年人的生活"。[24]

我和一位朋友在大学毕业前去了趟纽约，我已经计划好要在这里定居了。凑巧朋友的姐姐当时也在纽约，她比我们大很多岁，事业有成，独自在纽约的上西区租了一间小公寓。当我计划好去那里与她们见面的时候，朋友跟我道歉说她姐姐不想让我去她的公寓；她姐姐有条自己的规定，即除了亲人和恋人之外，别人都不能进她的家。这间屋子是她姐姐在这个世界上唯一属于自己的空间，她保卫着它不被别人入侵，然而这条规定在当时还很年轻的我看来，是残酷且没法理解的。

一大拨女性寻找着能让她们立足的地方，城市的规划也随之受到了很大的影响。2013年，纽约市立博物馆、公民住房与规划委员会、纽约建筑联盟合作，一起举办了一个名为"开辟空间"（Making Room）的展览，主要是展出一些房屋的设计方案，这些设计都是为了使住房"更好地适应纽约市急速变化的（有时是让人震惊的）人口数量，包括大量增长的单身人群"。这次展览特别展出了约为30平方米公寓的设计图，这种房型基本上就是前纽约市长迈克尔·布鲁姆伯格（Michael Bloomberg）推荐的专为单身者设计的新型"微型公寓"构想方案。

在华盛顿，一座位于杜邦环岛的大厦正改建为一座92户的公寓楼，公寓面积平均为32.5平方米；[25] 2012年，一条街巷里盖起了一片小户型住房，每户的面积约为 14～23 平方米，这个设计为将来的小型住房提供了借鉴模型。[26] 同时，西雅图也掀起了一股微型公寓的热潮，为适应人们高涨的住房需求，原先那些老旧的大房子都被拆除，改造成约 18.5 平方米的、带有公共厨房的单元楼。这次大刀阔斧的改造招来了不少抗议。一位居民告诉《西雅图时报》(*The Seattle Times*)记者，"我们不关心谁要租这些微型公寓，我们想知道有多少人住在这里。这里肯定会变得非常拥挤"。[27]

在多洛莉丝·海登（Dolores Hayden）的经典著作《家庭大变革》(*The Grand Domestic Revolution*)里，作者回顾了城市家庭房屋建筑的变迁，描写女性如何逐步独自居住、拥有个人专属空间。女性乌托邦小说《她乡》(*Herland*)的作者夏洛特·珀金斯·吉尔曼（Charlotte Perkins Gilman）曾设想过，女性可以雇用专职人员为她们做饭，因此她们的房子不需要厨房。而 19 世纪的改革家、女权主义者梅露西娜·费伊·皮尔斯（Melusina Fay Peirce）则发起一项房屋合用的运动，她认为把那些既要做饭又要照顾孩子的女性分散在各自的住处，会阻碍争取平等的进程。[28]

现如今，越来越多的当代女性逃离了先人那种整日囿于厨房和婴儿室的生活。碰巧，她们还实现了先锋前辈们的幻想——厨房与娱乐空间可以共享，独立的成年人把家庭生活与公共活动融为一体，她们并不需要配偶。

危险警钟

风险伴随自由而来。隐匿真实身份和放飞自我也许是个美好解脱，但是这些也滋生了危险：具有安全隐患的性行为，更高的暴力犯罪率，以及更多的非法活动。在早期社会，对于独自（或者和其他女性一起）住在城市里的女性来说，她们最大的危险之一，就是有可能会被带去当妓女，或者说，被贫穷和物欲横流的都市生活所迫，不得已去做妓女。

1832 年，纽约妓女收容协会刊登了一则（也许是错误的）警示——"我们已经十分仔细地统计过了，这个城市里堕落为妓女的女性数量，已经超过了一万人！！！！"[29] 在芝加哥，那些居住在市镇里最廉价和最落后区域——所谓"带家具的公寓区"——的女性，更可能通过卖身来增加收入。在 20 世纪早期，有调查显示，"在这里的漂亮女人如果不去'赚外快'，那么她很可能会被街坊邻居们认为是个傻瓜"。[30]

但是多元化的思想观念，让城市以宽宥之心包容了这些女性，并且向她们提供救赎与改过自新的庇护所，这些都是小村镇和市郊无法给予的。克丽丝汀·斯坦塞尔强调，正是因为城市对女性的宽恕并给她们提供了进行多样选择和自我改正的空间，才让城市在拓展女性的潜能方面发挥了重要作用。"城市里面的公寓楼、血汗工厂、长街小路，都在美国女性的历史上画下了浓墨重彩的一笔。"[31]

在我们讨论女性气质与都市生活时，难免会落入俗套，讨论究竟是城市使女性误入歧途，还是女性自身对城市而言就是个魅惑之物。随着城市被越来越多单身的、掌握权力的女性填满，我们会时不时地在新闻中读到有关这些女性的典型悲惨故事。而且，在这些报道里，我们总能轻而易举地得到这样的暗示：那些敢于独自生活的自信女性，已经走得太远太远了。

19世纪90年代，一个以贴海报为生的年轻女孩艾达·贝克（Ada Baeker），从得克萨斯州来到纽约投奔一个女性亲戚，但在这座冷酷的大都市里，女孩没法融入身边的人群，以至她曾两次尝试自杀。当时，各种小报上铺天盖地全是关于她的故事，人们拿她的经历警示那些执意要改变人生航线的女性，如果坚持要驶入这孤独无助的城市深水之中，命运会带给她们什么样的结局。[32]

大约100年后，一名在中心公园慢跑的女性被强奸和攻击，差点致命。后来查明，受害者的名字叫特丽莎·梅里（Trisha Meili），是一名28岁的单身白人投资银行家。她以优等生的荣誉称号毕业于韦尔斯利学院，后来又在耶鲁大学修了艺术与商业学位。她近乎完美地代表了那些接受昂贵教育、拥有高薪职业的独立女性群体，从20世纪80年代末期开始，这些女性在纽约愈加常见。她一直在这个公园锻炼——它原本是让城市变得生机勃勃的基础设施：当她受到侵犯的时候，作为单身女性的梅里正积极地与这个城市相处共生。这件案子（有5名无辜的黑人男性为此入狱），在当年算是最广泛的报道故事之一了。

肯德拉·韦布戴尔（Kendra Webdale）来自纽约北部，她一直很喜欢逛这里的"公园和博物馆，里面有各式各样的人，也充满着各种未知的可能性"，而就在其中一个人群混杂的地方，1999年，32岁的韦布戴尔被一名有攻击女性案底的精神病人从地铁的正前方推下。[33] 2006年，刑事法庭上又多了一个谋杀犯，他因为谋杀了一名女性而被捕。这名女性叫伊美特·圣吉伦（Imette St. Guillen），她曾以前5%的优秀成绩从学校毕业。一天晚上，她和闺蜜一起在外喝酒到很晚，后来她坚持要自己一个人待在外面。深夜，她被一名酒吧保安强奸并且杀害。

这些犯罪新闻报道——总是比那些降临在贫穷女性和有色人种女性身上的悲剧事件（这并不经常发生），更加让人胆战心惊——说明的问题已经非常显而易见了。城市赋予女性不断扩大的经济权利和社会权利，同时也把她们置于大都市的危险中。这些威胁女性安全的危险因素，正是吸引她们来到城市的诱惑：乐趣、自由、性、载她们去上班的火车、她们聚集的街道和她们跑步锻炼的公园；这些赋予女性独立与自由的地方，也让她们变得不堪一击。女性的高学历和高薪酬不能保护她们免于野蛮暴力的侵害，她们的性别特征，以及她们的独行——让她们成为罪犯的猎物。

唯一挚爱

1997年，我搬来纽约，因为负担不起在曼哈顿区生活的费用，所以勉为其难地住在了不是很繁荣的布鲁克林区。那时已经当了3年市长的鲁道夫·朱利亚尼（Rudolph Giuliani），非常强势地整治了纽约的色情电影院、流浪乞丐以及那些用擦刷器清洗汽车玻璃的人。20世纪90年代，也就是鲁道夫·朱利亚尼在任期间，纽约警力增长了35%。警察们在打击罪犯，尤其在打击黑人犯罪方面广受称赞。在朱利亚尼政策带动下，整个地区的城市犯罪率下降了，华尔街的管制也不断放松，科技工业也蓬勃兴旺地发展起来，纽约出现了更为富裕的群体。价格低廉的某些同性恋聚集区被重新铺建成了投资银行家的操场；先前的肉类加工区（在它之前是那个曾为单身女性提供住处的图马特酒店），以及不久前的卖淫中心，都被改造成了巨穴般的俱乐部，里面提供价格高昂的酒水。我得承认我只能负担得起布鲁克林的生活。

也就在那几年，我读到了琼·狄迪恩（Joan Didion）写给这个城市的分手信，"再见，所有的一切"，我非常认同她所写的感受。狄迪恩说她"可以整夜狂欢，犯各种错误，不必为之付出代价"，她对纽约的爱，并不是什么流于表面的感情，而是真正爱上了这座城市，就像你爱上了第一个让你动心的人那样，而且再也不会有什么人可以让你献出同样的爱。

相比于她，我可不敢自信地说，我一点也不担心犯错误。我在大学毕业后来到纽约，一直提心吊胆、小心翼翼，感觉自己可能会无家可归，害怕一不小心就会被赶出去。即使我早年间把纽约看作一个伴侣，那它也是个令人胆寒的还有点嚣张的伴侣。我和我的室友，同时也是我的好友——她违抗了父母的意愿，一人身无分文地从田纳西州来到纽约这个大城市——我们每天在一起吃两美元的辣汤团，窝在沙发里喝啤酒，看《X档案》(The X-Files)的旧剧集，然后互相问彼此以前是怎么交到朋友的，就这样，我们度过了来纽约后的第一年。

除了被迫住在布鲁克林的公寓里，在我刚到纽约的头些年，我的内心里还翻滚着对电视剧《欲望都市》的埋怨。它那时刚刚开始在 HBO 播出，广播公司会定期把它的广告单页——上面是那个穿着芭蕾舞裙的古怪女主角——贴满整个城市，路上的积水经常飞溅在广告页的女主角身上。但我谈不上讨厌这部剧，因为我本来就觉得它不怎么样，所以说实话，我几乎没怎么看过。我并不反对它所传达的观念；很久以后，我才明白，它不完全地象征了一个潜在的女性新时代。

我不喜欢《欲望都市》，是因为它很快成为一种工具，每个在城市居住的单身女性都会被朋友和家人用这部剧来衡量，并且带有些贬低的意味。我已经数不清有多少人跟我说过，我的生活"就像《欲望都市》一样"。

相比电视剧，我在 20 多岁的大部分时间里基本没有性生活，更别说那些巨大衣橱和"恨天高"。电视剧《欲望都市》还耐人寻味地将衣橱和高跟鞋视作空间和高度的隐喻——当然，当代女性已经拥有了上述的空间与高度——而我有好几年几乎都要破产（注意，不是穷……是破产）。事实上，我几乎不看《欲望都市》的原因，是我根本付不起有线电视费。

即使当我的收入稍微多了一些、有了几双漂亮鞋子、性经验也多了些的时候，我还是十分讨厌这种现实与电视剧之间的比较。一部分原因，是我知道这部剧关于现代女性特质的看法是极为有限的——里面有那么多那么富裕的白人女性——但更多的是因为我怀疑，人们说我的生活就像电视剧一样时，他们的本意可能并不是夸赞。

《欲望都市》播出时，电视评论家艾米莉·努斯鲍姆（Emily Nussbaum）同样也是个纽约单身女性，她告诉我说她"听到人们对她说'你的生活就像《欲望都市》一样'时，会感到十分兴奋"。因为在这之前，她回忆道，人们对她说的是，"你生活得像《凯西》（Cathy）漫画一样"。《凯西》是凯西·朱塞威特（Cathy Guisewite）创作的在报纸上连载的漫画，从1976年一直连载到2010年，其中记录了主人公的日常饮食、无聊的男朋友以及没价值的工作。《凯西》向人们展示了女性的单身生活可能会包含的内容。很长一段时间里，《凯西》都是这个国家有关单身女性主题的仅有的流行模本。在我们谈话之后没多久，努斯鲍姆就在《纽约客》发表了一篇关于《欲望都市》的文章，她这样写道："人们把你的人生看作富于魅力的威胁，总要好过他们认为你过着悲伤和孤独的生活。"[34]

同时，努斯鲍姆也惊喜于这样一个事实，那就是《欲望都市》让人们受到了心理上的冲击。"我真的很高兴，人们对它感到了恐慌。"她告诉我。相比于早期那些把单身女性描述为坚强可爱，或者悲伤绝望的陈词滥调，剧中性欲旺盛的凯莉和萨曼莎着实把男性吓了一跳。努斯鲍姆又继续说："这部剧很清楚地把凯莉塑造成了一个生活乱糟糟的、有很多缺点的女性，她不是某些甜蜜可人、勇敢地喊出'为什么我不能寻找到爱情？'的人物的替身。这部剧令人眼前一亮，因为它为那些不完美的、易怒、怪异、贫困或者并不惹人喜爱的女性搭建了一个表现的舞台。"

《欲望都市》中女性的复杂性格，让她们和这个城市产生了共鸣，这是我渐渐开始欣赏它的原因之一。因为我知道，纽约也是一座不完美的、易怒、怪异或者并不惹人喜爱的城市，在展示完魅力之后，纽约的缺点和不足就开始接踵而至。

在我搬来纽约的5年后，我有能力离开室友，独自承担一个完全属于自己的壁龛式小公寓。我和纽约的感情继而发生了急转弯式的变化。在自己的公寓里，我感到了前所未有的快乐。房子虽然很小，也不算精美，但我爱它的每一寸每一角。我还做过突然失去这间公寓的噩梦。在梦里，我正透过它的大窗户，眼巴巴地向里面望去，渴望能重新回到它的怀抱。

在拥有我自己公寓的同时，我的交际圈也扩大了，工作方面也更加得心应手。当我清晨第一次在这间公寓中醒来的时候，我感到自己前所未有的成熟、独立和舒服。如果《欲望都市》用鞋子、衣橱和鸡尾酒来象征自由，那么这个42平方米的简陋出租公寓也可以是我所拥有的"奢华世界"的一个象征。

然而，当我为这本书进行采访的时候，记者杰西卡·贝内特跟我说起一段"形象"的城市单身生活，这份记忆在她脑海中挥之不去：那是在她和交往了很久的男朋友分手之后，当她使劲拖着一台空调上了四段台阶，回到她的公寓时，涌上来的精疲力竭、挫败感和孤独感。她生动形象地向我描述了这段回忆：

我那时正站在劳氏五金商店的外面，这里和我最近才搬进去的新公寓——完全属于我自己的公寓，我特别爱它——隔了4个街区。那是个初夏，彼时我来纽约已经5年半了，我第一次觉得自己如此开心和能干。但是天气非常非常热，超过了37度。空调特别重，我没办法把它抬起来，更别说运回家了。我鼓励自己说，我很开心，我很棒。但是我实在太累了，而且感到特别无助和孤独。

谁会帮我？起码这座城市不会——这座繁华的城市，这座独立友好的大都市，让我陷入了现在的困境。它不会给我汽车，只留下酷热难耐的街道、又陡又高的门阶以及一大批和我一样的单身朋友。那些朋友人都很好，但是她们也一样买不起车，同时也都在这突然来袭的热浪里，一边挣扎着把自己的空调搬进屋子里面去，一边和她们那混杂着热气、汗味的孤独感一起轻轻啜泣。

在那一刻，我唯一想要的，就是一个伴侣：不是让他来为我做这些事，而是，陪我一起做这些事。我27岁了，我真的需要一个丈夫。

在我这么想时，也许我还可能小声嘟囔了出来，一辆出租车——司机是个女性，这在现在的纽约也还是很少见——停了下来，一个来劳氏商店购物的乘客下了车。我迫不及待地向车里看去，司机摇下了车窗，问我是不是想坐车。我身上没带着现金。"你家里有现金吗？"她问道。"有。"这个女司机从出租车里下来，帮我把空调抬进了后备厢。当她把我载到我的公寓门口时，我看到我的新房东正坐在门廊上抽烟。他帮我把空调搬上了公寓。

接着我跑回来把钱付给出租车司机，然后向她道谢。"你看起来像是遇到生活的瓶颈了，"她操着东欧口音说道，"有时候，你只是需要别人帮你一下。"

在 HBO 的独播结束之后，《欲望都市》便开始在联合有线电视网播出，也就是那个时候我搬进了自己的公寓。我从未完整地看过这部剧，只是在随便换台的时候，换到这个剧就看几集。有一段时间，我好像总是看到同一集，就是关于"舰队周"的那一集。在 30 分钟的结尾处，凯莉回应琼·狄迪恩说："如果人一生只有一个挚爱，那纽约大概就是我的那一个。"

我喜欢这句台词。等到我在这座大都市里开辟出自己的一方天地时，它已经是我的真实写照了。

第4章

危险关系：女性之间的友谊

2009年，两名华盛顿女子应邀参加《绯闻女孩》(*Gossip Girl*)的观摩聚会。安·弗里德曼（Ann Friedman）那年27岁，她带着男友同来；艾米娜托·索乌（Aminatou Sow）那年24岁，穿了一件专门为这次聚会准备的衬衣，上面印有"Chuck+Blair"——剧中两名性感主角的名字。她们一见面就引起了彼此的注意。

安是一个能说会道又风趣的高个子女孩，艾米娜（艾米娜托的简称）说她只一眼就知道安就是她生命中想要寻找的那个人。那天晚上聚会结束的时候，她就希望安和她男友朝她这边走来，可是他们没有。"那天我非常伤心。"艾米娜说。但是她回到家里发现安已经在Facebook上加她为好友，那个时候她就知道，她们是注定要在一起的。

也许是天意的安排，就在第二天，这两名女子又同时被邀请去参加另外一个活动。此后她们就开始经常一起出去玩,并发现她们有共同的兴趣爱好——流行文化和时装。安是记者,艾米娜是一名数字策略师,为了相互之间增进了解,她们创建了一个流行文化博客,取名"Instaboner",记录她们对文学、政治和时尚的痴迷。"我们很有共同语言。"艾米娜说。

"我们的关系立刻就近了。"在一次单独采访中,安也这么承认。

虽然她们之间不是性的关系,但是这样的一见倾心也是非常浪漫的。安说,她从艾米娜身上找到了她"一直想要却又从男人那里得不到的东西,促进我变得更好,又不会常常显出对我的失望"。没多久她就向艾米娜请教情感、个人问题和工作问题,让她给予帮助和建议。"这些问题别人都说问男朋友,可我都是问艾米娜。"安说。

我们从小就被灌输说男人是能够让我们人生圆满的人,因此我们要和男人之间形成那种能够影响我们人生的最原始、最基本的情感,殊不知女性之间也可以结成同样的关系,这是在女性人生中常常被忽视的事实之一。

女性之间的友情长久以来就是女性生活的基石。在更早的年代,女性常常出于经济上的考虑或社会原因,很早就走入婚姻。但是如果机缘未现,没有婚姻指导她们情感和心灵的成长,同性朋友就是为她们带来慰藉的亲密伙伴。

如今,虽然婚姻从理论上来说比过去更能让人得到心灵上的满足,但是随着现代人的晚婚趋势,女性发现她们并非一定要通过和男人携手,或者一定要在传统的家庭结构中,才能成长和塑造自己,才能构筑梦想和树立人生目标。相反,她们还可以和同样是女性的其他人——她们的女性朋友——并肩奋斗,实现自我。

艾米娜托·索乌出生于几内亚,父亲是一位穆斯林外交官,母亲是几内亚首批获得工科学位的女性之一。艾米娜托在尼日利亚、比利时和法国长大,后来在得克萨斯大学奥斯汀分校上大学。大学毕业后不久,因为母亲突然去世,她回到比利时照顾父亲和兄弟姐妹,但是没多久就又回到美国工作。9个月后,她以躲避割礼为由提出的庇护申请获得批准,留在了美国。

安·弗里德曼在艾奥瓦州东部长大,毕业于密苏里大学,父母都是天主教徒。

"我在这样一个非常国际化的环境里长大,"艾米娜说,"而安是一个来自中西部地区的女孩,我们在许多方面都完全不同,我们有许多互补的地方,也存在许多分歧。"

她们共同的地方在于,两者都主张个人的独立,并且身体力行。

艾米娜的父母是家族中第一对不是通过包办婚姻而是因为两情相悦结婚的。她的祖父有3个妻子,21个孩子。对于来自这样一个家庭的她来说,年近30岁依然未婚独居简直就是大逆不道。她说,单身生活根本"不属于我来自的世界,这是永远也不可能的事"。她是家族中第一个自己挣钱、单独生活的人。

安和艾米娜成为朋友几个月之后,就和与她一同参加《绯闻女孩》聚会的那个男朋友分道扬镳了。成年之后终又单身，这样的状态给了她极大的满足。她说，这主要是因为在她正式恢复单身后的那几年里，她发现友谊至关重要。"有两年的时间都没有过爱情，也没发生过性关系，甚至没有和男人接近过。"她说。安和艾米娜都相信她们所谓的"被选中的家人"。

"我不只是从女权主义角度或学术层面来说，"安解释说，"我想说的是，如果你选择在一个人身上投资，那么你对她投入越多，她也会对你投入越多，这是感情上的一种维系。"这个观点已在科学界逐渐获得认同。根据娜塔利·安吉尔（Natalie Angier）的报告，非血缘家庭关系长期被人类学家认为是"拟亲属关系"，但是研究人员近来推翻了这种区分，他们认为"自我组建的家庭和传统家庭具有同样的真实性和存在意义"，他们称之为"自发性亲属"。[1]安吉尔在报告中称，自发性亲属关系和我们所称的普通友谊的区别在于，前者"常常成为一个人自我认同的核心要素，可对人生起到重要作用，比如，赋予归属感，缓解经济压力和情感压力"。

安称她的朋友——主要是艾米娜——是"我的感情支柱，我的全部"。艾米娜也说："我总是告诉安，她是我生命中最最重要的那个人，这不是给她压力，只是因为那是我真实的想法。这种感觉就好像我们前生有缘。"

在安和艾米娜的生活发生交融的几年之后，安做出决定，她要离开华盛顿接受外地的一个工作机会。这次分离对她们的打击非常大。

艾米娜对她们分别前一起做的一切依然记忆犹新——打包行李，处理物品，告别聚会，等等。在安即将远行的那天上午——她先去奥斯汀后来又到洛杉矶——艾米娜回忆她哭得非常厉害，"早上7点我去买了咖啡回来，就开始歇斯底里地大哭，"她说，"那是我有生以来最艰难的事。"

我非常了解她的感受。

我和萨拉

我和萨拉（Sara）相识于1999年，那时我们都是公司的小职员。最初我们互相间并没有特别的好感，因为有共同的朋友圈，所以有间接的交往。很多年以后，我们在一个聚会上偶然相逢，那时候我们俩都刚刚和男朋友分手，在聊着各自伤心故事的过程中开始建立起联系。

我们真正成为朋友是在我们俩工作压力越来越大、渐渐在所在城市立稳脚跟的那段时间。那时我和萨拉干劲十足，胸怀大志，都有幸在工作上被委以重任。我们从彼此身上获得忙里偷闲的喜悦和认可，我们都热切渴求放松，喜欢分析，喜欢天南海北地谈天。我们参加聚会都要带上对方，成为彼此固定的女伴。我的同事知道她，她的同事也知道我，我们知道彼此同事的各种事情，互相了解家里的故事，最终也认识了彼此的家人。

我和萨拉的关系有时只是一起喝喝啤酒、抽抽烟，但也有一般是长期伴侣或同胞姐妹之间才有的那种随意和亲密。当然，我们也会聊自己痴迷的男生，讲讲未曾与外人道出的单相思故事，说说那些激情或愚蠢的一夜情，从月经不规律到避孕套落在体内，以及一些女生定期会遇到的生理问题。不过，这些只是谈资中的一小部分。

事实上，我们说得更多的是身上发了疹子怎么办、怎么处理办公室的闹剧，我们很少谈论性高潮或男人的阴茎。我们帮助对方寻找住处、争取加薪，我们指导对方如何更好地安排日常开支，我们一起为大选疯狂，一起分享读书心得，一起看电影，一起灭虫，一起看颁奖节目。

在友谊关系中，即使是最亲密的两个朋友也不会要求对方心里只能有自己一个。就像安说的，"女性之间的友谊，就好在它不排外，不是电影《高地人》(Highlander) 里的那种情形，不会说'只能有一个'"。

因此，我们二人甚至不能称为"最好的朋友"，确切地说，我们各自都有许多"最好的朋友"。我和萨拉有一个共同的朋友圈，我们一共六人，关系非常密切，经常一起度假。但是我们还有各自的朋友圈。我有来自老家的朋友、大学时的朋友、关系要好的同事，还有一个已经结婚的朋友，我还经常去她家玩儿。萨拉也有来自匹兹堡的老乡、大学同学和同事。虽然我们和彼此朋友的关系不是很近，但也都非常了解，我们好像都是其中的一分子。

不知不觉地，我们在重新建立一个非常古老而又现代的关系网。关于19世纪的女性关系，历史学家卡罗尔·史密斯－罗森伯格（Carroll Smith-Rosenberg）曾经写道，"朋友不是孤立的二元体，相反，她们通常是高度发达的综合关系网的一部分"。[2]

友情给了我成年生活中最想得到的东西——心灵相通的感觉、共同语言和快乐——还有安所说的她和艾米娜之间的那种感觉，那是我希望但从来没能在跟男人的爱情和性关系中体验过的。我仅有的几次恋爱，几乎让我心力交瘁，而我和女性朋友之间的关系却给了我力量，而且使我在其他方面也获得了裨益：我所渴望的其他东西也更加容易实现了——更好的工作、更高的薪酬、更多的自信，连快乐也更加触手可及。

女性的友情不是精神安慰，也不是爱情的替代品。相互产生好感的两个女性不会安于现状，相反，她们会去寻找在爱情纠葛中缺失的重要东西，从而进一步提高要求。

"我不确定每个人是否注定会遇到那个特别的人，"艾米娜在谈到寻找未来的伴侣时说，"但事实上，你希望从男人身上得到的东西，我同样能从我的友谊中得到，这不仅仅是指安。我必须要为自己建这个家，我对它全身心地投入，受委屈了我可以回家得到安慰，受伤了我可以回家疗伤。我不知道是不是和男人也能够维持这样的关系。于我而言，朋友不只是重要，而是最重要的部分。"

我和萨拉相遇四年后，萨拉的男友在波士顿有个很好的工作机会，他们异地恋了一年后不得不做出选择。他执意要留在波士顿，尽管萨拉在那里没有很好的发展机会。

看着萨拉在选择中纠结，我非常心疼。她已经30岁了，喜欢纽约，而且在纽约有一份很好的工作，薪水也不错，她还特别喜欢她住的那套公寓，她爱她的朋友。但是她也爱她的男友，也想尝试和他一起生活，看看能不能适应。

人近中年面临这样的折腾，让我不禁回想起早婚的明智。毕竟，我们年轻的时候弹性大，可以毫不费力地接受别人进入我们的生活，但是单身的我们在承担责任、在领导和被领导的过程中独自成长，我们自己开立银行账户、自己贷款、自己签订租约。我们打下了成年生活的基础，和别人的生活建立了联系，在这个过程中生活渐渐定型，可变性越来越小。现在却要将这一切推倒，在别处重来。相比在22岁就找个人结婚，两人一起共同建设生活需要更大的勇气。

萨拉花了好几个星期的时间打包行李、处理物品。在她搬去波士顿的那天，一群朋友过来为她关上运输车的大门，和她拥抱告别，目送她驱车离去。她走了，留我独自生活，想到这里我哭了。

我心里非常清楚萨拉是应该走的。我希望她幸福，而且我知道，我们都希望彼此不仅能拥有深厚的友谊、有意义的工作和美好的时光，还能从爱情和性伴侣那里得到温暖而实用的关系。我们俩也都清楚地知道我们渴望爱，渴望来自爱情的承诺，渴望家庭的美好。那个时候我就想，如要实现这一切，唯一的办法就是放弃独立的生活。

我并不想把我和萨拉的友情以及我们多姿多彩的生活，看成是找到真正伴侣之前的临时组合或替代品,但也不能否认,我们为彼此所做的,其中有一部分就是在生活中实践和维持我们的亲密关系——在没有传统意义上的爱人教会我们处世之道的这些年里,我们学会分享,学会吵架后互相妥协和沟通,学会克服嫉妒、打发无聊时光。

更重要的是,我们还使对方变得更坚强、更有能力(且更有可能)和伴侣建立健康幸福的联合。友情使萨拉和男友的关系成为可能,而我就像那火箭,将飞船送入了轨道,然后不可避免地和它脱离,独自哀伤。我之所以能够对艾米娜所讲的安离开她投奔男友的故事产生共鸣,是因为萨拉的离去是我成年生活中最大的失落之一,远远比之前和男友分手更加令我伤心。

很久以前我写了《女性朋友是新式丈夫》(*Girlfriends Are the New Husbands*)的故事,分析我当时的悲痛心情——当时我根本没有想到有一天我会写这样一本书。我在书中说,女性不一定要在婚姻里成长,我们的成年生活并不孤单,我们可以成为彼此实际意义上的配偶。

我哭着向另一位朋友诉说,这位长我10岁、三十好几仍旧单身的生活导师一向悲观,但是没想到这次她却安慰我说:"放心吧,她会回来的。"我说,哦,我知道她会回来看我,但那不一样。可我这位朋友却更加肯定地说:"不,她会回来的,她的生活在这里。"

我完全不明白她为什么如此有把握地认为萨拉会回来。萨拉怎么可能回来呢?很早以前我就从劳拉·英格斯的故事、安妮·雪莉的故事以及乔·马奇的故事中知道，人生是没有回头路可走的，我太清楚这一点了。命中的安排也许可以推延，但婚姻终究还是女人的最终目的地，它就像牵引光束一样，终会将我们全都吸引过去。

可以说，我和萨拉的故事结束了。

她是我的人

安走后，艾米娜的悲伤久久不散，她重新开始做心理治疗，因为"可以说话的人走了"。同时她感到自己在华盛顿的关系网络也散了，因此打算离开这个城市。"安是我生活的中心，"她说，"没有她，华盛顿对我来说也没有了意义。"

安在洛杉矶有一个很好的工作，对这个新的城市也渐渐产生了感情，要她回到东部几乎是不可能了。艾米娜想起了她们俩一起在西部的那次公路旅行，安有了加利福尼亚州的车牌，她对新家的喜欢溢于言表。艾米娜记得她对安说："看到你爱上加州真是太好了，就像看到格林奇*的心在变大。"

一对情侣，若是一方在别处找到了很好的工作，通常两人会商量是否一起走；夫妻中若一人向往北方的生活，而另一人喜欢南方，那么他们通常会协商去哪里生活，或是否要生活在

---

* 格林奇（Grinch），童话故事《圣诞鬼精灵》（*How the Grinch Stole Christmas*）中的角色，其心脏只有正常人的四分之一大，所以"心胸狭隘"。

一起。

假若按照我们被教导的那样,那么在我们的成人生活中,我们不应将朋友列入最难解的逻辑等式,不可以也不应该围绕友情来建设我们的生活,相反,我们生活的中心应该是家庭、婚姻、工作,可能还有老去的父母……

然而,安和艾米娜的友情中,确实包含了对未来的打算。她们讨论过搬家,"这种分处两地的关系让我感到非常疲惫,不久我们当中会有一个搬到另一个那里去。"艾米娜说。安也认同这个想法,但是艾米娜很难在安的城市找到理想的工作,因此搬去那里也不现实。2013年,艾米娜搬到纽约,那是安最不喜欢的城市,她们尽量六个星期见一次面。2014年,艾米娜在加利福尼亚州北部找到了一份工作。

"我一天到晚给她发短信,"安说,"如果她哪天没有收到我的消息,十有八九是因为我已经死了。"有一年安带领一个团队,她非常谨慎,从来不和同事说她的感情生活或性生活,但是她说:"他们都知道艾米娜是我的人。"

"让我同事知道安,这是非常重要的,"艾米娜说,"大家都只说自己的另一半,我想让他们知道安在我心中的位置。我甚至没想过说她是我好朋友,因为安对我来说远远不只是好朋友。她是我每天都要念叨的那个人,她是我的人。"

虽然艾米娜说"我的人"这个说法,和电视剧《实习医生格蕾》(*Grey's Anatomy*)并无联系,但那正是这部剧里使用的语言。剧中最主要的人物线索是外科医生梅雷迪思和克里斯蒂娜之间的友情，两人之间不是性关系，而是彼此深爱着的友谊。她们俩都是强悍的人，经常吵架、互相较劲，却同睡一张床、同喝一瓶酒，她们都不喜欢拥抱，不喜欢廉价的情感，对工作和爱情生活非常投入，彼此亲昵、独占性地互称"我的人"。《实习医生格蕾》是珊达·莱梅斯（Shonda Rhimes）的作品，这位多产的作家执导过形形色色的女性电视剧，因此她的娱乐王国常常被人称为"珊达乡"（Shondaland）——一个幻想中的女性权力世界。莱梅斯是一位有三个孩子的未婚妈妈。

长久以来，女性之间这种彼此相属的亲密关系在社会中起着非常重要的作用，对于传统婚姻家庭关系之外的女性来说更是如此。学者莎伦·法默（Sharon Farmer）曾经写道，在中世纪的巴黎，"单身女子有时可以从其他无婚恋女性的友谊中得到生活、经济和情感上的帮助"。[3]她还指出，在巴黎的税务记录中，有证据表明，在13、14世纪的时候，就有女性在一起生活、工作、交税了。

未婚女性的亲密关系非常醒目，以至两个女子之间的坚固友谊（经常还有床伴关系）常常出现在莎士比亚戏剧的情节设置中，其中就有《仲夏夜之梦》的女主人公海伦娜，她称她和赫米娅有着人与人之间那种"古老的爱"，她们是"结在同一茎上的两颗可爱的果实，我们的身体虽然分开，我们的心却连在一起"。在19世纪的美国，西进运动造成东部地区大量男子流失，女性与男性缔结婚姻的概率降低，社会上出现了大量由成年女性结成家庭伴侣关系的现象，俗称"波士顿婚姻"（Boston marriages）。

随着寄宿学校和女子学院中年轻姑娘之间的交往日渐频繁，她们之间的亲密关系也得到了认同，甚至这种关系还专门有个表述，叫她们"有戏"（they were "smashed"）。正如贝琪·伊瑟列所写，父母是赞同女伴关系的，他们认为这是"固定的好朋友，而且这种关系一旦形成，她们可以互相教会对方信任、忠诚、宽容和忍耐"。伊瑟列指出，她们彼此在实践中培养这些品质，对于今后的婚姻一定是有利的，"即使有些已婚者从未在丈夫身上找到这种感觉"。

学者卡罗尔·史密斯－罗森伯格在她1975年发表的一篇文章《女性世界的爱与仪式：19世纪的美国女性关系》（"The Female World of Love and Ritual: Relations Between Women in 19th Century America"）中写道，女性关系的重要部分是由前几个世纪男女世界两极分化决定的，造成了她所谓的"男女之间的情感隔离"。[4]

在几代同堂的大家庭、女校、寄宿公寓中，或者像在马萨诸塞州洛厄尔的工厂宿舍里，女性常常同居一室，在身心成长的过程中互相指引，在恋爱和结婚生子的过程中形成亲密的关系，正如史密斯－罗森伯格所言，她们"在情感上互相亲近"。那些在单性别环境下长大、接受教育和处世训练的男女结成夫妻后，"双方都必须做出改变，以适应与另一个人的共同生活，而这另一个人，从本质上说是来自完全不同的群体"。[5] 史密斯－罗森伯格在文章中写道："女性之间的相互关系，其主要特点是亲密、自由的情感表达,身体接触不受约束,而男女之间的关系则往往相反。"

在过去,结婚主要是出于财务和社会角度的考虑,人们想从婚姻中得到性和陪伴的快乐的合理要求往往得不到满足。那个时候常常是友谊给了女性关心和亲情,她们和朋友进行心灵沟通,讨论政治观点。这种关系在女性生活中至关重要,即使在一方或双方成家之后,她们之间的情谊也会一如既往地保持下去。婚后生活再幸福的女子,也会在同性关系中寻找丈夫无法给予的东西。正如伊丽莎白·卡迪·斯坦顿,这位忠于婚姻的妻子和5个孩子的母亲,在说到她的女伴苏珊·安东尼时说,"我们的生活、目标和经历是如此紧密地交织在一起,一旦分开,我们就会备感失落"。

而常在同性身上寻找现实生活和内心深处满足感的,不仅仅是女性。在早期以男性人口居多的南方殖民地,一些男人在烟草种植园里共同生活,人们称之为"伙伴"。[6]林肯就曾和他的朋友约书亚·斯皮德(Joshua Speed)多年合睡一床,他在1842年致信给斯皮德说,"我想做你朋友的愿望是永远不变的"。[7]而根据《大西洋月刊》(*The Atlantic*)的报道,加菲尔德总统(James Garfield)和他的大学好友哈利·罗兹(Harry Rhodes)也情深意笃,他曾经写信说"我愿我们能够清醒地相拥着度过一个不眠的长夜"。[8]

同性朋友之间的亲密语言、床头的肌肤相亲,在许多现代人看来就是我们现在所理解的同性恋行为。有些当然是确定无疑的，然而，同性恋作为一种性取向的概念，是到了 20 世纪初才出现的，所以现在很难回头去评判，当时许多同性之间那些有身体接触的亲密关系。

当然，也有女性不仅承认而且公开表明自己对某个同性的钟情和生活上的依恋。改革家弗朗西丝·威拉德一生只和女子相爱并建立家庭，她在 1889 年发表的自传中写道，"女子与女子相爱的现象与日俱增……等到每个能干而谨慎的女人都有能力体面地养活自己的时候，每个村子都会出现'两人暗结同心'的现象，而且这两个人均为女性"。[9]

另有一些人试图强调生理冲动和爱的冲动这两者之间的区别。先验主义作家、文学评论家玛格丽特·富勒曾和卡罗琳·斯特吉斯（Caroline Sturgis）保持着长久的书信友谊，晚年她和一名男子热恋并且可能与他结婚，她在信中谈到和另一名女子的密切关系时写道，"我一度热恋安娜，当时我有非常强烈的感觉……这种爱就像一把钥匙，为我打开了无数的珍宝，并且我仍然保留至今……它是一颗闪光的宝石，照亮了许多人性的黑暗"。但同时富勒也认为，虽然"无论男女，同性之间确实可以产生爱情"，但是这种关系"纯粹是精神上的，不受任何低级本能的亵渎"。[10]

史密斯－罗森伯格认为，由于当代人对个体的性冲动有种先入为主的认识，因此长久以来，当我们考察女性友谊的时候，社会政治背景这些因素被或多或少地掩盖掉了。女性关系中性的因素也许对她们本人来说是重要的，但是同性恋和异性恋之间的真正区别,对于我们研究她们在彼此生活中所处的地位来说,却是无足轻重的。

我们知道,在同性恋身份远比过去惹人注目的今天,女性之间还是会建立起感情浓烈,且常常不避讳身体接触的关系。这种感情如果不细究很容易被人理解为同性恋,但事实上她们未必有性的关系。

我在初中的时候和朱迪非常要好,若是在一百年之前可能会有人说我是"拉拉"。然而我和朱迪从来都不喜欢像许多其他女孩那样有过多的身体交流——比如说拥抱或者相互编辫子——我们之间显然是少女之间纯粹的友情。

那时我和朱迪都没有男朋友或其他女性朋友,可以确定地说,我们没有,不是因为在彼此身上倾注了太多,恰恰相反,我们是青春期的孩子,精力充沛,关爱自我,渴望心灵的相通。如果没有匹配的爱情来照亮我们,我们唯有用少年人自己的强光互相照射。我们在生日贺卡上、学校年鉴的留言上、笔记本上写下长段长段的亲密话语,在课间交换。我们开着只有我们自己才懂的玩笑,我们讨论海湾战争,我们一起看《当哈利遇到莎莉》(*When Harry Met Sally*),我们会因为其他朋友的闯入而心生嫉妒,甚至兴趣的改变也会引起对方的不满,生怕两人从此不能像镜像那样完全重合。

我们用什么标准来正确判定"真正的"伴侣关系呢?两个人必须经常有性的接触、有生理欲望才能算是伴侣吗?他们必须经常互相给予性的满足,而且互相忠诚吗?如果按照这些标准来看，那么，许多异性婚姻也不能算是真正的伴侣关系。

并非只有婚姻以及以心相许的恋爱关系，才能够支撑女性的生活，也并非只有它们才能造就女性的人生，为她们指引方向，给予她们生活的激情，至少不是对所有女性都如此。

如果要略加区别女性伴侣和异性伴侣，那就是在同性关系中，不会有一方单凭性别就自动享有更大的权力、更高的地位或更多的财富。

"叫嚣的姐妹"

贝蒂娜·陈（Bettina Chen）和爱丽丝·布鲁克斯（Alice Brooks），一个毕业于加州理工学院，一个毕业于麻省理工学院，她们是在斯坦福大学攻读工程学硕士学位的时候相识的。"那里女生很少，"陈谈到她们一开始如何互相注意到对方的时候说，"我们都是理工学院毕业的女孩，有很多共同语言，很投缘。同时我们也想尝试为身边的女性创造更大的空间。"

两个女孩的关系变得非常亲密，她们经常说起自己在以男性为主导的工科圈子里的遭遇，很想做点什么将更多的年轻女性吸引到她们那个领域中来，交流各自选择工程专业的原因。贝蒂娜说，她小时候总是玩哥哥们留下来的乐高和林肯积木，这些都是面向男孩销售的建筑玩具。而爱丽丝则记得她曾经想要一个芭比娃娃作为圣诞礼物，最后却得到一把锯子，她就用那把锯子自己制作玩具，其中有布娃娃和恐龙。

爱丽丝说，随着友谊的加深，她和贝蒂娜开始一起度假，发现彼此相处融洽，于是想到说不定在事业上有合作的可能。随后她们就成立了公司，推出一系列面向女孩的工程玩具——Roominate。这不仅是一家在女性合作之下诞生的公司，它更是一家为了将更多的女性带入这个由男人领导的行业中来的公司，而爱丽丝和贝蒂娜这两位女性正是在这个行业中结识彼此的。

从历史来看，女性在互相鼓励和彼此激发中进入了知识领域和公共领域。在这些几乎不受男性欢迎、更无平等可言的领域里，女性互相扶持，互相帮助，结伴合作成立"睦邻之家""睦邻学院"，共同参与各种社会活动和学术活动。身为女性的辩护者、学者、科学家和艺术家，她们发现了彼此的存在，一起交流心得，分享观点，共同协作，成为妇女选举权运动和禁酒运动的中流砥柱以及废奴运动的核心力量。她们分享在工作场所经历的危险遭遇和不公平待遇，推动了妇女集体劳工诉讼的发展和早期妇女工会的成立。

女性团结合作的力量引起了社会极大的不安。19世纪反女权运动的新闻记者伊莱扎·林恩·林顿（Eliza Lynn Linton）就将女性团体，尤其是参与争取妇女选举权运动的那些妇女，称为"叫嚣的姐妹"。

20世纪的最初几十年，刚刚经历了一个政治和性意识巨变的进步时代，在试图让女性重新回归婚姻的努力中，民众对女性的友谊再次表示怀疑并进行诋毁，部分原因可能就是人们担心女性组织扰乱社会安定。

20世纪20年代，也许不是巧合，大约就在美国宪法第十九条修正案获得通过的那个时候，"女同性恋"（lesbian）一词频繁出现，专指那些关系亲密的单身女性。斯黛芬妮·库茨在书中提到，20年代末，美国精神分析师"提出警告说，最常见的性变态之一就是少女之间互相恋慕的倾向"，"他们称，'这种变态行为对正常的身心发展和婚姻是极大的威胁'"。解决这个问题的办法就是阻止女性成立社会联盟，鼓励异性之间通过恋爱进行更加自由的性尝试。[11]

为了避免同性结对造成社会动荡，女性从很小的年龄起就被鼓励追求男性。男性也有其自身职责，那就是获得女人心无旁骛的关注——人们越来越认为男性不仅要有金钱和地位，还要为女性提供她们过去只能在女性朋友身上得到的陪伴和交流——而现在这些女性朋友却成了在男人面前相互争宠的对手。

在讽刺漫画里，年轻女性的关系开始发生变化。她们不再是互相勾结使坏、抱团取暖的伤心恋人——原先她们常以贝蒂和维罗妮卡*式的、为吸引异性注意斗狠较劲的面貌为人所知。现如今，女性之间的竞争关系可不只是为男人争风吃醋那么简单。20世纪末期，随着为数不多的升职通道的开放，在工厂并肩劳作的工人形象，让位给了身穿垫肩上装的职场女强人，她们为了尺寸之柄努力讨好巴结男上司，排挤觉得对自己有威胁

---

* 《贝蒂和维罗妮卡》（Betty and Veronica），阿奇漫画公司（Archie Comics）出版的连载漫画。贝蒂和维罗妮卡二人是最要好的朋友，也是最要命的竞争对手，她们与漫画男主人公阿奇之间的三角关系常为人津津乐道。

的女同事或女下属。权力结构的基础，从某种程度来说，是小人物为了争夺难得的晋升机会而激发的能量。

在友情、支持和私心之间依然很难找到平衡，尤其今天，与我们共事的同性好友也在为了加薪、跳槽与升职和我们竞争。我在写这本书的时候，有位女子跟我说起了她在职场上赢过好朋友、和好友闹翻的事，她说她的朋友克制不住嫉妒的心理。"我们和男人争了那么多年，到头来还要和自己的同性朋友抢工作。"

这不仅仅限于工作和男人。对女性而言，很多事物变得触手可及：不管是旅游或豪宅之类的奢侈品，还是教育或可靠的儿童托管服务之类的稀缺资源，女性拿着形形色色的东西与同为女性的伙伴比较，继而抱怨命运不公。

为了改变现已深入人心的女性之间是激烈竞争对手的刻板印象，安和艾米娜提出了她们所谓的"闪光理论"。"当我们遇见比自己更幸福、更成功和更自信的女性时，会自然而然地嫉妒她们。"安曾写道。她说，这是因为我们知道这意味着"我们的机会少了"，她提出了一个解决办法："如果遇到智慧、风度、美貌和职业成就都超过你并令你感到紧张的女性，就和她做朋友。和优秀的人在一起不会让你失色，相反，你会显得更优秀。"

婚姻的裂痕

在以前没有 Skype、短信等沟通渠道的时候，女性朋友之间通过书信保持来往。这些书信不仅让我们对某些女性之间的友谊有了大致的了解，还向我们展示了她们的生活情形和思想观念。如果没有这些书信，她们的生活很可能就会被我们忽视。通过这些书信，我们可以了解女性对于自己的婚姻和友情的看法，以及她们为婚姻和友情争取空间而付出的努力。

《简·爱》的作者夏洛蒂·勃朗特（Charlotte Brontë）很爱写信。她在38岁的时候接受了她父亲的助理牧师亚瑟·贝尔·尼科尔斯（Arthur Bell Nicholls）的求婚。她并不爱尼科尔斯，但是她写信给一位朋友说，她明白嫁给贝尔可以让她父亲"晚年有个好帮手"。勃朗特不仅向闺中知己坦承此事，在其他诸事上她也非常坦然。

1854年勃朗特写信告诉一位朋友自己决定结婚的时候，她说："我感受到的幸福是平淡的。我不会有绚丽的人生，不过尼科尔斯先生倒是一个忠于职守、重感情的人，他心地纯洁，生活简单……我非常感激他。"她后来又在另一封信中说，她的婚事加深了她从前对于婚姻的许多疑虑。"我比过去懂得了更多的生活现实。我想有许多错误观念在流传……那些不分情由一味催促身边人结婚的已婚妇女，对此是负有责任的。就我而言，我只能以更深的诚意和更实在的意义，再说一遍我过去常说的那句话——相信命运的安排。"

显然，勃朗特在婚后明显感到失去了自由。"我的时间不再属于我自己了，"她写道，"另一个人占据了我大部分的时间，他说我们必须做什么，于是我们做什么，这些事一般也都是正确的——只不过，我有时希望能写写信、散散步什么的。"

几个星期以后，勃朗特写信给好友艾伦·内尔·纳西（Ellen Nell Nussey），说她丈夫"刚刚看到这封信，说我写得太率性了……我并不认为我说了什么轻率的话——不过你看过后还是把它烧了吧（'烧'字下面画了三条线）。亚瑟说我写的这些信……非常危险——所以请一定听从他的建议'烧了它们'——不然就'不能再通信了'……我忍不住笑了——在我看来这太好笑了，可亚瑟说他是认真的，从他的表情来看确实是认真的——他趴在桌子上，眼神里充满关切呢"。

后来这样的关切有增无减。"亲爱的艾伦，"一星期后，勃朗特在信中说，"亚瑟说你没有明确地答应烧我的信……他说你一定要给他一个明确的保证——否则他就要审读我写的每一句话，他要当我们的书信审查官……我想你必须做出承诺——至少他是出于对我们的极大关心——不然你就会收到他写的那样的信……平铺直叙，就事论事，不加半点修饰。"

纳西最后终于回复勃朗特的丈夫说："亲爱的尼科尔斯先生，鉴于您对于我们女流之辈的书信里那些热情言辞的惶恐，我向您保证我将从此销毁夏洛蒂给我的来信——如果您发誓从此不再审查我们所交流的事。"

尼科尔斯同意了，但是纳西却没有将信烧毁，感谢她对历史做出了贡献。不到一年，曾经写信给纳西说"女人成为妻子是一件庄严、奇异而又危险的事"的勃朗特，真的被自己不幸言中，在 38 岁那年（很可能是在怀孕期间）因病离世。[12]

婚姻总是以这样或那样的方式伤害着女性的友谊。

萨拉·斯泰德曼（Sarah Steadman）是犹他州弗纳尔城的一名中学老师，29岁。她说起了对于许多朋友早婚的复杂心情。尤其是在普遍早婚的犹他州，那些和她一样的摩门教信徒，都年纪轻轻就结婚成家，使得该州的结婚年龄成为全国最低。萨拉的中学好友在20岁出头的年龄就结婚了，当时萨拉为她感到非常高兴。"我很喜欢那家伙，可以说他们俩是我一手撮合的。"但是她又说，"真的太糟糕了，那感觉就像我生命中已经失去了她一样。虽然我们还是好朋友，但是再也不可能像从前那样了，完全不可能了，因为他们有了自己的新生活。"

我33岁那年，两个最要好、最亲近的朋友在几个月里相继结婚，那是我感觉最糟糕的一段时间。在其中一人的婚礼上，我在留言本上看到另一位好友给她的留言，说她非常庆幸"她们一起迈出这共同的一步"。我当时看到这个留言顿时觉得身上像重重地挨了一记。

我们三人就像一个铁三角，彼此都是好朋友。我们各自有着不同的事业和理想，我们喜欢的风格、我们的想法和对性爱的口味也不尽相同。没错，现在正好她们两人都结婚了，而我依旧孑然一身，但是在那之前，我从未想过她们有什么特别相似的经历，她们的恋爱过程、伴侣，甚至婚礼都很不一样。但是这句留言却让我猛然醒悟，也许我依然是她们的同龄人、她们的知己、她们的社会同侪、她们的邻居好友，但是这"共同的一步"唤醒了我，我忽然意识到，也许她们认为从今往后，我们便是两种不太一样的人了。

艾略特·霍尔特是华盛顿的一名小说家。她有两个姐妹，上的是女子学校，她说和她关系最亲的都是女性。她回忆，在二十几岁的时候，她和朋友们一星期见面好几次，一起玩，一起聊天到深夜。等到大家都30多岁的时候，好朋友就接二连三地脱单，开始存钱买房、生儿育女，她们再也不像从前那样经常见面了。现在她40岁了，几乎所有的好朋友都有了伴侣和孩子，能三四个月见一次就很不错了。她说："我感觉自己完全和她们脱节了，可我是那样地爱着她们！"

作为朋友圈里唯一的一个单身女性，艾略特说："我总是开玩笑说，我就像个外国交换生——我和她们说着同样的语言，我有侄女，也参加别人的婚礼，可我还是觉得落单了。"她的已婚朋友以前也邀请她参加社交活动，但是邀请越来越少。她觉得可能是朋友意识到自己谈的都是孩子、老公和房子，不想把她拖进这些话题。但是在她看来，她们不明白的是，"我真的很想找到自己真正的归属。承认不知道自己属于哪里，但又不能让自己听上去像个找不到伴的怨女，这是很难做到的"。

艾略特前不久和她的一个前男友聊过，他说她需要多和二十几岁的年轻人交往，不然就得找70岁的老人了。她也真的去尝试了。有次出差到纽约，一帮年轻姑娘邀请她一起出去玩，她说那次玩得非常开心，"到了11点半，她们说要换个地方接着玩儿，好像夜生活刚刚开始，不到凌晨2点不会结束的样子"。她顿时觉得她们之间相差了15年，"我出生的时候还是尼克松在当总统，"她说，"她们出去抽烟的时候我就想，'天哪，你们还抽烟！我的朋友到 29 岁都戒了！'我喝了一两杯，又累又醉。"后来她就先回去了。

萨拉回来了

搬去波士顿 6 个月以后，萨拉又回来了。

她回来有多种原因，那是经过深思熟虑后做出的艰难决定。一方面是因为她是为男友去的波士顿，但是和男友的关系并不如意。更重要的是，就像我那位悲观的朋友所说的那样：她所离开的纽约生活——她的工作、她的城市、她的朋友——对她来说很重要。她是为了自己回来的。

这真是太棒了。虽然她和男朋友分手我也难过，但是也庆幸她又独自建立起顺心愉快的生活，足以弥补过去。她回来我太高兴了。

但是朋友之间的关系，就跟婚姻一样不知不觉中就有了隔阂，也会像情人之间一样裂缝越来越大。我和萨拉依然非常亲密，我们还会像以往那样一起聊天、喝酒、看颁奖典礼，也会一起旅行。但也许是因为她一边伤痛未愈，一边还要在纽约重建生活，同时也不愿简单地回到过去的生活模式；也许是因为我在经历了之前的离别之痛后，也不愿再像从前那样完全地投入，我们之间的关系再也无法顺利和轻松如初了。

萨拉回来几年后，我开始恋爱了。忽然之间，我不能像以前那样每周好几个晚上和女性朋友出去，因为我遇见了一个男人——人生中第一个我想和他共度良宵的男人。

我们很难做到同时保持朋友间和夫妻间的亲密关系。所以从某种意义上说，我认为19世纪的女性是幸运的，因为她们的婚姻大多很糟糕，而且又被隔离在一个从属、压抑的性别等级当中。然而正是这样，她们才更容易和女性朋友继续保持密切联系，因为相比之下，她们的丈夫不太可能在情感和心灵上与她们进行更有趣的交流（当然，也有像我们在夏洛蒂·勃朗特和内尔·纳西的通信中所看到的那样，无爱的婚姻也可能会限制通信自由）。

在我和达瑞斯（Darius）相爱的那个时候，我很惊讶自己一心只想和他厮守，根本没有时间像以前那样和朋友一起活动。我不能经常在下班后和萨拉一起喝啤酒，也不能隔天和好朋友杰拉尔丁（Geraldine）一起出去吃饭，更不能周末和表妹卡蒂（Katie）闲聊过往一周中所发生的事。这些事我都没法做了，因为如果我还是保持原来的生活，就不可能有大把的时间和我所爱的人在一起，而更奇怪的变化是，我竟然还想和这家伙做爱。一旦我和朋友之间少了经常的交流，我们就不再那样轻松随意了，那种相知相契、同舟共济和友情至上的感觉也开始渐渐消散。

20世纪初有些人的担心或许不无道理，他们认为女性之间的友谊是婚姻的对手，会抑制女性结婚的愿望，尤其是面对不理想的婚姻时。但是问题的实质是，因为有美好的友情而不愿意将就婚姻，所以如果你真的遇上了一个足够喜欢并愿意为他改变要求的人，那很有可能是真爱。我就是属于这种情况。

并不是我不像以前那样爱我的朋友了，她们仍然是我的朋友，我爱她们，怀念我们曾经有过的点点滴滴。我虽心怀内疚，但实在无法同样用心地对待友情和婚姻。因为从很多方面来说，我和我那些朋友早就像幸福的夫妻一样了。

女性朋友在彼此生命中所扮演的角色向来没得到足够的重视，尤其是在单身者更多、单身时间更长的今天。无论是我们的整个人生，还是生命之初的几十年、离婚或丧偶后的最后岁月，都是我们的朋友帮助我们搬入新居，我们和朋友一起购物和照料宠物，和朋友一起经历生老病死，有些人还和朋友一起抚养孩子、看着他们长大成人。然而，没有仪式宣告友情的正式存在，没有婚礼，没有健康福利，它不算同居伴侣关系，也得不到家人的承认。

而当友谊遭遇变故——一方搬家、结婚或死亡，没有离婚协议，没有受过专门训练的人为你疗伤，没有赡养费，甚至没有人来安慰我们、帮助我们渡过难关。

正是这些使得女性所讲述的友情故事——在彼此的通信中、在小说里、在电视和电影中——具有如此强大的影响力。我之所以喜欢《简·爱》，部分也是因为其中有简和罹患肺结核的不幸姑娘海伦·伯恩斯之间的友谊，使得她在寄宿学校的生活不至于孤独；我喜欢安妮·雪莉的故事，也是因为安妮·雪莉视她的同学戴安娜·巴里为"知心好友"和"情意相投的人"，并天真地宣布"我和戴安娜在认真地考虑互相发誓永不结婚，我们要相伴到老，永远生活在一起"。

流行文化可以让我们了解什么是女性友谊，以及这些陪伴我们、犹如亲人的单身女性的生活状况：告诉未婚女性，她们的人生也是真实和丰满的，也有精彩动人的故事。

流行文化中的"那个女孩"

海伦·格利·布朗是阿肯色州一名通过自己的努力获得广告文案一职的印第安女子，虽然她和后来发展为妇女运动的组织毫无联系，但是1962年，40岁的她出版了一本红极一时的畅销书，这本稍显劣质的平装书从影响力来说，虽远不及第二年发表的《女性的奥秘》，但是它讲到了被贝蒂·弗里丹几乎忽略的一个问题。这本题为"单身女孩与性"的书，是为未婚女性进行性探索而写的性爱指南，语言直白而坦诚。书中认为，单身女性的主要任务是为自己寻找夫婿，但是，作者又说，在这条路上，女性同时应该享乐，应该为自己找到美好的感觉。

布朗写道："如果你不去管那种在什么年龄做什么事（如结婚）、什么时间该放纵自己（如星期六晚上）的愚蠢观念，而是利用这些时间，不再羞涩，不再自怜，去做一些有创造性、有建设性的事情……我想单身女孩的困难就已经克服了一半。"她说，单身时代是"非常宝贵的……因为那是你有时间、有自由去冒险的时候"。她对婚姻持实用主义的观点，称婚姻是"给人生最艰难的时段买的保险"。

该书当时在主流媒体引起了很大的轰动。后来和格洛丽亚·斯泰纳姆合办《单身女性》杂志的蕾蒂·科汀·波格莱宾——在20世纪60年代早期负责推广该书的出版宣传主管——说她第一次读到书稿时就想,"真是太棒了,这就是我的人生"。

除此之外,也有别的书向读者展现20世纪未婚女性的生活。罗纳·贾夫(Rona Jaffe)的《最美好的事物》(*The Best of Everything*)(1958)是一部狂飙突进式的小说,讲述一名从事神职工作的未婚女性的故事;玛丽·麦卡锡(Mary McCarthy)的《团体》(*The Group*)(1963),讲述了一些成功女性的故事,描写她们在性、避孕、同性恋问题、强奸问题、工作和友情等方面的矛盾。诺曼·梅勒(Norman Mailer)对《团体》一书很是不屑,显然就像每个时代里都有的、被强大女性惹毛的男人,他讥讽作者是"蠢婆娘……到头来就是一个收集短尾猫的可悲的老姑娘"。[13](实际上,玛丽·麦卡锡有过4次婚姻。)

1966年,好莱坞喜剧明星丹尼·托马斯(Danny Thomas)之女、29岁的女演员玛洛·托马斯(Marlo Thomas),试图寻找一部适合自己的情景剧。托马斯后来回忆说,她不满剧本平淡无趣,于是问主管人员:"你们有没有想过拍一个以年轻姑娘为故事中心的电视剧?不再是某某人的女儿、某某人的妻子或某某人的秘书。我们可以拍她的梦想,拍她对生活的追求。"[14] 但是据她说,当时主管人员的反应是:"你觉得这样的节目观众会感兴趣吗?"托马斯就给他看了那本《女性的奥秘》,没多久,美国广播公司(ABC)就同意上演一档半小时的电视剧,由托马斯制作,讲述一名独居的未婚女演员安·玛丽(Ann Marie)

的故事。托马斯最初想给电视剧定名为"独立女性"(Miss Independence),但制片人却用了"那个女孩"(That Girl)为片名。

后来,活跃于妇女运动的托马斯,执意坚持在她这部节奏轻快的电视剧中女主角一定要自食其力而不依附于丈夫,所以后来ABC找她续拍《那个女孩》的时候她拒绝了,她觉得安和她男友似乎尚未有过性关系,而这已不能真实反映当时美国妇女的生活。当主管人员希望以安和唐纳德的婚礼结束这个连播5年的电视连续剧时,托马斯再次表示犹豫,她不想传达女人总要回归婚姻的讯息。因此,《那个女孩》在1971年播出的大结局,是一对男女在赶赴妇女解放运动会议时被困在了电梯里。

《那个女孩》下线的前一年,继它之后播出的《玛丽·泰勒·摩尔秀》(The Mary Tyler Moore Show)已经开始拍摄。这部电视剧势头更加强劲,从1970年至1977年连续播出7年,讲述一名30岁的新闻记者玛丽·理查兹(Mary Richards)的故事。女主角和由她供养读完医学院的男友分手后搬到明尼阿波利斯,在当地的一个电视台找了份工作,和邻居罗达·摩根施特恩结为朋友,而在前面的某一集里,她曾对这位邻居说"比单身更糟糕的就是围坐在一起讨论单身"。

南希·吉尔斯(Nancy Giles)是一名52岁的单身喜剧明星、女演员和电视评论员,她说她非常喜欢《玛丽·泰勒·摩尔秀》,因为玛丽"最后没有结婚,而是坐在新闻编辑室里。她是一名自己支付房租的职业女性"。不仅如此,她的故事告诉千万妇女,她们卷起袖子自食其力的机会不仅存在，而且是美好且令人向往的。电视新闻主持人凯蒂·柯丽克（Katie Couric）很多年来都是薪酬最高的电视新闻人，她在 2009 年对我说，玛丽是她的榜样之一。"我知道这听起来很可笑，但是看到这个女人一个人出来为自己创造生活，我总是会想，我也要这样。"

当然，流行文化同时也是反对女性独立思潮——有温和的，也有惩戒性的——最显而易见、观众面最广的载体。随着里根时代女性解放运动的高涨，一些因循保守的影片反映了社会对日渐壮大的未婚女性群体感到的不安情绪，再次表现她们的孤独、忧伤，有时还不近情理。

在 1988 年播出的《挡不住的来电》（*Crossing Delancey*）中，伊琪·格罗斯曼（Izzy Grossman）是一名在书店工作的单身女孩，她那位思想老旧的祖母雇了一名职业媒人给她介绍了一个街头小贩，并告诫她说："无论你赚多少钱，如果你单身，那你就是有病！"（伊琪最终和那个不起眼的家伙走在了一起。）差不多在同一时候，格伦·克洛斯（Glenn Close）在影片《致命吸引》（*Fatal Attraction*）中饰演了一名孤独而充满杀气的单身女子艾丽克丝，艾丽克丝威胁一名男子说"不要小看我"。这个不安分的单身女子在和一名有妻室的男子发生了一夜情后对他的家庭嫉妒至极，甚至打算摧毁它，最后被男子的结发妻子开枪摆平，在浴缸里流着血直至溺亡。这是银幕上对女性不安分行为最血腥的惩罚。"最优秀的单身女性死了。"女权主义影评家苏珊·法鲁迪（Susan Faludi）在评论这部影片的时候说。

在 20 世纪 80 年代描写性解放的单身女性银幕形象中，最具进步意义的，可能是来自斯派克·李（Spike Lee）在 1986 年执导的影片《稳操胜券》（*She's Gotta Have It*）。主人公诺拉·达林是一个性欲很强的女人，她不愿意只委身于一个男子，这致使她同时拥有三个情人。影片对女性的欲望进行了客观而令人耳目一新的描写。但是，正如影评家贝尔·胡克斯（Bell Hooks）指出，影片中有一个镜头，诺拉被一名男子强奸，男子边施暴边不停地质问她，直到诺拉承认这一次性行为的主体是他，而性的独立正是她争取独立自主的必经之路。

反观仅数十年之前流行文化对于单身状态的描写少之又少，我们更加惊异于今天有这么多单身女性的故事出现在电视上。不管我们是否愿意，我们都要感谢《欲望都市》为我们带来了这样的转变。剧中对单身女性生活以及她们之间关系的描写，都是富有启发性的。

莉娜·杜汉姆（Lena Dunham）是一名作家，同时又是导演和演员，她称女性的友谊是她的电视剧《都市女孩》（*Girls*）中"最浪漫的故事"。而事实也是，首集的开场镜头就是女主人公汉娜·霍瓦特（Hannah Horvath）在床上醒来，从背后拥着为逃避男友而过来避难、同时也为了和她一起熬夜看《玛丽·泰勒·摩尔秀》重播的好朋友玛尔妮。

杜汉姆曾公开说起过，在现实生活中，为了不使自己在和奥德莉·戈尔曼（Audrey Gelman）——杜汉姆的政治顾问——的友谊中失去自我，她所经历的努力与挣扎。在 2012 年的一次合作访谈中,杜汉姆对戈尔曼说:"我俩对生活的追求可以说非常相近,但不可能完全相同。我能做的是支持你的理想,而不是让你的理想符合我的心愿……最难的莫过于……爱一个人但不做论断,不怕被抛弃。朋友之间更是这样,因为你不是我妈妈,我们又没有孩子——但是我们确实有相同的地方。"就在那次采访中,戈尔曼说她无法想象她们会分手,因为"我觉得我们俩的心灵密不可分"。

喜剧片《最爆伴娘团》(Bridesmaids)是 2011 年的一部热卖电影。这部影片引起了很大的轰动,因为它向观众证明了女人也会掏钱去看讲述女性生活一团糟的电影,而且影片的主要矛盾不是在异性情侣之间,而是指向面对生活的变故努力维持友情的两个好朋友——一个结婚嫁人、认识了新的朋友,而另一个还在职场挣扎。

因为友情的变故引发不满,足以说明好朋友也会让你伤心透顶,尤其在其中一方为了传统的爱情转身离你而去时。这样的故事也曾出现在《欲望都市》中。其中有一个令人难忘的场景,凯莉·布拉德肖[*]为了和一个男人移居巴黎而辞去工作,在和她共同抚养孩子、身为律师的好朋友米兰达质疑她为了一个男人做出抛弃家庭、放弃事业的选择时,凯莉怒吼着回应道:"我不可能为了你待在纽约单身一辈子!"《欲望都市》的电视剧和电

---

[*] 凯莉·布拉德肖(Carrie Bradshaw),《欲望都市》中的女主角,被视作自由、浪漫、富有想象力的纽约女性代表。

影都结束播映时，4名女主角，其中3名已经结婚。在第二部影片中，为了延续友情的故事，编剧将4个主角全都打发到异国他乡的阿布扎比，没有让丈夫们出现在她们的生活中，使她们依然像单身那样自由地生活，彼此仍是生活中最重要的关系。

《欲望都市》播完10年以后，《大城小妞》（*Broad City*）登上电视。这部电视剧更加毫无歉意地宣扬女性友谊高于异性伴侣关系的观点。电视评论家瑞秋·塞姆（Rachel Syme）认为，这是"一部爱的故事……两个亲密无间的年轻女孩，生活上诸事不顺，她们尝试性行为，争吵谩骂，努力着、挣扎着生活下去"。[15] 两个女主角"享受着彼此的存在，她们是生活中的拍档、一起干坏事的同伙"，"各自生活却几乎分享一切：胃病、性幻想……"塞姆援引了一个场景，那是对她们亲密关系最好的说明：两个人盖着毯子相拥而卧，讨论分娩过程中排便的可能。伊娜拉安慰艾比说："如果是我发生这种情况，你可以不看。""就是说你生孩子我也要在场对吗？"艾比问。而伊娜拉回答道："废话，我生活中最重要的人，除了你还会有谁？"

这样的话题，纵使愚蠢也很重要，这是对女性在彼此生活中所扮演角色的正式承认，通过这样的语言表达出来绝不会感到难堪。2013年，BuzzFeed网站列出了"好朋友是你另一半的22个迹象"，其中有一起做饭、一起讨论老年问题等，而最后一个是"不在乎别人把你们看成是一对，因为不管是不是纯粹的友谊，这都是你曾经有过的最好的关系"。同年，女性杂志《嘉人》（*Marie Claire*）发表了一个关于三个女人的故事，这三个女人，分别是 20 多岁、30 多岁和 40 多岁，她们互为医护联系人，共同抵押贷款买房，互相帮助使对方怀孕。故事作者引用了喜剧演员艾米·波勒（Amy Poehler）说的趣闻，她在认识她好朋友蒂娜·菲（Tina Fey）的时候就想，"我终于遇到了我想嫁的女人"。

2013 年，科普作家娜塔利·安吉尔为女性友谊的重要性找到了动物学上的支持。她指出："在非洲大象、田鼠、肯尼亚蓝猴、新西兰野马等动物中，都存在雌性之间持久的互惠互助关系，这是社会生活的基本单位。"

安吉尔称，一些西非的黑猩猩会在雌性之间形成亲密的关系，"坚韧持久，直到其中一方死亡"。雌性狒狒也会建立友谊以对抗生活中雄性狒狒的攻击，还有欺凌和杀戮幼狒狒的现象。这一切听上去都是那么的熟悉。

"你总得有个可以依靠的人。"一名研究人员向安吉尔解释说。

第 5 章

我的孤单，我的自我：靠自己的单身女性

"单身"，这是一个印刻在一座座纪念未婚生活的文化丰碑上的词语：从《单身女孩与性》到《我的女友》，到1992年卡梅伦·克罗（Cameron Crowe）的电影《单身一族》（*Singles*），再到2008年碧昂丝·诺斯（Beyoncé Knowles）的歌曲、本书得名而来的《单身女性》（*Single Ladies*）。"单身"，还是被社会心理学家贝拉·迪波洛（Bella DePaulo）在她的《被选中的单身》（*Singled Out*）一书中用作词根的单词，她由此创造了"单身歧视"（singlism）这一表述，用以描述"人们对单身人士的刻板印象、诋毁和歧视"。

"单身"，更是一个令许多女性厌恶的词。

丽贝卡·维甘德·科尔（Rebecca Wiegand Coale）说她还是单身的时候有过一个新年愿望，就是"单身"这个词不再被用来形容她自己或别的女性。29岁的丽贝卡认为，她这种状况

是无伴侣，而不是单身。她说，当她处在一段恋爱关系中时，就只会想要那个人来陪伴她，给她情感帮助。她和她的前男友"几乎什么事都一起做，从洗衣服到外出"，她回忆说。她说，他们关系不错，"只是有点孤单，因为只有我们两个人"。

这段关系结束之后，丽贝卡开始了新的生活，她通过足球和保龄球社团结识新的朋友，在工作上取得了进展，还在社交网络上认识了新的同行，更是和生意伙伴兼朋友的杰西卡·马萨（Jessica Massa）一起用她俩起的名字"The Gaggle"创建了一个网站，出版书籍，记录她们生活中的美好愿景。"突然间，我的生活变得更加丰富多彩，身边多了很多我可以依靠、可以联络、可以交心的人。我在恋爱的时候……内心最孤单，'单身'的时候却最有人支持，最有人理解，最有人欣赏！"在丽贝卡开始介意"单身"的说法之后，她与一名男子结了婚。2014年，她说，和这个男人一起，"我不用牺牲未婚期间所建立起来的、充实丰富的生活"。她坚持认为，是未婚的生活，而不是之后的婚姻，让她明白了之前那段关系中自己感到孤单的原因。

2013年的《纽约》（New York）杂志上有一篇关于弗利特伍德麦克乐队（Fleetwood Mac）的主唱史蒂薇·尼克斯（Stevie Nicks）的人物专访，我看了后就想起丽贝卡对"单身"说法的排斥。文中说，被问到作为一个从来没有正式谈过恋爱的女人的生活时，尼克斯这样回答："我并不孤独啊，我对任何事物都感兴趣，都有热情。我知道有些女人总是会有'我不想孤独老去'之类的想法，而我则会想'那有什么可怕的……'。我身边总是有许多人，我觉得我就像一个水晶球，而周围的友人就像土星的光环围绕着我。"

我们不是那些迷人的摇滚偶像，这种土星和光环的说法并不能引起我们共鸣。但是，未婚女人并不孤单的说法，绝对能得到许多女性的赞同，包括丽贝卡，包括我。

和结婚后相比，我单身的时候，每天见的人更多，外出更多，电话更多，对其他人的生活也了解得更多。我参加棒球赛，听音乐会；我花在工作上的时间更多，与同事和朋友的交往也更多。但是遇见我丈夫之后，我们两个人就只关注对方，世界反而变小了。

当然，虽然无伴侣的生活不一定就意味着和外面的世界少了联系，但是女性在没有正式恋爱的时候，无须经常和男友一起同进同出，她们确实经常一连几个小时地待在家里独自思考。这对很多人来说，并没有什么不好。

从贺卡公司到摇滚歌手布鲁斯·斯普林斯汀（Bruce Springsteen），每个人都认为没有人喜欢孤单一人，尤其是女人。但事实上，许多一直在人际交往中被人重视的女性，反而觉得孤单（既指独处也指独立）是难得的享受。

"我非常珍惜我独处的时间。"基蒂·柯蒂斯说。26岁的基蒂来自新泽西，是个发型设计师。上段恋爱关系结束的时候，一开始她觉得很害怕，想马上再找一个新的男朋友，但是这种感觉后来消失了。"我开始喜欢这种不必去谈朋友、不必为另一个人操心的生活，"基蒂说，"对于这样的生活，我觉得很自在、很舒服，一个人的生活很简单。"

基蒂一直喜欢旅行，但是在之前两段比较长久的恋爱关系中，她说："我感觉像是总要硬将人拉进梦里。"她所向往的东西"只能和对方想要的进行折中，不管他们想要的是什么……我感觉太压抑了"。在最近的一段关系结束之后，她说她有一种了无牵挂的感觉，"现在，我有太多太多想看的东西、想做的事情，这比让别人走进自己梦里有趣多了"。

对于有些人而言，由着自己的愿望生活是他们永远的向往。对另一些人来说，渴望孤独的想法却时有时无。他们有时希望和另一个人相拥而卧或并肩而坐，有时却又不想。无论如何，女性对自由的向往和对陪伴的渴望，可以同样的强烈，只是后者被宣传得更多。

在为 The Toast 网站写的一篇有关西方艺术中的女性的讽刺文章中，作者玛洛丽·奥特博格（Mallory Ortberg）贴了一幅题为"世上最幸福女子的样子"的油画，画中是一位独自坐着的女子。"你知道在人类历史上，一个女人享受片刻的安宁是一件多么稀奇的事吗？"奥特博格写道，"如果让你一个人在孤寂的高山小屋里度过余生，你就不会想要像前辈的女性那样，把听男人的话当作一种职业了……女性单身是很美好的。"[1]

自由

弗朗西丝·基斯林（Frances Kissling）是一位生育权倡导

者，曾长期负责"自由选择成为天主教徒"组织。弗朗西丝生于纽约皇后区的一个工薪家庭，在家里的四个孩子中排行老大。高中毕业后她曾进入修道院，但很快便发现自己并不喜欢这样的生活。她从成年开始就是单身，但是生活中却不缺男人。弗朗西丝一直都没有结婚，也从来没想过要结婚。"我明年就要70岁了。我非常适合一个人过，我喜欢一个人过，我需要一个人过。我本身就喜欢这样，而不是因为环境。"弗朗西丝在2013年的时候对我说。

弗朗西丝曾与好几个男人同居，并和其中一个共同生活了10年，那是在她20多岁到30多岁的时候。她说这段关系从许多方面来看都很不错，直到"最后我们互相都很厌倦了"。不过有过这段关系，她继续道，说明了她也是能够和伴侣一起生活的，"我并不总是想与世隔绝，我只是比较喜欢独处，大多数时间，我一个人待着比和别人在一起更开心"。弗朗西丝说，她很久都没法想通婚姻的吸引力在哪里，随着她那些结了婚的朋友一个个上了年纪，她开始承认，有些夫妻确实能取长补短，有些人的婚姻里"确实有美好的东西，虽然我不会去追寻这些东西，但我的确在两个健康的、相互之间能够建立有意义的长久关系的人身上，看到了婚姻的好处"。

但是她又补充说，她那些结婚多年的朋友现在所拥有的，恰恰来自她对于婚姻最反感的地方，那就是每天都要和另一个人相处合作。"我无法接受生活中的平庸，"弗朗西丝说，"即使在恋爱的时候，若有人在我思考重要事情的时候来打扰我，那也是无法忍受的。有时临时出现什么事情,你还得担心另一个人,要关心他,考虑到他的感受。比如,当你没有事先安排,突然和别人一起出去吃饭时,你就得打电话告诉那个人,不是要征得他同意,而是应该这么做。"

我也有相同的感受。在我 20 来岁和恋人分手后,我痛苦了一年才缓过来。在此之后,我有一种无牵无绊的感觉,就像基蒂和弗朗西丝说的那样。我的生活都属于我一个人,好心情自己维持,坏心情自己调整。我想看电视就看电视,我不用因为男朋友喜欢就得吃难吃的外卖。我可以按照自己的想法过日子:看书,听音乐,连续几个小时坐着抽烟思考。最重要的是,不会总是因为两人合不来而磕磕碰碰,整天费尽心神,就是开心的日子也过得很不开心。

有时候,把独身生活过好,就像是对那位不公平对待我们的前任的一种报复。而有时候,就像是想要证明(可能就是为了给自己看),我们不需要恋爱结婚也能活得有意义、有价值,甚至精彩。诺拉·埃夫隆曾经告诉我说,在她 20 多岁独自生活在纽约的那段时间里,她经常下厨,为自己准备一顿丰盛的美食,摆好餐具、餐巾和菜肴。如果是晚上在家,她说:"我就算好时间在 9 点钟搞好,那时候电视上正好有我想看的节目,客厅里摆着小餐桌,我就坐在电视机前吃着四人量的晚餐。"她就是用这种方式来提醒自己,她可以单身,但是家的感觉不能少。这样来结束一天,她说,"就不会因为今天只吃了酸奶而难过了"。

对于有些人来说,不会难过是因为她们没有让污浊和马虎粗糙渗入自己的生活，也没有因为缺少社会学家埃里克·克林伯格所称的"监督之眼"而降低自己的生活品质或行为标准。而对于另一些人来讲，这意味着她们有私密的空间来表达自己的一些小怪癖。

2012年，《纽约时报》刊出一篇关于一些独居者生活的报道，其中，"乐单族"网站（Quirkyalone）创始人萨沙·卡根（Sasha Cagen）讲述了自己用一个红薯做好几顿晚餐的故事，作家凯特·波利克（Kate Bolick）[2015年出版《老姑娘》(*Spinster*) 一书的作者]说她喜欢吃坚果和瓜子，穿肥大的白色灯笼裤。还有一位未婚女子则说："我一个人生活了6年，变得越来越古怪了。"她会在广告时间原地跑，自言自语地讲法语，让衣服留在烘干机里，穿一件拿一件。把烘干机当衣橱、穿沾满瓜子的灯笼裤，这些常人不会做的事情，就是卡根所称的"独自生活时完全放松、做你自己的自由，这是许多人所羡慕的"。[2]

你开始感到忧虑：担心自己无法摆脱对独立生活的迷恋、摆脱在独立生活中养成的怪癖。在我独自生活的那些年里，我也担心，而且经常有人提醒我，我的习惯变得越来越顽固，我太执着于自己的方式，以至无法让他人走进我的生活。

这些焦虑并非毫无道理。真的是这样，我单身的时候，会很快把有可能打扰我星期六早晨生活习惯的男人们赶走。星期六的早晨是我专门留给自己的时间，我要在这个时候独自享用早餐，我有个可笑的习惯——边跳舞边打扫房间，我痛恨有人打扰。追求者的电话打得太勤，我会感到压抑；要求见面太多，我会觉得像是得了幽闭恐惧症；对方不想去我喜欢的酒吧或餐馆，或是非要我提早下班，我都会觉得很烦。我已经习惯并喜欢按自己的方式做事。而这些男人只会把一切都搞乱。我知道这话听起来挑剔、琐碎、自恋，连我自己都是这么想的。我担心自己变成了一个自私的怪物。

但是回想起来，我这么努力地保护我的私人空间、作息时间和独处的自由，也是一种防御手段，为了不让自己发展不是真心想要的关系。也许我对男人们太苛刻了，但同时我也确定自己对他们并不非常感兴趣。这是肯定的，因为在 6 年里，我没有维持过一段能超过 3 次约会的关系，然而一旦出现了我喜欢的人，什么星期六早晨、什么破习惯、什么早下班，我都全然不顾了，他每次打电话来，我都很开心。

有人难以相信有一些人真的喜欢一辈子或在某一段时间里过单身的生活，而没有发展传统的恋爱关系或性关系，他们的不信任中也混杂着对乐此不疲地耕耘自己幸福的人的不满。不婚人士数量的稳步上升，威胁着核心家庭最好、早婚最好、异性婚恋最好的传统思想，独身生活或许不久就会被说成是自私的行为。

自私与幼稚

24 岁的艾莉森·特库斯是佛蒙特州的一名公共卫生活动家，她说她保持单身的主要原因是，她只想专注于她的工作和社交生活，对别人的事情没有兴趣。她说道，她大部分时间都在办公室，晚上有活动就会和朋友们外出，很少待在家里，即使在家，"我也不想听你说一天的事，讨论你一天中发生的事，我只想看看《公园与游憩》（*Parks and Recreation*），听听潘多拉电台的节目，给我最好的朋友打打电话，开一瓶红酒喝喝，然后自己待着"。

艾莉森和我说这些的时候停了停，像是听出她所承认的这些，在这个到处宣扬年轻姑娘都在并且也应该寻找爱情的世界里，是多么的突兀。但是她笑了笑又接着说："在别人看来，这就是我的自私，所以我会一直单身。"

艾莉森做出这样严厉的自我剖析，主要是受我们社会向喜欢独立生活的单身女性所传递的文化信息的影响。

"如果你单身，多半是因为你经常只考虑自己。"在特蕾西·麦克米伦（Tracie McMillan）于 2012 年所著的《为何你迟迟未婚》（*Why You're Not Married Yet*）一书里，"你是自私的"这一章的开头是这样写的，"你只关心你的大腿、你的衣服、你的法令纹。你只关心你的事业，如果没有事业，你就想着要当瑜伽老师……"被麦克米伦诊断为丑陋和不健康的自我关注行为，部分源于人可以不需要伴侣的大胆设想："有时你会偷偷地想，"她写道，"是否真的需要伴侣，也许你一个人过也很好……实话说，别人都是挺让人讨厌的，他们不让你把麦片当晚饭吃……他们老是躺在沙发上看你不喜欢的电视节目，老是吃你觉得很难闻的东西，除非那东西是你自己在吃。"

在 2008 年刊登于《大西洋月刊》上的《嫁给他》("Marry Him")一文中,作者罗莉·戈特利布(Lori Gottlieb)提出了类似的不过略为温和的控诉,她说:"将近 40 岁的女人,她有自己的思想,她的朋友比她在中年时期遇到的那些男人,更能贴心地了解她,更能理解她的心情。她的品位和自我意识更加固定,她会说'他要我搬去市区,但我喜欢自己海滩边的家',或者'他太没好奇心了',抑或是'我怎么能和对狗过敏的人一起生活呢?'。"这篇轰动一时的文章敦促女性,宁可降低择偶标准,也不要过单身的生活。

麦克米伦和戈特利布的逻辑是错误的,她们把在独立成年女性的生活中被视为基石的一些美好因素——事业心,对朋友的忠诚,对健康、宠物、家居和个人愿望的用心——描绘成微不足道的小问题,再像卡通片那样举一些女人如何自我的例子,把它们放大到十分可笑的程度。

事实上,女性渴望找一个有好奇心的伴侣,犹豫是否该放弃自己喜欢的居所,这些根本不是什么大错,成年人喜欢宠物更是无可厚非,但是自己也没有结婚的戈特利布却认为,未婚女性是病态的、有缺陷的。她不动声色地把她那个自私女性的话题摆出来,和人们心里根深蒂固的期望对照:一个真心想爱和值得被爱的女人,就应该愿意以伴侣为先。

现代人,尤其是女性,可能越来越不愿意为建立核心家庭而做出妥协,对此,比麦克米伦和戈特利布更加恼怒的,是从事心理自助手册写作以外的一些批评人士。评论家本杰明·史华兹（Benjamin Schwartz）为埃里克·克林伯格所著的关于美国单身独居人数创最高纪录的《单身进行时》一书作评。在这篇充满愤怒的书评中，他嘲讽说，是婚姻责任和家庭责任的坍塌，使人们对个人成就的追求变得更有可能。[3] 我们的建国之父们，史华兹说："非常重视一个有机的社会……将社会价值观内化，是防止自由变成放纵和混乱的主要保障。"然而，这里被忽视的是，那些社会价值观和构成国家之本的有机社会，是建立在对公民选举权的剥夺、对黑人种族和全体女性的奴役之上的。按照史华兹的说法，一个充满不婚者的社会，会纵容"把自私当美德的奇怪思想"，他最后这样抱怨道。

但是史华兹错了，单身独居并不等同于公民不再参与自由社会的建设。首先，有多项研究表明，单身人士在社区中的表现，不像已婚者那样自私。

追随着上几代未婚女性的脚步（结果颇令人沮丧），2011年由现代家庭理事会（Council on Contemporary Families）主持的一项报告显示，84%从未结婚的女性（以及67%从未结婚的男性）会向其父母提供实际的帮助，相比之下，这么做的已婚女性只占18%（已婚男性是38%）。这个更高比例的人群中也包括了未婚母亲。推动这项研究的社会学家之一内奥米·格斯特尔（Naomi Gerstel）告诉《纽约时报》："没有婚姻的人，有孩子或没有孩子的，更可能去关心照顾别人……让人产生疏离的不是孩子，而是婚姻。"[4]

从未结婚的女性更可能参与政治、签署请愿书、做志愿者和参加集会。埃里克·克林伯格也说过,单身独居者更有可能参加讲座,参与外面的世界,相比之下,已婚成年人会更多地把精力放在自己的家庭中,他们或许会出席子女学校的志愿活动,却不一定会参加于自己或家人无益的组织活动。

未婚女性向世界贡献的这些补偿性能量值得赞赏,也和单身女性推动社会运动的历史进程相一致;此外,它一语道破了那些中伤女性自私自利的言论产生的原因——千百年来,人们对女性预设的期望即为,她们是无私的。

在势力强大的天主教会鼓励人们早婚的中世纪欧洲,人们还有唯一可行的一种出路,那就是进修道院。在16世纪宗教改革之前,许多有钱人家把修道院看作安置未能出嫁或备不起嫁妆的女儿的庇护所(或倾倒场)。[5]然而一如往常,这是场非常明显的交易:如果女性不能奉献给婚姻,那就奉献给基督吧。西欧的有些地方还有更激进的逃避方法,让未婚女性成为贝居安会士——不避世隐居的半宗教性质的修女。许多女性选择成为贝居安会士,渐渐地,贝居安会士被视作威胁。在1274年里昂大公会议提交的一份报告中,奥尔米茨主教布鲁诺(Bruno)指出,贝居安会士很麻烦,因为她们"既逃避对神父的服从,又逃避对丈夫的服从"。[6]

主教的反对更明确地强调了女性的生活目的:她们应该而且从来都应该舍弃自己为他人奉献,如果不为丈夫和孩子奉献,那就为神父、为上帝、为父母、为社区奉献。一旦女性所做的事不是为了服务别人,就立刻会被认为是大逆不道。

历史学家李·弗吉尼亚·钱伯斯－席勒写道，在19世纪，"和结了婚的姐妹一样，南北战争前的许多大龄未婚女性患有损害健康的疾病，身体脆弱，时常出现倦怠忧郁情绪，甚至精神失常"。但是，她接着又说："大家普遍认同的是，女性不幸的根须，是在社会文化这块贫瘠的土壤中生长起来的，在这样的社会文化里，女性被要求极大地顺从和依赖男人，被鼓励在抹杀自我的条件下追求自我实现。"[7]

也许正是要求女性进行自我否定的社会预期，培养了当代女性的消费欲和占有欲。

虽然我个人反感《欲望都市》中用大量名贵的鞋子、高档的美食来显示女性独立的做法，但是我们对于应该把钱用于家居装饰的观念都习以为常。看到凯莉·布拉德肖花几百美元买一双鞋子，我也许会吃惊地后退，但要是看到卡罗尔·布雷迪写支票买窗帘我或许眼睛都不会眨一下。

尤其对女性来讲，为自己添置东西是得之不易的自由。苏珊·安东尼26岁开始当小学老师赚钱的时候，她已经两次拒绝求婚，坚持单身。她给自己买了狐皮手套、白色的丝绸帽子、紫色的羊毛连衣裙后，写信问家里，要是她的伙伴们知道了会不会"因为自己已经结婚不能有漂亮衣服而感到难过"。[8]

1979年，《基督教科学箴言报》(The Christian Science Monitor)报道称，有单身女性为自己购买立体声音响、艺术品、饼干罐，还有家具，因为"单身女性也应该拥有好东西"，"谁想一直坐在装橙子的板条箱上等到有人给你的手指套上婚戒呢？"[9]适应这种新常态需要一个过程；因此该报解释说，如果说这一代的未婚消费者"比她们的母亲和祖母略微放纵了一点的话，那是因为她们认为自己'值得这样'"。

但是，社会对女性自我价值的许多认定，每一小步都走得十分漫长。早在13年前就声称单身女性"自信，有安全感"的《纽约时报》[10]在1987年又改变了自己的论调，它刊登了一则20世纪80年代中期的"恐怖"故事。"纽约有个单身的女性，聪明，有才气，"故事的开头这样写道，"她害怕夜晚降临，害怕黑夜笼罩城市，害怕各家温暖的厨房里亮起灯火。"[11]（显然，《基督教科学箴言报》上报道的那些单身女性为自己购买的家具里，并不包括灯。）

《泰晤士报》(*The Times*)称，单身女性看上去"工作充实，好友成群，过完刺激的一天后又是各种文化活动，健身，吃中餐，泡澡"，但实际上，她们"痛苦地抱怨她们的感情生活、她们对婚姻的期望"，而且总是有"这样那样的不满"。奇怪的是，很多接受采访的女性看起来并非有那样多的怨言或不满，一名31岁的经理人肯定地说她"对单身生活越来越满意"。在文章的倒数第二段，作者援引了显示"单身女性比已婚女性更快乐"的"几项研究"，又自信地指出，这些研究得出的结论与一名发型师的观点"完全相反"，那名发型师说她的单身顾客因为找男人非常苦恼。

没错，许多追求事业而不是家庭的女性都经历过孤独，但是这样的孤独是不是能够通过婚姻来缓解，却鲜有人关注。另一位女性经理人在接受采访时称,有些人选择不结婚就是不想经历上一辈已婚女性的不幸:"当你想到自己母亲的无助时,想到她无法选择自己的生活时,你就会坚决地不想上当、受人欺负"。

我们的社会向女性尤其是成功女性传递的信息是,单身是她们自己的错:一旦她们选择了健身房和中国菜,就牺牲了温馨明亮的厨房。言下之意就是说,女人得不到婚姻,是因为她们的生活太好、太充实、太强大了。

当人们说那些为自己而活的单身女性自私时,请别忘了,承认女性拥有独立于他人尤其是独立于丈夫和子女的自由,这本身就是革命性的变化。一个真正的、女性以自我为中心的时代——女性承认自己的需求,并以自己的需求为重,就如她们一直被训练着去照顾所有其他人的需求一样——或许真的会让女性幡然醒悟,纠正几百年来被形塑的自我牺牲行为。

艾米娜托·索乌也同意这样的观点,她给予他人的建议是"永远首先选择自己。女性是非常社会化的人,她们善于选择和什么样的人打交道。如果把自己放在首位,你就一定可以走出一条非同凡响的人生道路"。艾米娜十分清楚有很多人不赞同这些话。"若是你选择为自己而活,就会有人说你自私,"她说,"但这不是自私,你有动力,你有梦想。说男人自私也没那么简单。"

古怪

单身女性从来没有享受过美誉。宗教改革时期就有谚语说,至死未嫁的女性注定要"在地狱牵猴子"。约翰·多恩（John Donne）和威廉·莎士比亚（William Shakespeare）都曾以不同的方式引用过此话。

尽管长久不婚或终身不婚已然成为一种新常态，尽管美国的结婚率变得更低、结婚年龄也更大，尽管单身人士几乎占总人口的 30%（超过核心家庭所占的比重），[12] 但是对单身人士尤其是单身女性的诋毁——变态，古怪，发育不全，不成熟——依然无法摆脱。

2012 年，作家黛博拉·休娜曼（Deborah Schoeneman）发表一篇题为"长不大的女人"（"Woman-Child"）的文章，讨论她所认识的单身女性对幼稚的奢华的沉醉，如闪亮的指甲油。同时，保守派专栏作家凯文·威廉姆森（Kevin Williamson）痛批了 HBO 的电视剧《都市女孩》。对于这部电视剧，休娜曼也写过，"（莉娜·杜汉姆）不如把它叫作《啃手指头的女娃》（Thumbsuckers）"。威廉姆森则接着说，"叫它《纸尿布》（Diapers）更合适，不过会吓到观众的"。[13]《都市女孩》里的女主人公，因为都没有生过孩子、照顾过婴儿，所以在威廉姆森看来，她们都还是婴儿。

在更正式的场合，成年之初的单身时期常被称为"青春期的延续"或"成年青春期"，二十几岁的未婚青年有时被称为"孩童化的成人"。心理学家杰弗里·阿内特（Jeffrey Arnett）建议人们使用"成人初显期"的说法，承认这是一个新的人生阶段，一如那些已获正式承认的"童年"、"成年"和"中年"。"成人初显期"是人类生命跨度中界限尚未完全确定的一个时期，常常随着科学、医学、工业化和民权运动的发展而变化。"成年青春期"给人的印象通常是已经长大成人，但是尚未就业、依然与父母同住的孩子。记者朱迪斯·舒拉维茨（Judith Shulevitz）做出了"20多岁的年龄是生命周期中的一个间歇期"的断言，将单身生活视为成年过程的停顿。

我们可以将已经成年却尚未结婚成家的这段时期，认为是一个新的人生阶段，但是若把这段时期说成是本质上不成熟的一个阶段，就有欠妥当了。毕竟，未婚生活不是真实人生的操练或预演或暂停。人生主要靠自己经历，这一路上没有什么是成年青春期专属的——工作、赚钱、花钱、恋爱、分手、婚前性行为，都不是。

虽说经济不景气时期也有成年的孩子与父母共同生活，但是这并不是新的家庭结构，历来各个阶层都经常会有成年子女和父母同住的现象，只是我们并不觉得他们没有长大。因为他们结了婚、有孩子，只是几代人共同生活在一个家庭里。

同样，在按照传统结婚的成年人中也不乏幼稚的行为：期待成为被关注的中心，要求另一半伺候他们，给他们做饭洗衣，还要逗他们开心。而一直以来，鲜有女人抱怨有个不成熟丈夫的痛苦。

从许多方面来看，在情感和物质方面自给自足的独身生活，要比（婚后）获得成熟的生活状态来得更加困难。一个人的生活意味着凡事都要自己担当，不像有伴侣可以分忧，所有事情都要自己操心——自己做决定，自己担责任，自己付账单，自己清理冰箱，没有正式的伴侣来帮助你。除此之外，我们还要面对各种顽固不化的观念，什么衡量成功女性的标准不是事业有成，不是友谊，也不是令人满意的两性关系，而是结婚与否。

而同样，形成这些观念的原因，往往是人们在潜意识里认为，如果一个女人没有结婚，那不是她自己做出的选择，而是因为她没有被选中——没有人选择她，没有人想要她，没有人珍视她。在我和第一位男朋友分手的痛苦过程中，我清楚地记得有一天，一位年长的男性朋友试图安慰我，跟我说了他向自己妻子求婚的原因："你不会让那样的商品一直放在货架上。"我伤心地端坐在属于我的货架上，无人买无人爱，满脑子想着他的那句话。

"在我的圈子里，都是思想非常开通、非常有文化的人，"那位 40 岁的华盛顿小说家艾略特说，"他们也有这样的观念：怎么回事？你怎么还在货架上？没人买，那你一定是次品。"每次有朋友试图用"你是人见人爱的"这句话来安慰她时，她都能听出这样的意思。

尽管单身女性是美国增长最快的一个群体，但许多自己同龄朋友结婚后依然单身的女性，还是经常有被孤立的感觉。不仅是距离上的疏离，更是因为她们的与众不同。

在我写这本书的时候，我曾与我公公的一位朋友一起用餐。公公的这位朋友是一名 50 多岁的学者，未婚，生活在美国的中西部地区，在那里，她的大部分同龄人都已结婚。当我大谈有多少女性单身未婚的时候，她的眼神让我惶惑不安。我（一个可以说有着传统婚姻的女性）所描述的那个大而热闹的单身女性世界，对她来说非常陌生。在她的那个世界里，她总感到自己是个异类，孤独，受人排斥——就像在一个全是已婚妇人的世界里，只有她一个人单身。

52岁的南希·吉尔斯是生活在新泽西州的一名电视评论员，她说，虽然她心里清楚现在未婚女性越来越多，但是她在潜意识里还是有这样的感觉，认为"单身女性的生活是与人隔离的，我们就像被放逐在孤岛上，每个人都觉得自己是个怪物"。吉尔斯认为，这种感觉源于男性对单身独居女性的不理解，无论她们不婚的选择是有意还是无意。她记得自己曾给一位搭档过的电台主持人带来困惑，因为这位白人男性喜剧演员不知道如何看待她。"他无法将我归类，"她说，"我既不是罗珊妮式的家庭主妇，也不是他经常取笑的那种老是遇人不淑的女人。那时候，我没有和任何人约会，我也不是同性恋，他也不会说因为我是黑人的关系，但是他不知道该怎样对待我，因为我就是这么一个快快乐乐的普通人。为什么我找不到男朋友？为什么我没有不开心？为什么我不是那种厌恶男人的人？他的脑子里始终挂着一个个巨大的问号。"

在2011年进行的一项研究中，密苏里大学的研究人员对中产阶级未婚女性面对的压力做了调查，发现这些女性在家庭和社区中都强烈地感受到来自他人的异样眼光（尤其是在婚礼之类的场合，在抛捧花的时候更加明显），在有些场合，人们预设所有成年女性都是妻子或母亲，单身女性就会有一种自己是"隐形的"、不重要的感觉。这项研究从而得名"我未婚,我失败,大家都来看着我吧"。[14]

还有人一直担心,没有婚姻的人是否会缺少存在感,尤其对于长久以来都因为与他人关系良好而受人重视、赞美的女性来说。在《当哈利遇到莎莉》中,哈利对莎莉说了这样一句台词,像她这样的年轻女性只身前往纽约,有可能"死了两个星期都不会有人注意到,直到臭味飘进楼道"。台词很逗,但同样令人心惊,尤其是让我们这些偶尔感到担心的人更加害怕——不缔结传统的婚姻,我们会不会就像脱锚的船只,不光游离于核心家庭之外,更与世界脱节。

孤独

孤独与一个人是否有伴侣并无直接的关系。记者朱迪斯·舒拉维茨指出,近年来的研究显示,长期孤独是生物学层面和细胞层面发生的一种身体状况。这种状况至少有一部分是遗传性的,还有一部分与我们还是新生儿和儿童时期的经历有关,也就是在我们想要寻找伴侣、怯于寻找伴侣之前早已存在的。舒拉维茨说,当代的心理学家"确定孤独是一种内在的主观感受,而不是外在的客观状态"。总而言之,舒拉维茨认为,孤独"是一种亲密感的缺失"。而亲密感的缺失不一定能够通过婚姻得到缓解。

在45岁以上的成年人中,有超过三分之一的人认为自己孤独,而这些人并非都是单身。有过失败的恋爱经历或性关系的人都知道,亲密感不会在你做爱的时候出现并停留,它也不一定会假以时日慢慢地、不知不觉地产生。相反,恋人之间的亲密感往往会随着时间渐渐消退。当你躺在理应是你最亲近的人身边,却只感觉不被理解、不被重视、没有心意相通时,那反而是你最孤独的时候。

在读着梅根·奥鲁克(Meghan O'Rourke)那部关于她母亲被癌症夺去生命的回忆录时,我被她那种因为要独自承受而越发强烈的悲痛震撼了。当写到在母亲生病期间自己的婚姻破碎时,奥鲁克回忆起她在医院遇见的那个和自己年龄相仿、显然也承受着痛苦的年轻女人,顿时产生了一种特殊的亲切感。然而,当她再一次见到这个女人,看到她身边陪着丈夫和孩子,就立即收起了天涯同命人的感触。"我们是不一样的悲痛,"她得出了这样的结论。

奥鲁克的想法不无道理,如果有伴侣陪伴在身边和自己一起经历困难,她的悲痛或许可以减轻。可事实上,对于和丈夫分手这件事,奥鲁克是这样描述的:"我不知道分手是不是,或者说多大程度上是我悲痛情绪的表达。"他们的分手恰恰证明,婚恋关系不一定能像奥鲁克想象的那样,减轻医院那个女人的痛苦,它反而有可能让受害的一方陷入那样的痛苦。

奥鲁克收回对那位已婚女子的共情心理,一部分原因在于,她以为那位女子没有结婚,因而带着幻想中的满足感去填补她的空白。如果说孤独是亲密感的缺失,那么单身是孤独的,因为相比之下,我们想象中的婚恋关系总是亲密的,没有距离,没有空虚,没有恶言恶语,一切都是正常的。我们不会想象自己有一个糟糕的婚姻,也不会想象一度美好的婚姻可能变得没有新鲜感、没有性生活,变得无比艰难、带来无限的痛苦。相反,我们总是幻想对方能分担我们的艰辛,能让我们倾诉痛苦和担忧。在我们没有伴侣的时候,想象中的那位就是特别指派给我们的,他们的责任和乐趣便是在我们生病时照顾我们,难过时安慰我们,给我们搓手捏脚,告诉我们一切都会好起来。

艾略特告诉我,她常常想:"身边有一个无条件支持你,你也支持他的人会是怎样呢?只是看着这个人说,'今天好倒霉!',然后彼此鼓劲,这样的感觉多好。"尽管她庆幸自己30岁以后能拥有单身的时光,有时间做着让自己感到自豪的工作,但有时也会感觉,"就像有船驶过,而我却错过了。我过去没有想过,也根本不可能料到,在我人生的这个阶段,我竟是这样的孤独"。

当然,单身的人是孤独的,然而,我们所有的人都曾孤独过,我们有过孤独的片刻,有过孤独的日子,有过孤独、没有尽头的寒冷季节。对于一些女性来说,她们孤独是因为凡事都得依靠自己,或者说,凡事都得依靠自己,加重了她们的孤独。

疲累

独立生活,就算在经济上有能力照顾自己也会使人身心俱疲,没有经济保障,那就更是苦不堪言。除了精神上的压力,独立生活还要面对各种非常实际的事情：打扫卫生，设置报警器，上班工作，换灯泡，水管漏水，下水道堵塞，还有夜里叽叽嘎嘎的怪响，这一切都会把晚结婚或不结婚的我们弄得精疲力竭。

瑞秋·克罗瑟斯（Rachel Crothers）写于1910年的剧本《一个男人的世界》（A Man's World），讲述一群生活在曼哈顿、不受陈规束缚的未婚人士的故事。剧中，一名女性人物多年打拼下来疲惫不堪（当时的环境远不如现在），向一位仰慕已久的单身朋友哭诉："我努力奋斗了10年，精打细算，受人冷落，装得志向满满，一心只有工作，可你看看我——连下个月的房租都没有着落。我太累了，受够了……谁要是愿意娶我，我就嫁给谁……我会的，谁给我付账单我就嫁给谁。哦，我好累，我受够了。"

近年来，有关女性选择退出职场、回归家庭的话题写得很多。一些受过良好教育、结婚较晚的职业女性有了家庭之后就辞去工作，依靠丈夫生活。我时常怀疑，当今女性选择退出职场的做法，除了说明家务劳动和家庭责任的分工一直不平等外，是不是还说明，她们在日益以工作为重的社会文化中独自生活了几十年后，人到中年，精力已经耗尽了。

我想，这是人们因为长久单身，没有妻子打扫屋子，没有丈夫为我们挣钱，现在想搁起脚来放松休息的朴实愿望，在与我同龄的女性和男性中都不乏这样的人。我的一些经济状况稳定的同龄单身朋友也有这样的想法，她们中有的年近四十，没有结婚，也没有孩子，却依旧辞去了高强度的工作，或者自愿降低薪水以减少工作时间。

虽说婚姻自古以来都是约束性的制度，但它同时也是分摊生活负担的体系，虽然一个挣钱、一个做家务的分工常常是不平等的，但是当我们既要挣钱又要做家务，日复一日、年复一年，待到中年之时，我们早就被生活拖垮了。

这里所谈的是很多单身人士往往不明白的一个道理：让生活暂停是社会允许的。我深有体会，在成年后，只有很少的时候有人会热心地劝你休息、留给自己一点时间，这一般只出现在你结婚和生孩子的时候。当然，对于美国大多数工薪族来说，蜜月假和产后带薪假是白日做梦，但是白领阶层的单身人士，以及那些没有孩子的人，不但没有人鼓励他们给自己放假，还要经常替休假的同事干活，工作更长的时间。在一个尚不能保障新父母在生育或领养孩子后的休假期间得到一份补助的国家，讨论为没有孩子或伴侣的单身人士提供带薪休假，是不切实际的想法。如果我们想要保障职场中日益增多的未婚人士的权益，就必须认识到，需要停下来喘口气、更好地工作和生活的，不仅仅是新郎新娘和那些刚有了孩子的父母。

恐惧

单身生活还有一个非常实际的问题，那就是身体的不安全感，在我们享受着高度的社会自由的同时，恐慌感也如期而至。

在我20多岁和30岁出头的时候，我和朋友常常在纽约的各个地方聊到深夜，那是我人生中最美好的夜晚。有时候我们要到半夜，甚至凌晨4点才回家。那些夜晚，我走在人行道上，穿过我熟悉的街区，或从地铁出来，听着自己的脚步声在路面上回响，是的，我的心情是愉快的，但同时我也非常警惕，生怕在街上遇到危险。四周的窗户大都是黑的，且不说我在这样的夜晚遭遇抢劫，哪怕只是绊倒，扭伤了脚踝，或者是撞了头，有谁会知道呢？有谁在等着我回家吗？谁也没有。

独立生活掺杂了生命中最好的和最糟的，有美妙的时刻，也有可怕的现实，这是天文学家玛丽亚·米歇尔写于1853年的一首诗中表现的主题。这首诗是她在35岁左右的时候写给不知哪一个叫萨拉的人的，其中有几段如下：

> 你不曾独自回家吗，萨拉
> 其实没那么可怕，
> 我曾无数次独自回家，萨拉
> 没有男人陪伴我的身旁。
>
> 独自行走在夜晚的路上，
> 可以学习很多很多的道理，
> 若有男士相伴，他会讲个不停，
> 你便没了自己的眼睛和思绪。

但是倘若你独自一人，
夜晚阴云密布，你虽害怕，
但你所有的感官都异常活跃，
去领略那光与影的美。

且听那愉悦的话语，
一串串从天降下，
只有在这独自一人的夜晚，
你才能够用你的双耳去倾听。[15]

单身生活中并存的刺激和危险，即便是有非常杰出的社会关系的那些人也能感受得到，比如安和艾米娜。

安形容她在洛杉矶的单身生活时说"每天都开心地独自醒来，更开心地独自入睡"，然而她回忆起有天晚上和被她称为"我在洛杉矶的单身圈"的一些女子参加的仓库派对：舞会上，吉纳文（Ginuwine）的《小马》（Pony）一奏响，她便冲进舞池，结果一跤绊倒，摔趴在水泥地上，她立即爬起来，还一直跳到舞会结束。但是在和一位朋友回家的途中，两人在兴致勃勃地去富克汉堡店的时候，安手一甩，肩膀脱臼了。朋友立即开车把她载到一家被她称为"实在不咋样的24小时急诊中心"，那时已经是凌晨3点钟了。

安是一个没有稳定医保的自由作家，她担心自己的胳膊会花费一大笔钱。医护人员还不允许她的朋友跟着她进去一起看医生，安开始哭了。"豆大的泪珠往下掉，"她说，"我其实不怎么哭，尤其是当着别人的面，也不是自尊心的问题，我只是不会那样表达感情。但是那天我真的哭得很凶，我当时就在急诊中心，还穿着脏兮兮的舞会裙子。"

送安来诊所的朋友不得已先走了，她第二天早上还要开车去奥哈伊参加婚礼。独自一人的安突然想起来，她的裙子是从背后扣起来的，可是这深更半夜的，胳膊又脱着臼，安明白，她只能穿着裙子睡觉了，直到第二天可以叫醒邻居来帮忙。慌乱中，她给艾米娜打了电话，因为艾米娜了解她的健康保险方案，可艾米娜当时生活在华盛顿。"凌晨5点钟，在我需要脱掉裙子睡觉的时候，有什么用呢？"

就在那个时候，安开始对自己的想法产生了怀疑。"我一直相信，有了我的朋友圈，我可以无所不能让自己百分之百地快乐，"她说，"但是那天晚上，我是真的没有办法。说真的，这是我单身生活中唯一一次感到那样的无助。回家之后，我又哭了一会儿。"

没有任何婚姻或认真的恋爱关系，可以保证一定不会发生像安那天晚上那样的绝望：丈夫可能会不在家，可能会因为被吵醒而发脾气，也可能不理不睬或笑话她。单身的安那天晚上也可以随便勾搭一个人回家，这个人也许会比一些当丈夫的更加细心地照顾她。而她的朋友，要不是还得去奥哈伊，也是可以送她回家帮她换下衣服的。

但是，拥有同居伴侣的最大好处是——而且这常常是生活

第5章　我的孤单，我的自我：靠自己的单身女性　|　203

的现实——给予你陪伴的希望，一个暖心的人，他的责任是，帮你解扣子，在你年轻时在仓库派对上把胳膊玩脱臼了的时候，在急诊中心陪着你；在你年老的时候，在你生病的时候，在你生命快到尽头的时候，这个人都会陪在你身边。

疾病

有许多备受社会保守派推崇的研究显示，婚姻能为健康带来巨大的益处。"婚姻可以使男女更加健康长寿，"作家（也是强烈反对同性恋婚姻、反对堕胎的社会活动家）玛吉·加拉格尔（Maggie Gallagher）和琳达·维特（Linda Waite）在她们于2000年合著的《主张婚姻：为何已婚者更快乐、更健康、更富裕》（*The Case for Marriage: Why Married People Are Happier, Healthier and Better off Financially*）一书中这样写道，"研究者们发现，即便考虑到婚前的健康状况，已婚人士的死亡率要更低。甚至生病的已婚者也要比健康的单身者更加长寿。"[16] 蒂娜·菲曾经开玩笑地说："别担心，单身女人，你们很快就会死去的。"

然而，这些研究也必然会反映出这样的事实。首先，一般健康的人更可能结婚；其次，经济条件优越的人——他们能够承担更好的医疗保健、更好的食物和更加有益健康的居住环境——是最有可能结婚的人。

在发现已婚人士更快乐、健康之外，很多研究还指出，未婚人士也享受着同等的快乐；这两个人群比离异、分居和丧偶的人要健康和快乐得多——后三类人的状态也是因为之前有过婚姻。因此，称婚姻——仅指婚姻，而不是美好的婚姻——有利于提升幸福感和促进身体健康的说法，或许并不可信。

但如果是慢性疾病，的确有很有说服力的证据表明伴侣会起到积极作用。2013年发表在《临床肿瘤学杂志》(*The Journal of Clinical Oncology*)的一篇研究报告显示，已婚的癌症病人比单身病人有更好的治疗结果，[17]并指出单身病人因为没有伴侣敦促他们及时就医，有17%的人在确诊的时候已经是癌症晚期了。单身癌症患者接受必要的治疗，比已婚病人少53%，这个统计数据更反映了治疗过程中产生的大量后勤服务工作：有人给你支持和爱是有益健康的，而在你接受化疗时，有人照顾孩子，有人赚钱，或者有人开车送你去化疗，对健康也是颇有裨益的。

罗莉·戈特利布那篇对婚姻的赞歌听起来那么有说服力，也有这方面的原因。在发表于《大西洋月刊》上的那篇文章中，戈特利布说，即使是她那些婚姻并不那么幸福的朋友，"都和我一样，宁可在婚姻中感受孤独，也不愿意单身，因为他们，包括我，发现婚姻最终并不是为了心意相通，而是为了拥有一个队友，即便他不是你的此生挚爱，也总好过谁都没有"。[18]

弗朗西丝·基斯林是个十分享受孤独的人，我写这本书期间，在几乎所有和我交谈过的人中，她是最厌恶婚姻的一个。我们聊到她在50多岁时照顾母亲的事，当时她的母亲得了肺癌，快要不行了。有一天，基斯林帮着她虚弱的母亲穿好衣服去看医生，她回忆说："母亲突然看着我说：'将来，谁来为你做这些呢？'""我一下蒙了,"弗朗西丝说道,"天哪,以后谁来为我做这些?"

母亲去世几年后,基斯林被确诊患有肾病。"这对我来说是非常艰难的事,因为死亡就在我的眼前,"她说,"如果你单身,你对待生病的态度真的就会不一样。"基斯林继续接受心理治疗,她想重新审视自己的决定。"说到单身,现在多了一个更深层的问题要解决:我是单身。"

当然,即使有婚姻和子女,生老病死的残酷事实也不一定就会改变。那些自我安慰以为结了婚就可以避免将来孤独老去的人,往往不会考虑可能离婚、被抛弃,或早年丧偶这些非常现实的问题。我们一般不会想到,即使是在两人彼此深爱、永远相爱的最好情形下,当论及生命的终点时,我们都是在下一个令人心碎的赌注。因为死亡不会碰巧在同一时间到期,即使婚姻再幸福,我们也还是有一半的概率死在伴侣之后。而统计又显示,女性比男性更长寿,且女性更倾向于找比自己年长的伴侣,概率因此就更大了。在美国,寡居女性的平均年龄是59岁,而2009年的数据[19]显示,在70岁以上的女性中,超过一半的人寡居,是丧妻男性比例的两倍多,这意味着,婚姻再幸福的女人也要经历丧亲的痛苦,接着还要独自面对这个世界——面对自己的死亡。

是的,也许我们还有孩子,不管我们是单身还是已婚,子女的确也会给予我们安慰、关怀,与我们联系。但是,任何一个在养老院或痴呆症中心打发时光的人都会告诉你,在你生命最后的日子里，在经济或情感上指望子女是不可靠的。这在美国尤其如此，因为在这个国家，阶级不平等日益扩大，社会又没有结构性的支持和福利提供给那些忙于生活，却要请假照顾年迈的父母或祖父母的人——他们也有自己的工作、伴侣和孩子。

2013年，《纽约时报》刊登了一篇故事，作者是一名丧偶不久的女性，她在故事中讲述了自己的孤独。她有子女，但是据她说，他们不能理解她的悲痛。她没有朋友，深受孤独的折磨，以至有一天在开车的时候，就突然瘫痪不能动了。这个女人结了婚也养了孩子，但是在她垂垂老矣的时候，她发现自己还是孤零零一个人，因为伴侣的离去而变成了废人。

"无论如何，我们所有人都是孤独的。"弗朗西丝同意这一点，但是她又跟我说，我是结了婚的，而她没有，所以我们两个人的孤独是不同的。她有许多朋友，感情非常好的朋友，但是从本质上来说，她还是孤独的。

野蛮的制度

有一点可以肯定的是，解决孤独问题的方法一定不是重新提倡人人都去追求婚姻。在这个婚庆业极其发达，而女性却比以往任何时候都更想放弃婚姻的社会里，人们很容易明白婚姻虽然可以缓解孤独，但却不是解决切身问题的可靠办法。

的确，当我们或我们的朋友陷入爱河、有人陪伴和支持的时候，我们常常会庆祝，会激动，会充满感激，但因此就认为所有的婚姻都是幸福的婚姻，掉进迪士尼和莎士比亚设下的陷阱，相信婚礼是故事的完美结局，就大错特错了。

我们必须记得，之所以今天有这么多的女性选择不结婚，其中有一个原因是，千百年来，婚姻基本上都是强制性的，很多已婚女性过得十分悲惨。

20世纪初，爱玛·戈德曼写过婚姻如何强迫女性交出"她的名字、隐私、自尊，以及她全部的生活，'直到死亡将我们分开'"。戈德曼指出，社会对婚姻的期望从一开始就决定了女性的不幸。"几乎从婴儿时期开始，"她写道，"大多数女孩都会被告知，婚姻就是她一生的最终目标……就像无声的动物被养肥是为了被屠宰一样，她生下来就是为结婚而准备的。"

英国护士的先驱、统计学家弗洛伦斯·南丁格尔疑惑道："女性有激情，有智慧，也有道德……为什么社会没有给她们可以施展这些长处的空间？"南丁格尔多次拒绝求婚，发誓要不惜任何代价躲避结婚，她认为婚姻"教会我们什么叫'没有永远'……这个无情的词语，让我们真实面对生命的终结和死亡的冷酷"。[20]

19世纪的作家乔治·桑（George Sand）[本名阿芒蒂娜-露西尔-奥罗尔·杜宾（Amandine-Lucile-Aurore Dupin）]写过这样的话："生命中只有一种幸福，那就是爱和被爱。"她与作曲家弗雷德里克·肖邦（Frederic Chopin）的婚姻也成为美谈，但是她却把婚姻称作"野蛮的制度"，并在20多岁的时候带着两个孩子退出了婚姻。苏珊·安东尼还在上寄宿学校的时候，得知幼时的一位朋友刚嫁给了一个有6个孩子的中年鳏夫，便在日记中写道："我觉得换了任何女人都宁可做个老姑娘到死。"[21]

甚至有些男性也意识到了婚姻制度对女性的不利。一位持上帝一神论立场（Unitarian）的牧师、"女性的天地和职责"系列演讲的演讲者乔治·博纳普写道："婚姻是女性一生中的一个重大危机……如果她知道未来将是怎样的生活，她或许会害怕退缩。"[22] 他接着又更加悲观地说："婚礼的欢声笑语中隐隐透着悲伤，当那个光彩照人的美丽人儿走来，在所有的目光向她聚集、所有的心为她跳动的时候，我几乎能想象到，她白色的婚纱变成了素服，脸上的红晕化作了泪水。"[23]

19世纪的一些不愿意或未能结婚的女性，和过去几百年来的其他女性一样，转向教会寻求安慰。1810年到1860年，主张禁欲独身的震颤派（Shaker）团体成员数量逐渐增多，参与者大部分为女性。早在19世纪初就允许女性从事神职工作和组织废奴运动的贵格会（Quaker），更吸引了大批的单身女性加入。[24] 到19世纪中期，在费城，有40%的贵格会女性从未结婚。[25]

1904年，《独立报》（*Independent*）刊出一篇署名"单身女学士"写的《我为什么不结婚》（"Why I Do Not Marry"），称试图"说明为何如今会有如此多有知识、有文化的女性宣称不愿意走进婚姻"。文章的作者，据编辑说是一位"漂亮能干"的年轻大学教师,她在文中说,她之所以不愿意结婚,是因为"在我们快要结婚的时候,婚姻摆在我和那个男人面前的巨大鸿沟,让我感到震惊。那个时刻,不管是我们所接受的教育,还是我们对未来的理想,本质上都是一样的"。在她看来,婚姻于男性而言意味着"获得了家庭生活,对他的工作事业是一种帮助,而非障碍",但对她来说,"如果我结婚有了家庭,摆在我面前的选择就是放弃所有宝贵的梦想"。

"单身女学士"举了一个例子,说一位教授辞去教职、结婚并生了3个孩子,她由此诘问,为什么要把一个有学问的女性"关在育婴室里,让她的精神活动被无穷无尽的家务负担和身体劳累束缚,而她那位杰出又有魅力的丈夫却在文学圈和社交圈中广受追捧"?文章的语气中流露出一种张狂的、对男人几近冒犯的自信,认为未婚女性的生活不仅是正常的,更是优越的。

现代读者经常会耳闻一些批评者的回应,说什么这是一种自私啦,说什么要求太高终要付出代价啦之类。在1907年发表于《大西洋月刊》上的一篇关于为什么美国会遭遇婚姻危机的文章中,记者安娜·罗杰斯(Anna Rogers)提前100年就预见,将女性的挑剔归于病态会使罗莉·戈特利布和特蕾西·麦克米伦的作品大受欢迎。罗杰斯嘲笑一些女性认定男人"必须有神一样的体格……必须有财富,有智慧,有文化,有地位,还要脾气好,跪伏在她的身边,无限地爱慕着她"。罗杰斯在新女性不愿意结婚的现象中看到了"当今个人主义的泛滥,对'自我'这尊金牛犊的崇拜"。[26]

尽管今天的婚姻和 19 世纪以及 20 世纪初相比，在形式和感觉上都有了巨大的改善，但要说婚姻是治愈不快乐的良药，是毫无根据的。

心理学家泰·田代（Ty Tashiro）在其 2014 年出版的著作中说，只有十分之三的已婚者拥有幸福健康的婚姻，而不幸福的伴侣关系会使患病的概率提高 35%。[27]另一位研究人员约翰·戈特曼（John Gottman）发现，婚姻不幸福会使寿命缩短 4 年。[28]评论家艾力芙·巴图曼（Elif Batuman）在 2014 年也指出，畅销书和同名的卖座电影《消失的爱人》（*Gone Girl*）之所以引起大众兴趣，是因为大家普遍认同婚姻是一场绑架，"妻子就是那些消失了的人"。《消失的爱人》传达出一个令人沮丧的寓意，巴图曼这样写道："那就是在女人一旦到了结婚和生育的年龄，这个真相便会显现：她们精心打造和修护的自我身份从来都不重要，重要的是她要为丈夫和子女牺牲这所有的一切。"

简而言之，虽然单身生活有着各式各样的弊端，但是婚姻的缺点也同样不一而足。获得牢固的婚姻，找到一个于自己有益的伴侣，谈何容易。我们中的许多人依然遭遇着落入不幸婚姻的可怕命运，可是我们几乎看不到什么文章充满焦虑地讨论那些不幸的妻子，尽管这一人群基数众多。有人做过研究，比较已婚女人性生活获得幸福或事业获得满足的概率，和被恐怖分子杀害的概率哪个更大，却几乎没有人来问我们。

我们仍旧乐于将婚姻看成是女性故事的（幸福）结局，乐于看到她们追求幸福的决心。我们不会去问一个女性结婚后的命运如何，也不会认为她们婚姻中可能会遭遇的危机（有时只是担心、不满或孤独）是婚姻特有的问题，却总是轻易地认为如果单身女性出现这样的情况，就一定是因为她们没有结婚。

这是非常糟糕的。如凯伦·德宾（Karen Durbin）于1976年在《乡村之声》上发表的文章《做一个独身女人》（*On Being a Woman Alone*）里所说，"比失去男人更可怕的，是失去你自己"。

得与失的权衡

1950年，在65岁以上的美国人中，有十分之一的人独自生活。而今天，寿命的延长和离婚率的上升，使得这个比例提高至三分之一。[29] 此项统计数据既让人担心，又给人带来了希望。这是因为，人们不一定要在传统的家庭单位里完成生老病死，社会压力的增加促使我们以更加协作的态度来对待医疗保健、家庭事务的合作，以及安乐死。女性之间组成关系一直以来都是一种虽不完美但却真实存在的选择。正如弗朗西丝·帕沃尔·科布（Frances Power Cobbe）在1869年所写："老处女也不会像单身汉那样为孤独的岁月发愁。孤独的岁月是艰难的，但她会找一个愿意和她分享孤独时光的同性。"[30]

而弗朗西丝·基斯林作为安乐死的支持者，说她和与她有着同样想法的朋友已经立下约定，要帮助彼此平静地离开这个世界。"如果我哪天变成了我母亲当年的状态，那么我和我这些朋友的约定就会起到作用。"她说。而且事实上，我们也没有理由认为依赖伴侣和子女，就一定好过依靠朋友或邻居。

越来越多的单身人士被迫互相依赖，让人想起一个不被注意的女性主义研究课题：看护工作和家庭事务的社会化。除此之外还要建立对传统异性恋婚姻之外关系的社会认同，而这一向是同性恋权利，特别是同性恋婚姻运动的主要奋斗目标。赋予朋友和非传统伴侣拟亲属的角色，允许他们进入病房，给予他们医疗协助权和生命终结权，在为越来越多至死没有婚姻的群体提供更多的临终关怀上，以上举措是至关重要的。但是单身的拥护者贝拉·迪波洛认为，这也是同性婚姻运动一直没有取得完全胜利的部分原因所在，同性婚姻运动强调的是要取得社会认可的婚姻。即便同性恋男女获得了真实有效的婚姻平权，迪波洛写道，"那些单身的人们，不管他们是异性恋、同性恋，还是别的，也将依然是二等公民"。

一些女性还在别的方面寻求对女性伴侣关系的正式认可。

艾米娜和我谈到"单身人士获得赞美是多么不容易"，说她从18岁开始就自己养活自己，"我所拥有的一切全都是我自己买的，但是这个社会没有人为我唱赞歌，在我家人的眼中，我是个失败者，因为到现在我还没有伴侣"。她说她和安经常开玩笑说要做一个TED演讲，话题就是"我们两个应该结为夫妻，享受婚姻的好处。浪漫，我们是不感兴趣的，但是单身的经济状况嘛，老天……你还得有些单身人士的入门装备"。

当然，我们还需要承受得起的医疗保健和住房，以及稳定的社会保障和福利体系。国家必须发挥它的作用，为那些没有传统家庭单位的人群提供帮助。除了出台社会政策，我们的社会还必须承认独立女性之间终生互相扶持、互相依靠的关系。

我们设想中的照护契约——不管缔结的两个女子是想要为人父母，或是为了享受税收优惠，或是在年老得病时彼此寻求帮助——虽然听起来有操作上的难度，因为这要看环境，看财力，还要看当事者是否可靠，但是就这方面而言，它与传统婚姻并无太本质的区别。在传统婚姻中，共同照顾孩子的承诺通常会因为离婚、疾病或死亡而无法履行，而照顾的责任也会更多地落在其中一方的身上，使另一方无法再参与进来。

也许，如果将来女性之间有更多的互相照料，如果我们看到了成功的模式，上述的照护契约有可能变得更加可靠，覆盖更多的人，成为全面而又灵活（甚至在许多方面比婚姻更加灵活）的保护机制，让单身的人能够一起抵御生和死的残酷现实。

第6章

富有人群：工作、金钱与独立

> 我打心底里认为女性应该掌握经济独立权，而不是依赖她们的丈夫……金钱赋予男人掌控一切的权力。它赋予男人解释价值观念的权力。他们来定义什么是性感。他们来定义什么是女性气质。这太荒谬了。
>
> ——碧昂丝，2013 年

生物决定论

埃莉诺·罗斯（Eleanor Ross）生于 1916 年，她的父亲是新英格兰电话电报公司的一名雇员，母亲是一名家庭妇女，后来去了银行工作。埃莉诺从小便是个喜欢动物、热爱大自然、对科学抱有极大热忱的孩子。她最大的愿望是当一名医生。在缅因州的科尔比学院读大学时，当时的家庭经济条件并不允许她去读医学系；后来她成功申请到了艾奥瓦大学的研究生奖学金，然后在1938年，乘着一列火车穿过新英格兰飓风来到了中西部，在这里，她获得了生物学专业硕士学位。

在研究生学习期间的每个暑假，埃莉诺都在位于缅因州荒漠山岛（Mount Desert Island）上的杰克逊实验室工作，参与一项由女性先驱科学家伊丽莎白·沙尔·罗素（Elizabeth Shull Russell）主持的研究项目，并于1940年8月在《实验动物学期刊》（Journal of Experimental Zoology）上发表了一篇名为"果蝇的良性与'恶性'肿瘤比较"（"A Comparison of Benign and 'Malignant' Tumors in Drosophila Melanogaster"）的研究文章。由于父亲的工作地点迁到了缅因州的霍尔顿，埃莉诺在完成学业之后，也搬去了那里。1940年，她开始在里克古典学院（Ricker Classical Institute）——当地的一所文理学院并有附属高中——工作，成了该学院生物学系的首位教授。

埃莉诺开始教课那会儿，在社会媒体与亲朋好友之间，正风靡着一场世世代代都津津乐道的讨论，主要内容就是女性可能会对工作抱有与男性同等的热情与忠诚。就像那位"单身女学士"在1904年谈到她追求高学历的原因时所写的："就我觉察到的而言……这和男性的事业心没什么不同；不是渴望获取人们给予的那点廉价的'高学历女性'称号，更不是寻求徒有虚名的'独立'和个人银行存款，而仅仅是出于对研究的热爱，出于我的学习生涯留给我的一点研究热情。"

然而，"单身女学士"的生活却无时无刻不被搅扰，因为女性的这些志向触犯了她们作为贤妻良母的身份设定。

在《女性的奥秘》一书中，贝蒂·弗里丹转引了伊丽莎白·布莱克维尔——一位终身未婚的 19 世纪先锋女医生的一段名言："我是医生，又是个女人……我现在明白了为什么以前的人不愿过我这样的生活。只有高远的目标，却孤立无援，还要面对来自社会方方面面的阻碍，生活如此艰辛……我应该时不时地找点乐趣。生活太过严苛了。"[1]

传统文化观念下的女性气质（爱情、婚姻与为人母），强力对抗着女性的事业前途（包括学历、金钱、社会名誉等），二者擦出的电光火石引起了作家和读者的极大兴趣，因此在 19 世纪末期，有三篇小说分别写到了医学与女性情感生活之间的关系。威廉·迪恩·豪威尔斯（William Dean Howells）在 1881 年发表了《布林医生从业录》(*Dr. Breen's Practice*)，在这篇小说里，身为医生的女主人公意识到从事医学是一条错误的人生道路，最后为了婚姻放弃了她的事业。第二年，伊丽莎白·斯图尔特·费尔普斯（Elizabeth Stuart Phelps）——她曾提倡毁掉束身衣，也曾为不公平的女性劳工条例和婚姻内不平等的经济权写过文章，她在 40 岁出头的时候嫁给了一个比她小 17 岁的男人——发表了《佐伊医生》(*Doctor Zay*)，其中女主人公和她未来的丈夫订立了一个条约，以确保她能够在婚后继续经营她的医学事业。1884 年，萨拉·奥恩·朱厄特（Sarah Orne Jewett）——她也来自缅因州，而且终身未婚——写下了《乡村医生》(*A Country Doctor*)，里面的女主人公为了继续当一名医生，赶走了痴情于她的求婚者。

19世纪末20世纪初，受过教育的女性寻求高职位的工作已然成为一种潮流，然而到了埃莉诺生活的年代，也就是20世纪中叶，这种趋势开始逐渐减弱。即使是那些引导女性踏入工作岗位的最具进步性的思想，也受到了强力打压，因为在女性的意识里，已经没有什么工作能动摇家庭在她们心目中的首要位置了。1921年，悬疑推理小说家玛丽·罗伯茨·莱因哈特（Mary Roberts Rinehart）在《妇女家庭杂志》上强烈建议，"这个国家的每个年轻女性都需要学一学如何自立，必要时能有一个本领可以赚钱"。然而，她接着写道，即使是那些最敬业的职业者，"如果她是一个已婚女人……那她天生就是做妻子和母亲的料"，必须认识到她的家庭"永远是第一位的"。[2]

当埃莉诺的大多数朋友们都已经结婚了的时候，她没有。在获得硕士学位时，也就是她结束了对果蝇的研究、成为生物老师那一年，美国女性初婚的中值年龄差不多是21.5岁；[3]她那时24岁。在大学教课的时候，她认识了一个政治老师，他来自种土豆的农民家庭，除了教政治外还兼授篮球课。他们在1942年结了婚，那年她26岁。这一切看起来都很顺利，然而，"二战"期间，埃莉诺的丈夫需要前往阿肯色州的空军基地学飞行，为太平洋战役做准备，埃莉诺为此放弃了她的工作，跟随丈夫一起搬去了阿肯色州。1943年，埃莉诺的丈夫驻扎到关岛，她便返回了缅因州，等待他们第一个孩子——也就是我的母亲出生。

1945年，我的祖父回到家乡接管了他父母的农场。他从来就不觉得身为母亲的女性应该外出工作。于是，埃莉诺成了一个农夫的妻子：一名勤俭持家的主妇，整日忙着搅拌黄油，把从土豆地飘进屋里的灰尘清理干净，在丰收季提着一大篮子热乎乎的炖汤和馅饼，给田里的男人和孩子们带去丰盛又美味的午餐。但就像我母亲回忆的那样，"她总是病恹恹的，经常头痛，肩背也出了毛病。她对地板的洁净持有一种执念，每个星期有三天，要跪在地板上，用手擦除地板上的污渍。她并不快乐，这很明显，当时只是个孩子的我也能看出来"。

1958年，就在埃莉诺风雨无阻地穿越飓风、获得生物学硕士学位20年后，她已经有了3个从4岁到14岁的孩子。那一天，她刚刚去田里送上一顿热乎的午饭，就在这个时候，一名本地大学的会计员开着车到了这里。他从车里跳下来，解释说他学校的生物老师刚刚去世了，在这个小镇上，暂时找不到一位有能力接替她工作的老师，在找到新老师之前，问我的祖母可不可以临时代下课，就一个星期。

我的母亲当时十几岁，那天在田里劳作，这段对话一直清楚地印在她的脑海里。据我母亲回忆，我的祖母向她的丈夫征求许可。他点了点头，说她可以去帮忙几个星期。

埃莉诺在22年后退休。她还被授予名誉博士学位。

我母亲回忆道："回归了工作以后，她身上发生的变化就像昼夜一样分明。她很忙，但她再也不用每星期擦三次地板了。她开始好好打扮自己，更加在乎自己的外表。她比以前快乐了许多。她生活的所有一切都变了。"

我的外祖母在2012年去世了,我非常确定她说过,她在生命里扮演过的最重要的角色,是母亲、妻子,以及后来的外祖母。但是,我也清楚地记得,在我小时候,她给我寄过很多礼物,其中包括一只死去的冠蓝鸦的断翼,还有很多海洋生物的标本,它们都被悉心保存在甲醛罐子里;她教会我如何挖出鱼的内脏,教我分辨它们的内部器官;她还带我去爬农场后面的那座小山,告诉我每朵野花的名字;在我们家的房子里,一直都放着她的一张照片,照片上的她正在解剖一只猫。即便当她是个外祖母的时候,她也是个科学家。

外祖母90多岁时,痴呆症已经十分严重,她已经完全认不得她的孩子们和外孙们了。记得有一次圣诞节,当时她正在卧房睡觉,突然间我和表亲们听见从房间里传来她非常大的讲话声——实际上,可以说是吼叫声。怀着好奇与担心,我们一群人聚集到她的门外,想要听听她在喊些什么。

她在讲着一节冗长的但条理异常清晰的生物课。

工作

工作对于女性而言,在幸运的情况下(即使在那些不是很幸运的情况下,工作也能提供独立于家庭之外的经济自主权,而且它还是一种简单明了的身份象征),其实和对男性而言一样,都是他们成年生活的重要支柱。这也就是说,与很多男性一样,女性也会从工作中获得热情与自我满足。

但是人们总会认为,一个女人如果外出工作,那她就成不了一名贤惠的全职太太。贝拉·迪波洛曾在她的书《被选中的单身》里记叙了这样一件事:2014年,当电视新闻主持人芭芭拉·沃尔特斯(Barbara Walters)从《20/20》栏目退出后,曾参加过特德·科佩尔(Ted Koppel)——她同为新闻节目主持人的好友——主持的一次访谈,在这个访谈中,她声称,在新闻业工作了40年后,她终于决定离开,其中一个原因是她想要享受一下私人生活。科佩尔提醒她说,她已经离过两次婚了,然后又接着问她:"是由于工作的原因吗?如果不是因为工作,你现在会不会仍然是已婚状态?"[4]沃特尔斯回答说,她不大确定,可能吧。

有时候(即使是现在),只有那些没有孩子的未婚女性群体,才可以光明坦荡地追求事业前途和社会权力而不遭人指点。举例来说,比如奥普拉·温弗瑞、最高法院大法官索尼娅·索托马约尔(Sonia Sotomayor)和艾蕾娜·卡根(Elena Kagan),还有任职时间最长的女参议员芭芭拉·米库斯基(Barbara Mikulski)和前国务卿康多莉扎·赖斯(Condoleezza Rice)等。所有这些女性,她们能获得如此非凡的权力与地位,一方面是因为她们所处的社会阶级以及她们的人生规划,都没有成为她们追求学业和事业的绊脚石;另一方面也是因为她们没有家庭的牵绊,这就让人们觉得如果不追求事业,她们的人生将会非常空虚。暂且不提那些拖家带口,却能坐拥强权、被委以重任的男性。女性应该把家庭放在她们人生第一位的观念一直根深蒂固，因此当巴拉克·奥巴马在 2008 年任命未婚的珍妮特·纳波利塔诺（Janet Napolitano）担任国土安全部部长的时候，前宾夕法尼亚州州长埃德·伦德尔（Ed Rendell）说道，她太适合这个岗位了，因为"你必须全身心投入于此。珍妮特没有结婚。太完美了。她可以，毫不夸张地讲，每天工作 19 小时至 20 小时"。[5]［纳波利塔诺的前任，汤姆·里奇（Tom Ridge）和迈克尔·切尔托夫（Michael Chertoff），他们不仅都结婚了，而且各自都有 2 个孩子。］

对于那些心怀大志的女性来说，还有另外一种较为传统的、广泛普及的模式，那就是在孩子长大以后再迈入职场竞争。的确，成为母亲使她们的女性身份更加完整和有意义，但是这种经历依旧无法使人们注意到女性希望同时兼顾家庭和施展个人抱负的想法。安·理查兹（Ann Richards），得克萨斯州一位杰出的州长，在生育了 4 个孩子之后才进入政界，54 岁的她曾在民主党全国代表大会上发表自己事业生涯中最巅峰的演讲。

然而，这种延迟进入职场的模式严重拖了女性获得权力的后腿。2012 年，前众议院议长，同时也是国会历史上地位最高的女性——南希·佩洛西（Nancy Pelosi）就被一名年仅 27 岁却已经在互联网领域工作 4 年、名为卢克·拉瑟特（Luke Russert）的记者发问道，72 岁的她决定留任民主党领袖，是否会压制年轻人上位的机会。这位 5 个孩子的母亲向拉瑟特解释说，她的"那些男同事们……已经优先于我了，因为他们并不需要待在家里养孩子。你们已经领先我起跑大约14年了，而那时的我还正在家教育子女呢"。同时佩洛西也说道："我真心希望有更多更年轻的女性能够站在我今天的位置上，这样她们就能更早地积累资历。"

这就是单身女性和晚婚女性数量越来越多的原因：当成年后的生活没有受到婚姻和生育的影响时，女性就能够更早地获得事业上的晋升。这个事实存在于政治和政府领域中——我们有许多的女性楷模，比如参议员柯尔斯顿·吉利布兰德（Kirsten Gillibrand）和艾米·克罗布彻（Amy Klobuchar），以及首位非裔美国司法部部长洛蕾塔·林奇（Loretta Lynch），她们都是在结婚或者组建家庭之前，就已经在法律和政治领域打好了事业上的根基。与推迟进入职场时间的办法相比，她们更难放弃现有的事业去改变家庭的发展轨迹——而在其他领域，事实同样如此。

在其他的职场世界中，通过晚婚来提前打下事业根基、建立稳固的职业声望和经济基础，是女性长此以来选择的一种策略。著名女歌唱家玛丽安·安德森（Marian Anderson）就曾在高中时拒绝了俄耳甫斯·费雪（Orpheus Fisher）的求婚，因为她担心过早结婚会毁了她事业上的光明前途。后来，玛丽安在欧洲声名鹊起，结识了作曲家让·西贝柳斯（Jean Sibelius）和大名鼎鼎的科学家阿尔伯特·爱因斯坦（Albert Einstein），并于1939年在林肯纪念堂前的台阶上向世人演唱爱国歌曲《我的国家属于你》，奉献了极具历史性的一刻。1943年，她才最终同意与俄耳甫斯·费雪共结连理，那年她 46 岁。

说到女性推迟婚姻的益处，人们大多会条件反射似的想到 2015 年美国前总统比尔·克林顿所讲述的一个故事。当年克林顿到阿肯色州投身政治事业，他一共向女朋友求了 3 次婚，才得到肯定的回答。他回忆起自己对希拉里·罗德汉姆（Hillary Rodham）说的话："我想让你嫁给我，但是你不应该这么做。"相反，克林顿力劝希拉里去芝加哥或者纽约开始她自己的政治生涯。"哦，我的天！"他还记得有次希拉里的反应，"我绝对不会去竞选公职的，我太咄咄逼人了，没有人会投票给我。"后来希拉里搬去阿肯色州嫁给了克林顿，做了一名律师及法律教授，同时供职于保护儿童基金会。直到丈夫卸任总统、女儿上大学后，希拉里才开始经营自己的政治事业。

如今，女性晚婚在整个国家、在所有阶级中都已非常普遍。不管是无意识还是有意识地拖延结婚，晚婚带来的经济影响不容争辩。2013 年，皮尤研究中心发布了人口普查数据报告，调查结果显示，"今天的年轻女性，她们的工作待遇几乎已经和男性持平，这在现代历史上是破天荒的第一次。2012 年，在所有 25 岁至 34 岁的工作者中，女性每小时的薪酬是男性职工的 93%"。[6] 在有工作的女性里，选择保持单身的人也越来越多。从 2000 年到 2009 年，同一年龄段的女性工作者中，单身人口所占比例已经从 34% 升至 46%。

这些数以百万计的单身女性，不论她们选择单身的原因是为了谋求生计，还是为了多一些成人生活的空间，她们都创造性地改变了女性和工作之间的传统关系。越来越多的女性依靠工作来赚钱养活自己，她们的身影也越来越频繁地出现在大学校园和其他工作场所，人们对这些女性的看法也在随之改变。我们逐渐认清并接受了这样一个事实，那就是女性同样也有追求事业的壮志雄心。

单身女性，让整个世界对职业女性的身影不再感到陌生。

关于我们母亲的一切

2005年，作为观众，我见证了蒂娜·菲——通常情况下她是一位非常坚强的喜剧演员——在领奖时突然哭泣的那一刻。她向我们描述说，她那"聪明优秀"的母亲曾不被允许上大学。菲的外祖父告诉菲的母亲，大学是"给男孩子们开设的"。菲接着说，等到了她自己该上大学的年龄时，她的母亲为了把她送进大学，加班加点地工作赚取学费。菲又补充道，她希望母亲在看到她的女儿现如今已经"在那些只属于男性的职业上小有成就"之后，能够感到满意。

每一代的女性，都曾努力挣扎着去克服性别上遭受的歧视——这些性别歧视也同样挡在她们上一辈人的面前——同时，她们也在为下一代人扫除障碍。谈及女性在个人生活与事业生涯上的选择时，母亲和祖母们的经历对她们产生了深刻而巨大的影响。我们很容易看到，每一代女性都在不断纠正着上一代人所走的人生道路，因此世世代代的母亲们和女儿们，都在选择工作还是成为家庭主妇之间，在跟随女权主义者的旗帜还是听从反女权主义者的召唤之间，来来回回、反反复复地彷徨。但无论反女权主义者的召唤力有多么大，它都无法把前人取得的成果完全消除掉。美国女性在漫漫长路上向前跋涉，虽然有时会走一些回头路，但是大体上她们是朝着一个方向行进的：为能够更自由地参与社会活动与事业生涯、为获得更好的知识教育而前行。

我母亲总是说，看到自己母亲在科学梦想落空之后，又重新成为一名教师的这种蜕变，她就会告诫自己，坚决不要停下工作的脚步。"我发现每当工作的时候，她脸上忧郁的神色就会消失不见，"我的母亲（她当时已经当了差不多50年的英语教授，马上就要退休了）这样告诉我，"就是这个时候，我知道自己永远不会选择做家庭妇女。"母亲又继续说道，埃莉诺的工作"让她重新定义了自己。而且说实话，这也是为什么我对退休感到很惶恐的原因之一。工作让我肯定了自己的身份和价值。我的意思是，我是很爱当个祖母、当个母亲、当个妻子等——这些都很美妙。但首要的是，总得有个身份是代表我自己的，而这就是我的工作"。

帕特丽夏·威廉姆斯（Patricia Williams）是哥伦比亚大学的一名法学教授，她指着一张她母亲的照片，自豪地讲，她母亲是在1951年攻读硕士学位期间怀上自己的。威廉姆斯的母亲当时已经结婚，并且"从不觉得自己要因为婚姻而放弃深造。她总是认为，你不该依赖任何人，包括男人"。威廉姆斯的祖母也同样有自己的事业，她曾是一家摄影工作室的总经理秘书。威廉姆斯家族的三代女性——虽然她们的祖先曾经历了奴隶制的剥削——都不同程度地接受了高等教育。

作为一名提倡生殖健康的活动家，艾莉森·特库斯也同样接受了这种来自家庭的馈赠。她的母亲曾为美国国税局（Interal Revenue Service，简称 IRS）工作过，她的父亲则受雇于 IBM 公司。艾莉森还小的时候，她的父亲更容易休假请假，所以艾莉森生病的时候总是父亲在家陪她，带她去看医生，还会陪她一起参加班级的出游活动。与此同时，她的母亲则用实际行动告诉幼年的艾莉森和姐姐，"如果你不能在经济上自给自足的话，一个人是坚决不能步入婚姻或者恋爱的；你必须要坚持不懈地工作"。艾莉森人生的第一份工作是保姆，当她结束了这份工作之后，她给自己开了一个个人退休金账户，那时她 22 岁。

格洛丽亚·斯泰纳姆的母亲的做法，与特库斯和威廉姆斯她们母亲所做的示范完全相反，然而却产生了相同的效果。斯泰纳姆的母亲露丝·鲁内维尔（Ruth Nuneviller），曾是俄亥俄州托莱多的一位极具开创精神的记者，但是在与斯泰纳姆的父亲结婚后，由于婚姻生活的不和睦，她完全废弃了她的工作，后来饱受多种精神疾病的折磨，几乎处在抑郁崩溃的边缘，不得不依靠女儿们的照顾来度过她人生的大部分时光。露丝的遭遇，使她的小女儿斯泰纳姆非常"想要逃离母亲的身边，这样我就不会像她那样活着了"。斯泰纳姆还回忆道，大学毕业后，她便迅速地订了婚，这时她的母亲对她说了句带点挖苦意味，但又非常有预见性的话:"你这么早就订婚了,这是件好事,因为如果你体验过单身的生活,你就永远也不会结婚了。"

卡门·黄·乌利齐(Carmen Wong Ulrich)是家里五个女儿中最大的一个,现在是一家金融服务公司的董事长。她的母亲来自多米尼加。黄·乌利齐说她非常理解母亲那"离经叛道"的行为,因为正是她母亲坚定的决心,才使得她们这几个女儿全都接受了大学教育。黄·乌利齐解释说,她的母亲从少女时期开始,大概在20世纪五六十年代,就十分执着于接受大学教育一事,因为她自己当时没有机会上大学。黄·乌利齐的母亲在19岁怀孕、嫁为人妇,她用了一生的时间才意识到了自己对丈夫的依赖,也正是这种意识把她变成了"了不起的女权主义者",她的女儿说道。作为一个44岁的(离异的)单身母亲,黄·乌利齐在电视和杂志上不断为女性提供经济方面的建议,她鼓励女性办理信用卡,开设银行账户。"这样你就有逃离的资本了,"黄·乌利齐接着说,"这句话正是我母亲教育我们的:不要依靠男人,因为如果你不幸遇到了一个负心汉,或者一个在外和别的女人花天酒地的男人,你却还把经济权让给他的话,你就会陷入困境,他会把你攥得死死的,让你喘不过气,因为他有足够的底气来制服你。而这就是她人生的写照。"拥有了经济自主权,黄·乌利齐说:"你就拥有了自由的权利,你可以不与这个男人结婚,也能够离开这个男人,它会帮助你重新开始一个人的,或许是带着孩子的新生活。"

联结一切工作、性别、婚姻和金钱关系的中枢是依赖关系。

依赖男性——主要是在婚姻中——是世世代代女性稳固不变的生存处境。而且大多数女性，不管她们是否积极参与政治，是否具有女权主义思想，是否反思过她们母亲和女性祖先们一直以来所过的生活，在她们血肉之下的灵魂深处，都明白摆脱依赖的关键在于金钱。

蕾蒂·科汀·波格莱宾向我讲述了她母亲——一位中产阶级犹太裔女性的故事。那是 1927 年，她母亲与她那有暴力倾向的第一任丈夫离了婚，离婚的时候，她母亲还被人称作"Shonda"[*]。在接下来的 10 年里，她母亲一直都在为赚钱而奋斗，在和波格莱宾的父亲结婚之前，她在服装设计师哈蒂·卡内基（Hattie Carnegie）的手下工作。但即使是在她的第二次婚姻中，波格莱宾的母亲依然没有忘记逃离第一次婚姻时所经受的苦难。她开始积攒"knippel"——在意第绪语中，指的是已婚女性的秘密私房钱——在这个钱与权都被丈夫监管的世界里，"knippel"就是她的小救生筏。波格莱宾的母亲在她十几岁的时候去世了，于是波格莱宾继承了她母亲的"knippel"；她用这些钱给自己买了一辆小型的蓝色 Simca 法国汽车，这辆车带给了她自由，助了她一臂之力。"我母亲的 knippel，得益于她的单身经历，"波格莱宾说，"而且也促使我成为一位单身女性。"这也让波格莱宾懂得，"你必须要独立，你必须要自己养活自己"。

我的朋友萨拉为了搬去波士顿与她的男朋友同住，辞去了

---

[*] Shonda, 意第绪语, 意思是愚蠢的、不知廉耻的人。

纽约的高薪工作，然而到了波士顿之后她才发现，这个城市与她专业对口的工作并不很多。经过连续数个月的求职，她依然没有找到一份工作，于是她便在男朋友的小公寓中消磨光阴。她就像我的外祖母一样，把房间打扫得一尘不染。她也逐渐变得忧郁起来。波士顿的冬天来临之际，她感到彻骨的寒冷。她需要买一双温暖的冬靴。在搬来这里之前，她赚取的工资完全可以让她给自己买一双靴子。然而突然间，她自己没有收入了，她依赖他人的金钱，每买一件东西，她都要慎重地考虑权衡。失去金钱的自主权让萨拉的内心备受煎熬。后来她在 Crate & Barrel 家具店里找到了一份销售员的工作，这与她之前在纽约的工作完全不沾边。但是，她说，这起码恢复了她的理智。她有能力给自己买一双靴子了。

金钱是独立的关键，这并不是什么新潮的观点。要说它新，恐怕针对的是一直以来都堆金如山并且长期掌握金钱统治权的人群。而对于那些在经济困境中挣扎的女性，为（公平的）薪水而工作，早已成为她们争取性别与种族平等的关键一步了。苏珊·安东尼在 20 世纪初时说："除了金钱的独立外，没有什么可以孕育出真正的平等、真正的自由、真正的男性气质或女性气质。"[7]

就在几十年后，也就是我的祖母放弃工作、专心当家庭主妇的那个时候，律师萨迪·亚历山大表达了她的担忧之情："女性变换工作的频率要高于男性……尤其是那些并不打算长久工作的女性。她们并没有工作上的信念，因为她们不把生产有价值的商品看作她们的人生工作。"亚历山大说,大大小小的家庭琐事制约了女性的自由,让她们远离工作,这使她们"很难在工会里立足",男性也"更难接受她们"做职业伙伴。[亚历山大关于女性与工作的思考,不仅比贝蒂·弗里丹,而且比Facebook的首席运营官雪莉·桑德伯格(Sheryl Sandberg)——她在《向前一步》(*Lean In*)中强调了当代越来越多的职业女性选择"在离开之前退出"的问题——都更具有前瞻性。]

亚历山大还指出,种族偏见使得女性常常陷入经济窘境,"黑人女性比白人女性更需要通过工作来赚钱",而且事实表明,这种行为不仅对这些黑人女性以及她们的家庭,对整个世界来说都是颇有裨益的。"身为母亲的女性在外工作对家庭造成的不便之处,已经被她们多赚取的收入填补上了",亚历山大继续写道,在赚取薪水的过程中,女性获得了对自身的认同,这个意义已经远远超越了个体家庭的范畴。"那些进入工业与制造业领域的女性,越来越能享受到工作之外的闲适,这极大地提高了黑人女性受教育的水平和她们的社会地位。"[8]

经济方面的需求,不仅鼓励女性外出工作,有时也促进人们重新思考关于女性的问题。早在19世纪90年代,威尔伯·费斯克·迪利特(Wilbur Fisk Tillett),一位来自北卡罗来纳州的卫理公会教派牧师,就曾写道,南北战争前,"南方那些受人尊敬的女性,在迫不得已的情况下才会选择自力更生……高贵的女性是依赖于他人的,她们不靠自己立足于社会,这种观念在南方人的思想意识里根深蒂固,这不仅导致了劳动力的衰减,还打压了女性的独立意识"。然而,当战争结束后,由于物资稀缺,人们对于女性的心理预期又重新发生了变化。迪利特在1891年的报道称:"现在……在南方,靠自己生活的女性才是真正受人尊崇的……经历过经济萧条的战争时期,南方人已经深刻地意识到,他们的女儿也许有一天需要依靠她自己生活,因此他们想要她接受良好的教育。"[9]

革命的女儿们

20岁的梅根·里奇是一名来自西肯塔基大学特殊教育专业的大三学生。她和她的家人都是美国南方浸信会的基督教徒,因此大部分的中学时光她都在家接受宗教教育。梅根的一些朋友现在已经结婚了,但是每当考虑结婚这件事,她就会想,"天啊,我完全不敢想象自己现在就结婚或者生孩子"。梅根没有男友,而且她父母(她的父亲是一名电气工程师,她的母亲是一名全职母亲,负责在家里照看当地的孩童)也都没有催促她尽快结婚。事实上,她的父亲跟她说过,让她毕业之前不要考虑结婚。梅根的母亲在结婚时还是个大二学生;为了搬去得克萨斯州,也就是她父亲正在工作的地方,她从学校退了学,所以一直都没有完成学业。"也许这就是我父亲想让我读完大学的原因。"梅根说道。

即使在那些社会和宗教观念都相对保守的地区,女性如果能完成学业并且开创她们自己的事业,也能够产生持续的经济影响力。不仅如此，人们还会重新考虑婚姻和教育在人生中孰先孰后的问题。出于对学术的兴趣，想要好好利用受教育的机会，以及为了学业和事业延缓谈恋爱的打算，这些想法和愿望都为女性将来的自我独立打下了基础：我为写这本书所采访过的每个大学生或者毕业生，几乎都提到了上述的这些动力。

20岁的伊尔卡（Yllka）目前就读于纽约市的一所公立大学，她的父亲是一名建筑工人，母亲则是一名高中助教，2001年举家从阿尔巴尼亚移民到了美国。作为直系家庭成员中第一个进入大学的人，学习金融专业的伊尔卡说，她想在毕业后从事投资金融领域的工作。她父母希望她学习烹饪和保洁，并告诉她说"否则你会找不到丈夫的"，但是他们也同样非常支持她完成学业和追求事业。现在的伊尔卡并不想结婚，也不想交男朋友。对于她和她的很多朋友来说，感情都"像是额外多加的课程或者其他组织之类的。我们并不想谈恋爱。这负担太重了。你需要花很多精力、很长时间去履行你的承诺"。伊尔卡把她学校的功课放在第一位，她说，是因为"我不想依赖他人或者让别人养活自己"。假如有一天她遇见了她的真命天子，她会去考虑结婚的。但是，她又强调说："如果我真的决定走进婚姻，我也不想依赖对方，这样双方在感情生活中的地位可以是平等的。"

伊尔卡的这种想法与密歇根大学社会学者伊丽莎白·阿姆斯特朗（Elizabeth Armstrong）的调查结果是一致的。这名社会学者曾告诉《纽约时报》的记者，女性更倾向谈一些小打小闹的恋爱，而不是选择去建立真正浪漫的爱情关系，用记者的话来说，这是因为"她们觉得感情生活需要她们付出太多太多了，而且还有可能阻碍她们对人生目标的追求"。

2012年，当23岁的凯特琳·吉格汉（Caitlin Geaghan）从弗吉尼亚联邦大学毕业时，她与男友分手了，因为经过6年的恋爱，凯特琳深知他们的下一步就是领结婚证，而她并不想结婚。她的梦想是成为一名室内装潢设计师，还想要出去旅行。"如果我还继续和他在一起，"她说，"我可能就会一直待在同一个地方了。"凯特琳告诉我，她很爱她的男友，她的男友因为分手整个人几乎垮掉了。但是她仍然不后悔她的决定。凯特琳现在住在华盛顿，在一家小的室内设计公司上班，她说平时的工作很累很忙，但这正是她所期望的。她享受读书，享受独处的时光。为了考取私人飞行执照，她还在学习飞行课程。她希望可以去伦敦或是欧洲的其他什么地方转转，也许还可以在那里开一家她自己的小设计公司。"至于我的个人感情问题，"她说，"我还没有任何打算。我并不觉得自己一定要在多少岁之前结婚。我也不希望这个年限很快到来。"

提倡生殖健康的活动家艾莉森·特库斯则有着很崇高的人生理想：她想为海德修正案*的废除努力工作，为更多女性提供更多元化的堕胎选择。事实上，她想把人生的每一天、每一分、每一秒都贡献给这些理想。"我并不想和伴侣闹得不愉快，而且

---

* 海德修正案（Hyde Amendment），禁止联邦政府和各州政府动用医疗资金为贫困妇女支付堕胎费用。美国前任总统特朗普支持其成为一项永久法律。

我还跟他说：'嘿，我知道我应该和你在一起，但我还有些其他事情要做。'我想把自己放在第一位，就现在来说，这意味着我会把工作放在首位。"特库斯说，"我的事业是我最好的伴侣。"她那些谈了恋爱的朋友们，"晚上和她们的爱人一起睡觉，而我晚上和《药物与手术流产的临床指南》(*A Clinician's Guide to Medical and Surgical Abortion*) 一同安眠。我喜欢这样的生活"。

想要在经济上摆脱对男性的依赖，是促使年轻女性去工作的原因之一。但是如果幸运的话，女性能在她们的学习生涯和职业生涯中获取相同的动力：激情、目标、回报与认同。对女性而言，追求教育和职业上的人生理想，不仅与金钱有关，还激起了女性对生命的无限热爱。

19世纪的单身医生伊丽莎白·布莱克维尔曾写道："工作是多么美妙——它是有灵魂的！我想象不出还有其他的东西，能像工作这样提供给女性所需之物。在所有的人际关系中，女性都得做出让步，牺牲一些自己的东西……然而，真正的工作意味着彻底的自由，是自我的完全满足。"[10]

科妮莉亚·汉考克（Cornelia Hancock）用亲身经历回应了这种"满足"。她成长于新泽西州一个贵格会教徒的家庭，从小便被教育说，她生来就是要嫁为人妇。1863年，也就是她23岁的时候，她去葛底斯堡当了一名志愿者护工，那里因为战争而血流成河，尸身糜烂，她晚上就睡在露天的简易床上。"我感觉我以前的人生像是虚幻的，"她在家书中写道，"我觉得我重生了……我像一名军人一样昂首阔步地走路，感觉到生命充满了力量,这是我在家从未体验过的……我也无法解释为什么会这样,但我就是觉得自己生气勃勃。"汉考克后来在南卡罗来纳州为那些解放了的奴隶开了一间学校,同时她还创立了费城儿童救援会。她终身未婚。[11]

第二次女权主义浪潮兴起后的几十年间,大量中产阶级女性深受鼓舞,她们勇敢离家赚取薪酬,寻求自我价值的实现,蜂拥至学校和其他工作场所。2010年,女性已经成了全美就业市场的主力军,其中51%的管理层职位由女性担任。在美国范围内,大约有三分之一的医生和45%的律师为女性。[12]如今,高中毕业的女性已经比高中毕业的男性更为常见了,获取医学和法律学位的女性人数与男性大体持平,取得硕士学位的女性人数已经超过了男性。拥有学士和硕士两种学位的、拥有法律和医学专业学位的,以及被授予博士学位的女性占比达到了有史以来的最高点。[13]

但是,女性对学业的这种巨大热情,并不只是发生在千禧年的偶然现象。创建于1892年的芝加哥大学,到1902年时,女学生的数量就已经超过了男学生,获取优秀毕业生称号的女学生更是远远多于男学生。由于担心被当作女子学校,芝加哥大学曾实行过一段时间的性别隔离政策。[14]同样的压力也落到了斯坦福大学的头上,斯坦福大学成立于19世纪90年代,然而女性申请者的数量实在太多,导致学校的捐赠者简·斯坦福(Jane Stanford)划定女学生数量的上限为500人,以免让学校被人认为是"女子学院"。到了1900年,加利福尼亚州、伊利诺伊州、艾奥瓦州、堪萨斯州、密歇根州、明尼苏达州、密苏里州、内布拉斯加州、俄亥俄州、得克萨斯州、华盛顿州以及威斯康星州的大学女性人数都已经超过男性人数。[15]

那时，学术的大门朝女性敞开，它狠狠地讽刺了人们对于女性婚姻身份的心理预期。

在瓦萨学院首届24个毕业班级中，有大约三分之一的女毕业生已经结婚。[16]到了19世纪70年代，瓦萨学院中每5个女毕业生中，只有2人在24岁之前结了婚。1889年至1908年，布林茅尔学院53%的女毕业生都是单身，同一时期，密歇根大学的女毕业生中单身的比例是47%。[17]根据贝琪·伊瑟列的统计数据，19世纪70年代，[18]整个女性群体的结婚率是90%，而其中受过教育的女性群体的结婚率已经跌到了60%。[19]对于那些在法律、科学、医药专业和其他学术方向上追求更高学位的女性群体，她们的结婚率相比之下就更低了。1890年，超过一半的女性医生是单身，而那些在1877年至1924年获得博士学位的女性，她们中有四分之三的人徘徊于婚姻大门外。

我们很难判断，到底是这些有着学术学位和工作机会的女性不再符合男性心中那温顺的传统妻子形象的要求，还是教育拓展了女学生们的希望与理想，或许还提升了她们对爱情的标准；抑或是说大学生活与事业生涯，为那些本来就在犹豫是否要早婚的女性，提供了逃离婚姻的美好理由。可以确定的是，现实情况肯定受上述因素和一些其他因素的共同影响。

但是，就算出于第一种原因，也就是大众新闻媒体——它们总是伺机惩戒心怀大志的女性——最钟爱的那种观点，还是有越来越多的女性迫切想要进入学校学习。这毫无疑问地证明，婚姻已不再是衡量女性自身价值的唯一标准。

嫁给工作

我们经常用一个短语来形容某类特定的职业男性：他"娶了他的工作"。这个短语稍稍带一些评判的意味：这个男人很忠诚，很勤奋，是一个工作狂。渐渐地，这个短语，或者说它所传达的意思，开始用在女性的身上，但是从来不会带有感情色彩。

已婚妈妈埃莉诺·米尔斯（Eleanor Mills）曾在2010年写过一本书，名叫"伦敦时代"（*The Times of London*），其中，她是这样描写她那些追求事业的未婚朋友们的："当她们望向贫瘠的未来……这些有着光鲜工作、多次使用护照、过着灯红酒绿的社交生活的单身女人们，是多么希望曾经的自己能够分点精力给更平凡的生活，她们后悔自己没有组建家庭"。米尔斯还写道，许多心怀大志的伙伴们都意识到"太晚了……没有工作会回报给你爱"，而且她还非常毒舌地添了一句，"看看坟墓，里面全都是身居高位的管理者"。

先不说坟墓里面还躺着那么多的妻子和母亲，米尔斯还说错了一点，那就是，工作非常有可能会回报给你爱。它会给你物质支撑，赋予你坚持的力量，振奋你的精神，活跃你的思维，就像一段最美好的爱情所能提供给你的那样；而且，相比于一个不怎么样的情侣，工作也许更能帮助到你，在工作中，你还能找到承诺、依恋、化学反应和联结。

事实上，越来越多的女性都承认，工作对她们具有强烈的吸引力，她们能感受到事业理想的热情以及成功时的激动心情。不论在什么地方、什么年代，这样的情形都已经屡见不鲜，比如，2009年上映的电影《朱莉与朱莉娅》（Julie & Julia）就是一曲歌颂事业热情的赞歌。它讲述了生活在20世纪50年代的巴黎厨师朱莉娅·柴尔德和生活在21世纪的纽约博客写手朱莉·鲍威尔两个人的故事，这两位女性的相似之处在于，她们渴望爱情，但更向往自己在意的工作，而且她们非常想要获得他人的认可，想要通过自己的劳动获得丰厚的薪酬。这部电影是写给女性事业心的一封情书。

在2013年的《纽约客》杂志网站上，萨沙·魏斯（Sasha Weiss）曾发表过一篇有关克里斯汀·韦格（Kreisten Wiig）告别《周六夜现场》（Saturday Night Live）舞台的故事。克里斯汀·韦格是名喜剧演员，她在《周六夜现场》节目里当情景喜剧的临时演员已有7年之久。由于担任了电影《最爆伴娘团》的编剧和主演，突然爆红的她决定离开《周六夜现场》节目，转而投身好莱坞。在最后一期的讽刺短剧中，米克·贾格尔（Mick Jagger）——他曾开玩笑地说韦格是要离开去做尼姑——导演了一个高中毕业典礼的情景剧。在这出喜剧里，只有韦格一个人真正毕业了。当她在台上领取她的毕业证书时，她丢掉了她的学士帽和学士服，展露出她那米白色的连衣裙；她开始跳舞，带着泪水微笑着翩翩起舞,而其他演员也在滚石乐队的一曲《她是一道彩虹》(She's A Rainbow)中与她共舞。

"毕业典礼化身成了婚礼,"才思敏捷的魏斯写道,"但是韦格此刻看起来却非常满足于和她的事业结婚,尽管她总是扮演一些对单身感到焦虑的女性形象。"无可辩驳,这是一个宣泄情感的、值得庆贺的时刻,就像魏斯所描述的"释怀"了一样,虽然"这对改变美国女性的薪资现状——平均来讲,男性每赚1美元时女性只能赚77美分——并不能起什么作用",但却还是激动人心和光芒万丈。"能够看到这样一个奔放不羁的、勇于表现自己的、英姿飒爽的女演员如此公然地庆贺她的事业成就,是非常鼓舞人心的,"魏斯写道,尤其是看到为她唱情歌的男人是贾格尔时,"这位代表男性性自由的人物,似乎再也没有贬低韦格的意思了,而是把她视作一个平等的同辈。"[20]

但这个美好的场景,也并非充满了百分之百的欢乐:在韦格的脸上,离开这个舞台的心碎与忧伤表露无遗,同时她还给我们留下了意味深长的一瞥,似乎在告诉我们,能够去一个固定的地点上班、和同事们一起合作、在工作中寻找到自己的价值所在,是多么幸运的一件事。

在我刚开始步入记者行业的时候,我学会了写作的技巧,也深受一些前辈的指导,但是我赚的钱不多,工作表现也并不出彩,于是我决定离开这份工作,以期谋求一个更高的职位。辞职后,我给自己放了一个星期的假。而让我感到惊讶和惶恐的是,整整一个星期,我都坐在公寓的扶手椅上,默默哭泣。

我没有被工作抛弃,相反,是我抛弃了工作。然而,我却难过得哭了出来,我想念我办公室的椅子,想念我杂乱不堪的书桌,想念我那些同事们,他们现在肯定正在吃午饭并且愉快地聊天,然而我却再也无法加入其中。我哭,是因为我无法在那漂亮的粉色报纸上看到我的署名了,不仅仅是那个星期……是永远地看不到了。

我的下一份工作的确让我称心如意。然而,在很多年后,我原来工作的那家旧报社搬离了原先的大楼,这让我回想起我年轻时在那里做记者的岁月,于是我晚上经常会做一连串关于这座旧大楼的梦,然后在早晨浑身打战、满含悲伤地醒来。我放任自己宿醉了一晚,随着醉后的混沌,那种第一次与工作产生的亲密感情,永远消失在了我的生命中。

1861年,迫于南北战争,萨利·霍莉(Sallie Holley)不得不停止了反农奴制的学术运动。后来霍莉生病卧床,用在她身上的水疗法还使她肺部麻痹。护士克拉拉·巴顿在结束了她在内战中的工作后,不仅失声,还深受疾病的困扰。但后来,在普法战争期间,她又重新回到战场工作,然而当战争在1872年结束的时候,她又失去了视力。再后来,她与丹维尔·萨尼特瑞(Danville Sanitarium)结为夫妻,就这样过了10年。直到她开始组建美国红十字会时,她的健康状况才开始逐渐好转。[21]

从波士顿搬回纽约后,我的朋友萨拉重新开始工作,但是过了几年后,她便辞去了那份劳时费力的工作。她说:"辞职很痛苦,因为我非常热爱而且很在意它。但这就像是一段走到尽头的感情，我必须承认，是时候该向前迈进了……但是，天啊，很久一段时间我都在为它伤心。"萨拉把她的工作形容为"从31岁到36岁间的一段很有负重感的恋爱"，但是她又停顿了一下，事实上，她想到了在那些年里，她曾与一个男人谈过的一场恋爱，那个男人很风趣，也很体贴，但最终证明他不太可靠。"这说来也许很可笑，当我选择和他在一起的时候，我正在为这个工作拼了命似的辛苦卖力，而且我对这份工作怀有极大热忱，"她鼓起勇气继续说，"工作是我的热情所在。"而她那个（幽默但是不适合她的）情侣是排在第二位的。

2005年，布兰迪斯大学的前教授，同时也是律师的琳达·赫什曼（Linda Hirshman）在《美国展望》（*The American Prospect*）上发表了一篇言辞激烈的文章。她强调说，许多受过高等教育的女性都因为要照顾孩子而离开了工作岗位，也因此开始依赖她们的丈夫。"钱，"赫什曼写道，"通常伴随着权力而来，还会让有钱的人变得更有权，在家庭里也是一样。"但是，比这更重要的是，赫什曼指出，女性在家庭里做的那些"重复的、远离社会的体力劳动……阻碍了人类走向繁荣，而家庭之外的市场经济和政府机构，相比之下则能够提供更多的机会"。

保守派专栏作家大卫·布鲁克斯（David Brooks）在《纽约时报》上对赫什曼的观点进行了回应。他写道："如果赫什曼认为那些高薪的职位可以帮助人类走向繁荣的话，那我很愿意邀请她花一天的时间来做一家大型法律公司的合伙人。"（很显然，布鲁克斯并没有意识到赫什曼曾在多家大型法律公司工作数十年，同时她还曾两次在最高法院的法庭上与对方律师进行辩论。）布鲁克斯还说，虽然"家庭生活也许提供不了赫什曼所向往的那种残酷的、强势的权力……但它依然能够产生无与伦比的力量"，而且"男性的兴趣本来就偏向于那些国家大事和抽象的条文法规，女性则对人与人的关系更感兴趣……她们的权力在厨房里"。布鲁克斯口中的"权力"字眼，不仅迫使无数母亲和祖母都依赖她们的丈夫，而且剥夺了她们相关的经验与技能，让她们无法独立生活。几年以后，布鲁克斯又发表了一篇研究文章，他在其中声称，"通过结婚获得的精神财富，和一年赚十几万美元的感觉相当"。

说来有趣，当萨拉最终离开波士顿——也就是她本来很有可能结婚的地方——搬回纽约后，她开始重新把人生的重点放在事业上面，并且从工作中感受到了生命的极大热忱。这个选择，对她而言，不仅可以让她每年收获十几万美元的薪酬，还让她获得了心灵上的财富，她再也不用在一段不幸福的感情里挣扎了。

她们的选择

保守派言论家苏珊娜·范可（Suzanne Venker）（反女权主义革命家菲丽斯·施拉夫利的侄女）曾在 2013 年福克斯新闻网站的一档专栏写过一篇名为"为什么女性仍然需要丈夫"（"Why Women Still Need Husbands"）的文章。在文章里，她写道："经济独立的确是很伟大的一步，但是你却不能让你的工资条陪着你睡觉。"[22] 范可还争辩道，只有丈夫才能让女性拥有孩子，当她们生了孩子以后，"你是没有办法在既当妻子又当母亲的情况下还全职工作的，你无法均衡你的时间。但是如果你依靠丈夫，他一年都在做全职工作，你就可以平衡你的时间了"。为什么不呢？范可奇怪地说："就让丈夫们去挣钱养家，这样女性就能安排她们一直都渴望的生活了。"

社会上的保守派，不论男性还是女性，他们都支持男性主导的权力范式，但是这种观点一直以来都遭到质疑，因为女性很有可能会在事业中实现自身的满足。而且女性潜在的高薪酬还会加大这种可能性，到时候男性也许会被挤出权力中心而成为配角，在女性的生活中，那些以前被男性所占据的部分，已经全部用在工作挣钱上了。

这个质疑毋庸置疑。但是范可和她的同行者们仍然错误地认为，传统的男女婚姻对于那些事业心重的女性来说还是具有吸引力的。事实上，如果让女性在过了时的婚姻依赖关系与一份满意的工作之间进行选择，大多数女性会选择工作。2013 年，皮尤研究中心曾做过一项调查，调查结果显示，在千禧一代中，女性比男性更愿意把工作放在生活的首位。[23]

谈到在工作岗位上当个单身者的好处，弗朗西丝·基斯林说："工作让我收获了一些特别的东西。我并不需要去思考我的行为会对丈夫和孩子有什么影响。"她的职业——促进社会改革以及推动社会运动——会引起一些特殊的混乱与麻烦。"如果我被捕了，谁在乎呢？"

霍莉·克拉克（Holly Clark）是一名26岁的电视新闻摄影师，她的母亲为了抚养孩子们成人，奉献了她的一生。"我不愿意像我母亲一样，"克拉克说，"她放弃了她的人生，只为了抚养我哥哥和我长大。我不会这样做的。永远不会。"霍莉说，她的母亲从开始在家当全职妈妈以后，经济上就一直依赖霍莉的父亲，这把她自己锁进了婚姻的牢笼里。霍莉认为，婚姻和事业都是需要奉献一生的大事，就拿现在来说，她会优先选择工作。"当恋爱阻碍我的事业发展时，"她说，"我会毫不犹豫地放弃恋爱。要是它毁了我的工作，我就没活路了。"因此，到现在她都是单身。"很有趣，"她说，"当人们为新的一年制订计划的时候，我心里只想要在新年那天满怀希望地工作。当别人在想'零点的吻我要献给谁呢'的时候，我在想：'零点的镜头要怎么拍？'"霍莉承认，她对工作的忠诚吓跑了许多求爱者。她说，因为"对很多男人来讲，强大的女性并不是他们想要的"。

39岁的斯黛芬妮（Stephanie）也向我表达了同样的想法。她来自亚特兰大，是一个危地马拉艺术品进口商。她把她的工作形容为"像恋爱故事一样"。她环游世界各地，和来自非政府组织的伙伴们一起参加艺术家协会，在自然灾害过后参与救援工作，所有的一切，她都认为是在"推动世界的车轮向前行进"。斯黛芬妮的母亲曾向她建议说："亲爱的，也许你不该告诉男人们你所做的一切，这可能会把他们吓跑。"但同时，斯黛芬妮说，也有男性会因为她干的这些事追求她。"我觉得有些男人，虽然他们支持女性变得强大、变得独立，但他们并不想和这样强大又独立的女性结婚,"斯黛芬妮说,"我很多朋友都这么说。男人支持我们的想法——成为强大、独立的女性,周游世界,改变世界——但是我们让他们感到害怕。"

女性事业上的成功,总是会引起男性——最起码是那些对高成就的女性感到恐慌的男性——不怀好意的关注。电视评论员南希·吉尔斯告诉我:"作为一个受过教育的、有自己的房子和车子的黑人女性……不论我是不是真的持有一把手枪,是不是真的穿着一件带锥子的胸罩,有些男性就是这样看我的。"曾有报道称,最高法院的法官索尼娅·索托马约尔在被委派担任国家最高法院的职务之前,十分热衷于与男人约会。她在接任工作后,还曾受到恐吓:当时她正走向法院的工作台,一侧的桌子突然炸裂,在她身边燃烧起来。[24] 2005 年,《纽约时报》的专栏作家莫琳·多德(Maureen Dowd)出版了一本书,名叫"男人是必需品吗?"(*Are Men Necessary?*),书里面记述了一件在当时反响强烈的事。作者写道,她一个非常要好的闺蜜[听起来非常像是《纽约时报》的书评家角谷美智子(Michiko Kakutani)]打电话来说,自从被授予普利策奖,她再也没有收到过约会的邀请。

但是,热爱自己的工作、因为工作出色而被别人赞美,这也是一种保护措施,它可以抵抗另外一种类型的(不是金钱方面的)依赖。因为如果女性真的把她们所有的希望、梦想和精力都拴在爱情上,她们需要的就不仅仅是经济支持,还会需要来自伴侣的兴趣、认同和娱乐。而学习、工作和金钱可以让女性的生活变得充实，不论她们有没有伴侣，不论她们的感情生活是否出现破裂。教育家安娜·朱莉娅·库珀（Anna Julia Cooper）在19世纪的时候就看到了这一点，她当时是这样描写知识分子女性的："她并没有屈服于外界的思想，把性爱当成是给生活增添亮色的、给生命带来活力的唯一一种情感。"

事实上，在你人生的某段时间，或终生与工作结婚，看似少了些浪漫憧憬，但它绝不是一种糟糕的命运，相反，你应该觉得非常幸运，因为你可以享受你的工作，享受通过工作而赚到的钱，享受工作赋予你的力量，还有和你一起工作的人。

赚钱，花钱

2013年，当调查员米歇尔·施密特（Michelle Schmitt）为她的公司"Maneto Mapping & Analysis"收集数据时，她无意中发现了一些数字，让她很是震惊。她注意到，在费城的女性人口中，那些被划分为中等收入（即收入在整个城市收入中值的60%到200%，换算成当时的金额是4.1万美元到12.3万美元）的女性群体，其中有48%的人都从未结过婚，这个比例高于20世纪70年代早期的40%。

施密特发现，不管是那些特别贫穷的女性，还是那些条件极为优越的女性，不婚或者晚婚都已经渐渐成为一种常见的行为模式了。她的分析结果显示，在70年代早期，高收入女性群体中从未结过婚的人数比例是22%，然而到了2009年至2011年，这个数字已经一跃上升到了40%；同一时期，低收入女性群体中从未结过婚的人数比例也从49%提高到了61%。她还发现，这种上涨，同样也适用于那些收入处于中间水平的女性。"这些数据已经说得很清楚了，无论她们的收入级别是怎样的，单身已然成为各个女性群体的共同选择。"施密特说。

对于那些在人生早年阶段保持单身的女性来说，尤其是那些受过大学教育的女性，她们单身的原因大都是想要多赚钱。一项发表于2013年的、名为"结婚了吗"（Knot Yet）的调查报告显示，在上过大学的女性群体中，一直等到30多岁再结婚的女性比那些在20多岁就结婚了的女性，每年能多赚1.8万美元。[25]而在没有大学文凭的女性中，拖到30多岁再结婚的人在工资水平上也有明显的优势，虽然她们平均每年只能多赚4000美元。

另外还有一项更有力的证据能告诉我们为什么大卫·布鲁克斯（还有他的保守派同盟、《纽约时报》的评论家罗斯·多赛特，他曾为女性"不再愿意抚养子女"的趋势扼腕叹息）这些人坚持认为女性的权力是在厨房里。《结婚了吗》的调查结果显示，男性结婚的早晚与薪酬水平之间的关系与女性完全相反。[26]不论受过大学教育与否，男性结婚越早，挣的钱就越多。因此，传统的婚姻模式总是对男性有利，婚姻让他们掌握了家庭中的经济主导权，还让女性依附于他们。

除此之外，男性赚得多，并不仅仅是结婚早的缘故，还因为他们在工作上能获得更好的晋升机会。

美国历史学会曾在 2010 年做过一项调查，其结果显示，平均而言，一个已婚的女性历史学家要花 7.8 年才能获得终身教职，相比之下，单身女性需花 6.7 年。男性则是完全反过来的：成为正教授，未婚男性要花 6.4 年，相比之下，已婚男性只要花 5.9 年。[27] 对于男性而言，婚姻（主要是因为他们的妻子在背后帮忙打理家庭琐事）促进了他们的事业成功。而对于女性而言，没有了婚姻和随之而来的各种责任的阻碍，她们才能在事业路途上飞驰。

更让人感到愤怒的是，生孩子这件事能够提高男性的职业地位，但对于女性而言则是个扯后腿的事。社会学家米歇尔·布迪格（Michelle Budig）以多对父母为样本，对不同性别间的工资水平差异做了多年的研究，在分析了 1979 年至 2006 年的数据之后，于 2014 年发布了研究结果。据她观察，男性在成为父亲之后，他们的工资平均上涨了 6 个百分点；与之相反，女性每生育一个孩子，她们的工资会下降 4%。[28] 那些职位较高的女性——还有那些等事业基础打好之后再结婚的晚婚女性——她们的工资与男性工资之间的差距明显要小。但是在 2014 年，还有一项专门针对哈佛商学院毕业生（这些毕业生们大多踌躇满志）做的调查，研究结果显示，即使是那些高薪酬的、教育程度很高的女性嫁为人妇之后，她们也不能完全实现她们理想的职业目标或者预期的薪酬。因为尽管这些女性受过比较好的教育，也有比较强的事业心，她们还是会先迁就丈夫的事业。在那些 X 一代*的哈佛商学院毕业生（当然，其中还有 3% 的毕业生是出生于婴儿潮时代的女性）中，只有 7% 的女性说，她们希望自己的事业可以优先于丈夫的事业。超过 60% 的男性说，他们希望自己的事业是家庭的中心。另外，在 X 一代和婴儿潮时代的男性中，86% 的人表示照料孩子的工作基本由他们的妻子担任。

当然，还有一些问题有待商榷。比如，越来越多的女性走上工作岗位——不管是以员工还是以老板的身份，她们都在慢慢地向领导层攀爬——是否极大地撼动了根深蒂固的男女工作模式，她们的出现是否让事业大门向更多的女性敞开，还是——像怀疑论者宣称的那样——仅仅只有那些冲破了困难、开辟出一方天地的独立女性才能从中获益。琳达·赫什曼在《步入工作》(*Get to Work*) 中表达了这样的观点：如果没有女性的参与，那么世界上的很多职业——包括艺术领域、商业领域、法律领域——都将变得贫瘠不堪。

但是受这些职业女性影响的，并不只有她们的同事和客户，还有她们的丈夫。2013 年的一项研究结果显示，那些妻子没有工作的男性对待女同事的态度可能会偏冷淡。[29]

---

* X 一代（Generation X），出生于 20 世纪 60 年代中期至 70 年代末的一代人。加拿大作家道格拉斯·库普兰德（Douglas Coupland）在《X 一代：在加速文化中失重的故事》(*Generation X: Tales for an Accelerated Culture*) 中描述了这代人面临美国社会的巨大变迁所表现出的摇摆不定的生活状态。他们常被媒体形容为愤世嫉俗、满腹牢骚的。

事实上，女性越不工作，人们关于性别分工的观点就越牢固，进而就更促使男性把他们的生活重心放在工作上面。[30]个人选择产生的影响力，已经超越了个体或者家庭生活，波及整个大环境。

曾有一项研究的结果表明，2008年，城市中22岁至30岁、未婚无子的女性，其薪水比同等条件的男性高出8%。[31]当然，这个数据的取样范围很小，里面也有可疑的成分。其他一些调查也揭示了相似的结果：就美国全国范围来讲，男性每赚1美元，未婚无子的女性能赚96美分，几乎与男性持平；而已婚妈妈们只能挣76美分。[32]晚婚已经成为女性获得金钱、力求与男性保持同等地位的一项策略。这些单身女性，她们通过工作创造真正的财富，这在历史上是开天辟地的。当然，她们也在消费。

根据劳工统计局2012年发布的数据，单身者们每年消费的金额超过了2万亿美元。[33]《今日美国》(*USA Today*)也在同一年报道称，到2014年时，女性购买物品的总金额将到达15万亿美元。[34] 2012年，美国国家广播环球公司（*NBC Universal*）综合媒体所发布的《曲线报告》显示，单身无子而且独居的、年龄超过27岁的女性，相较其他女性，在外出就餐、交付房租或者抵押贷款、家装、娱乐消遣以及穿衣等方面的人均花费都要更高：年均食品消费为500亿美元，娱乐消费为220亿美元，汽车消费为180亿美元。[35]

这是一个全球范围的现象。2013年11月11日，也就是中国单身者们约定俗成的光棍节，迅速地演变成了一场购物盛宴。

中国最大的电子商务平台阿里巴巴,这一天的网络销售成交总金额高达 57.5 亿美元,这个数字超过了 2012 年美国"网购星期一"那天的总金额。

当然,我们无法获知在所有的单身消费者里,到底有多少女性,但是根据阿里巴巴的统计,在这一天的前 12 小时里,就已经卖出了差不多 200 万件胸罩。

1974 年,《平等信用机会法》的实施,为那些有意愿的借款女性提供了法律保障,使她们不再因为性别和婚姻状况而遭受抵押放贷者的歧视。到了 80 年代早期,在所有的购房者中,已经有 10% 的人是单身女性了。随着时间推移,这个比例几乎在成倍增长,到了 2006 年,也就是次贷危机前夕,单身女性购房者的人数比例已经高达 22%,2014 年,这个数字下降到了大约 16%。[36] 与此同时,未婚男性购房者的人数比例一直都很稳定,2014 年,他们大约占据了市场的 8%。[37] 单身女性为自己购房的现象也比单身男性更为常见。根据美国全国地产经纪商协会发布的数字,2010 年单身女性购房者的中值年龄是 41 岁,其收入中值为 5 万美元。

单身女性正行使着前所未有的经济权力,这在很多方面都产生了影响。它影响了未来的婚姻制度,使那些已经挣了钱、可以养活自己的女性,不太可能再因为家庭而放弃工作;而夫妻之间也越来越多地采取财产分离的方式。[38] 受到影响的还有广告商们,他们不断给单身女性发送商品信息、推销产品。因为在他们眼里,单身女性不像已婚女性那样把钱花在家庭的其他成员身上,她们会把钱更多地花在自己身上。

但是,在从晚婚到积累财富的这条路上,还躺着一块极为讽刺的绊脚石。

来自华盛顿的小说家艾略特在她31岁那年,一共参加了8场婚礼。长途旅行、结婚礼物、伴娘服装、送礼会以及单身派对都花去了她不少钱。"可供我自己支配的工资收入,全都贡献给了别人的婚礼,"她说,"我记得我有次对我的朋友们说:'当我的书出版以后,你们可以买我的书当作偿还。'"到了她40岁的时候,她说,她的钱又要花在各种宝宝派对上了。

随着女性薪水的增长和结婚年龄的延后,传统的结婚典礼在婚庆业的带动下,已经转变成了一项女性买给自己的奢侈品。依靠那些有一定积蓄的晚婚情侣们的金钱投入,所谓的婚庆公司业务迅速膨胀起来,平均一场婚礼的开销将近3万美金(仅仅针对新婚夫妇和他们的家庭来说)。如果连这都不算铺张浪费的话,那还真是荒诞可笑。单身女性为她们的朋友结婚所付的份子钱,也是她们许多人的噩梦。

撰稿人多黛·斯图尔特告诉我:"对于结婚典礼等各种庆祝活动的愤恨,是导致几个单身的女性朋友友谊出现裂痕的原因;而这与她们的单身生活绝无关系。"多黛回忆起一件事情,在为她的朋友举办了一次单身旅行又去参加了她的婚礼之后,她终于忍无可忍。"我退出,"她说,"不是从我们的友谊中退出,而是从她的送礼会中退出。我宁愿把这些钱花在我自己身上。这些女性现在过上了有双份收入的家庭生活,为什么还要我给她们买礼物？怎么就没有单身女子的送礼会呢？"

事实上，单身女子派对也并不稀奇。一些高收入的单身女性通过举办40岁的生日派对——40岁，本应该是调整生物钟、回归正常作息的标志，是人们常说的青春消亡的转折点，是人们踏进中年（而不再是成年）的入口——来向她们过去的岁月致敬，并期待美好的未来。至少从某种意义上讲，这也是我们举办结婚庆典的原因。

凯特·波利克——2015年出版的书《老姑娘》的作者——曾和一个（已婚的）闺蜜一同举办了一场奢华的40岁生日派对，她们俩都把这个派对形容为"柏拉图式女同性恋者的生日婚礼"。波利克曾在《世界时装之苑》（ELLE）上发表过一篇记述这场派对的文章，其中，她写道："对我而言，这个派对真的就像我的婚礼一样——这是我第一次完全因为我自己，邀请我的家人和朋友过来参加聚会，更不用说他们为参加我的派对而花的钱了……但是，他们不用再为新娘送礼会、单身告别派对、招待酒会、一天以后的早午餐还有礼物破费。而且如果这场婚礼非常顺利地进行了下去，而不是像近半数的婚礼那样走向离异，那亲朋好友们又将奉上额外的红包。我可以向我的客人们做出这样的承诺：直到离开这个世界之前，我都会一直陪在他们身边。"

高昂的代价

我们也许可以这样认为，经济实力的提升对于享有特权的女性来讲，的确是个突破。但是纵观历史，我们也不能忘记，这些女性能过上的舒适生活，通常离不开其他女性付出的代价。

19世纪，工业化进程减轻了中产阶级白人妇女的家务负担，把她们从制造食品和纺织这些磨人的活计里解放了出来。而随着"共和母亲"（Republican Motherhood）这个概念（它认为，女性的义务在于养育出德行良好的子女，并且对丈夫保持道德忠诚）的盛行，又掀起了一场家庭生活热潮，这使得那些生活富足的女性都困守家中。人们普遍认为，女性最重要的道德责任与爱国责任，不是参与社会建设，而是保持家庭生活的稳定。[39]这样一来，富裕的女性不仅很少为她们那些贫穷的同伴分担忧愁，相反，一直以来，她们还表达出对于贫穷者的责备之情，也许在她们看来，贫穷的女性既没有在家里操持家务，也没守护好家庭的神圣地位。

与此同时，新兴的女性工作者群体，把中产阶级家庭的房子打扫得干干净净，以便这些房子的女主人们腾出时间来更好地养育优秀的子女，并给予她们丈夫精神上的支持。历史学家斯黛芬妮·库茨指出，如果没有拖着干净的水桶帮她们擦洗房子的女仆人，如果没有工厂女工生产的家庭必需物，"中产阶级的主妇们恐怕就不会有那么多时间'在精神上扶持'她们的家庭，也不会有空和她们的丈夫和孩子交流感情"。[40]

20世纪中期也出现了类似的情形。战争的结束，扩大了中产阶级白人群体的力量，这意味着，经济拮据的工作人数正在逐渐减少，并且其中大多是有色人种。打扫房子、清洁灶台，这的确是家庭妇女的完美典范,但是实际上,成天在为她们擦洗灶台的,通常是那些非常贫穷的女性、移民者以及非裔美国人,这些群体由于没有经济地位,只能干这样的工作。她们既不能清扫自己的房子,也不能给她们自己的家庭提供"精神支持"。

第二次女权主义浪潮的到来,的确解放了许多中产阶级白人女性,让她们不再囿于家庭的牢笼。当然,那些贫穷的有色人种女性,她们仍然做着收入低微的工作——比如保姆和女佣——而且她们的负担比之前还要重,这些女性若想要与她们的丈夫享有同等的家庭地位,那可就是难上加难了。

如今,对于经济富足的独立女性而言,逐渐改善的(虽然速度很慢,但是确实有所改变)经济环境让她们比以前赚得更多,消费也更为自由了,但我们不能因此就忽略了其他数百万计的单身女性面临的经济窘况:她们为了低廉的工资辛勤劳作,日日夜夜奋斗在商品的生产流水线上,为富人们提供各种服务。这些工薪阶层和经济拮据的女性,同样也徘徊于婚姻之外,她们单身的比例甚至还要高于那些经济宽裕的女性。谈及未婚女性与金钱这个话题,能享受到经济权力的女性还只是庞大复杂的女性群体中的冰山一角。

第7章

贫困人群：
单身女性与性别歧视、种族歧视和贫困

2001年，就在"9·11"恐怖袭击发生之前，30岁的艾达·李从中国移居来到美国。她发现，在"9·11"之后，人们的生活变得非常艰难，尤其对移民来说：人们开始恐惧，多疑；她觉得没有适合她的工作。艾达考虑回中国去，但是她在美国的那些朋友都劝她留下来，还说要帮她介绍对象，让她有个依靠。

艾达并不想结婚，但她还是决定坚持下来，并继续找工作。家人的一位朋友雇她在布鲁克林第十三大街上做缝纫工作。一年之后，她又报名上了一家美甲学校。艾达回忆说，那几年她"总是在忙，没有多少时间和朋友出去或聊天，也没有时间上英语课，除了工作就是工作"。艾达一周工作6天，从早上7点到晚上9点，休息日还得去上美甲课，如果有衣服没有做完，晚上还要在缝纫机前加班。想起自己挣的这一点钱，想到付房租的艰难，她说，"生活很辛苦"。

对于很多女性来说，工作挣钱更多是为了生存，根本谈不上什么成就感、激情或是身份认同。而对于许多单身女性而言，能够维持生活已经很不容易了。工作是大多数美国人生活的中心，不是因为他们喜欢这样，而是因为必须如此。

各种统计数据显示，现在有大量的女性进入大学、职场和董事会，这些空前而重要的数据，都被巧妙地编进汉娜·罗森（Hanna Rosin）的《男性的终结》（*The End of Men*）、丽莎·芒迪（Liza Mundy）的《更昂贵的性》（*The Richer Sex*）等著作中——这两本书称，女性在经济领域和职业领域都在赶超男性。统计数据下面那一堆堆星号符揭示，虽然有些女性在教育、工作、性和社交等方面比以前享受着更大的自由，但是更多的人却在一个充满不平等和不利条件、充满歧视和贫困的世界里，勉强维持生活。

我们很有必要对（不同阶层的、富裕的、贫困的或在两者之间的）单身女性所取得的进步做一番剖析。历史上，女性的自由和机会被放在了一个相当低的标准。

旧模式

几百年来，那些没有结婚、经济上没有丈夫庇护的女性，最后还是要依赖男性的帮助，比如她们的父亲兄弟，或者姐妹的丈夫。简·奥斯丁来自一个相对富裕的家庭，她原本接受了一位追求者的求婚，但是她又不想被其束缚，后来就悔婚了。

她一开始住在父母家里，后来又住到哥哥家里。她曾写过非常著名的一句话："单身女性极有可能落入贫穷。"

"女性的工作（和她们的生活一样）历来都有这个特点，"历史学家南希·科特写道，"即总是以满足别人，尤其以满足男人的需求为目标。"女性的职业机会虽然增加了，但很多是为由男性主持的家庭服务，如用人；或是为男性上司工作，如秘书、速记员、售货员。教师和护理这两个历来由女性主导的职业，倒是不需要向男性上司汇报，但同样要求女性重复有服从意味的行为：去照顾儿童和服侍病人。一如她们长久以来被指派的"无偿劳动"，在那些女性表现优异的职位中，鲜有听闻是报酬优厚的。

当然，现在的情况跟 200 年前或 50 年前相比肯定有了改观（现在的女性可以有自己的银行账户，自己进行抵押贷款，婚内强奸也算违法！）。但是，男性在经济上和职业领域的主导地位其实并没有改变。在美国，男性依然站在金字塔的顶端。男性成为公司的首席执行官、大学校长、科学家，以及备受赞誉的作家；他们主导着世界上最先进的领域和技术；他们是消防员、警察，是银行家、医生；目前为止，历届当选的总统和副总统全都是男性；他们还占据着 80% 的国会席位。

平均来说，男性赚 1 美元，女性只能赚 77 美分，这一差距在有色人种女性中尤为明显，十多年来这种状况基本不曾改变。性别和种族歧视并没有结束，反而更多了，而且对于女性，尤其是有色人种女性来说，她们赚到的钱更少了。根据金伯里·克伦肖（Kimberlé Crenshaw）2014年的报告，[1]以个人资产总值减去负债来看财富中值，黑人单身女性为100美元，拉丁裔单身女性为120美元，相比之下，白人单身女性的财富中值是41,500美元，那么白人夫妇呢？那更是高得惊人，达到了167,500美元。[2]

2014年，女性在《财富》（Fortune）杂志的最高首席执行官排名中仅占4.8%。[3] 2012年，在美国1000家最大公司中，只有20家公司的首席执行官是女性（占4%）。《福布斯》（Forbes）称，这一数字为历史最高，而且其中的11位是在2011年至2012年上任的。[4]新闻学教授卡里尔·里弗斯（Caryl Rivers）在2010年写道："除了奥普拉·温弗瑞，美国几乎所有的亿万富翁都是男性，或男性的遗孀。"[5]

显示30岁以下单身无子的城市女性的薪酬，比同年龄段的男性高8%的研究结果[6]自是令人惊讶，但是如斯黛芬妮·库茨指出的那样，出现城市单身女性获得成功的现象，有时反映了这样一个事实，即受过良好教育的女性（绝大多数是白人），倾向于聚集在有大量未受过大学教育的低收入男性（通常为非白人）的城市。就像之前讨论过的，城市里有能让受过教育、成功的单身女性过得优雅体面的服务业，包括餐馆、外卖、洗衣店以及家居维护等。有了这些，单身女性就可以过上像是有主妇在家操劳的生活，然而这些工作通常由较为贫困的男女从事，他们多为移民，劳动报酬低得可怜。库茨写道，如果只比较相同教育背景的男女，那么，"男性在各个领域都会比女性赚得更多"。她还提到2010年的一项调查，这项调查显示，"女性工商管理硕士的起薪比男性平均低4600美元，而在整个职业生涯中，她们的职位和薪水被男性不断赶超，即使她们一直没有小孩"。[7]

大量女性接受高等教育、进入职场，但这并不意味着她们能够和同样上了大学、进入职场工作的男性齐头并进。一些结构性的障碍：从带薪家事假的缺失和男女工资差距，到人们对女性领导地位所持的、久缠不去的、被全面强化的负面印象，这些因素都在某种程度上导致女性在收入、晋升机会、社会地位和声望方面落后于男性。然而，媒体对于教育机会越来越多的报道，以及我们向年轻女性传递的她们有潜力获得成就的信息，却常常掩盖了这些不平等现象。虽说传达那样的信息并无不妥，但那毕竟不是全部的情况。

某薪酬调查公司于2012年出示的一个报告显示，在20岁至30岁，男女工资增速基本保持一致，但到30岁之后，女性工资增速变缓，男性则保持不变。[8]这是因为许多受过高等教育的女性这时候开始生育第一个孩子。但是康奈尔大学研究经济学及劳动关系的教授弗朗辛·布劳（Francine Blau）却对此做出了不同的解释：男性依然更有可能在高薪领域工作，如商业与法律行业，这些行业能提供更多的发展机会，然而女性依然更有可能在低薪领域工作，如护理业和教师职业，这些行业的薪资上限还是很低。

虽然在紧接着第二波女权运动之后的一段时期里，有些职业的性别隔离*发生了变化，比如，女性从事电气工程师的工作，但这种重新分排职业的趋势又出现了倒退，那些历来由女性从事的低薪职业，包括教育和社会工作，在1980年以后，实际上有更多的女性加入。[9]随着儿童看护、家庭护理等以女性为主导的职业的增加，女性被给予更多的工作机会；但是这些工作几乎没有保障，而且薪水普遍很低。女性在家庭护理行业中占据了约90%的比例，这是全美国增长最快的行业之一，工资中值徘徊在每小时10美元左右。[10] 2014年，在加利福尼亚州通过了里程碑式的带薪病假法规（paid sick-day legislation）之后，从事家庭护理业的工作人员——其中绝大部分为（有色人种）女性——被排除在这项福利之外。

这类持续存在的不平等现象，对于未婚女性经济状况的稳定有着非常大的影响。如何解决这个问题，成为社会科学家、政客和新闻工作者们热烈讨论的中心话题。

以结婚誓言为界的两个阶级

在2012年《纽约时报》的一篇长篇专题报道《两个阶级，以"我愿意"为界》（"Two Classes, Divided by 'I Do'"）[11]中，

---

* 性别隔离（gender segregation），性别学者大卫·科恩（David Cohen）指出，性别隔离有强制性（如监狱按罪犯的性别分配囚房）和自发性等的区分。文中讨论的即没有法律行政效力的自发性性别隔离，女性难以从事某些被预设是"男性的工作"。

记者杰森·德帕尔（Jason DeParle）对比了密歇根州两名白人女性的生活状况。两名女性都是一家日托机构的同事，有子女，薪水接近。其中杰西卡·施瑞尔（Jessica Schairer）要将一半工资花在房租上，依靠政府发放的食品券生活，她没有能力给孩子报名参加课余活动，也不敢在宫颈癌手术之后请假休息。另一位叫克丽丝·福克纳（Chris Faulkner），她的家庭总收入相对较高，住房条件好，可以休假，可以给孩子报名参加游泳班和童子军。

"造成两人区别的最主要原因，"德帕尔认为，"是一个身高6英尺8英寸（约2米）的男人凯文。"也就是说，上述那位生活更有保障的女性嫁给了一个善良顾家、有职业的男人。在德帕尔看来，唯一能够帮助施瑞尔自己和孩子改善生活的，是丈夫。

但是，还有一种东西可以帮助改善她的境遇，那就是钱。薪水，以及强制规定带薪病假的联邦政府政策。尽管施瑞尔是这家日托机构的管理人员，但她的报酬只有每小时12.35美元，与她职位相当的同事还比她略高一些。在做完宫颈癌手术之后，她没有听从医生的建议休息6周，只休息了1周就回去工作了，她告诉德帕尔的原因是，"我不能6周没有收入"。

提高薪水可以帮助施瑞尔过得更好，保障性的带薪休假也可以帮助她过得更好。

缺乏应有的收入保障和社会政策——对女性造成了极大的影响——是男女经济全方面不平等的征兆。社会福利专家肖恩·福莱姆斯泰德（Shawn Fremstad）对德帕尔的报道做出以下回应:"为什么给照顾别人孩子、照顾老人和残疾人,以女性为主的工作人员,支付如此少的工资?为什么不为护理人员提供带薪病伤假等基本的雇员福利?"即使是福克纳,故事中经济较宽裕的那名女子,她并没有比施瑞尔多赚多少,她的生活相对优裕其实也只是因为她有丈夫,她丈夫是一名程序员,有和她差不多的大学学历和人口统计学的专业背景,收入却大大超过她。福莱姆斯泰德因此问:"为什么程序员能够比他那当日托机构经理的妻子多赚两倍不止?"福克纳手头宽裕的原因不光是她结了婚,她的结婚对象还是一位与她背景相似但工资却更高的人,而这其中的部分原因是,她丈夫所在的是男性从事的领域,因而薪水也更高。

工资滞涨、收入不平等、失业,以及不提倡女性赚钱养家的社会政策,这些问题被长期以来提倡婚配的社会政治诉求掩盖了起来。我们的政治领袖,我们的牧师,总是反复地告诉我们,婚姻会解决一切问题。

也许是因为这个官方认可的、令人愉快的解决办法——去个教堂什么的——相比于当下低迷的经济形势和日益扩大的经济分化,是个更轻松的话题。在2008年经济危机前的10年里,家庭年收入的中值从61,000美元下降到了60,500美元,[12]甚至来自特权阶层的孩子大学毕业时也负债累累。就业市场极其萧条。到2012年,有250万没有工作的成年人还和父母居住在一起。[13]

这是现在数量空前的、想要在经济上立足的未婚女性所面临的经济状况。尽管婚姻不一定是解决的办法,但是独立生活的确要面临更多的挑战，因为当今的社会依然是为已婚人士设计的。单身女性比以前有更多的支出，不管是吃住方面的必需品，还是有线电视和度假之类的奢侈品，她们还要自己负担交通费用，更无法享受为已婚夫妇提供的减税优惠和保险福利。社会学家贝拉·迪波洛反复强调，我们国家有太多偏向已婚人士的法律了。

根据《大西洋月刊》撰稿人克里斯蒂娜·坎贝尔（Christina Campbell）和丽萨·阿诺德（Lisa Arnold）的说法，"婚姻的特权几乎遍及我们生活的方方面面"。她们发现，单身人士在健康、生活、住房以及汽车保险这些方面都要花费更多，并且声称"房东以婚姻状况为由歧视潜在客户并不犯法"。在收入所得税政策、社会保障、医疗保健以及住房成本方面，坎贝尔和阿诺德发现，"单身人士在上述的每一项上都会比已婚人士花费更多，或者说是损失更多"。两位作者承认，在她们做这项研究的期间，"我们俩都想赶快找个老公"。[14]

虽然单身女性自购住房的比例高于单身男性，但如果与已婚人士相比，未婚人士的比例远远落后于已婚夫妇。根据《美国新闻与世界报道》（U.S. News & World Report），单身人士的"收入水平……资产水平……（以及）住房拥有率，相比于其他家庭结构，是最低的"。[15]

专门从事住房不平等问题研究的法学教授安妮塔·希尔认为，住房成本是未婚女性所面临的最大问题之一。"我们可以决定不结婚，"希尔说，"但是我们得想清楚如何解决自己的住房问题。男人赚1美元，我们只能赚77美分。因此，越来越多的女性需要把自己收入的一半花费在住房上，这是个很大的问题。"经济方面的因素，希尔说，会把女性推向"不那么独立的关系"。

做母亲的代价

即使对于富裕人群来说，单身职业女性的经济优势也会在她们有了孩子之后化为乌有，不管她们是单独要孩子还是和伴侣一起，因为她们要被迫请假脱离工作，分散注意力，这对体力和情感来说都是挑战，而社会仍然不会对男性提出育儿要求。

怀孕或孩子年幼的女性比没有孩子的人更难换工作，更难找到工作。社会学家谢莉·科雷尔（Shelley Correll）曾做过一项研究，她编造了一些简历去应聘高职位的工作，如果简历中包含求职者有孩子的信息，收到回复的可能性就只有50%。[16]科雷尔发现，如果经历相似，有孩子的女性比无孩子的同辈，每多1个孩子，每小时就会少赚约5%。社会学家乔亚·米斯拉（Joya Misra）更是认为，当下，母亲的角色相比女性性别本身，更能预测收入不平等的情况。[17]

生育孩子对经济状况的影响，当然是未婚母亲最有体会。在以单身女性为主的家庭中，有高达42%的人生活在贫困线以下。2013年，一项由皮尤研究中心得到的数据广泛流传开来，其被视作女性取得显著进步的一项证据：有将近40%的母亲是其家庭的主要经济来源。但其中只有37%的女性比自己的丈夫赚得多，她们家庭年收入的中值都在 8 万美元左右，其余的 63% 是家庭年收入中值只有 2.3 万美元的单身母亲。[18]

在 2013 年的美国，第一胎是未婚生育的比例是 48%，其中未完成高中学业的女性占 83%。[19] 30 岁之前生育第一个孩子的美国女性约有 60% 是未婚生育，[20] 而在所有新生儿中，其母亲未婚的占 41%，是 1970 年的 4 倍。[21]

贫穷和单身母亲在公众的印象中历来是带有种族标签的，一部分是因为莫伊尼汉时代对那些未婚生育者所持有的偏见，还有一部分原因在于里根时代里克·桑托勒姆之流一直对所谓的"福利女王"，即靠揩政府的油过日子的黑人母亲做种族上的丑化，桑托勒姆甚至在 2012 年的竞选游说活动中说，"我不想拿别人的钱来改善黑人的生活"。美国长期以来的种族歧视，使非裔美国人世代被隔绝在经济保障（包括受工会保护的工作、接受大学教育的机会、住房等）之外，黑人继而比白人更容易陷入贫穷。

然而，过去 40 年里美国经济的分裂，使贫穷的形式，以及中等收入的工薪阶层变得多样化，其中未婚母亲现象最为常见。2000 年，白人单亲家庭的比例约为 22%，相当于丹尼尔·帕崔克·莫伊尼汉发布报告时黑人单亲家庭的比例。[22]

女权组织"法律动量"（Legal Momentum）的高级律师、该组织女性及济贫计划项目主管蒂姆·凯西（Tim Casey）这样说："有些人认为所有的单身母亲都是黑人，这是不对的。"凯西指出，尽管黑人女性中单身母亲的比例高于西班牙裔女性，西班牙裔女性又高于白人女性,"但在所有的种族中,单身母亲的比例都很高。事实上,高收入国家的单身母亲比例都在增长,现在的状况就是这样"。

为了写成于 2005 年出版的有关贫困单身母亲的《我信守的承诺》(*Promises I Can Keep*)一书,社会学家凯瑟琳·埃丁(Kathryn Edin)和玛丽亚·凯菲拉斯(Maria Kefalas)花了多年的时间对费城和新泽西州的 8 个低收入城市街区进行跟踪研究,抽样调查的对象包括波多黎各人、白人以及非裔美国人。在密歇根州立大学的一次讲座上,埃丁说,这些不同群组之间只有很小的区别:家庭暴力在白人和波多黎各人中最多(部分是因为被调查的非裔美国人更少住在一起);黑人男性的收监比例最高,这从美国司法统计局的预测来看并不奇怪,因为根据该预测,在世纪之交出生的黑人男性中,有将近三分之一的人将会在其一生中的某个时候被监禁;婚姻出轨的概率在各个群组中基本相同。总的来说,埃丁说,她和凯菲拉斯"对种族之间只有这么小的差异感到非常惊讶"。[23]

一些社会保守派、经济学家和自由主义者,包括《贝尔曲线》(*The Bell Curve*)和 2012 年出版的有关阶级分化的《分离:白种人的美国(1960—2010)》(*Coming Apart: The State of White America 1960—2010*)的作者查尔斯·莫里(Charles Murray)都认为,近 40 年来,人们对婚姻的反感,就像传染病一样,从黑人扩散到了白人中间。经济学家伊莎贝尔·索希尔(Isabel Sawhill),即 2015 年出版的《自由一代:无婚姻的性与生育》(*Generation Unbound: Drifting into Sex and Parenthood without Marriage*)一书的作者认为,"我们所看到非正常的生活方式已经从穷人,尤其是黑人穷人群体,扩散到了整个社会。这对儿童和社会的影响绝对是负面的"。

这种说法不无道理,尤其是前半句。随着女性社会地位的不断提高——先是因为经济需求要挣钱糊口,再是为了单独上街,为了穿更短、更轻薄的衣服——越来越多的人有机会选择不结婚和未婚生育,因为婚姻不再是她们最具有经济效益的选项了。

美国历史上曾多次出现优越的白人种族与黑人之间的交互影响,那些通常为贫穷黑人拥有的行为习惯,如果出现在白人身上,就会引起不一样的关注。当时髦的白人女郎跟着黑人爵士乐的节奏舞动时,她们就是促成文化迁移的反叛者。20世纪60年代中期,当白人女性冲破家庭的牢笼,再次进入职场,和一直在那里辛苦劳作的贫穷黑人女性并肩作战时,贝蒂·弗里丹响应萨迪·亚历山大的观点认为,当工作不仅有益于女性自己更有益于她们的家庭时,我们就迎来了第二波女权运动。历来都是白人女性的模仿行为,而不是原初由贫穷女性和有色人种女性发起的文化迁移行为,引起了人们的注意,这些行为有时被认为是女性的解放。

这其中的一个原因想必是,相比无权,有权总是受到更严密的巡视:当财富和地位受到威胁时,谁可以接触和转移它们(白人男性),谁又要被禁止在外(女性和有色人种),这个界限是非常牢固的。婚姻历来都是男性维护、再造和传递权力、继续掌握控制权的最佳方式之一。那些没有多少资源需要保护，没有多少权力受到威胁的人，自然也就没有那么警惕。当然，对于艰难求生的人来说，那更是奋斗的动力，即便这意味着要发明新的家庭模式和伴侣模式。只有在更有特权的人们发现这些新的、意味着更多自由的行为方式可能会影响权力结构的时候，人们才会给予不一样的关注。

"现在，白人中的非婚生育率在全国范围来说也是非常高的，"反女权斗士菲丽斯·施拉夫利在 2012 年这样告诉美国国家公共电台（NPR）主持人米歇尔·马丁（Michel Martin）。施拉夫利和查尔斯·莫里等人一样，也将单亲家庭数量的增加归咎于社会福利和社会救助计划，她认为，女性会拿政府来取代丈夫（她没有提到的是，在结婚率骤降的那几年，这些救助计划是被大幅削减的）。"林登·约翰逊*创建这种过于慷慨的社会福利制度时，"施拉夫利说，"他们只把钱发给女人，所以就没有男人的事了。"这种情况非常糟糕，她总结说："我们知道大部分的社会问题都来自以母亲为主的家庭。"[24]

基于这最后一点，经济上的不利地位、女性更大程度的独立和越来越多样的家庭结构模式，这三者之间错综复杂的相互作用，引出了两则带有误导性的信息。第一则是早婚模式的消失会造成更大的贫困。"婚姻数量减少意味着收入减少，贫困增

---

* 林登·约翰逊（Lyndon Johnson），美国第 36 任总统。

加。"这是索希尔在接受《经济学人》(*The Economist*)采访时所说的。她说得没错，但条件是设想中的那个伴侣能带来更多的收入或在家务上给予支持，而不是让女人增加开支，要求女人花更多的时间操心他的衣食住行。

第二个也是更有欺骗性的一个观点是，在美国，那些选择单身或不得已而单身的未婚母亲是贫困的创造者和永久维系者，她们的家庭经济状况是她们自己造成的，而不是她们所在的这个受人操纵的经济制度造成的。现在社会各界都在呼吁，贫困问题不要通过更好的社会福利政策，而要通过提倡结婚，甚至早婚来解决，这其中包含的就是这种观点。

小布什政府的新闻发言人阿里·弗莱舍（Ari Fleischer）在2014年《华尔街日报》的一篇题为"如何对付收入不平等:结婚"("How to Fight Income Inequality: Get Married")的专栏文章[25]中写道，对付收入不平等的办法不是加大政府对贫困群体的扶持力度，"更好、更富有同情心的政策是，让贫困人群意识到他们所能做出的最重要的决定就是，上学，结婚，生小孩，并依次进行"。2012年，罗伯特·雷克特（Robert Rector）为保守派的美国传统基金会写过这样的话，说婚姻是"美国最有力的反贫困武器"。罗伯特是1996年福利改革法案（Welfare Reform Act）的设计者之一，该法案抬高了获取社会福利的门槛，缩短了政府救助的时间。

这种说法很不靠谱，因为其他发达国家的单身母亲贫困率远远低于美国，而且美国的儿童贫困率高是全国性的，包括生活在已婚家庭中的儿童在内。来自"人民"组织（Demos）的马特·布鲁尼格（Matt Bruenig）在2014年写道："美国的儿童贫困率高不是因为单身母亲太多。在贫困率最低的那些国家，它们即使有和美国相同比例的单身母亲也没问题……因为我们自己的问题，每五名儿童中就有一名以上的儿童身处贫困之中。"[26]

即便事实如此，也无法阻止立法者把婚姻作为解决贫困的办法。他们把关注的焦点、资金投入到提倡婚姻上，而不是社会救助上。

雷克特认为，结婚率下降提高了贫困率和福利依赖程度，因此他在为传统基金会写的那篇文章中提出，"（政府）应该毫不含糊地说明婚姻的作用"。他还表达了他的不满，"在现有的政策之下……婚姻不是被忽视就是被否定"。但是他应该比任何人都更加清楚，在近几十年里政府并没有忽视婚姻。[27] 2013年，雷克特还和保守党的立法者们一起［其中有艾奥瓦州参议员查克·格拉斯利（Chuck Grassley）、堪萨斯州州长萨姆·布朗巴克（Sam Brownback）以及宾夕法尼亚州参议员里克·桑托勒姆］，推动布什政府实施总计3亿美元的"健康婚姻倡议"（Healthy Marriage Initiative），这项国家项目将福利计划中的资金分流，为低收入人群提供婚姻教育，鼓励他们结婚。

在布什政府期间，这一计划得到卫生及公共服务部有"婚姻沙皇"之称的韦德·霍恩（Wade Horn）的大力推进。霍恩是一名心理学家，根据《琼斯夫人》（*Mother Jones*）杂志的说法，他曾作为美国国家父权行动协会（National Fatherhood Initiative）的会长，支持南方浸信会提倡的观点："妻子要谦和地服从丈夫的领导"，"成为他管理家庭、养育下一代的助手"。[28] 霍恩还引用《圣经》的话进行了解释："丈夫是妻子的头，如同基督是教会的头。"

健康婚姻倡议最初主要通过宗教机构推进，向低收入群体提供婚姻讨论会和课程。2010年，奥巴马政府重新推行这个计划，但是新的健康婚姻倡议，将重点从以信仰为基础的干预和对基于宗教的妻子须顺从丈夫这一观念的强化，转向在提供婚姻指导的同时推动就业。

尽管如此，健康婚姻倡议对结婚率或离婚率的影响还是微乎其微，结婚率继续下降，离婚率在最近两届总统的任期内基本保持稳定，到目前为止，这两届政府在这项倡议中的支出已经超过8亿美元。[29]

唯一有迹象表明可促进结婚率上升、延长婚姻寿命的公共政策，与倡导婚姻无关：它给人们在婚前提供更好的经济资源，从而更好地促进婚姻。其中便有1994年至1998年扩大的社会福利，当时明尼苏达州家庭投资计划允许人们在找到工作之后仍能够领取福利金，而不是将其中断。[30] 有了额外的经济保障，该州黑人女性的离婚率下降了70%。[31]

几乎与此同时，威斯康星州密尔沃基开始实行"新希望计划"（New Hope Project），这个反贫困项目，为薪水低于联邦贫困线150%的全职工作者提供收入补贴，为失业者提供社区服务工作，对医疗保险和儿童保育给予补贴。[32]研究人员在一项关于结婚率的研究中发现，有21%从未结过婚的女性，在参加新希望计划5年后结婚了；而在没有参加此计划的未婚女性中，这一比例只有12%。[33]参与者的收入也提高了，焦虑更是缓解了。

显然，由政府来解决贫困问题，这对于想要结婚的人来说结婚是变得容易了，但是有些计划是为了强迫尚无条件缔结稳定婚姻的人去结婚，这样的计划就收效甚微了。政客们如果担忧结婚率下降，那么他们就应该提高福利，就是这么简单。要是担忧贫困率呢？还是提高福利。当被问到为解决贫困单身母亲的需求，政府需要采取的最重要的措施是什么时，"法律动量"的蒂姆·凯西说，"第一步：改革福利制度。第二步：改革福利制度。第三步：还是改革福利制度"。

但是，21世纪初，国会对提高福利并无多大兴趣，反而减少了食品救济券的发放量，对单身母亲养活自己和孩子的能力造成了最大的影响。2014年，肯塔基州参议员兰德·保罗（Rand Paul）建议对未婚的单身母亲设置福利上限。他在一次午餐会上说道："未婚生育和已婚生育就是贫困和不贫困之间的一道分水岭。"[34]但保罗没有承认的是，在他所在的州，生活在贫困线以下的未婚父母数量要少于生活在贫困线以下的已婚父母。[35]

2013年，在北卡罗来纳州，共和党州参议员们提出了一个议案，要求夫妻在离婚之前提请一个两年的等待期。[36] 2012年，来自威斯康星州的共和党州参议员格伦·格罗泽曼（Glenn Grothman）试图通过一项议案，把单身现象列为导致虐童事件频发的一个因素。幸运的是，这些立法尝试并没有成功，但是却说明，如果既有对单身女性的恶意，又有政策造成的阶级鸿沟，使贫困未婚女性成为被攻击对象，那将是多么的危险。

讽刺的是，正如《石板》(Slate)杂志的阿曼达·马科特（Amanda Marcotte）说的那样，最让保守派们恼火和感受到威胁的是，有能力的单身女性——那些有地位的成功女性，既能赚钱，又有影响力，享受着全国性的知名度和极大的话语权，如安妮塔·希尔、墨菲·布朗、桑德拉·弗卢克和莉娜·杜汉姆，他们无法阻挡这些优秀女性崛起的力量，尽管他们有的是办法去欺压贫困群体。共和党人士也许无法逼着那些危险的有钱女人"回到厨房"，马科特写道，"但他们可以为难隔壁打着两份工的那个单身母亲，让她的日子更加难过"。[37]

秩序/混乱的转变

一个与反堕胎保守组织爱家协会（Focus on the Family）有密切联系的阿肯色州组织家庭会议（Family Council）建议说："依次分四步走可以降低家庭陷入贫穷的概率：第一，完成高中学业；第二，结婚；第三，结婚后生小孩（必须在结婚后）；第四，不要离婚。按这个顺序去做，你和你的孩子陷入贫困的概率就会降低82%。" 2013年，《巴尔的摩太阳报》(Baltimore Sun)的专栏作家苏珊·赖默尔（Susan Reimer）在一篇关于金·卡戴珊（Kim Kardashian）和坎耶·维斯特（Kanye West）这对"多金情侣"做出未婚生育决定的专栏文章中写道:"在更富裕、受教育程度更高的人群中,人们也这么教育自己的孩子:通往成功的路上要有教育、工作、婚姻和孩子,并且顺序不能乱。"赖默尔还引用了弗吉尼亚大学国家婚姻项目负责人 W. 布拉德福德·维尔考科斯(W. Bradford Wilcox)的话说,"上学—工作—婚姻—孩子"的人生轨迹是"成功的顺序",是公民社会的基础,是特定的秩序。

然而,在美国的大部分地区,最近几十年里,这种先结婚后生育的传统顺序实际上已经被打乱了。2013 年的《"结婚了吗"调查报告》(具体内容为"美国晚婚的益处和代价")的研究人员指出,1990 年前后是"重要的转折时期",那个时候,女性初次生育的年龄开始小于她们结婚的年龄。

尽管近几年大学毕业生未婚生育率开始上升,但是颠覆传统结婚生子顺序的这部分人,不是没有读完高中,就是读完了高中却没有读完大学:他们大部分是工薪阶层和中产阶级。《"结婚了吗"调查报告》项目的研究人员称 1990 年的转折时期,为"未婚母亲从最贫困群体转向庞大而已摇摇欲坠的中产阶级成为常态的时期"。[38] 他们还把这些人与受过大学教育的特权阶级的未婚生活进行了对比,在他们的想象中,这类人"在和老板、同事讨论了一天的工作后离开办公室,约上朋友或伴侣去吃寿司……充分利用二十几岁的时光进行自我提升:读研究生,确定职业发展的轨道,并获得一定程度的经济独立"。

诚然,许多因缺乏经济保障造成的社会现象——从警察的随意盘查到职业安全感的持续缺失，再到窘迫的住房选择——使得大多数美国人的生活充满极大的不确定性，但是不能因此就说有钱人的婚姻选择是经过深思熟虑的，而贫困女性的选择就是随便的决定。即便是没有经济保证的女性，她们在决定何时生育、何时结婚（或不结婚）的时候也不一定就是糊涂、没有规划，或是失控的。

勉强维持生活的单身母亲，往往和那些吃寿司的研究生一样，出于同样的冲动而主张一种新的未婚独立自主权：希望用人生的意义和目标来充实自己的生活，希望独立地生活。只不过前者拥有的资源要少得多。

帕梅拉（Pamela）在纽约的布朗克斯区长大，全家靠社会福利金生活。帕梅拉的母亲在身体和精神上都有疾病，只能待在家里，她的父亲靠打扫街道来获取福利。帕梅拉17岁时发现自己怀孕，她的男朋友当时34岁，两个人都不愿意选择堕胎，所以他们的首要决定就是一定要生下这个孩子，之后就是做好经济上的打算。帕梅拉没有工作，坚决要上大学。她原来想要离开酗酒的父亲，去纽约以外的地方上学。但是因为怀孕，这个想法不能实现了；至于上大学的愿望，她坚决不肯放弃。

她说自己的很多高中同学在怀孕之后就退学了，"那些毕了业，另一半不在身边的，就没有去念大学。他们最后都会做一些全职工作，比如在麦当劳或是服装店当店员。我很清楚我不想那样"。帕梅拉在高中的时候就开始带薪实习，一点一点存钱，为的是能够改变生活。"原本为了别的目标存的钱，要用来养我的女儿了。"

帕梅拉和她的男朋友想要生活在一起,所以她男友找了第二份工作来贴补生活。"我们列了一个计划,厘清有哪些事情要做、哪些账单要支付,"她说,"包括他应该赚多少钱才能承担所有开销,让我不用工作只管上学。"尽管帕梅拉坚持离开同样生活不稳定的父母家,但女儿刚出生时,她妈妈还是帮她带了两年。

"八月份我生完孩子,"帕梅拉说道,"一周后就上学了,因为我知道,如果请假休息,可能就再也不会回去上学了。所以我说不行,我不能休息。我不想成为又一个牺牲品,我要上大学,我要读到毕业,而我真的做到了。但是能让我做到这些的,唯一的原因是我身边有人出手相助,而且我还有一些积蓄。"2014年,她从纽约市立大学毕业。

帕梅拉有坚强的决心,有愿意配合的伴侣,还有接受教育的机会和一定的积蓄,这些对很多年轻女性来讲,都不是那么容易获得的。然而,社会学家发现,即使是那些比帕梅拉生活还要困难的女性,她们在做出成为未婚母亲的选择的过程中,也做出了许多积极向上的人生决定。

在有些情况下,缺乏性教育和反对避孕、堕胎,意味着女性很少能够自己选择是否做母亲或是何时做母亲。从更宽广的历史视角来看,允许避孕和堕胎能够降低未成年少女怀孕、生育的比例。2012年,未成年少女怀孕率达到史上最低。

今天,大多数未婚母亲都在20岁到30多岁。[39]社会学家发现，许多经济情况较差的单身女性并不排斥计划之外的受孕，这些女性和更富裕的同龄人追求的东西完全一样：人生的意义、人际关系、成就感、人生依靠、人生方向、稳定的生活以及身份的认同。但是她们中的很多人并无大学可读，也没有保证未来稳定经济收入的职业。只要她们愿意，她们可以一直推迟生育，但是不要指望能找到满意的工作，或获得职业快速发展的机会。

和条件更好的同龄人一样，低收入的女性也会担心她们过早进入的婚姻无法保证经济上的稳定，甚至还有可能把她们套住而又不能给予她们情感上的满足。这就如科普作家娜塔莉·安吉尔说的那样，"生育……能给予你婚姻通常不能给予的东西，那就是终生的爱的纽带"。

凯瑟琳·埃丁和玛丽亚·凯菲拉斯曾发表过著作，讨论生育对未婚女性的影响。她们在书中说道，尽管生育极有可能将经济困难的女性推向贫困线甚至贫困线以下，但是对选择未婚生育的单身女性依然具有极其强大的"正面效益"，因为这为她们提供了一个做出积极乐观的选择的机会。

30岁的塔尼亚·菲尔茨（Tanya Fields）是一个来自布朗克斯区的城区农民，同时还是一名社会活动家。她告诉我，在她公开自己怀着第五个孩子，而且这几个孩子分别是与3个不同的前任所生的事实之后，她就不停地听到类似这样的话："你这么聪明，不像是容易上当的人啊，你怎么还要怀第五个孩子呢！"菲尔茨觉得她绝不是被动的，也不是上了谁的当。"我的每个孩子都是我的选择,"她说,"我有这些孩子并不是因为我做了错误的决定,我的每一个孩子都是有人需要、有人爱、有人喜欢的。"

经济不富裕的女性早生孩子,其实有非常合乎逻辑的理由。没有太多经济资源的女性,在年轻时还拥有一些可能随着年龄增长而消失的优势:身体健康,父母健在,亲戚和兄弟姐妹也能够帮着照顾小孩,他们甚至还有可能提供住所。在当今经济疲软的美国,出身贫困的年轻女性很难感到会有美好的未来,相反,她们觉得未来会非常艰辛,工作、健康的食物和高质量的医疗保健只会越来越少,不仅她们自己如此,朋友和家人也是如此。"生活贫穷的年轻女性会继续在早于大多数美国人认为合理的年龄生育,然而依然推迟婚姻,"埃丁和凯菲拉斯这么认为,"直到她们能够拥有更多的工作机会使自己获得经济上的独立,直到她们有理由相信自己也可以像经济条件好的同龄人那样追求有意义的生活。"[40]安妮塔·希尔考虑过这些情况,并且告诉我说:"如果说女性晚一点生小孩,生活状况就会更好一些,那么政策制定者就必须为她们提供儿童保育、住房、医保,以及各种可以帮助到她们的东西,她们抚育子女所需要的东西。"毫无疑问,我们无法向我们的公民承诺给予他们儿童保育、住房或高质量的医疗保健,也不能保证给予他们受教育的机会以促进其个人发展。因此,凭借这些仅有的优势——年轻的身体和家庭——来行动是合乎逻辑的。生育就是以特别的方式把握未来。

埃丁和凯菲拉斯在《我信守的承诺》中提出了非常有说服

力的观点。根据她们的研究,在不同种族中,成为母亲可以使未婚女性的生活更加有规律,而且往往更加稳定:它可以催促她们早起,迫使她们照顾好自己,让她们安定下来,或许还能使她们戒掉毒品或改掉长夜不归的习惯,甚至还有可能促使她们重返学校,或与家人建立更紧密的联系。在受访对象和她们说到生孩子的好处时,有人这样说:"我的孩子拯救了我。"

尽管研究人员也承认,因为抚养孩子的经济成本,贫困女性的生活条件并不能得到改善,但是她们想成为母亲肯定也有一部分原因是希望自己的生活变得有条理、有满足感。根据埃丁和凯菲拉斯的说法,母亲角色所带来的"可能有(但不能保证有)对自己能力的证明、奋斗目标、人际联系,以及生活的秩序。而更重要的是,孩子可以使母亲至少在心理层面和象征意义上,打破在经济和社会地位中处于劣势的种种限制。这些女性未婚生育并非主要是想利用国家福利,或是因为缺乏自律,或纯粹出于无奈。相反,在个人处境困难的情况下做出生孩子当母亲的决定,是对自己的能力和决心、对照顾他人的愿望的肯定"。[41]

这在35岁的安娜·佩雷斯(Ana Perez)身上得到了体现。高中没有毕业就辍学的安娜,19岁时生下第一个孩子,但是后来她成了一家金融服务公司的副总裁,这是《纽约时报》的报道。如果她当时没有生下那个孩子,她说,"我可能就不会像今天一样成功,也许我会整天无所事事,虚度光阴"。

合适的伴侣

帕梅拉依然和她的男朋友，也就是她女儿的父亲在一起，但是她还不想很快就嫁给她。"我一直很清楚，婚姻不能留住男人，"她说，"就算我结了婚，他若想离开，还是会离开的。"

帕梅拉说，在她的同龄人中，不结婚是一种常态。"我并没有看到有那么多人结婚，我看到结了婚的有很多人离婚，"她说，"我还看到很多女性是单身妈妈，这只是我看到的。"她说，或许在经济条件好一点的地区，能看到更多法律意义上的夫妻。"但是在我长大的地方，身边的人没受过多少教育，很多人可能高中都没毕业，或者只有一个同等学力文凭，他们也没钱。"

帕梅拉觉得自己很幸运，能够和孩子的父亲一直在一起。"我听到女性都很失望，说如今外面没有什么好男人。"她说在她长大的南布朗克斯区就是这种情况，"那些男人，我无法想象和他们结婚，一起生儿育女。"她说，在她上市立大学的时候，"就不一样了，你看到的是受过教育的男人，他们独立，有自我追求。你会对自己说，哇，说不定在这里我能找到一个受过良好教育、博学多识的男人，和他交往，和他确立关系，但是在我母亲住的那一片就没有，这挺让人失望的"。

就和决定是否要孩子或什么时候要孩子一样，很多女性不结婚——即使有恋爱关系且对方通常是孩子的父亲——她们的理由也不是偶然随意，或是轻率不合逻辑的。这是几百年来一直在演绎着的故事中的一部分，女性开始认识到，如果一步入成年就结婚,通过法律做出承诺并受法律的约束,这样的婚姻不一定最能满足她们的需要。

"弱势家庭及儿童福祉研究"(Fragile Families and Child Wellbeing Study)对未婚父母进行了一项调查,这些未婚父母在第一个孩子出生时都处于恋爱关系中。从调查结果来看,女性有非常充足的理由犹豫是否和伴侣结婚:接受调查的父亲中有40%的人被监禁过,三分之一的人年收入少于1万美元,24%的人没有工作。另外,父母双方都是在高中辍学的有40%,其中一方拥有和别人所生孩子的有61%。[42] 3年后,接受调查的人中只有15%的情侣结婚了,50%的情侣分手了。

芝加哥大学社会学家威廉·朱利叶斯·威尔逊(William Julius Wilson)对合适男性短缺的现象有过一段著名的描述,他在他的一部著作《真实的弱者》(*The Truly Disadvantaged*)中说,城市贫困街区的社会经济环境,使得情感健全、经济优越的年轻男性大大减少。这是一个严肃的论点。就像西进运动曾使东海岸适婚男性大量流失一样,种族歧视和贫困现象的系统性循环也必定会减少适婚男性的数量。2014年,皮尤研究中心的一份报告[43]称,相对于每100个单身女性,只有84个有工作的单身男性;而相对于每100个黑人单身女性,有工作的黑人单身男性只有51个。

对于非裔和拉丁裔人群来说,还要考虑极高的监禁率。长期以来的种族"脸谱化",以及较近实行的拦阻搜身程序,使得黑人男性和拉丁裔男性——他们更有可能处于贫困——更容易

第7章 贫困人群:单身女性与性别歧视、种族歧视和贫困 | 283

被警察拦住，然后因轻微的涉毒罪被关进监狱。有人预测，在2001年出生的黑人男性中，将近三分之一[44]的人一生中至少会有一段时间在监狱中度过。[45] 2010年，有三分之一的黑人高中辍学学生在监狱里，而在白人高中辍学学生中，这一比例不到一半——只有13%。[46]每年有超过100万的人因为非法持有毒品而被逮捕，[47]单是因为非法持有大麻的就占到60多万。黑人的监禁率大约是白人的6倍，[48]美国被监禁的人数超过欧洲监禁人数最多的35个国家的总和。[49]

因犯罪被判过刑，又使这些男性更难找到工作，许多人无奈转向非法途径谋生。1994年，联邦政府规定，监狱服刑人员不得申领佩尔助学金（Pell Grants）。[50]被判过刑的人——有时只是被抓过[51]——也有可能被驱逐出公共住房。《新种族隔离主义》（*The New Jim Crow*）的作者米歇尔·亚历山大（Michelle Alexander）曾这样说，一旦进过监狱，"这些人就永远低人一等，找不到工作，也租不到房子。不出几年，大部分人又重新回到了监狱。在劳动力市场中，有犯罪记录的黑人是最受歧视的群体"。[52]因此，这些人特别难以成为女性在情感和经济上可以依赖的伴侣。

同样，经济困难的问题并非有色人种独有。由于制造业向海外转移，全国蓝领工作职位渐渐消失，导致了整个社会结婚率下降，汉娜·罗森对此做过非常有说服力的分析。库茨则指出，即使是在经济出现衰退之前，"高中学历就业人员的每小时收入就已经要比1979年做同样工作的人平均少近4美元（按不变价值美元计算）"。[53]即使不是生活在贫困线以下的人，也面临失业、工资滞涨、高昂的教育支出和次贷危机的影响所造成的经济压力，这些使得他们寻找伴侣的希望变得非常不确定，不仅是现实生活不确定，情绪上也不稳定。

在一篇有关贫困白人女性普遍存在健康问题的报道中，记者莫妮卡·波茨（Monica Potts）是这样写的："在南部的低收入白人社区中，仍然是女性在负责养家，负责抚养小孩，但是越来越多的女性还需要养活她们的丈夫。丈夫成了负担，有时还是令人头疼的麻烦，而不是家庭的帮手。"波茨写道，贫困女性"工作最辛苦，是家庭中赚钱最多的一个，但养家的功劳却不归她。为家庭操心的是女人，从婚姻收获最大好处的却是男人"。

经济学家贝琪·史蒂文森（Betsey Stevenson）和贾斯汀·沃尔夫斯（Justin Wolfers）说过："金钱和爱是相关的。家庭收入更高的人感受到爱的可能性略大一些。大致来说，收入增加一倍可以让被爱的可能性增加约4个百分点。"史蒂文森和沃尔夫斯猜测，这或许是因为有钱就更容易找到约会的时间，也可能是因为与有钱相关的原因，"可能与收入有关的其他因素，"两位经济学家在一篇情人节评论文章中写道，"比如身高或长相，是受人喜欢的真正原因。被爱可能会提升人们在劳动市场的竞争力。"[54]

还有一种可能是，金钱的匮乏让女性很难关注自己的生活，她所交往的大多也是因为金钱匮乏而不重视个人生活的男人。

经济上的压力会大大增加婚姻的不稳定性。在贫困社区中，抑郁症、家庭暴力、性侵害和枪支暴力的比例都会更高。

如果（白人）男性在制造业工厂从事受工会保护的工作，他们可以购买带三间卧房的房子，可以享受优惠的贷款利率，还有养老金计划。那些自身没有这些机会的女性，自然会选择和他们结婚。但是如果男性自己只能勉强维持生计，而女性却在经济、社交、两性关系和子女抚养等方面，比以前更有能力获得独立，那么婚姻就不再是必需品。相反，坏的婚姻有可能会成为女性的负担，影响她们的个人发展。

杰森·德帕尔的故事中所讲的那两名密歇根女子，我们应该相信，她们的生活境遇是各自的婚姻状况造成的。故事中说，施瑞尔三个孩子的父亲"赚得少，经常责骂妻子，也不教育子女"。施瑞尔后来认识了另一个男人并和他同居了，但是德帕尔报道说，"叫了警察他才走"。由此可见，不管嫁给这两个男人中的哪一个，对施瑞尔的命运，无论是经济方面还是家庭方面，都不会有正面的影响。

我们需要记住的是，尽管贫穷会使单身生活变得更加艰难，但它同样也会让有婚姻的生活变得更加艰难，以至让人宁可选择单身。2000年到2012年，生活在贫困线以下的已婚有子女夫妇的数量增长了近40%。[55] 在2014年出版的《失爱的劳工：美国工人阶级家庭的沉浮》（*Labor's Love Lost: The Rise and Fall of the Working-Class Family in America*）一书中，社会学家安德鲁·切尔林（Andrew Cherlin）指出，从1980年到2012年，虽然双收入夫妻的收入中值增长了近30%，但是单收入已婚家庭的收入中值却毫无增长。单靠婚姻并不能改善经济状况，要夫妻双方都赚钱才行。

当然，经济状况不好的单身母亲或许能够在伴侣身上收获经济因素以外的一些好处。许多女性渴望拥有真心相爱的伴侣，有这样的伴侣为她们提供情感的支持，和她们共同承担家务、照顾孩子、分担生活和家庭带来的精神压力，她们的生活可以得到极大的改善，无论对方是否为家庭带来更多的收入。但是，这样优秀般配的伴侣并非你想要就能得到的，倒是失败的婚姻，以及大多数这些婚姻的结局——离婚，使得女性遭受经济和情感的双重打击。这对于那些经济状况本来就不好的女性来说，更是雪上加霜。

未来的婚礼

爱玛丽（Emmalee）是布鲁克林的一名客户服务代表，24岁的她有一个尚在学步的幼儿，她和孩子的父亲住在一起，但是他们没有结婚。"有结婚就会有离婚，"她说，"我只是感觉相互之间可能需要稍微多点距离。"爱玛丽喜欢现在这样的生活。"我喜欢和一个人在一起，但不要结婚，"她又说，但到35岁的时候，"我想我会结婚的，我会说好吧，我年纪越来越大了，也许应该结婚了，如果那时我还和他在一起。再过个十来年吧，我可能会考虑的。"

正因为女性现在可以不依靠婚姻生活，正因为她们比以前更加有能力拥有独立的事业、经济和两性关系，更加有能力独立养育子女，所以婚姻对她们来说可能有更加深刻的意义。就像埃丁和一些人认为的那样，婚姻和生育之间不再存在必然联系，婚姻具有"高度的象征意义"，人们认为婚姻是值得自己等待的，值得自己做好准备、负责任地去建立。

然而，这里还有一个同样的问题，那就是低收入人群获得这种稳定基础的机会，比那些可以接受良好教育和找到好工作的人，要少很多。

关于这些结构性的不平等问题，最经典的也是包括菲丽斯·施拉夫利在内的保守派人士经常使用的说辞是，经济处境不利的人不结婚是因为夫妻双方收入的合并，会使家庭收入提高而失去获得政府救助的资格。由于福利法的建构，部分人士确实会遇到这种情况。

爱玛丽除了当客户服务代表所得的收入，还可以获得食品救济券、医疗补助，以及来自妇幼营养补助计划（The Special Supplemental Nutrition Program for Women, Infants and Children，简称 WIC）的补助，WIC 是为低收入女性和 5 岁以下的幼儿提供营养补充的一个项目。"我能应付过去，"她说，"我可以生存下来，从政府那里获得一点帮助，不需要结婚。如果我结婚了，可能就得不到那些救助了。"爱玛丽和男朋友，也就是孩子的父亲住在一起。她说她不结婚也不全是因为政府救助的问题。"不全是因为这个，"她说，"但有一部分吧。"

所以，经济需求可能会对女性在婚姻选择方面产生影响，是合乎逻辑的，但是这并不足以造成这么多未婚女性的存在。来自"法律动量"的蒂姆·凯西指出："福利救济有太多的负面印象，有太多的诋毁，没有人想靠福利救济金过日子。"人们接受政府救助是因为他们真的需要帮助，而不是因为这是取代婚姻的好办法。和施拉夫利所认为的正好相反，社会福利从来都不曾"过于慷慨"过，这几十年来反而越来越少了。

埃丁和凯菲拉斯认为，那些将结婚率降低归因于福利社会兴起的人，没有考虑到的一点是："20 世纪的 80 年代和 90 年代未婚生育数量上升，与福利制度规模的扩大无关，因为在 20 世纪 70 年代中期，除了加利福尼亚州，其他所有的州都停止按通货膨胀调整现金福利补助。到 20 世纪 90 年代初期，福利支票的实际价值已经下降了 30%。与此同时，结婚率继续下降，但是未婚生育率却持续增长"。[56]

还有一个事实是，大多数生活贫困的女性，和那些受过更良好教育、更富裕的同龄人一样，也希望自己能够在经济上独立，在未来有稳定的生活。

"弱势家庭及儿童福祉研究"发现，最有可能影响情侣在生下孩子后一年之内是否结婚的因素，不仅包括男方的就业状态和年收入，还包括女方的教育程度和工资水平，这表明，经济状况稳定是保证恋爱关系稳定的关键因素，而经济状况的稳定则来自恋爱中的双方。

爱玛丽拥有副学士学位，她决定在接下来的几年里多为自己打算。"我希望自己以后能有一份事业,"她说,"当客户服务代表不是事业,它只是一份工作。"爱玛丽想去执法机关,她说:"因为我想让我儿子拥有更好的生活、更多的东西。"她觉得如果能当一个警察,她就能获得许多福利,还能够涨薪。"我可能会买房买车,拥有那些好东西。再说,我上大学也是有目标的。但是现在对我来说最重要的,肯定是更稳定的生活,我的未来要更确定。"

埃丁和凯菲拉斯认为,低收入女性所憧憬的未来关键在于工作和收入。埃丁曾在密歇根大学讲演时采访过单身母亲,"有一点她们认为十分重要,并且反复向我们强调,那就是她们和她们的未来伴侣都必须在经济上稳定了才会结婚"。这当中的很多人,埃丁又说,"十分反对在经济上依赖男人"。她们认为自己在经济上稳定、有工作,不仅是应对关系破裂的一份"保险",更是"抵制男权社会性别角色期待、抵御不良行为的自我防卫",这些不良行为包括吸毒、出轨和家庭暴力。"她们担心,"埃丁说,"如果不挣钱,她们就没有资格要求平等的话语权。"

我们很容易这么想,对于工作最辛苦、报酬最低的美国人来讲,不如不上班待在家里。但是很多经济困难的女性觉得,工作挣钱对自己有利,对婚姻也有利。阿德丽安娜·福莱希(Adrianne Frech)和萨拉·达玛斯克(Sarah Damaske)进行过的一项研究发现,生过孩子后仍然工作的女性,到了40岁,她们的身体和心理都比没有上班的同龄人更加健康。[57]那些收入较低的女性,因为无法调整的倒班工作更容易产生疲倦、抑郁和无力感，但是不工作也没有缓解她们的生活压力。斯黛芬妮·库茨援引了2012年的一项盖洛普（Gallup）民意调查，调查显示，来自低收入家庭、不外出工作的女性"'昨天'微笑过、大笑过和过得很开心"的概率，低于同样收入水平的上班母亲。[58]

"我的家人认为，女人就应该在家照顾孩子，即使有工作，也应该把重心放在孩子身上，这些事男人起不了多大作用，"帕梅拉说，"男人就负责赚钱，女人就应该做饭、打扫卫生。可我不这么认为。我觉得男人应该积极参与孩子的生活，分担家务。"帕梅拉说，想到婚姻中的性别权力时，她就会想起"我母亲会对我父亲有什么反应"。帕梅拉说她父亲"一直很暴力"，如果是她自己的生活，她是绝对不会容忍的。"如果对方不改变自己，我会随时离开，"她说，"你要足够独立，不能让自己受到那样的对待。"

帕梅拉想当一名律师。"我一定不能顺应这种性别角色，因为不想像我母亲那样，"她说，"我母亲是被困住了，她那一代女性都这样。我真的不知道她们为什么一定要和男人在一起……"她说她只知道"即使她们有工作，也是当个家庭护理助手或店员，没有人做更独立的工作，比如做生意或者当老师什么的。也许是因为她们没受过教育做不了那些工作吧，绝大多数人还是待在家里"。

单身母亲的数量以及她们心中如火一般的热情日益增加，全美各地都可见她们的身影。虽然身处高位的女性相比之下数量还不是很多，但是确实有这样一些人，包括前得克萨斯州州长候选人温蒂·戴维斯（Wendy Davis）、马萨诸塞州参议员伊丽莎白·沃伦（Elizabeth Warren）、威斯康星州众议员格温·摩尔（Gwen Moore），以及马里兰州参议院候选人唐娜·爱德华兹（Donna Edwards），她们是单身母亲，也在为自己的职业理想奋斗。

这也造成了一个新的问题。凯瑟琳·博（Katherine Boo）在 2003 年关于俄克拉何马州结婚倡议活动报道的《婚姻治疗》（"The Marriage Cure"）一文中讲道，一名护士在记者本人也出席的一堂婚姻课上就提出了这样的疑问，"你怎么知道他和你结婚的理由是否正当？我穿着白大褂，这里的男人都知道我有工作，对我穷追不舍，把手伸向我的工资袋"。[59]

贫困的女性群体并不是在拒绝婚姻，她们只是和富裕的同龄人一样在推迟结婚的时间，直到她们觉得对婚姻有把握了，直到她们确定可以将自己托付给另外一个人，而不必担心因为婚姻失去自我，失去自己的力量。不管是富裕阶层、中产阶级的女性，还是贫穷的女性，她们都不想陷入依附于人的境地，几十年来就是这样的处境才使婚姻成为如此压抑的制度。她们都不想经历因婚姻失败最终导致离婚的痛苦，她们都把理想婚姻视为生活质量的一次提升，而不是社会核准的一个要求。

不同的是，经济条件富裕的女性还有其他途径来实现自己的雄心壮志，也更容易获得经济上的独立。她们有充足、灵活的时间来推迟生育和结婚，去追求自己的兴趣。而讽刺的是，她们所追求的兴趣又会使她们有更多的机会，去接近和她们有共同兴趣、有一定稳定性的潜在伴侣。特权就这样进行着自我复制：富裕的女性一直富裕的可能性会增加，她们中的很多人最终结婚的可能性也会增加，而她们的婚姻则会使她们的社会、经济和情感生活更上一层楼。

但是从批判的角度来看，虽然她们因为推迟结婚而收获益处，但是这些富有的女性既没有帮助女性从婚姻中解放出来，也没有提倡工作赚钱，这些其实都是贫困女性出于经济需要而产生的行为方式。在拥有更多权力的富有女性开始挣脱婚姻、外出赚钱之后，它们才被视为有益的，才被视为是一种社会进步、一种运动，或至少是一种被美化的潮流。

但是在产生这些行为方式的贫困人群中，同样的改变却被解读为不幸，甚至病态，被认为是不道德和不负责任的，是社区和家庭的威胁，是政府的负担。因此，我们除了解决低收入群体中单身女性和单身母亲所面临的贫困怪圈现象，还要去理解并承认，低收入群体中单身比率高并不是偶然现象，更重要的是，这一现象并不代表她们在思维或道德上存在问题。

记者塔纳西斯·科茨（Ta-Nehisi Coates）曾明智地评论说："人类是逻辑动物，通常善于识别自己的利益。不管我们听到别人说了什么，女性大都是普通人类，如果她们现在不愿意结婚，那么很可能是她们觉得婚姻不再像以前一样，可以增加她们的利益了。"[60]

第8章

性与单身女孩：贞操、滥交及其他

克里斯蒂娜是一名律师，同时也是一位考古学家，目前在北达科他州的俾斯麦工作。35岁的她性格爽朗、热情奔放，她形容自己是"与考古犯罪活动斗智斗勇的机器"。克里斯蒂娜的父母双方都是二婚，思想上非常开明。父母不仅开诚布公地和克里斯蒂娜谈论他们原先失败的婚姻，还鼓励她保持独立。克里斯蒂娜还在读大学的时候，就告诉母亲自己要搬去得克萨斯州和一个男人住。她的母亲着实吓了一大跳："你不能那样做，你的性爱次数还寥寥无几呢"。

最终，克里斯蒂娜败下阵来：她的性经验的确还不够丰富。在她20多岁的时候，她说，她对婚姻这种事并不感兴趣，相反，她十分享受单身生活。她的目标是"30岁时也不结婚"。因而，她在一连串的感情里进进出出，享受着两个人之间热情而散漫的性生活。克里斯蒂娜说，她会和那些她觉得有意思的人做爱，

"只要有人在舞池中邀我共舞,我都会回应他"。她说自己的性格是"超级热情"的,而性欲仅仅是其中的一个方面。"我爱狗,"她说,"我还爱我的工作,爱运动,爱小孩子,爱身体接触。我爱性。"

看到她许多法律系的同学似乎都非常随意地配成了情侣,克里斯蒂娜说她感到很震惊。"那些男男女女,我从来没见过他们一起参加派对或者一起出去玩,但突然之间他们就在一起了,然后就结婚了。"这种轻率的婚姻对她并无吸引力。

然而,随着年龄渐增,她的内心也渴望拥有自己的孩子,因此她也越来越想要找一个值得托付的伴侣。她曾和一个男友住过一段时间,但后来发现他有酗酒问题,而且极不负责任。她说,她很爱他,"但是我不可能和他生孩子,因为如果我让他出去买盒牛奶,他会两天都不见人影,我没办法和他一起过下去"。后来她搬去了新墨西哥州,并住在了一个临近纳瓦霍人保留区的地方,在那里,贫穷落后、种族主义以及闭塞的文明交织混杂在一起,形成了一种浓厚但并不健康的社会之风与性交氛围。

"在这儿,我见到了许多比我年轻、比我奔放的人,"她说,"我本来以为自己在 20 多岁的时候就已经很狂热了,没想到 30 岁出头才是我的性生活最疯狂的时期。我目睹了那么多男男女女,他们和不同的伴侣做爱,还有三人性交的,大家都放纵着自己的情欲。"

克里斯蒂娜在那段时间里尽情享乐,但她意识到,自己长期的偏头痛以及其他一些疾病征兆，都与过去"放浪形骸"的生活不无关系。她与她的父亲一直保持联络，二人之间无话不谈。她父亲说，看到她享受生活的乐趣，他为她开心，但是也许她也应该认识到，"和24岁的重金属摇滚歌手混在一起"并不能让她幸福。接着她又搬到了蒙大拿州的米苏拉，她在这里获得了考古学的硕士学位，还爱上了一名虔诚的南方浸信会教徒。然而，她的男朋友以前从未和女人住在一起过，对此他感到非常不适，最终证明，他的信仰对他来说更重要一些。"这个男人，他曾对我说'我们结婚吧，我们来生孩子'，"克里斯蒂娜说，"我爱他，并且迅速地沉迷于这段恋爱。但是，突然之间，耶稣出现在了我们中间。而耶稣并不怎么讨我的喜欢。"

现在居住于俾斯麦的克里斯蒂娜仍然是单身，但她已经有意识地减少做爱的次数，不像以前那么狂热。在她人生中，这还是第一次。自从和那个教徒分手之后，她一直郁郁寡欢，她说是时候走出阴霾了，而且她也不是那么迫切地想要孩子了。"各种原因吧，"她告诉我，"现在的我不再热衷于随意的性爱了。"随即便陷入沉默。

"有时候，我还是会那样做，"停了一会儿后，她继续说道，"因为如果有一个英俊的男性俘获了我的话，我是无法拒绝的。但我的上限也就是一个晚上。"

关于性爱，她唯一的遗憾是，一路走来，她有可能伤害过一些人。她认为，在年轻的时候，自己是那种"以自我为中心的女孩"，她说："现在，我稍微温柔了些，而且遇事会多加考虑。"

接着她谈到了在流行文化背景下，她和男性交往，通常情况下受益的都是她。"我会对一个男人说，'你要清楚，现在我不想谈一段认真的感情，说实话，我还在跟别的男人约会。'"她回忆说，"因为他们是男人嘛，所以他们就会想：'太好了！我也不喜欢对人做出承诺！'"但之后，他们还是会持续保持肉体关系。"然后这些男人就会开始认为，我并没有和其他人做爱。但事实上，我有。"

"我曾经以为，我所想要的就是性，而现在它再也不是我的目标了，"克里斯蒂娜说，"但是，我还是坚定地觉得，正是我以前所做的那些事，塑造了现在的我，而且我真的、真的非常热爱自己的生活。"她还提到，她在匿名戒酒会（Alcoholics Anonymous，简称 AA）——她曾去那里解决酒精依赖家族史问题——的担保人，以及她的治疗师都非常肯定地说，她年轻时荒淫无度，是缺乏自爱导致的。但是她非常不认可这种观点。"我玩得可尽兴了，"她说，"我的人生是一场自由自在、乐趣丛生的派对。我既没醉驾，也没吸毒，我只是在享受自己的生活而已。"

可口的故事

写这本书的时候，曾有一位很有声望的专业导师建议我，书里面一定要有"很多很多关于性的有趣故事"，因为，他向我保证说，当男性翻看一本有关单身女性的书时，这一部分才是他们最有兴趣读的。他提出这个建议，并不是心怀恶意，也不是对我吹毛求疵，但是不知怎么的，我就想起来在桑德拉·弗卢克发表支持避孕的证词之后，拉什·林博针对她发出的激烈言辞。他那时信誓旦旦地保证说，弗卢克之所以这样做，是为了继续"拥有不受次数限制的性行为"的权利。

这两位男性的共同点，就是他们完全自信地认为，单身女性一定拥有很多很多的性行为。

这的确可能是真的：不少未婚女性在做爱。其中有些人，比如像克里斯蒂娜，拥有"泛滥的"性爱次数。毕竟，有了避孕措施，她们能够更自由地与各种各样的人分享性爱，而不用担心被社会唾弃，也不用被迫把自己的人生拴在他们身上。这是未婚女性队伍愈加壮大的一个主要原因。

女性所讲的（或者没有讲出的）那些有关性的故事，其中最值得注意的部分，并不一定是性爱本身，而是女性能够越来越多地获取性爱的方式，是各种女性——包括那些单身女性——在人生的路途上都能拥有多样化的选择性爱的权利。有些女性有过很多情侣，而有些一个都没有。许多女性，她们都像克里斯蒂娜一样，经历过放纵情欲的时期，拥有过正常的恋爱关系，也曾有过恪守贞操的时期，这些都发生在她们生命中的一二十年里——然而在前几代人那里，人们在相同的一二十年里普遍只能与一个配偶发生性关系。

而且，这些故事也不全是诱人的。性，归根结底，是一把双刃剑，一面光鲜亮丽，另一面则锈迹斑斑：顽劣的性，暴力的性，还有那些使你染上疾病的性。它是身体与情感的污秽，是激情与满足的残渣,是背叛与失望的沃土。有为别的男人离你而去的女友,也有为别的女人弃你于不顾的男人。有抛弃你的人,也有那些因为你的离开、背叛与欺瞒而伤心欲绝的人。

一般而言,大多数年长的男性,他们都把单身者的性爱幻想成性的天堂,然而,这种想法几乎没有考虑到女性对性的态度、对其失望的情绪——这种失望可以说是因性无能而产生的——而且,那些男人自然也没参透这个道理,那就是,对于我们大多数人来说,虽然性爱时不时让人激动、偶尔让人满足、多少也会令人失望,但是总归来说,它并不总是支撑我们生活下去的动力。即使是支持单身者性爱的著名女性作家坎迪丝·布什奈尔,在她的专栏"欲望都市"中也率直地写道,性"是会惹人厌烦的,性是人填不满的欲望。最重要的是,性……仅仅关乎性。大多数时候,性是一种假象……或者纯粹是出于害怕自己孤独终老的恐惧"。

以单身女性的性生活为主题的故事,在这些年里——回望先前的那些世纪,女性自身的欲望和性渴望不仅从来得不到承认,还代表着一种羞耻,因而这些故事从未公之于众——终于揭去了它们的面纱,能够为人所听闻,或带着勇敢,或带着温柔,或带着幽默,抑或带着忏悔之心。讲出这些故事的意义重大,不是因为它们满足了某些人的怪癖,而是因为,当我们把婚姻的外壳从成年女性的性生活卸去的时候,那些威胁她们的、鼓舞她们的、伤害她们的、强迫她们的各种因素都更加深入人心。我们对女性性爱的复杂性和矛盾性,对它的热烈和寒意,都有了更加清晰的认识。随之，我们终于开始打破对于性的基本看法，开始打破那些有关"女性到底想要什么"的传统观念——那些传统观念已经把如此多的女性赶进了她们从来都不想走入的命运之笼。

并非泛滥无度的性

不管怎么说，在如今这个主张性革命的年代，那些独立女性，包括她们对性爱的偏好与厌恶，都已经走进人们的视野中。然而，现代女性既不是性爱，也不是随之而来的焦虑的创造者。

在以前，如果女性发生了婚前性行为，有时候她是会得到家人的理解和支持的，因为她的家人默认她会和她做爱的对象结婚。[1]

还有一些未婚女性，如果她们和情人或者和已经有家室的男性发生了性关系，没有什么坏结果的话，她们的人生也不会受到太大的影响。然而，更多的人只能靠做妓女为生，还有人因为在性上的不良声誉陷入悲惨堕落甚至危险的境遇之中。当然，那些被奴役的女性，她们几乎没有主宰她们身体的权利，也难以掌控自己的性行为。

一些来自中产阶级和上层阶级的终身未婚的女性，她们常常怀着虔诚之心，书写自己的生活与爱情，对于这些人来说，她们更可能一直保持贞洁的操守。然而，这并不代表她们从未思考过性的问题，也不代表她们在生活中从未对性有过冲动和欲望。

睦邻运动的发起者、社会活动家简·亚当斯在她的书《青春之魂》(The Spirit of Youth)中说，性蕴含的能量可以在世间产生其他形式的美。"每个高中男生和女生，都曾体会过性冲动在内心中的积聚与释放，"亚当斯写道，"如果他性幻想的对象是某个人，那他就会选择身边的一个同伴，作为他'爱上'的对象……但是如果这种性反应针对的并不是某个特定的人，如果他的价值观更加开阔，那么他就会突然发现这个世界众多事物的美妙之处和意义所在——他会陷入对诗歌的热恋，他会拥抱大自然，他会饱含宗教热情，或生出对慈善事业的热忱。年轻人的这种经历体验，非常好地说明了性的释放所带来的各种潜力和价值。"[2]亚当斯的传记作者露易丝·奈特(Louise Knight)，还向我谈起了她的另一位作传对象——废奴主义者萨拉·格里姆凯。萨拉·格里姆凯不仅直接写过性行为带来的精神愉悦及其重要价值，还写了女性的平等权利是如何被男性夺取和打破的。格里姆凯这样写道，婚姻"最天然、最神圣、最热情的表现就是夫妻间的拥抱"。[3]然而，她同时也提到，女性一定要"在人类所有的社会活动中，掌握平等的权利，直到最终从那个最糟糕的奴役——成为男性性欲的奴隶——中解放出来"，[4]这表明，奈特说，一方面来讲，很显然格里姆凯"相信婚姻的多种可能性"，而另一方面，她"对现实也抱有怀疑态度"，包括婚内强奸。

随着19世纪的西进运动大潮，许多落了单的女性，或者那些主动选择单身的女性，都开始慢慢觉醒，努力思考着自己失去的东西。作为一位生于1867年的经济学家与和平主义者，终生未婚的艾米莉·格林·巴尔奇（Emily Greene Balch）曾直言不讳地说，当她选择单身这条道路的同时，她也错失了像别人那样陷入爱情、组建家庭时所经历的各种情感体验，对此她深表遗憾。巴尔奇后来获得了诺贝尔和平奖。身为一名独立女性，她写道，"沉浸在工作中的我很快乐……我逃离了不幸福的深渊，逃离了喜忧参半的婚姻生活和个人的痛苦，即使是最成功的婚姻也有可能会经历这些"。但是，她又接着写道，"我的生命是不完整的……人类最深沉的情感体验，留给我的只有空想和同情"。[5]

不过，尽管从未有过性经验的巴尔奇对此感到些许伤感，但是在她后来写给亚当斯——她的好友兼同事，同时也是诺贝尔奖的获得者——的信中，她说自己一些没有性生活的朋友们过得也都不错，虽然她们都曾经渴望性。而在她写信的那个年代，很多心理学家都正在努力把这些不合传统的单身女性归为病态。巴尔奇这样写道："如果说，从内战到世界大战期间，受过教育的未婚女性代表了一种特殊的现象，那她们的象征意义也是举足轻重的，尽管那些坚持认为男性对性有主导权的人对此还没有完全认可。"

巴尔奇相信，性与爱也许是生命中惹人喜爱的部分。但是，性与爱的缺席，却不一定使女性生活的其他方面变得残缺——即使是对于那些曾憧憬过性与爱的女性来说。

活跃的性生活，并不只是一种新自由的象征，事实上，它还是确认女性价值所在的重要方法。在以前，性这个行为承载了过多的意义，而在巴尔奇对此提出异议之后，活跃的性便在这个时代产生了更为复杂的意涵。

心理学家宝拉·J.卡普兰（Paula J. Caplan）曾写过，女权运动的第二次浪潮，加上避孕药的发明，让女性"在性的方面获得了解放，但同时也让她们感到不安的压迫"。一方面，"女性应该像男性一样享有自由的性爱，而且这样做的女性不应因此被鞭笞"，这种观点毫无疑问是革命性的。而另一方面，"女性，甚至是每一个年轻的女性，都背负着更大的压力，因为许多男人会这样说，'你又不会怀孕，你应该自由地享受性爱，因此你完全没有理由拒绝我'"。[6]避孕药的发明的确意味着更多的性，但是它也同样带来了一种新文化，它承载着世人的邪念，还把女性当作物件来看待，让女性——尤其是那些已经对男权产生怀疑的女性——对剥削、虐待和受人贬低感到恐惧。

一些激进的参与第二次浪潮的女权主义者注意到了这种焦虑，她们不仅反对婚姻内的性别压榨，还看到了这种所谓的性自由其实并不完善，它其实包含着物化女性与贬低女性的意味。那个时候并没有多少实例向人们证明，未婚女性的生活究竟是什么样子的，因此即使是那些最为激进的反对婚姻的鼓动者，也难以给单身女性的性行为正名。

女权主义者舒拉米斯·费尔斯通（Shulamith Firestone）就是那些激进分子中的一员，她自身对婚姻毫无兴趣，她关于单身的言论也不怎么讨人喜欢。在《性的辩证法》(The Dialectic of Sex)中,她提倡平等的伴侣关系和浪漫的爱情,并且认为这才是当代婚姻的典范。然而,她的观点却不包括女性脱离男性实现真正的自我独立,因为她把未婚女性形容为"被永远地发配到了'少女'监狱",注定要成为"'情妇'……不仅惹恼了男人们的妻子,还证明了男人的性能力"。[7] 费尔斯通还说:"那些未婚生子的女性,到了一定年龄就会受到惩罚:她们发现自己是如此孤独、封闭、悲惨,靠着社会救济金生存……(只有在曼哈顿的单身生活还勉强说得过去,这个日后再议)。"[8] 从这段陈述中,我们可以看出:如果不嫁为人妇,你就没办法独立生存;单身不仅意味着完全抛弃了婚姻,现如今还会被贴上性堕落的标签,沦为(男性)性欲的工具。

当然,我们也不难想象,费尔斯通和她的一些激进的伙伴们会带着不幸的眼光去看待互联网约会软件,比如说 Tinder,一款 2014 年时约有 5000 万人使用的约会软件,[9] 这个软件把寻找性伴侣的过程转化为消费主义的新产品。由于网络约会的特殊性,它需要双方的相互选择与评估——男人和女人从不断更新的数据库中,对其他的男人和女人进行实时的选择。然而我们也要看到,像 Tinder 这样的网站,包括这种自主选择伴侣的模式,它们把人们寻找性伴侣的过程变得奇快无比,并且将其转化为一种商品化的形式。"你一天可以浏览几百个人的资料,"一名年轻男性在 2015 年这样告诉《名利场》(Vanity Fair)的记者南希·乔·塞尔斯(Nancy Jo Sales),"每周你都可以通过

Tinder 进行两至三场约会，而且都有机会和约会对象上床，这样的话，一年下来，你就可以和 100 个女孩睡觉了"。[10]

在 Tinder 以及其他的约会软件（包括 Hinge、Happn 以及 OkCupid）上，人们通过照片极大程度地展示他们自己，用几个单词或几句话描述自己，把 20 世纪中期的单身艺术，或者说旧世纪的婚配业务带进了科技时代，加速了感情中追求与被拒的过程，扩大了可进行选择的余地。与此同时，由于女性的性权力不比男性，她们通常被看作男性性发泄的对象，因此承受着双重标准以及更严苛的审美评估困扰；如此看来，这些带有色情意味的约会软件，事实上带来了与人性背道而驰的不良影响。"这就像是点外卖，"另一位男青年告诉塞尔斯说，"只不过你下单购买的是一个人罢了。"

他的言论有点过火，如果从性别的角度来考量，这话听起来还非常恐怖。的确，网络软件正在重塑人们性需求与性供给的传统模式，社会媒体界对此的看法也不尽相同。在 2015 年一篇广为流传的、名为"Tinder 的色情经济"（"The Dickonomics of Tinder"）的文章中，作者阿兰娜·马西（Alana Massey）讲述了她在经历了痛苦的分手之后开始使用 Tinder 的体验，并贴出了与之呼应的一句口头禅："男性生殖器官是滥而无实的"。[11]这个形容是她在 Twitter 上看到的，于是便借鉴了过来。此话本出自一位名叫玛德琳·霍尔顿（Madeleine Holden）的女性之口，她是个律师，同时也是个作家，她写的原话是这样的："这些刺耳的文化信息在不断地告诉我们，男人的感情都是顽劣透顶的，他们表现出来的都是把戏。他们都是骗子。我想对那些读着'如何得到一个男人'的感情指南，或者那些还徘徊在陈腐无趣的感情生活中的女性说一句：男性生殖器官是滥而无实的。"对于马西而言，最后的这句话"像是刻在至尊魔戒上的魔多黑暗语*，透过屏幕闪耀着熠熠光芒。因为这句话，我开始改变，甚至得到了升华"。在这个观念的影响下，她开始在 Tinder 上把男性当成用后即弃的物品，她学会了如何拒绝别人，如何在很多人中间进行甄别和挑选；她开始明白，科技为她提供了无穷多的选择，而且"延绵几个世纪，对男性的生殖崇拜已经终结了"。马西知道有些读者会误读她的意思，会把她写的那些令人眼花缭乱的、把男性从权力中心拽下来的说辞，看作"单身异性恋女性中间燃起的心怀叵测的、反男情绪的代表"，但是，马西写道，并不是这样。事实是，"这是我们女性竭力想要获取性别平等的表征"。

对于大多数女性来说，在互联网时代所体验到的性和约会，既带有被物化的倾向，又承载着自由的期望，这与早些年女性所经历的约会和性体验迥然不同。"我对于 Tinder 的感觉是复杂的，"艾米娜说，"有时候，约会是非常糟心的一件事。但我并不认为 Tinder 自身的独特性会让约会这种形式变得更糟。"艾米娜接着说道，尽管新闻报道称，Tinder 只是个商业化的、短暂

---

* 魔多黑暗语（Dark Tongue of Mordor），英国作家托尔金（John Ronald Reuel Tolkien）所著奇幻小说《指环王》（*The Lord of the Rings*）中的一种虚构语言。富有组织性、表达力。

的、火爆一时的性欢愉平台,但在生活中,她知道有很多"因Tinder而结缘的夫妻","他们有的已经结婚了,有的正保持着幸福、长久、稳定的恋爱关系,每当想起他们的时候,我就会想,如果不是Tinder,他们怎么能够遇见彼此"。

随着人们单身期的延长,他们面临的一个挑战就是,遇到另外一个单身者的概率越来越小。对于大学生或者刚出校门、走上社会的人来说,他们没有机会邂逅浪漫的爱情;对于那些不喜欢和同事约会的人,或者在偏僻地区工作的人,或者那些每天没日没夜工作的人来说,同样也没有多少地方让他们去寻求伴侣。而这些社交软件满足了他们的需要。

还有一点,那就是女性在 Tinder 上的境遇也许并不是那么糟糕。事实上,Tinder 只是把长期以来存在于异性恋情中的心碎痛苦、性别歧视展示在了新型的科技平台上。"我不觉得这比坐在酒吧里等待艳遇,甚至与那些通过朋友介绍的人一起约会更加糟糕。"艾米娜说。

性的缺席

在如今的文化背景下,女性性欲已为人们所熟知,因此想找到一个没有做过爱的成年女性恐怕是不怎么容易的事了。但事实是,这类女性依然成群地存在着,对于性在生命中的缺席,她们或持骄傲,或感羞愧,她们体悟着别样的情感。我们也许不能再像以前那样,给这些女性的身上贴上禁欲主义的标签,但是，她们的生命中的确缺少了性爱。

"我觉得，婚后的性爱是完全值得我去等待和守候的，"来自犹他州的29岁摩门教信徒、中学教师萨拉·斯泰德曼说，"我认为，性是非常神圣的，它是上天赐予我们的、用来向我们委身相许的那个人表达爱意与亲昵的美好礼物。"当然，她也承认，"有时我也会想：'唉，为什么我一定要苦苦等待呢？'我也是个人，我也会有性欲。很多时候我甚至会产生这样的想法，'也许我应该和他结婚，这样我就可以和他做爱了'"。

关于她所坚持的婚后性爱，萨拉已经为此制订好了长远的计划，还说一旦她破坏了自己的计划，她的感情生活也会被毁掉。这种毁灭，她说，一部分是因为辜负了自己的标准而产生的愧疚之情与自我谴责，但更重要的，是因为"我把这种等待看成是对一个人完全忠诚的承诺。而（性）则是实践你承诺的最关键一步"。萨拉说，"当我们都能控制自己，而不是在婚前随意做爱的时候"，她就会感到"与男友间的浓浓爱意。当然，婚前性爱是令人享受的。但如果我们能为了彼此而节制，那么我就知道他是尊重我的，他是爱我的，我们双方都愿意为此而等待"。

20岁的梅根·里奇是一名来自肯塔基州的本科生，她怀揣着虔诚的教徒之心，向我表达了她对婚后性爱的坚守。"我的确是打算把自己留给我未来的丈夫的，"她说，"而且我希望我的丈夫也能为我保留他的性爱。性就是为婚姻而存在的。为什么要轻易放纵自己的情感与身体，尤其是在还很有可能怀孕的情况下？"梅根这种保持贞洁的想法正是对简·亚当斯的呼应，她把自己的承诺与愿望看作一种殊途同归。"身为一名基督徒，"她说，"我和耶稣有情感间的感应。我人生的首要目标，就是给他带去荣光。我花时间去教堂做祷告，也花时间参加各种校园组织活动。我享受我当下的生活。"里奇曾想过，也许她一辈子都不会结婚，而鉴于她的宗教信仰，她或许永远都不会有性行为了。每当想到这个，她说，她都会用以下两点来安慰自己："首先，如果上帝不打算实现你的愿望，那他也不会给你渴望"。还有一点，"假如真的一直单身，他也会补偿你在那方面的所失。如果你人生的目标真的是使他得荣耀的话，他不会给你悲惨的命运"。

对于大多数女性而言，迫使她们禁欲的原因，不是源于她们自己的献身，而是来自父母和社会所持有的宗教信仰。

阿耶蒂（Ayat）今年21岁，她的家庭是来自巴勒斯坦的移民。她是处女，虽然她曾对性感到好奇并且小试过一次，但当被问到她的父母对她的性生活情况是否知晓时，她回答说："哦，我的上帝，我一定会被骂得体无完肤。他们会疯的。他们绝对希望我一直是处女之身。"她回想起童年时发生的一件事，当她有一次从自行车上滑下来之后，她和母亲探讨自己是否已经失去了贞洁，母亲当时暴跳如雷的样子她至今记忆犹新。"她的反应像是：'这真是场灾难！'他们对此非常看重。我永远都不会和他们谈论有关性的事情，永远、永远、永远也不会。"但是，成熟女性与性行为、性身份之间存在的文化牵连，却对阿耶蒂产生了影响。当问及女人和女孩各自意味着什么的时候，她迅速将答案指向了性的方面。"我想认为自己已经是个女人了，但是我还没有做过爱，"她说，"当我一想到我还没做过爱，我就觉得我的人生不完整，总是缺了点什么。因此在我看来，心智上来讲我认为自己已经是个女人了，但是流行文化大背景下大家关于性的那些看法，让我感觉不到自己女性的身份。"

有时，性的缺失纯粹是精力不够导致的。性冲动与性欲望的确会萦绕在多数人的心里，然而更常见的情况是，它们还没有强大到去驱使人们付诸行动，尤其是当人们的精力被其他事情占据的时候。

当艾米娜回想起十几岁的尾巴上她的大学生活时，她说，"我忙着学习数学和科学，忙着广交朋友，根本没时间寻欢做爱。后来我觉得自己必须要把这个提上议程了，我会想：'好吧，现在是做这件事的时候了。'"

艾米娜说，她的第一次性经验（或者说早期的性行为）跟她的同伴们相比，没什么特别之处，只是简单的例行公事。的确如此，不光是对于我的一些高中同学和大学同学，甚至对于我自己来说也都一样。这并不是说，我们对性没有向往，我们并不渴望身体上的亲密接触，也没有性幻想或者手淫之类的，而是说，当那个合适的对象还未现身的时候，我们就会忙着去干些其他事……后来证明，正是这些事情占据了我们的精力，我们也不可能一直集中心思去寻找性接触了。

本身对性感兴趣，却没有合适机会去实践的问题，派生出了另一种类型的单身女性，而这一类女性常常为人们所忽略：

她们并不是有意保守贞操。

在高中或大学时，如果你并没有遇上心仪的性对象，没有产生一种特定的性感应，如果你的精力——按简·亚当斯的话——分给了其他方面，比如你把你的激情挥洒在了艺术、医药、运动或者科学上面，你其实很容易发觉自己在性方面的缺乏。这不是因为你不想去做爱，也不是因为你不认可性行为的合理性，只是因为，吸引你去做爱的机缘，并没有像好莱坞夏季电影里播放得那么频繁。

于是，随着大众舆论和同伴对你的看法愈加确定，你越来越难甩掉你背负的贞操。接着，坦白你的处女之身将变得更加难以启齿，而且随着时间的推进，说出事实会变得越来越困难。你会害怕某一个朋友，或者某个对你有意思的男性，会因为你没有过性经验而评判你，你很担心他们会把你想成太过于矜持、冷漠或者稚嫩的人，而事实只是因为你太忙了而已。

如此一来，你继续恪守着处子之身，保持它不被玷污对你来说也变得越来越重要。2013 年，《纽约时报》刊登了一篇文章[12]，作者是一名 35 岁的女性，她在文章中写道，当她还年轻的时候，她无所畏惧，也不怕被人中伤。但是，随着年龄的增长，人们对她的心理预期也在增加。"我已经坚持了这么多年，我现在已经没法走回头路了。"

虽然很少人会提到这方面的事，但是它的确存在着。它一直都在发生。在我身上也一样。我人生中的第一次性行为发生在 24 岁，但我本应该早在十几岁的时候就这样无忧无虑地做。

演员蒂娜·菲曾说她第一次做爱也是 24 岁,还开玩笑地说她"不能透露过多"。而对于其他那些马上步入 40 岁的人,我就不太确定了,因为,随着年龄的增长,这些卓越的、性感的、妩媚动人的女性会更难在大庭广众之下谈论她们的童贞。

性的缺席和性的放纵一样,都是女性的一种身份标识。上述拖延的、讨嫌的处女之身是一种,还有另外一种,是当早期活跃的性生活进入一个空窗期时,女性心里会产生的自我责备和自我怀疑。

"性很棒,"52 岁的电视评论员南希·吉尔斯说,"但是我不会像一般人那样,为了做爱而做爱。"但吉尔斯也曾努力尝试过,她想要变得随性一些。有一次,她说:"我强迫自己去这样做,因为我已经太久没有做爱了。我并不是故意要节制自己的欲望,只是真的没有人可以让我心动。"吉尔斯曾参加过一次专门为男女牵线搭桥的晚宴,她与其中一位男性很有眼缘。"我决定为此一搏,"她说,"但是结果却很糟,我记得我脑子里一直在想:'让我出去,我迫不及待地要离开这里。'"

到现在,吉尔斯还是提不起热情去追求自由奔放的艳遇,这让她感到十分苦恼,好像是她做了什么错事,有辱她的女性身份一样。"似乎很久以来,每个人都知道艳遇、做爱的秘密所在,唯独我被蒙在鼓里。这让我看起来像一个彻头彻尾的怪人。但是如果我对一个人没有好感的话,我甚至不会和他拥抱。"她后来又尝试了一次,当她和上回那个做爱感觉很糟的男人第二次做爱的时候,她说,整个过程"最有意思的是,我一直越过他的肩膀看巨人队的比赛"。在此之后,她开始厌烦和那些自己并不在意的人做爱。就在最近,吉尔斯说,"我终于不再觉得自己像个怪人,因为我不再约会了"。

没什么可害怕的

"我没结婚,但是我有过性行为,"弗朗西丝·基斯林说,"这是父权体制最害怕的一类女性。"弗朗西丝回忆,在她结束了一段10年的同居关系后,她开始步入人生的一个阶段,她把这个阶段形容为"性欲特别、特别、特别发达"的时期。作为一名倡导避孕与堕胎的天主教徒,她知道避孕措施有时候会失效,但她不想做堕胎手术。当然,她也知道自己从来都不想要孩子。因此她去做了输卵管结扎手术。

她说,她至今都清晰地记得,自己结扎后所体验的第一次性爱,那种感觉像是放飞了"极大的精神自由。我记得我们一边做爱,我一边说'这才是人的感觉!'而这并不仅仅是因为我再也不用担心会怀孕了"。

虽然弗朗西丝对性近乎固执,但是相伴终生的婚姻承诺,她说,令她心存胆怯,因为社会伦理下的性大多是男性主导的,这与我们所体会到的女性欲求相冲突,这也就是克里斯蒂娜担心女性主动出击的行为会伤害某些男人的原因所在。每当她结识一个男人,她解释道:"我从来都不会想:'他喜欢我吗?他会约我出去吗?我们是不是男女朋友?'"这种想法会令他们恐慌。"当人们不知道该如何掌控你的时候,你就变得很有威胁性了。"她说。

千真万确,在美国历史上,性欲旺盛的女性一直都被人看作一种威胁,在 20 世纪中叶,女性的性欲更是与拳击、战争这类词挂钩。就如伊莱恩·泰勒·梅写的那样,表达一些身体暴力行为的词,包括击倒、爆炸等,都开始用于形容女性的性欲。丽塔·海华斯(Rita Hayworth)的一幅写真照片曾与投放于比基尼岛的氢弹联系在了一起。而两件套的泳装竟然会用那些作为军事爆破场地的岛屿命名。[13]

当社会对性的观念愈加开放时,我们不再仅仅认同女性散发出的性感特质,同时也在慢慢地但却越来越清楚地认识并且接受女性自己的性欲。但是在安稳守旧的伦理纲常中,人们还是需要一定时间来消化:人们依旧相信,女性活跃的性生活一定会使她们走进婚姻的圣殿,实际上,她们是在不重样的性伙伴中,挑选未来共度余生的那个人;人们认为,女性也许会变得彪悍粗犷,但她们依然渴望内心深处的情感相通;人们还相信,这些女性原先幼稚的性爱会让未来的她们追悔莫及,就如同克里斯蒂娜的治疗师所确信的那样,追求性的滥交,一定是缺乏自尊自爱导致的。

然而,当这些观念面临极大挑战的时候,也就是当我们遇见一个又一个带有攻击力的女性之时,我们绷紧了神经。这些女性,她们沉溺于性爱,并不为此烦恼羞愧,她们不想和任何一个性伙伴有过分亲密的情感联系,更不愿意向他们其中任何一个人许诺终身。（只是）出于这种原因，人们就给她们贴上荡妇和怪人的标签，认为她们是病态的、不矜持的、违背了女性身份的，并且已经无法挽救的。

当女性的性欲最终从异性恋桎梏和婚姻预期中解放出来时，它也许就会像传统意义上男性的性欲一样，涵盖社会、经济以及性革命等多种内容。丽莎·芒迪在她的著作《更昂贵的性》中提出，假如女性日益增长的经济实力破除了传统的异性恋窠臼，"女性会比男性更加渴望性"。芒迪采访了很多女性，她们都表示愿意和不同的性伙伴做爱，"以寻求最大限度"的性。芒迪还直言不讳地说，经济力量的转变，进一步促使女性"对和她们做爱的男性外表变得更加挑剔"。[14]

在性的世界里，不论这种颠覆是否真的如芒迪所说，但是有一点可以确定，那就是在女性群体中，我们常能听到她们在高声、爽朗地谈论热情而饱满的性欲。

"勾搭文化"

比那些掌握性权力的成熟女性更让这个国家感到焦灼的，就是那些20岁左右、性欲旺盛的女孩们，那些并不打算在这个世界里成为妻子，而是只想做普通人的女孩。

近年来，大众媒体爱使用一个术语来表达这种焦灼，它就是所谓的"勾搭文化"（hookup culture）。这个术语专指高中生或者大学生（尤其是那些顶尖大学里有志向的优秀学生）身体上的艳遇，包括亲吻、爱抚、口交以及性交等身体上的亲密接触，并且双方都不准备认真恋爱或者结婚。

许多勾搭文化的批评者或者反对者，把越来越晚的结婚年龄以及问题女青年的出现都归咎于此。《纽约时报》的记者凯特·泰勒（Kate Taylor）在2013年的一篇文章中，对宾夕法尼亚大学里随意的性艳遇现象予以解释，根据她采访的女性所说，她们这么做，主要是因为她们认为自己在大学里的主要任务是"为找工作做准备，而不是为了找男朋友（更别说找丈夫了）"。

这种摆脱婚姻的趋势，不仅让那些顽固的社会保守派，而且让那些并非有意冒犯但却忧国忧民的前辈们深感不安。

作家凯特琳·弗拉纳根（Caitlin Flanagan）也是勾搭文化的关注者之一，她在《女孩儿乡》（*Girl Land*）这本书中表达了她的惋惜之情，她认为当女孩们渴望和男孩们毫无压力地做爱时，她们就永远地失去了她们的纯真。弗拉纳根还写道，在勾搭文化的环境下，"这些（年轻的女人们）丢弃了"——按她的叫法是——美好的"爱情故事"，等待人生中唯一挚爱的到来。弗拉纳根认为，这些少女"已经被色情文化和网络世界所污染，她们自以为，如果要想从男孩们那里获得些什么，就应该去勾搭他们"。

弗拉纳根得到了唐娜·弗雷塔斯（Donna Freitas）的支持，她是《性的终结：勾搭文化如何让一代人不快乐、性不满、对亲密关系困惑不解》（*The End of Sex: How Hookup Culture*

Is Leaving a Generation Unhappy, Sexually Unfulfilled, and Confused about Intimacy）这本书的作者。弗雷塔斯认为，勾搭文化是"快捷的、随意的、不计后果的、敷衍了事的"，而且"非常普遍，劲头很强势，甚至连一点可选择的余地都没有"，她还报道称，41%的学生在形容他们的勾搭经验时，用到了"悔恨""厌烦""羞愧"，甚至"受虐"这些词。她坚持认为，"在进行身体接触之前，要怀着贞洁的心先去了解对方"，[15] 但她没意识到的是，进行勾搭的大多数青少年，他们彼此都已熟知对方，而且同处一个社交圈子。

针对泰勒关于宾夕法尼亚大学中勾搭现象的说法，前《纽约客》和《名利场》的编辑蒂娜·布朗做了回应。她也声称，"女孩们已经完全丧失了真正的温柔、亲昵、激情，也失去了让人尊敬她们的机会……"，这是"悲剧性的"。[16] 即使在如今这样一个女性颇有上进心并且功成名就的世界里——布朗自己就是这个世界的象征——勾搭现象也被认为是一种低贱的表现。

批评家们不认为女性是受害者，反而把女性看作冷酷的、野心勃勃的践踏者，认为她们踏碎了青春爱情的花骨朵，这时候，人们贬低女性的这种偏见就更加明显了。2006年，保守派评论员劳拉·塞逊斯·斯坦普（Laura Sessions Stepp）声称，"现在的年轻女性像年轻男性一样追求性爱，无数的新闻报道也开始大肆宣扬性行为，这剥夺了男性自古以来在性爱方面占据的主导地位"。斯坦普认为，这种颠覆应当归咎于男学生们面临的日益增长的性挑战。[17] 在她的这种揣测下，女性不仅失掉了她们应当有的温柔与矜持,更失去了她们自身富有的魅力。

非常肯定的是,无论大学女生是否真的在寻求这种肉体的欢愉,她们中的许多人都表示,不管怎样,这都不会让她们走进婚姻。

"我知道这听起来很夸张,"西北大学 2012 级毕业生阿曼达·李特曼(Amanda Litman)说,"但是,我真心认为,现在结婚会毁了我的人生。我想要自由。我想要奋斗和成功的机会,我想要搬到一座新城市,找到一份新工作,勇往直前,没有配偶和家庭的后顾之忧。如果需要的话,我想我能够一直待在办公室里工作到凌晨 3 点,而不用考虑给家人做晚饭的问题。"

阿曼达所讲述的关于家庭的看法,仍然带有一种性别化的、卑躬屈膝的家庭关系色彩。这狠狠反驳了那些专家的看法——只要回归传统的家庭角色,也许就能"治愈"勾搭文化。事实上,正是出于对传统家庭角色的恐惧心理,才使得——至少来说——某些女性不断地寻求随意的性爱。"对于我们当中的许多人,"阿曼达说,"谈一场认真的恋爱,感觉要以牺牲我们的进取心为代价,还可能夺取我们独立的能力,影响我们事业的发展。而随意的勾搭——通常是和那些可以一起上床的朋友,但也不是每次都是——则能够让我们享受身体上的发泄,并且不会为其他人花费我们的时间以及——最重要的是——我们感情上的精力。"

勾搭文化的另一位忧心者、《纽约时报》专栏作家罗斯·多赛特,曾警示那些享受着勾搭乐趣的女大学生们,应该小心自己追求事业的目标。在一篇名为"勾搭时代的爱情"("Love in the Time of Hookups")的文章中,多赛特针对一份研究(这绝对是保守派的污蔑)表达了他的担忧之情。这份研究认为,一个女性性伴侣的数量,很可能会与她未来的离婚和抑郁倾向有关;同时多赛特还担忧晚婚可能会导致子女数量的减少。"人们所追求的这种新型爱情方式,很有可能会改变传统意义上人们对幸福生活的看法,"他写道,"当人们把生活的重心转向工作时,他们关注的更多是工作上的收益……但是,深入地说,这是以牺牲人们其他方面的生活为代价的。"[18]

多赛特的错误在于,他所担忧的那类人——主要是那些即将步入工作并推迟婚姻的白人女大学生——根据人口普查的结果,其实她们已经在"新传统型幸福",也就是在婚姻中安定下来。尽管在富裕的、受过教育的女性群体中显示出了前所未有的晚婚倾向和低结婚率,但是归根结底,她们结婚的概率依然比那些贫困女性要高。

而且,那些受教育程度高、经济地位优越的美国人,不仅是晚婚的代表,还是整个国家离婚率最低的一类人群。如果多赛特忧虑的是"新传统主义",那么在他形容为"与事业野心相配合的性文化"与"数不尽的性伴侣"的世界里,这类女性并不是"新传统主义"的敌人,而是它的未来所在。

就如同《沙龙》(Salon)杂志撰稿人特蕾西·克拉克－弗洛里(Tracy Clark-Flory)——作为一名随意性爱的倡议者,她倡导随意性爱已有多年——所写的那样,"茫茫人海中,我注定要孤独终生……而这样告诉我的人"，正是那些文化战士，包括罗莉·戈特利布以及劳拉·塞逊斯·斯坦普。"在我 20 多岁的时候，我就开始有意地、积极地抵挡一些勾搭文化的批评者对我的影响，我经常用自己的方式，体会随意的性爱。如果按照他们的'智言警句'——其中包括那句讨人喜欢的'为什么当你可以免费喝牛奶的时候，你还要去买头奶牛呢？'——我注定要和猫生活在一起，孤独终老……而事实是，我快 30 岁了，我和订了婚的未婚夫同居，而且打算在不远的将来成为一个母亲。"克拉克 - 弗洛里在 29 岁的时候踏进了婚姻的殿堂。

罗斯·多赛特，还有其他社会保守派，他们费心阻挠这些富裕的、有权势的女性享有爱情或者婚姻。当然，他们真正关心的并不是这些女性未来的婚姻幸福，而是她们如何曲折迂回地去往婚姻的道路：在这条路上，她们收获了经济、事业，最终还拥有了超越她们所处环境的社会权力和性权力，这些都是女性力量不断增长的真实表现。

这其实就是芒迪的观点。汉娜·罗森在《男性的终结》中写道，勾搭文化的批评者们认为女性受到了随意性爱的伤害，这种观点"忽视了女性近来从中获取的巨大利益，更重要的是，它没有看到这些利益正是基于性自由而产生的"。罗森认为，那些"性欲旺盛"的年轻女性，同样也具有事业成功和参与社会的巨大潜能，"一个太过认真的求爱者"对这些女性来说，就像是在 19 世纪意外怀孕一样：这是不惜一切代价都要避免的危险状况，以免阻碍她们的大好前程。[19]

那些被大众媒体描述成沉湎于勾搭行为的女性，根据人口统计的数据来看，实际上是最可能结婚的一类女性。这仅仅是勾搭文化被人们误解的其中一个方面。如果你只是泛泛读些关于口交和啤酒乒乓球*游戏的报道，那么你将错过很多真相。其中一个真相是，那些发生在校园中、与婚姻无关的性勾搭行为，并不是最近才有的现象。

我在20世纪90年代中期读大学的时候，"勾搭文化"就是个常态。那时，女生们会在联谊会上，或者在学生宿舍里和男生们上床；他们进行口交（而且很少会因此得到回报）；他们做爱，有时是一夜情，有时会有后续，有时是和陌生人做爱，但是最常见的是和那些喝醉了的，以及那些一起说说笑笑、八卦聊天、跳舞吃饭的朋友们做爱。也有一小部分女生会去建立认真的、长久的（比如持续数个月或者数年的）恋爱关系。我有一个朋友，她和她的男朋友高中时就在一起了，大学期间，他们也一直保持着情侣关系，直到现在他们还是夫妻，并且已经有了3个孩子。还有很多女性，她们几乎没有过勾搭行为。

袭击与强奸，在联谊会上图谋不轨的欺凌，以及过度酗酒，这些都是严重的、骇人听闻的校园问题。但是它们不该被划入勾搭文化的范畴。勾搭文化是寻常小事。普通的寻欢作乐？普通的心灰意冷？普通的心碎悲痛？普通的考虑选择哪个男生今

---

* 啤酒乒乓球（beer pong），又名投杯球，美国人发明的一种桌上游戏。在游戏中，桌两侧会放置复数水杯，玩家轮流把乒乓球投入对方阵地的杯中，先把对方阵地的杯子全数投进即获胜。

晚与自己共度良宵？是的，大多数时候的确是这样。对于那些18 岁至 22 岁、对性感到好奇、远离家庭的监管、彼此住得很近的学生而言，这再正常不过了。

事实上，当我读着那些把大学生异性恋爱关系描述为堕落并为这种现象扼腕叹息的文章时，我唯一感到陌生的，就是在我那个年代，我回想不起很多——或者说根本回忆不出——女性因为学业和工作而果断放弃婚姻的例子，这也让我相信，女性追求名与利的雄心壮志才是在今天引起恐慌的真正原因，而不是随意的性交。

许多社会学家的研究都证明了这一现象，通过这些研究结果，我们可以看到，勾搭文化绝非新生事物。密歇根大学社会学者伊丽莎白·阿姆斯特朗发声说，从 20 世纪中晚期的性革命至今，大学校园中的性习惯并没有发生多大的变化；同时她还指出，如今大学生做爱的次数，要比他们的父母少。[20] 根据疾病控制和预防中心发布的报告，从 1988 年到 2010 年，性活跃的青春期女生的数量比已经从 51% 下降到了 43%，降低了 8 个百分点。[21] 就像罗森所写的，"综合来看，现在年轻人的举止行为，可以说是向纯真时代的回归"。由圣地亚哥州立大学心理学家珍·特温格（Jean Twenge）主持并于 2015 年发布的一项研究显示，平均而言，相比于 X 一代和婴儿潮出生的前辈们，千禧一代的青年拥有的性伙伴数量更少一些。虽说如此，但有趣的是，特温格的研究比较的是人们在 25 岁以前拥有的性伙伴数量。25岁对当代的年轻人来说是个临界点，在这个年龄之前，他们的性伙伴数量少于前人,他们在25岁之前结婚的概率,也远低于任何一代的前辈们。[22]

宝拉·英格兰（Paula England）是纽约大学的一名社会学家,她也做了一项调查,结果显示,在大学期间,学生进行勾搭的次数,平均而言,大概只有7次,这里面包括了从亲吻到性交等各种亲密行为。这也就是说,一年勾搭两个人已经够让他们忙的了。她还发现,绝大多数（80%）大学生,进行勾搭的频率要少于一学期一次。[23]在凯特·泰勒关于宾夕法尼亚大学勾搭文化的文章中,她援引了一项调查,其结果显示,在每10个大学毕业生中,有3个人在大学期间从未发生过勾搭行为,而且每10个人中就有4个人从未做过爱,或者只和一个人做过。社会学家丽莎·韦德（Lisa Wade）的研究调查也得出了相似的结果,根据她的估算,大约有三分之二到四分之三的学生会在大学期间进行勾搭,但是其中32%的勾搭行为只到亲吻为止,40%的勾搭行为是性行为。记者阿曼达·赫斯（Amanda Hess）曾对韦德的调查结果进行了解释说明,她说,"这意味着……（未婚的）大学生们每四年才做一次爱"。赫斯还列出具体数字进行了总结,"只有不超过15%的单身大学生,会以一年两次的频率进行一些身体接触"。

剩下的其他女性,她们大概各有各的事情：一些女性已经有了爱情归宿；罗森引用了英格兰的调查结果,她说,74%的女性（男性也差不多是这个比例）,她们的大学爱情至少持续有半年之久。[24]有一些女性没有恋爱,她们忙着撰写情色艺术的论文，思考着她们是异性恋还是同性恋的终极问题；她们还忙着在日间托儿中心做兼职，或是为了上班起个大早，在三明治商店一边吃早饭一边幻想她们的值班经理长什么样子。还有极少数的女性在计划着她们的婚礼，因为确实还是有年轻人结婚的，只是这个数量比以前少了很多。

现实

她们每个人在做的事，不论是以什么方式，其实都在努力解决她们是谁、她们适合做什么的问题。她们想要探寻自己未来的样子，想要知道自己未来的工作，想要弄清楚谁是她们适合做爱的对象，想要追问自己到底只愿意做有意义的性爱，还是那些随意的性爱就已经足够令自己激情澎湃了，想弄明白她们究竟是适合那种平静如水、细水长流式的爱情陪伴，还是更钟情于在激烈的争吵中突然爆发出的触电般的感觉，抑或是只想和她们的朋友、书籍、宠物一起简简单单地终老。

"那些关于勾搭潮流的报道，它们错误的原因就在此，"特蕾西·克拉克-弗洛里写道，"女性千姿百态。我们彼此各不相同。有些人通过同居的恋爱关系增加对他人与自己的了解；有些人则在酒吧的尽头和帅哥调情作乐，愉悦身心。有些人想要结婚；有些人则不想。有些人是异性恋；有些人则不是。有些人想要孩子；有些人则不愿意。即使我们都追求同一个目标，我们也没有统一的方法去实现它。"

当然，我们也没有统一的方法让自己免受伤害。首先，我们生而为人，很容易受到荷尔蒙以及心电感应的影响。其次，我们又是女人，尽管一心追求权力与性爱，但我们依然很容易陷入既甜蜜又迷惑的情感旋涡。

性与爱，尤其是在我们年轻时——我们的感情观还没有定型——所体会到的性与爱，对双方来讲，都包含着危险、痛苦以及失望。英格兰发现，66%的女性都承认，她们希望勾搭行为可以发展成为长久稳固的恋爱关系，这不仅仅是女性才持有的观点——58%的男性也有同样的想法。[25]

随着性伴侣数量的逐渐增长，我们也要看到，这确实会增加发生性病以及意外怀孕的概率。它还可能糟蹋你的灵魂，引诱你发生一些恶劣的性行为。同时，我必须要加一句，它当然也会让你遇见可以与你完美做爱的性伙伴，发现自己的"性趣"所在，让你了解到做爱时双方灵魂的触碰与身体的感应。

在勾搭现象中，女性会比男性感受到更多的失望与羞愧，这或多或少与长期强加于女性身上的压力有关，自古以来，女性自身的价值是由她们能否吸引男性来衡量的。除此之外，在这样一个性自由的世界中，女性从古至今都背负着各种各样的性别歧视与社会重压。很大程度上，舒拉米斯·费尔斯通在50年前怀着忧闷之心所描述的那种恶劣的、物化的性，同样变成了当代年轻女性的噩梦——当性脱离了婚姻自由存在时，女性就会被贴上"轻佻少女"的标签，或者成为当代社会中浪荡的代表。

蕾娜·科恩是一名大学生,她曾为这本书的调查工作奉献过一己之力。她安排和不同女性的访谈,收集调查数据,并且和她的大学朋友们一起滔滔不绝地谈论勾搭文化这个话题。看到我对随意性爱文化所持的积极态度时,她保留了意见。"也许这部分话题谈论得有些过头了,"2014年的时候她跟我说,"我的许多同龄朋友,并不是出于凯特·泰勒所写的那种原因这么做(为了事业上的发展而拖延认真的感情),而是因为她们觉得人们都期望她这样做,而且所有男人都乐意和她们这样做。"

如今这些不尽如人意的、进退两难的困境,难道比前代人无法享受到自由的性爱还要更糟糕吗?从某种程度上讲,如果你是女性中的一员,如果你亲身经历过这些的话,这些问题其实都是无足轻重的。

但是这种痛苦与失望,不知怎么地却被一些评论家们拿来与生物决定论联系在了一起,他们站在文化进步的对立面上,向女性寻求长期的恋爱关系这一点提出了质疑。身为记者的丹尼尔·伯格纳(Daniel Bergner)最近出版了一本名为"女性到底想要什么"(What Do Women Want?)的书,对女性的欲望本能进行了冗长的研究。在他看来,性别的差异性早已在女性的身体里种下了欲望的种子。伯格纳还引用了德国的一项研究,"根据报告,新型情感关系中的女性与男性,平均而言,在渴望性爱的程度上是旗鼓相当的。但是,那些和父母一起生活过1~4年的女性,她们比男性表现出了更为强烈的性欲"。

安·弗里德曼写过这样的话:"女性喜欢做爱。她们并不想因此被社会所诟病。"[26]但是，她们却一直在被社会诟病。

弗雷塔斯引用的研究，以及蕾娜·科恩所叙述的那些不满和失望的情绪，不仅体现了个人心中的悲伤，还体现了一定程度的性别偏见。它们证明：尽管女性的处境已经得到了很大的改善，她们对性的掌控权依旧比不上男性，当邂逅的对象满足不了她们的身体或精神需要时，她们依然会感到压力，感到像被出卖了一样；自身旺盛的性欲以及对性行为的默许，有时候也会让她们感到羞耻或者难受，并且因此怪罪自己。

男性作为长期以来的掌权者，规定了那些惩治女性性欲的条款。男性的性欲就是符合常理的、健康的，而女性的性欲却极容易被人看作有悖于道德的。如果一个异性恋的男性节制自己的性欲，那么在人们的讨论中，他会经常被当作例子评判那些性欲旺盛的女性；然而，如果一个女性节制自己的性欲，她就会被人们看作假正经、性反常，或者缺乏女性气质。男性的寻欢作乐——性亢奋——是能够被大众所理解的；而对于女性的性亢奋，人们仍然把它当成一个未解之谜。年轻女性给人口交的次数，远多于接受口交的次数；色情文学还过度聚焦于男性的性宣泄，并且越来越多地以一种毫无根据的、近乎反人类的女性生理视角来写作。大多数性暴力都是针对女性的；发生在年轻女孩身上的强奸案与袭击案，到最后通常演变成了对受害者的责难，那些所谓的攻击者们，还有社会以及大众媒体，都在责备这些女孩自身的放荡以及"自找苦吃"。这些针对女性的大量不平等现象，在当代的勾搭文化里皆有迹可循。比如，

2013年，《纽约时报》发表的一篇研究报道称，"处于婚姻关系中的女性，从性交与口交过程中所获取的性高潮次数，是那些到处进行勾搭的女性的两倍"。[27]

但这并不是勾搭文化的错，也不是因为勾搭文化才产生的。

人们对女性满足感的忽视以及对女性生理知识的缺乏，已经延续了数个世纪；正式而庄重的感情生活，从来都不会和女性的性愉悦扯上关系。根据历史学家瑞秋·梅因斯（Rachel Maines）的说法，直到18世纪，医生们才开始辨认出女性生殖器官的各个部分，他们终于能够分清楚阴道和子宫，也终于能够辨别阴唇、阴户以及阴蒂。梅因斯指出，尽管在当时，其他文化和国家已经对同一时期西方社会中的女性性高潮予以重视（这在当时很普遍，比如在近代早期的英国，人们就认为性高潮对女性的受孕是极为重要的），但是医生和心理学家们仍然坚持认为，"社会要以男性为中心，这是合乎常理且很有必要的，女性的性高潮只是男性性高潮的派生物，其本身的存在完全没有意义"。一直到了20世纪70年代，医学权威机构才"确认了在异性性交时，如果女性没有达到性高潮，那么男性一方在生理方面可能有所缺陷，或者在心理上是存在问题的"。[28] 除此之外，直到20世纪90年代，婚内强奸在某些州还仍然合法。

经历了漫长的岁月，大学才取消了家长制的条规，使男生和女生能够同时住在宿舍楼里；在这之前，女性被强奸、被恶劣对待，她们对自身的性欲和性行为感到的羞愧、后悔与内疚——要比当代女性强烈得多。

这就导致以前的女性不大可能向他人敞开心扉，不论是向朋友、辅导员，还是家长。还有，以前女性发现自己怀了孕，或者染上了性病，也不大可能通过法律途径寻求保护与帮助。

蕾蒂·科汀·波格莱宾回忆道，这正是为什么海伦·格利·布朗于1962年出版的《单身女孩与性》极具革命性的原因。她说，这本书"是时代的交汇点，它连接着两个时代。它极大地解放了我这一代的女性"。在20世纪50年代读大学的时候，波格莱宾说，她和她的朋友们常常会八卦闲聊起某个学生奔放活跃的性欲，但是在25年后的班级重聚上，她们却彼此坦白，那个时候她们谁也不是清白之身。"当时的我们谁也不是处女，而我们还八卦着别人的性欲，用鄙夷的目光看待她，"她说，"你必须要这样虚伪地活着，还认为只有自己是这样。"像她那代的很多女性一样，波格莱宾在大学毕业之前堕过胎，但是她没有告诉任何人。"我不知道我该怎么做，而且那时候也没有避孕药。"堕胎，她说，"是藏在每个人心中最深处、最隐蔽的秘密"。

用来掩盖女性生理经验与性体验的隔音板已经开始破裂。"海伦暴露了我们，"波格莱宾说，"海伦揭露了单身女性做爱的事实。"波格莱宾还说，正是这本书给了她"尊严，带给了她事业上的成功以及足够的资历，而不会被认为是淫荡的女人"。50年后的今天，波格莱宾不自觉地回忆起，格利·布朗结婚时的年龄是37岁。

如今，如果一个女大学生在兄弟会上碰见了一个令人糟心的男生，而这个男生还要陪她一起回家的时候，这个女生心里恐怕确实会生出厌恶之感，50年前情况或许会更糟之类的安慰，也不能缓解她的痛苦。但是好的一方面是，即使今天人们都知道她在兄弟会上结识了一个男生，她也未必要把自己的后半生交付给这个糟心的人，也不必承受社会道德的责难。

而且，勾搭文化的批评者们设想出的方案，根本无法解决勾搭文化里的不平等现象，更别说完全消除了。赫斯曾说："如果年轻的女孩找不到一个想做爱——哪怕只有一次——的人，那么解决方法就是不要只和同一个人做爱。"[29]

在今天这个时代，对待情感的矛盾情绪或许十分明显，但这揭示的不是新一轮的性冲动，而是说明，相较于从前，如今的女性在情感、性倾向的问题上，拥有了更多、更新的选择权利。既然我们有了更大的自由，可以在生命中做多姿多彩的事，那么其中的有些人，不管男人还是女人，会享受安逸的夫妻生活；另外一些人喜欢放浪的生活，也有人坚守着独身主义。随着这些选择越来越多样化，我们很难去理解那些不太合我们心意的偏好：为什么有人沉迷于歌剧，而有些人就是爱死了妮琪·米娜*？为什么有的人每次都想换个新饭店吃饭，而有的人就喜欢待在家里看赛车竞赛？阶级、种族、年龄、身份、机遇以及社区环境等，这些因素共同影响着我们的选择——它们影响着可供我们选择的对象，也影响着我们身边人的行为方式；在感情问题上亦是如此。

---

* 妮琪·米娜（Nicki Minaj），美国著名饶舌歌手。

但即使是受到这么多因素的影响，如今这个世界，那些多样化的感情方式和性行为，依然会被我们看作有悖常规或不成熟，因为它们有悖于我们一直以来对成年人的预期（或者说对成年人的要求）。过去，我们所期望和要求的，是每个人都走进同一个婚姻的入口。突然之间，人们挣脱了缰绳，向四面八方自由地奔去，并乐在其中。

人们行为方式的多样化程度令人诧异、五花八门、难以预料，不可否认，也是有点吓人的。当然，不是每个人都从中收获了幸福。但我们如果认为，曾经强加于女性身上的那种单一的、狭隘的性生活，能够引领更多的女性走进幸福，那实在是大错特错了。

第9章

单身时代的婚与不婚

　　蕾蒂·科汀·波格莱宾回忆起1963年的一天,她刚刚出差回来,坐在格林威治村的花园寓所里。这次出差她一共去了7个国家,回来后她就想:"我永远不要结婚。"那年她23岁,她说之前她一直以为,自己总有一天需要嫁人,依靠丈夫生活,但是这次出差打消了她的这些念头。"寻求自我实现的单身生活可以证明自己的能力——我自己修马桶,自己装灯,自己换轮胎,不需要别人来帮我。这些事情你能自己做了,就不用可怜兮兮地当别人的婆娘了。"

　　第二天,波格莱宾接到一个男人打来的电话,邀请她到火岛(Fire Island)过生日。在那边的海滩上,她认识了劳动与雇用法领域的律师伯特(Bert),6个月以后他们就结婚了。她说,她的丈夫是一名热心的女权主义者,他们一起参加妇女运动,一起阅读女权主义文章,平等地抚养3个孩子。她认为,是她婚前的独立生活造就了他们夫妻平等的婚姻。认识伯特将近 10 年以后,她与其他人共同创办了《单身女性》杂志。"我在 48 年里没有和其他男人发生过性关系,"波格莱宾说,"以我过去的生活来看,这简直不可思议。"

最讽刺的是,尽管传统性别角色的日渐淡化令保守人士甚感愤怒,但是在很大程度上,正是那些不愿进入传统婚姻的人拯救了婚姻制度。

如今,美国人的单身现象越来越普遍,单身的时间也越变越长,他们比以往享有更大的生育自由和性自由,勾搭文化盛行,同性恋婚姻也变成了现实。尽管如此,或者说正因如此,大多数美国人都会结婚,或者和某个人保持一段时间认真负责的关系。这是目前美国与众不同的地方。

日本是一个结婚率迅速下降的国家,它的出生率与德国不相上下,均为世界最低(2014 年,日本的新生儿人数创历史最低)。日本国民已经开始摒弃婚姻,甚至摒弃异性之间的性行为,日本媒体将这一趋势称为"独身主义综合征"。[1] 研究发现,有 61% 的未婚男性和 49% 的 18 岁至 34 岁的女性处于单身无恋爱关系状态,比 5 年前增加了 10%。而另一项受日本计划生育协会委托进行的调查显示,有 45% 的 24 岁以下女性称她们"对性接触不感兴趣,甚至反感"。[2] 根据日本杂志《女子 Spa!》(Joshi Spa!)的说法,有 33.5% 的受调查对象认为婚姻是"没有意义的"。[3]

日本社会对异性配偶的排斥与他们性别角色的顽固僵化密

切相关。日本女性接受教育，自己挣钱，然而家庭对她们的期望却没有改变。日本的工作周适合家有贤妻的男人，工作强度之大让一个仍需全心照顾家庭的女人无法应付。在日本，已婚职业妇女被称为"魔鬼人妻"。根据《卫报》(The Guardian)报道，日本人口与社会保障研究所进行的一项调查显示，90%的日本年轻女性称她们更愿意单身而不愿意进入"她们想象中的婚姻"。[4]《卫报》专栏作家阿比盖尔·豪沃斯（Abigail Howarth）报道称，日本有句古语"婚姻是女人的坟墓"，在今天已被改写成婚姻是"（女人）来之不易的事业的坟墓"。一名32岁的女性告诉豪沃斯说："你不得不辞去工作，变成一个没有独立经济收入的家庭妇女。"

这是对我们社会的一个警示，当两性角色失衡，女性群体获得更大的自由而社会又无法适应时，两性之间的关系就会出现问题。

天主教国家也出现了类似的现象，如意大利有越来越多所谓的"妈宝男"，他们不满那些忙于事业的女性同侪对家庭事务的疏忽，因此到了成年还继续和可以为他们洗衣做饭的母亲生活在一起。粗算下来，意大利的结婚率（即每1000人中结婚的数目）在1960年为7.7，但是到了2013年只略高于3。[5]

在德国，职业母亲被讽刺为"渡鸦母亲"，而且根据经济研究所的数据，只有2%左右的高级管理职位由女性担任，[6]同样从1960年到2013年，德国的结婚率大致从9.5跌至4.6，下降了一半以上。

相比于这两个国家,北欧国家的结婚率并没有急剧下降,因为在北欧国家,社会政策和人们的思想观念更加平等,这些国家通过出台政策和进行文化上的调整,支持女性享有更大的自由。从 1960 年至 2013 年,芬兰的结婚率只从 7.4 下滑至 4.6,瑞典则从 6.7 下降至 5.4。[7]这两个国家的女性初婚年龄中值均在 30 岁以上,过去它们的结婚率低于意大利和德国,而现在却与它们持平,甚至超过了它们。

北欧国家不仅结婚率高于其他国家,双方互相有承诺的非婚关系也更加稳定,这说明进步的性别观念,可以提高人们从异性关系中得到的满足感和相互之间的责任感。在瑞典,同居伴侣的分手概率要低于美国,社会学家安德鲁·切尔林指出,"孩子与未婚父母共同生活的瑞典家庭,相比于孩子与已婚父母共同生活的美国家庭,更不容易产生破裂的问题"。[8]艾米娜托·索乌回忆起她与一名瑞典男子的关系(那是她最认真的一段关系),"他竟然问我避孕需要多少钱,要和我分摊费用,"她说,"天哪,这就是平等国度里长大的人!"

美国是一个在启蒙思想中诞生的年轻国家,个人自由是它的核心承诺,在过去的 40 年里,它也经历了结婚率大幅下降的问题。然而,它在 2012 年的结婚率大约是 6.8,[9]还是高于美洲的其他国家以及西欧的所有国家。

有观点指出,美国人长久以来想要结婚的倾向,是男权社会对女性持有的一种顽固不化的预期。在这个国家,自由打从一开始就是一个虚假的承诺。真正的平等——对于女性,对于有色人种，对于同性恋群体而言——从来都是难以实现的。

然而我却认为，正是国家有开明进步的思想，允许人们不断地矫正它赖以立足的制度（包括宪法、选民范围、婚姻的定义），婚姻才得以自我修正，变得更加包容、平等，从而有可能以更大的魅力吸引更多的人。

在美国人民反对性别不平等的长久斗争中，最关键的是那些或出于自己的选择或出于命运的安排而处于单身状态的妇女，这些妇女（及其伴侣和支持者）通过提出主张，或仅仅通过自身的存在，迫使这个国家张开怀抱，为她们创造新的生存空间。

今天，这个庞大的单身女性群体，依然在为自己努力地争取这片空间，有些也像日本女性一样，拒绝接受在她们看来可能不平等的婚姻。2013年的一项调查发现，仅有66%的女性认为必须结婚人生才能完美，而持这种想法的男性有79%。新闻记者阿曼达·赫斯指出，"自去年夏天以来，不再将婚姻看作定义成功的首要因素的女性比例几乎增加了一倍——从5%上升到了9%"。[10] 同样地，社会学家凯思琳·格尔森（Kathleen Gerson）在为她2010年出版的《未完成的革命》（*The Unfinished Revolution*）一书做调研时也发现，超过70%的女性宁愿单身也不愿当一个家庭主妇。[11]

但是，在格尔森这本关于转变家庭观念和社会政策的书中，有一项数据或许能让担心世界范围内异性婚姻状况的人士对美国产生希望——除了格尔森做抽样调查的年轻美国女性中有80%的人渴望男女平等的婚姻，希望夫妻双方平均分配工资收入、平均分摊家务和育儿任务,现如今,有70%的男性也希望如此。

几百年来,妇女们为了能够更长或终身保持单身而努力奋斗,她们为自己开辟了新的道路,创造了新的立足空间,已令其他同胞对她们刮目相看。因为延迟结婚,她们就有了更大的选择自由,并且更有可能实践不一样的婚姻、拥有更加美好的婚姻。

单身女性对男人和婚姻提出了更高的要求,她们对于拯救美国婚姻制度所起的作用或许不亚于其他任何一个群体。

单身使婚姻更美好

人口统计学家预测,美国仍将有80%的人会在人生的某个节点结婚成家。[12]《纽约时报》报道称,婚姻模式的改变"更多的是延迟而不是放弃婚姻"。虽然"年轻女性的结婚人数大幅下降",但大多数"有大学学历的人和大学学历以下的女性最终还是会结婚"。

但是,纵观美国历史,延迟结婚是女性为自己寻找更合适的伴侣所采取的主要方法之一,由此女性可以避免一成年就和一个男人绑定,并且只能由他来决定自己的一生。

布里特妮·库珀(Brittney Cooper)是一名从事黑人妇女研究的学者,她以进步时代*的非裔公共女知识分子为话题写过一

---

* 进步时代(Progressive Era),19世纪90年代至20世纪20年代,由于城市化、工业化、非法移民、政府腐败等问题,美国历史上一个政治、社会变革风起云涌的时期。

些文章。她指出，她所研究的许多取得开创性成就的女性，包括教育家玛丽·丘奇·特雷尔（Mary Church Terrell）和社会活动家艾达·B. 威尔斯－贝内特（Ida B. Wells-Barnett），在她们那个时代都算是晚婚的人，她们为了个人发展不受束缚而将婚姻往后推迟了。库珀说，她在工作中接触的大多数非裔女性都曾特别指出，她们的丈夫"思想进步，支持妇女选举权，支持她们的事业"。

丘奇·特雷尔出生于奴隶家庭，后来成为反私刑活动家，她是美国全国有色人种协进会（National Association for the Advancement of Colored People，简称NAACP）的创始成员，1884年获得大学学位，是最早获得大学学位的非裔女性之一。特雷尔的父亲希望她早日结婚安顿下来，但是她没有遵从父亲的愿望，而是继续攻读硕士学位，引起了家庭矛盾。特雷尔后来成为一名拉丁语教师并在国外待了两年，其间有不少欧洲男士追求她，但都被她拒绝了，最后她在28岁结婚成家。而威尔斯在33岁结婚的时候，就已经在欧洲做过反私刑巡回演说，并得到了美国废奴运动领袖弗雷德里克·道格拉斯的赏识。她后来在书中写道，在她婚后，她的终生好友和同事苏珊·安东尼每次都是"咬着牙挤出"她的夫姓，称呼她为"贝内特夫人"，并讥讽她说"你结婚后几乎彻底安分了"。

然而，不管安东尼如何站在婚姻的门槛外面抱怨，延迟结婚往往可以使女性在经济上有一定的积累，从而使她们在婚姻制度内更加理直气壮地要求平等和自由。

阿梅莉亚·埃尔哈特（Amelia Earhart）是举世闻名的女飞行员，她曾毁过一次婚约，多次拒绝出版商乔治·P. 帕特南（George P. Putnam）的求婚，直到1931年终于同意嫁给他。她拒绝改用夫姓，在婚礼当天还写了一封信给丈夫："我必须向你重申我是不情愿结婚的，我觉得工作机会会因此破灭，而工作对我来说意义重大……恳请你让我们互不干涉彼此的工作或娱乐，也不要让世人看到我们之间的欢乐和分歧。结婚后，有时我要保留一些自己的空间，因为我无法保证自己可以忍受总是被禁锢在笼子里，即使这是一个精美的笼子。"[13]

个人的理想与妻子需要顺从丈夫的社会观念——这种观念让埃尔哈特深感不安——之间的矛盾，即使到了婚姻更加平等的时代也依然存在。2003年，奥普拉·温弗瑞谈到和她相处了几十年的男朋友斯特德曼·格雷厄姆（Stedman Graham）时说："我们若是结婚，现在就有可能已经分手了……斯特德曼是传统的黑人男子，而我却不是传统的女性，我担当不了那样的角色。"[14] 那年她还说过："我和斯特德曼相处得非常好，我可以完全做我自己，他不会以丈夫的身份来要求我做妻子该做的一切。"[15] 但值得注意的是，尽管如此，几十年里，温弗瑞都称格雷厄姆是她的未婚夫。

但是，在结婚之前已凭靠自己取得成功的女性，或者已经通过自己的努力取得成功，但不愿很早结婚的女性，她们更有可能遇到思想相对进步的男性，将她们视为独立的成功女性，接近她们，追求她们。

流行歌星碧昂丝在和嘻哈明星Jay-Z（本名肖恩·卡特）结婚后接受了一系列采访，其中一家媒体是《十七岁》(Seventeen)。《十七岁》是一本为年轻女性出谋划策、指导她们如何趁早出嫁的杂志，但碧昂丝却在这次采访中发出了一种不同的声音。她说，她19岁开始和卡特交往，但是她有意拖延结婚的时间。"我不相信一个人在20岁的时候喜欢一样东西，到了30岁还会喜欢，"她说，"所以我给自己规定，25岁之前绝不结婚。我觉得我们首先要认识自己，了解自己想要什么，给自己一段独处的时间，为自己的身份感到自豪了，然后才能和别人分享。"碧昂丝和Jay-Z终于在2008年共结连理，那年她26岁，已经如她所愿蜚声全球了。

今天，有许多证据表明，晚婚和走高的不婚率对婚姻质量有着积极的影响。结婚率低而晚婚率高的几个州——包括纽约州、马萨诸塞州、新泽西州、伊利诺伊州和宾夕法尼亚州——经常自豪地称它们的离婚率在全国是最低的。[16]而普遍早婚的一些州几乎完全相反，犹他州除外，因为犹他州的摩门教徒们鼓励早婚但是不鼓励离婚。[17]怀俄明州、俄克拉何马州、阿肯色州、肯塔基州和田纳西州，都属于早婚但离婚率高的州。[18]

晚婚的众多好处之一就是，它使情侣间在结婚之前有更长的时间磨合、经历更加多样的相处模式。新闻记者伊芙琳·坎宁汉姆（Evelyn Cunningham）曾经说过，"妇女是我们社会唯一一个与压迫者亲密共处的被压迫群体。"女权主义者格里奥特（Griote）2010年在她的博客中援引了这句伤感的话并且说，她有一次在洗着不是自己用过的碗碟时意识到,"我若是嫁给一个希望我同时做他的妻子、性工具、厨师、女佣和私人秘书的男人,我的婚姻维持不了 6 个月"。女性若拒绝一成年就将自己定位成男人的女佣、性工具和任由其使唤的妻子,她们便打破了坎宁汉姆所说的同居压迫怪圈。

不仅如此,未婚女性还改变了社会对她们的偏见。她们和男人并肩共事,让他们明白女人也可以成为他们的同事和老板;和他们一起喝酒、一起争论政治话题,让他们明白女人也可以成为他们的朋友;和他们上床做爱,让他们明白(希望是真的明白)有了性并不意味着女人就属于他们;她们按照自己的意愿生存,迫使男人承认她们是和他们平等的同类,而不是他们的附属品和性工具。

正如苏珊·安东尼在接受内莉·布莱的采访时所言(内莉·布莱在她 31 岁结婚之前当过驻外通讯员,在有史以来最短的时间内完成了环球旅行),"过去,男人害怕女人有思想,害怕妇女有投票参政的意愿。现如今,优秀的女性参政者正是优秀男人寻觅的对象"。[19]

安东尼认为,独立生活的女性虽然一度被认定不是男人理想的伴侣,但是男人的兴趣终将改变。一百多年后,她的这个观点与婚姻历史学家斯黛芬妮·库茨所描述的观念转变不谋而合。库茨指出,受过大学教育和拥有高薪水的女性,曾经是最难婚配的一类群体,如今却是最容易出嫁、最有可能享受长久婚姻的人群之一。[20]

这种转变,部分原因是延迟结婚后,不仅女性变得独立了,男性也和女性一样,学会了自己张罗吃穿、打扫居室,自己熨烫衬衣、整理行李。

发挥个体潜能可以带来更大的社会公平,这是安东尼理想中单身女性时代实现男女平等的基本条件。安东尼曾经做过预测,在她的单身乌托邦世界里,男人光临单身女性居所不是为了"在婚姻市场上寻找潜在的女当家",而是"像走进了绅士俱乐部,和她们一起探讨艺术、科学、政治、宗教和改革……是为了在傲慢的知识领域里结识和他们站在同一个高度的同僚"。

这正是那位"单身女学士"在 1904 年所写的她理想中的婚姻生活,"我理想中的婚姻,丈夫是我的知识伴侣,他愿意——并以此为豪——给我鼓励和灵感,使我在我所选择的领域里有所发展,同样,我也愿意对他所从事的领域给予欣赏和支持"。但终究还是遗憾,她抱怨说,"不管什么样的情人,他们都(只)想让我成为他们孩子的母亲"。

我和先生在 2010 年结婚的时候,我 35 岁,他 45 岁,结婚之前,我们俩加起来共有 80 年时间各自独立生活。这其中的弊端差不多都是情感方面的——几乎可以确定,我们无法像所希望的那样有更长的时间携手共度人生,除此之外,让我感到遗憾的是,因为我们年龄偏大而且有生育的打算,所以在孩子出生之前,我们没有很多时间享受二人世界。

但不可否认,我们之间绝不是那种谁归属谁的关系。我们有各自的银行账户、各自的餐盘、各自的事业和各自的社交圈,我们都会洗衣做饭，都会使用电锯。

我们若是要在工作中建立一个相对平等的起点，就会分配任务给那些合适的人，而不是随便分派让人穷于应付。在我的婚姻生活中，我和先生共同分担做饭的家务，我负责大部分的卫生工作，他负责全部的洗衣任务，孩子则由我们轮流照看。我并不是在宣扬我的或是谁的婚姻可以成为别人的楷模。改善婚姻关系有多种选择，其中之一就是，依照夫妻双方的才能和意愿来塑造婚姻。可以肯定的是，相比我的母亲或祖母，我的生活质量远远高于她们，我每天的家务负担更是想象不到的轻，夫妻之间也远比她们平等。

处于这种婚姻关系的并非只我一人。2010年，皮尤研究中心的一项调查显示，51%的调查对象（已婚或同居）称，他们的关系比父母这一代更加紧密。而在这些人中，55%的女性看到关系有改善，而男性是46%。[21]

男人通过和女人建立平等的伴侣关系，可以为子女树立榜样，便于他们今后建立更加平等的关系。22岁的维多利亚·彭（Victoria Peng）是一家律师事务所的职员，她回忆起以前总是取笑她父亲像个女人，那时他父亲自己创业，时间上比她在公司上班的母亲相对自由，所以排球训练结束后总是由父亲接她回家。但是现在，她说："我想找一个像我父亲那样的男人。"

在我们这个女人拥有独立的时代，男人不仅变得更加温柔体贴，作为朋友，他们也更加合格了。大女儿出生后，我第一次外出报道新闻时仍在哺乳期，当时另有一名记者是我的男同事，也是我的竞争对手。这位同事是个结了婚、有两个孩子的父亲，所以他非常理解新闻活动的延迟会对我的哺乳造成什么影响。我们在鱼类加工厂给未来的参议员伊丽莎白·沃伦做跟踪报道时，正是这名男同事跑前跑后为我找来冰袋让我存放带回家的母乳。

前进的步伐虽有迟疑却不会停止。虽然美国尚未设立带薪的陪产假，虽然许多工作场所仍然没有专门的哺乳室供产后回归工作的女性使用，虽然众议院大楼要到 2011 年才终于有了女盥洗室，但是美国妇女凭着实现独立公平的坚定决心，克服制度上的重重困难，推动社会观念和大众行为发生了巨大的转变。和我们共事搭档、结为好友的男人，如今也会帮助我们冷藏母乳了。

从 1965 年至 2011 年，孩子在 18 岁以下的已婚男子，从事家务劳动的时间从每周的 4 小时上升到了 10 小时，他们照看孩子的时间从每周的 2.5 小时提高到了 7 小时。[22] 在家务方面的分配虽然还存在男女不平衡——男人清扫落叶、倒垃圾，女人洗碗、打扫卫生间，但是美国劳动统计局关于时间利用的调查发现，从 2003 年至 2014 年，男性打扫卫生和烹饪的比例从 35% 上升到了 43%，同一时期，女性平时从事家务劳动的比例从 54% 下降到了 49%。[23] 虽然远未达到平均分配的程度，但却是历史上最接近的比例。

有调查发现，在大多数仍然处于未婚阶段的千禧一代中，无论男女，工作、生活两相平衡，是他们选择工作时优先于报酬的考虑因素。[24]《纽约时报》曾经发表过一篇关于越来越多的男性涉足护理业等传统女性行业的报道，文中引用了艾德里安·奥蒂斯（Adrian Ortiz）说过的一句话——"家庭绝对是我的第一位"。[25]奥蒂斯曾是墨西哥的一名律师，后来在美国改行当了一名双语幼儿园的老师。即使是在素以男性为主的领导职位上，有些男性也比过去更加坦然地承认他们同样担负着家务责任。2015年，威斯康星州共和党议员保罗·瑞安（Paul Ryan）宣称，他对出任议长一职、成为总统第三顺位继任者的兴趣不大，因为他不想"放弃家庭时间"。作为一名政客，瑞安曾经反对可使更多父母有时间陪伴孩子的儿童看护津贴、带薪休假法规，由此可以看出，我们的文化观念已经发生了很大的转变，现在的男人竟然会把家庭责任列为仕途上的障碍。

全职爸爸虽然为数不多，但是相比过去现在更加普遍，尤其是在经济发达地区，女性正在打破惯例逐渐上升至顶层职位，经济条件允许夫妻的一方在家全职照顾家庭。根据《纽约时报》的报道，丈夫看家照顾孩子、自己在华尔街打拼的女性数量已经由1980年的2980人上升至2011年的21,617人，几乎呈10倍的增加。

在21世纪的前10年里，美国各个阶层全职父亲的数量几乎增加了一倍。[26]一项调查研究显示，在妻子有工作、孩子5岁以下的男性中，有20%的父亲是孩子最主要的照顾者。此类人群数量的增加不仅是因为有更多的妇女成为赚取薪水的劳动力，还有一个原因是经济萧条和蓝领劳动力的萎缩造成父亲失业。

批评人士也许认为，父亲作为孩子最主要的照顾者，其数量上升只是经济不景气的一个症状。但是高失业率并没有减少这些男人生育的欲望，正如长期的性别偏见将中产阶级女性拒于工作场所之外，也没有造成母亲数量的减少。

社会对于这些新常态的出现不仅能够适应，并且正在做出调整。巴塞罗那大学的研究人员日前对1968年至2009年来自56个国家的人口统计数据进行了分析，并得出结论认为，婚姻模式因为受过高等教育的女性数量增加而正在发生改变，更多女性与受教育程度低于自己的男性进行婚配，相比之前高成就女性和低成就男性容易单身的状况，这是现代婚姻趋势于近期出现的一个反转。[27]正如研究人员艾伯特·埃斯特维（Albert Esteve）谈到这项调查研究时所言："我们注意到的是，婚配组合模式会根据这些结构性的变化及时做出调整。一旦出现这样的变化，婚姻市场必然会受到影响。"

老姑娘和同性恋婚姻

2013年6月在最高法院撤销《婚姻保护法案》之后，新闻记者杰斯·奥克斯菲尔德（Jess Oxfeld）发表了一篇题为"昨日的少数被压迫者，今日的老姑娘"（"Yesterday an Oppressed Minority, Today an Old Maid"）的专栏文章。就在最高法院做出裁定的同一个星期，奥克斯菲尔德和她男朋友结束了关系。"我37岁，单身，"她在文中这样写道，"我的确想要一个丈夫。"不仅如此，她还说，"这种异性婚恋思维模式让我认识到自己原本迟钝的异性婚恋观。我不仅想要结婚，更想在合适的年龄里结婚……我希望我的婚礼是在青春年华里举行，而不是在垂暮之年。"[28]

在《石板》杂志的一篇题为"不要成为别人的妻子"（"Don't Be a Wife"）的文章中，评论员琼·托马斯（June Thomas）对向同性恋伴侣强加婚姻期待的做法表达了同样的不满，她特别援引了女权主义的婚姻观作为她反对的理由，"将近16年，我和伴侣保持着一夫一妻式的关系，我非常幸福，"托马斯写道，"我们拥有共同的财产，共同养了一只猫。我就是不想成为别人的妻子，也不想有自己的妻子。"托马斯回忆起她早年参加的妇女运动说："虽然我们没有将矛头直接指向婚姻，但是在某种程度上，婚姻制度代表男性霸权，代表一种倾向，有些男人的态度就好像妻子是他们的财产一样，他们可以随意控制。"现在同性婚姻已经合法化，看到那些同性恋的青年男女谈婚论嫁，她甚是不解，她说："他们真的确定要成为终生的伴侣吗？这在35岁的时候是美好的，但25岁就定下终生，这也太像阿米什人*了吧。"[29]

曾经有多少女性同胞为了摒弃婚姻制度而不懈努力，而如今同性伴侣却在为了冲进这个制度而斗争，他们近来所取得的

---

* 阿米什人（Amish），基督新教再洗礼派门诺会中的一个信徒分支。以拒绝汽车、电力等现代设施，崇尚简单朴素的生活闻名。

胜利，看起来与我们努力反对将婚姻视为成年生活的唯一合规模式是背道而驰的。奥克斯菲尔德和托马斯的故事似乎证实了保守派专栏作家梅根·麦卡多（Megan McCardle）的预见，麦卡多曾这样写道，同性婚姻合法化将意味着"保守的资产阶级性道德观的胜利，一旦同性恋者可以结婚，社会便将要求他们结婚"。

然而，同性婚姻也有其进步的一面——事实上，它有许多进步之处——当然，最重要的是，它对整个婚姻制度的权力结构进行了重新构架，使得社会性别机制失去了作用，让这个制度再也无法以此为由行使压迫女性的权力。

无政府主义者爱玛·戈德曼在捍卫同性恋关系的斗争中，走在了时代的最前沿。她在1911年就异性婚姻做出了完全正确的预言。她说："有一天，男人和女人都会站起来，他们将身处巅峰，形成强大的联盟，他们将自由地接受与给予，沉浸在爱情的金光里……不是婚姻，而是爱情，将诞生真正的伴侣关系和二人合一的美好感觉。"[30]

同性婚姻的基础是与生俱来的爱情和伙伴关系，而不是由性别赋予的社会经济权。建立在这种理想的基础之上的同性婚姻，必将启迪我们对异性婚姻进行重新思考。

在每一种结合关系中，无疑还会存在一方压制另一方的情况，有的配偶残酷冷漠，有的悲观消极，还有的郁郁寡欢。伴侣之间会互相腻烦，互相控制，甚至闹翻分手。但是，谁是双方中被征服和被控制的那一方，将不完全由身体特征决定。虽然没有婚姻是完美的,但是对于走进婚姻的女性来说,不管她的配偶是同性还是异性,都将拥有更大的公平和自由。

对婚姻不平等现象的突然改观产生了非常深刻的社会效应,2013年《纽约》杂志发表了一篇报道,说一些异性伴侣很想找一段文字在婚礼上宣读,以示他们之间是平等的结合,最后他们选了马萨诸塞州最高法院一份判决书里的一段话。这份判决书是对"古德里奇诉公共卫生部案"(Goodrich v. Department of Public Health)做出的裁定,该案是美国首例判定同性婚姻合法的案件。[31]

判决书中说:"民事婚姻一旦生效即刻就成为双方当事人的共同约定,这是以非常公开的形式对当事人实现理想表示庆贺,这些理想包括双方彼此拥有、互相陪伴、夫妻亲密、互相忠诚和共建家庭。民事婚姻可以满足我们对安全感、庇护、结合的渴望,这些渴望表达了我们人类的共性。所以婚姻是一项备受尊敬的习俗,是否结婚、与谁结婚是人生的重大抉择之一,必须由本人的意志来决定。"

这个法律观念充分表达了婚姻的性质和目的,它没有言及双方权力的大小,没有言及双方地位的尊卑,但是它指出,双方是彼此拥有、互相陪伴的,更指出,当事人拥有美好的选择权利——不仅可以选择与谁结婚,更可以选择是否结婚。这个焕然一新的婚姻世界强调的是自我,这是法律赋予的权利。

就是他

艾达·李认识她男朋友那年 19 岁,生活在广州。如今已 41 岁的她回忆起她男朋友说,他是个"很好很好的男孩子",朋友和家人都喜欢他,也都说他很好;他们俩显然也是相爱的。交往了一年以后,他便向她求婚了。"太早了,"艾达回忆说,"我说我还没有心理准备,就拒绝了。"

男朋友伤透了心,她试着向他解释,也许过几年就有结婚的心理准备了。但是他非常伤心,再也不和她说话,也拒绝接她的电话,3 个月后,艾达从别人那里得知他结婚了。"当时我非常难过,"她说,"他真的非常不错,为什么就不能再等等呢?"

艾达和男朋友分手之后也有其他男人追求过她,但是她不想再一次经历心碎。"那种感觉太痛苦了,"她说,"睡不着也吃不下。"3 年之后,她在街上遇到前男友,他说他的婚姻并不幸福。艾达问他为什么不等她,他说是因为单位可以给已婚的人分房。所以,将近 20 年之后,艾达告诉我说:"他结婚是为了一套房子。这就是他要结婚的原因,太可怕了。所以他才会觉得不幸福,因为他知道(他妻子)不够好。他们结婚就是为了一套房子,太愚蠢了。"艾达后来再也没有见过他,但是从那以后她不再那么伤心了,她说:"他和我说明原因之后,我就再也提不起兴趣了。"

随着年龄的增长,艾达面临着巨大的结婚压力。她说,20 世纪 90 年代在他们那个省份,女孩子二十好几还单身是不正常的。她母亲在她 25 岁的时候就开始操心她的婚事，母亲和姨母不停地给她介绍男朋友。"他们以为我可能不正常，可能不喜欢男人，好像女孩子年龄大了还不结婚就有什么问题似的。"但是艾达态度非常坚决，不是真心相爱绝不结婚。"我不想只是为了结婚，就去嫁给一个我并不爱的男人。"她说，"他好不好看无所谓，只要我爱他，他对我好就行了。那才是我想要的，但是我的父母和姨母，他们只想让我结婚。"

2001 年，艾达来到纽约当一名缝纫女工，有一个同事一直想把她侄子介绍给她，但是艾达没有兴趣。同事再三提起这件事，最后她答应打电话给同事的侄子。她说，因为"有时候需要有人和你说说话"。

"人不错，从说话来看。"她回忆说。她告诉他，如果要见面，他就要从皇后区坐地铁来布鲁克林，他们还约定穿什么样的上装以便好认。当艾达看到他穿着长长的外套从地铁站出来，她就想："就是他了，我想找的或许就是这个人。我就觉得不错，也许可以考虑嫁给他。"

这个男人很早就结过婚，有两个孩子，妻子跟别的男人走了，两个孩子由他独自抚养，当时一个 11 岁，一个 8 岁。艾达说她心里立刻就明白，"那是个好人，照顾两个孩子真的不容易"。于是两个人开始约会，后来艾达就怀孕了。虽然男方母亲反对，说他们八字不合，但他们还是不顾阻挠结婚了。现在他们已经结婚 10 年，有一个儿子。

最近，艾达 62 岁的母亲和 68 岁的父亲也从中国搬来和他们一起住在皇后区。她母亲出身于农民家庭，只上过10年学，19岁就结婚了，是父母包办的婚姻，育有两个孩子。母亲很快就适应了纽约的生活，然而她父亲却不喜欢，没待多久就想着要回家。艾达说："我妈对我爸说，要回你自己回。"他父亲就真的回去了。

艾达说她母亲现在更开心了，人也显得年轻了。在纽约的头几个月，因为语言不通她经常在地铁里迷路，而现在，她坐公交车、乘地铁都没有问题，布鲁克林和唐人街也走得很熟了。她还做起了家庭医护助手的工作。

"她现在非常开心，因为自己挣钱了。"艾达怀疑因为她母亲自己从来没有收入，所以经常受她父亲欺负。"有时我妈做早餐给他吃，他就说：'不要，我不想吃这个！'这很不好，所以我有时就说我爸：'妈都做了，你就吃吧，别挑了。'这也是他回中国的原因，我总是对我妈说，你要改变，也对我爸说，你也要改变，时代变了。"

艾达说她总体上还是为母亲感到高兴的。"她的生活比以前好了，如果时光能倒流，她会走不一样的路，去上学，不会很早就结婚。"

今天，艾达对她丈夫的女儿、22岁的詹妮弗（Jennifer）说："如果你想有权，就不要只想着结婚。你想生活得更好吗？那就不要只想着做一个妻子。"艾达认为她现在之所以能够幸福，是因为那10年的单身生活。"单身时光使我学会了照顾自己，让我明白我想要的是什么，"她说，"我们必须明白，除了自己，没有人能给你最好的东西,这是我和詹妮弗常说的话。我叫她不要太早结婚,找的男朋友人一定要好,他要能正确引导你,而不能让你误入歧途。"

艾达说詹妮弗常常这样回答她:"放心吧,我没那么笨。"

艾达的故事、她母亲的故事、她丈夫女儿的未来,还有用来说明婚姻、单身,以及女性在两者间进行选择和转换的所有数据,都表明,没有一种人生状态是固定不变的。从一个状态到另一个状态的转变是复杂而令人惶恐的,甚至是意想不到的。一个思想顽固的单身女性,因为一个从地铁站出来的英俊男子改变了主意;而一辈子依赖男人生活的女人,也可以在62岁,甚至更早的时候,说改变就改变了。

结婚还是离婚

莫莉(Molly)是纽约市的一名公设辩护律师,20多岁结婚,丈夫为人善良,她非常爱他。莫莉在犹他州长大,犹他州有大量的摩门教徒聚居,所以那里的结婚年龄为全美最低。虽然莫莉本人不是摩门教徒,但是她多少受到点家乡风俗的影响。当莫莉遇到一个沉稳持重、她又深爱的男人时,便毫不犹豫地结婚了。但是婚后没多久,她就有一种窒息的感觉。虽然她和丈夫有共同的工作激情、公益热情,但她还是有一种被婚姻禁锢而无法动弹的感觉。她回忆起有天晚上她试图向丈夫说明自己的感受:"你就像剪了我的翅膀!"她对着他哭诉道。后来他们就离婚了。

莫莉的丈夫喜欢婚姻生活，事实上，他又结婚了，而且有了孩子。他和莫莉对他们的狗有共同的监护权，直到前不久他们还合用一个办公室。但37岁的莫莉还是不喜欢婚姻，她现在仍旧单身。

虽然婚姻模式的改善使它对女性产生了更大的吸引力，但是并没有让所有女性都向往婚姻。婚姻的制约让有的人在结婚之前望而却步，让有的人在结婚之后仍然犹豫不决。

42岁的海蒂·西克（Heidi Sieck）在内布拉斯加州的农村长大，那里的大多数人都很早结婚了。她曾经有个男朋友，男朋友的父母也希望他们早点结婚。"但我就是不想结婚，"她说，"那个时候我就想离开内布拉斯加州。"她上完大学就去了华盛顿，并在华盛顿认识了一个学法律的男生，那个男孩，用她的话来说，"就像从童话里走出来的，又高又帅，读的是哈佛，上过《法律评论》（Law Review），打篮球，有很好的家庭出身，交友很广，而且风趣幽默"。她感到婚姻是经济和社会地位的保障，于是她催着他订婚。然而，就在她开始筹备婚礼的时候，中学时得过的进食障碍又犯了，她开始酗酒，甚至也不想做爱。美丽的婚礼结束后，她说她"精神完全崩溃了"。

海蒂这时开始明白，她做出结婚的选择是"出于担心，出于经济上的不安全，同时也是因为这样的机会不多——我担心不会再有男人爱我了"。然而，尽管嫁了一个堪称"完美"的伴侣，她依然不喜欢结婚的感觉，他们的婚姻最终还是破裂了。经历了5年的婚姻和2年的婚姻咨询与治疗后,她提出了离婚,不到6个月,双方达成协议,和平分手。

海蒂说在过去的12年里,她选择了自食其力的单身生活。"这是我专门选择的,"她说。离婚后她戒了酒,积极接受治疗,并从哈佛大学获得了硕士学位。哈佛大学,那是她曾经为丈夫在那里上过学而自豪的学府。"我原以为我只能嫁进哈佛,没想到我自己也能读哈佛。"她说。

海蒂的丈夫喜欢结婚的感觉,现在他又结婚了,而且有了孩子。海蒂和前夫依然保持着朋友关系,她和她哈佛的同学成立了一家公司,她前夫就是公司的律师。

从许多方面来看,离婚常态化对于女性来说是美好的解放,它可以使女性摆脱不幸的婚姻,从而减少家庭暴力,它可以降低杀夫案的发生率,使儿童不必生活在父母感情破裂却绝不离婚的不幸家庭里。对于像莫莉和海蒂那样的女性来说,离婚就是解放。

然而,离婚确实也是婚姻直接造成的最不幸的后果之一。无数调查显示,许多女性离婚后的心情、健康状况和经济状况,还不如不结婚的女性。

因此,现在女性结婚晚、结婚少是件好事。20世纪70年代离婚率一度飙升,但是从80年代起,越来越多的女性选择晚婚,使得离婚率又开始出现小幅而稳定的下降。[32]更值得注意的是,离婚率下降幅度最大的人群正是单身时间最久的那些人。

而有趣的是,在过去20多年里,离婚率上升的人群是婴儿潮时期（1946年至1964年）出生的人。这部分人往往很早就结婚，那时候婚姻的革命尚未到来。[33]

那些既非单身又非已婚的人士，或尚不确定何时、何地或究竟是否要获得婚姻身份的人士，他们有无数种中间选项。汉娜·罗森说，她已经发现，"我们发明了第三种关系，这种关系能让我们在生理和情感上都得到满足，两个人可以亲密无间，却又不是走向婚姻。这种新的关系很难想象"。[34]

可是，这在我看来根本不难想象！在我认识的我们这一代人中，大多数人的生活就是这样——我们感情好就在一起，不好就分手；我们的交往可以是长久的，也可以是短暂的；我们曾在爱情中迷失过，也曾在欲望中沉沦过；我们曾经拥有过美好的关系，这样的关系把我们领向心理层面的，有时是地理空间层面的新场所，也曾遇到过不好的人，在生活上及与伴侣相处上给予我们无数的教训。

我们的伴侣、情人、女朋友或男朋友，犹如我们的精神伴侣，引领我们走出失亲之痛，陪我们度过悲伤，熬过疾病。我的有些朋友陪同伴侣接受癌症治疗和糖尿病诊断，陪伴他们走过父母去世或失业的灰暗日子。尽管后来他们分手的时候有的感到解脱，有的觉得伤心，有的感到愉快，有的心怀怨恨。但是这些在关键时刻的陪伴都深深烙在他们的心里，这种情感的联结使他们永生难忘。曾经的伴侣，虽然我们未能和他们携手走进婚姻，但是他们依然重要，依然留在我们的记忆里，成为我们生命的一部分。

新闻记者珍·多尔发表在《乡村之声》的一篇文章对纽约的单身女性做了很好的总结。她这样写道:"那个让你第一次品尝精品威士忌的男人,那个带着孩子并让你明白自己究竟想不想要孩子的男人,那个既喜欢男人又喜欢女人的同事,那个和女人随便上床的男人,那个甩下你跑路的人,还有那个你有意让他跑路的人——他们都在你感情生活中占有一席之地,不要后悔你曾经有过他们。"

当我们真的做出决定要和一个人终生相守时,如果真的是这样,我们就会把从前任伴侣那里得到的教训和受到的影响带到新的关系中,这对于我们来说何尝不是一件幸事。

在结婚率走低的同时,我们社会中只同居不结婚的现象也在大幅攀升。在一篇有关 2008 年美国女性生育情况的调查报告中,人口统计学家发现,将近 30% 的未婚妈妈和伴侣(或同性或异性)同居,并且有相互承诺的关系。[35] 美国人和未婚伴侣的交往并不随便,也不草率,而是负有承诺的、认真的,虽不是婚姻,但和婚姻一样真实。

同居不婚适用于因各种原因不想结婚的人。它可以确保双方在法律上的独立性,同时又使他们有机会检验双方是否适合在一起,是否适合分享空间,是否能感受到每天亲密相处的愉悦。同居最终可能走向婚姻,或别的相处方式,因而也具有长久伴侣关系的好处——有日常的亲密接触,有人分摊账单——同时又无须让自己囿于社会和法律加于我们的期待,这样的关系或许更加幸福。

从 2006 年至 2007 年，盖洛普机构调查了 136 个国家，向人们提问："昨天你有没有感受到很多的爱？"调查显示，丧偶和离异者是体验爱最少的群体。已婚的人比单身的人感受到更多的爱，而同居的未婚伴侣甚至比已婚夫妇获得更多的爱。[36]

"独立吧，让你孤独终老"

安妮塔·希尔曾是一个绝望而几近疯狂的单身女性，1991 年一度被诊断为病态心理。现在，她和查克·马龙（Chuck Malone）保持多年稳定的关系。他们在一家餐馆里认识，那时她刚搬到波士顿不久，在布兰迪斯大学教书。两个人没有住在一起但每天都会见面。希尔说他们最后还是会结婚的，"但我不是为了顺应传统，我们会结婚，虽然不怎么明白非得结婚的缘由"。

说到他们的关系，希尔说，"非常好，我们这样幸福得很"。

"从某种程度上说，我觉得我现在的单身状态和认识查克之前的那个状态并不相同，"希尔说，"但我想告诉大家的是，不结婚也能过得很好。"她说这一点对于黑人女性来说尤为重要。"我们知道这个数字是多少，尤其在非裔女性中，未婚女性的比例是高于普通人群的，"她说，"我想告诉大家，不管我们的传统说什么，我们每个人都可以过上幸福的单身生活。这并不是说一定要抗拒婚姻，只是说，我们可以有自己的选择，不应该由社会强加给我们。"

希尔在她的言论中特别提到非裔女性,这是很有意义的。这一群体听到最多的就是,她们的问题是结婚率太低导致的。我为写本书而采访的许多非裔女性都表达了这样的观点,即黑人女子很难找到伴侣,这其中有种族的原因,也有人们对她们的偏见。

新闻撰稿人多黛·斯图尔特说,网络征友在她年轻的时候最管用,点击她个人简介的男人只是图一时之乐。随着年龄的增长,她想象他们会说,我要成家了,找个黑人妻子是不行的。斯图尔特和墨西哥裔男子、韩国男子都有过认真的交往,"我没有优势,黑人女性是在社会的最底层。那些男的找来找去就想要年轻的、白人、亚洲人,甚至拉丁美洲人。不光黑人男子如此,亚洲男子、白人男子都是这样……没人要黑人女子,基本上都这样"。

交友网站 OkCupid 对此做过研究,确实发现"男性不给黑人女子回复,或者很少回复。黑人女子给的回复最多,但是得到的回复最少。基本上所有人种,包括黑人,都对她们兴趣不大"。[37]

与此同时,电视评论员南希·吉尔斯却对没有足够多的优秀男人和黑人女子相配表示失望。她记得 2004 年和一个大学的朋友一起看奥巴马在民主党大会上的演说时,她们俩都开玩笑地说:"欧柏林怎么就没有这样的人呢?这些受过教育、精明能干而又风趣幽默的新品黑人男子,他们都去哪里了?我们上学的时候就没有那样的人。"当她考虑在网上征友时,她非常纠结要不要找黑人以外的男子。"作为一名黑人女子,这么做不容易,这是在背叛自己的种族。"她说起了一个黑人朋友,在街上遇到一个流浪汉对她吹口哨,她没有理睬,结果被那人一顿臭骂:"你是想要白人男子吧!黑人怎么啦,你别自己看不起自己!"

人们对黑人女性的这些看法,令人不安却又充满了矛盾:你太独立了,没人会要你;你不要那就连黑人也没有;你又为什么不要黑人男子?你是自我感觉太好了吧?你就是那种看不起自己是黑人的人。你是有问题吧?

"都是因为《新闻周刊》上的那篇文章,说什么女人过了四十找男人比被恐怖分子干掉都难,"吉尔斯说,"这话太恶毒了,听了让人难受。它的意思明显就是,聪明的女人没有好下场。"在《新闻周刊》的那篇文章里,研究人员称,受过高等教育的未婚女性,30岁时结婚的概率有20%,到了40岁,不超过2.6%。这些数据作为令人恐慌的消息循环中的一部分,被苏珊·法鲁迪一丝不苟地放在了她1991年出的那本畅销书《反冲》(*Backlash*)中。《反冲》向独立女性传递的信息是,她们面临着一场"男人荒"。[38]

成功女人难嫁人的观点在过去30年里久唱不衰,尽管已有种种迹象表明她们逐渐成为最容易出嫁的人群。还有,虽然几乎每一个种族、每一种宗教都在传达支持婚姻的信息,但是最受关注的可能还是黑人女性——不仅白人保守人士寻求政治途径惩罚她们,连黑人男性也对她们的独立耿耿于怀,尽管新闻记者塔米·温弗里·哈里斯(Tami Winfrey Harris)指出过,在

15岁以上的黑人女性中，未婚者占45.5%，而在这一年龄段的黑人男性中，未婚者占48.9%。[39]

艺人史蒂夫·哈维（Steve Harvey）曾和别人联合主持过几个关于成功黑人女性的电视专题，他就在节目中劝说她们降低择偶标准。2009年，他出版了一本畅销的交友指南《像淑女一样行动，像男人一样思考》（*Act Like a Lady, Think Like a Man*），书中的观点和奥普拉的想法如出一辙。2011年，节奏蓝调歌手泰瑞斯（Tyrese）在一次采访中向"自称不需要男人、一心追求独立"的黑人女性发话，他对她们说："你们去独立吧，让你们都孤独终老去吧。"[40]

在这众多的信息中，我们很容易忽略一个事实，那就是，虽然非裔女性的婚姻模式和独立生活向来有别于白人女性，但所谓的黑人女性单身危机并非如有些人所描述的那样耸人听闻。安吉拉·斯坦利（Angela Stanley）在《纽约时报》上撰文称，"最让人恼火的莫过于那些自以为是的言论，说什么像我这样的黑人女子不可能出嫁"。她驳斥了在社会上盛传的有70%的黑人女性未婚的说法，指出这个比例针对的只是25岁至29岁这一年龄段的女性，而黑人女性到55岁以上仍然未婚的只有13%。

"黑人女性结婚晚，"斯坦利这样写道，"但她们还是会结婚的。"

苏珊娜·莫里斯是亚拉巴马州奥本大学的英语老师，她说在她三十几岁的时候，她的大多数白人朋友都结婚了，而黑人朋友都还是单身。莫里斯并不担心她的婚姻大事，"我只想恋爱"。

她希望有个人可以说说话,"我更感兴趣的是找个伴侣而不是结婚对象"。她又说,让人焦虑的是,"每次你翻开一本书或杂志,或者打开电视,就会有人在那里告诉你,你是个黑人女性,你太胖了,说话声音太大了,没人会要你。焦虑就是这么来的!"跟斯坦利和安妮塔·希尔一样,莫里斯也认为,媒体将黑人女性的单身生活归于病态,这种"有意的误导和错误信息"掩盖了一个事实,即"单身人士以各种各样的方式拥有正常的生活,只是未曾被人注意"。

2012年,作家海伦娜·安德鲁斯(Helena Andrews)这样写道:"从数据来看,以及按照媒体的说法——他们总是执着于用数据说话——我完蛋了。一个受过高等教育的黑人女子,31岁仍然未婚,到哪里去找个好男人嫁掉?可我还不是嫁了?现在我每天早上醒来,身边就睡着一个男人,他是黑人!而且大学毕业!他不是罪犯,不是懒鬼,不是骗子,也没有私生子,而按照那些层出不穷的有关黑人婚姻'危机'的故事来看,像我这样的人只能从那些人中选择。媒体你们听好了!我的卧室没有危机!"[41]

为福利而结婚

安妮塔·希尔在说到她和查克·马龙之间的未婚关系时承认,因为没有孩子,他们这种临时性的关系更加容易维护。"如果女性想要孩子,而且希望对方共同抚养,事情就会复杂很多。"虽然这么说，但她也开始明白，单身终究是不利的，毕竟这还是一个为已婚人士设计的世界。

虽然听起来非常实际，但是在这个人们已经可以自由选择生活方式和相爱方式的时代，什么时候结婚、为什么结婚的问题，最后常常要归结于生活的现实：医疗、探视权、夫妻权利以及社会的认可。事实上，希望得到医院探视权、直系亲属继承权和医疗保险都是同性恋团体争取婚姻合法的主要原因。

对于不在美国出生的人来说，结婚是获得美国签证最好的且常常是唯一的办法。这正是小说家伊丽莎白·吉尔伯特（Elizabeth Gilbert）遭遇的问题。吉尔伯特曾经离过一次婚，离婚的痛苦激发她写了《一辈子做女孩》*这本畅销一时的回忆录，这次痛苦的经历使她发誓再也不结婚，但是当她的伴侣被禁止入境的时候，他们只能决定结婚。这一次的遭遇又激发她写了一本续篇《承诺》（Committed），详述了她对婚姻制度非常矛盾的心理。

《平价医疗法案》（Affordable Care Act）于近期被通过之前，许多人结婚是为了获得医疗保险。"我爱我丈夫，我们共同生活，我也打算一直和他在一起，"诺娜·威利斯－阿罗诺维茨（Nona Willis-Aronowitz）在 2011 年这样写道，"但同时我也后悔我们结婚。"他们结婚是因为有一次她男朋友进抢救室，但是处理医

---

* 《一辈子做女孩》（Eat, Pray, Love），由该书改编的同名电影译为《美食、祈祷和恋爱》，由茱莉亚·罗伯茨（Julia Roberts）主演。

疗保险的行政人员质疑她是否可以继续为她的同居伴侣提供医疗保险。诺娜的母亲艾伦·威利斯（Ellen Willis）是女权文化评论员，父亲斯坦利·阿罗诺维茨（Stanley Aronowitz）是社会学家，两个人在很小的年龄结婚并在20世纪中期的时候离婚，但他们又在诺娜15岁的时候"很不情愿地"结婚了，"因为他们担心伴侣关系无法让他们的财产得到充分的保障"。诺娜当时忙着学习甚至都没有参加他们的婚礼。[42] 诺娜结婚则是为了让她的丈夫共用她的医疗保险，他们去芝加哥市政厅登记结婚的时候，她只穿了一件黑色的连衣裙和一双人字拖。

难遇有缘人

然而问题是，对于我们许多人来说，找一个可以结婚、一起生活、一起度假、一起分摊账单的人，又谈何容易呢。

"在这世上，你我认为完美无缺的那种人是有的，或许千人之中会有么一个，"简·奥斯丁在写给她侄女的一封信中说，"这个人风度和气魄兼备，彬彬有礼又不失心智见识。但是这样的人未必就能让你遇见，就算让你遇见了，他也未必就是有钱人家的长子、你某位朋友的近亲，而且不一定和你生活在同一个地方。"[43] 奥斯丁所理解的是，缘分不是找到合适的人，而是要在合适的时间、合适的条件下遇见合适的人，而这才是困难所在。

随着女性自我供养能力的提高，我们的择偶标准相对应地水涨船高。事实上，如今的标准已经远远超过了奥斯丁的时代。

在奥斯丁那个时代，结婚是女性唯一的选择，否则生活将会非常艰难。当代女性或许更有可能拥有圆满的生活，即使她们恋爱心切，也要保护自己免受不良婚姻的伤害。

来自华盛顿的小说家艾略特说她非常伤心，因为至今尚未找到一个人结婚成家，但是她又说自己并不遗憾。"说起来有点复杂，如果我真的想结婚，过去10年里我也交往过几个人，我可以退而求其次从中选择一个，但是我并没有那样做，"而她又说，"我为自己感到自豪，因为我从不违心地去将就，不过也不是说我这样做就是如愿了。"

艾略特也注意到现在男女交往的性质变了。"现如今，好像不会有一见钟情的事了。"她这样说。现在大家都更加懂得生活的现实。她记得曾经和一个有10万美元负债的男子交往，"这在以前不算什么，"她说，"可是现在，我自己没有债务。我不得不承认，如果对自己的经济状况负责、一个人打拼的话，和欠了那么多债的人一起生活，是很可怕的。"

一见钟情、没有负债，这样的伴侣在生活中可遇而不可求。即使没有这些优秀的男人，我们自己也能拥有足够完美的生活，因此我们的择偶标准提高了，这也是我们自身独立所带来的意外结果。从前，女人依靠男人供养、给予她们社会地位和栖身之所，而且必须结婚才可以名正言顺地享受性生活，生儿育女。在这种情况下，她们的标准可以降低，而且必然会降低，男人只要拿出一张工资条，有生殖器，还活着，就可以了。

如今女性的要求提高了，我们坚持为自己寻找更好的伴侣也是为了改善——从而拯救——婚姻。

遇见真爱多数靠的是运气和上天特别的恩待，是偶然的机会造就了生活中的奇迹，这其中有我们出生时的机缘，更有我们成长过程中所能得到的资源和选择机会。

我结婚也是因为机缘巧合。有天晚上我加完班回家，下了地铁，突然决定到我家附近的一家餐馆买个意面带回去。这是一家我非常喜欢的餐馆，我和我的女性朋友经常光顾这里。我点好单就坐在吧台旁喝水，边上正好有个英俊的男子在独自用餐，他一边看着杂志一边喝着葡萄酒。我从吧台上方的镜子里观察他，忽然产生了想认识他的冲动。就在无意之中，我的杯子从我手中滑落打在了吧台上，他抬起头来，于是我们就聊了起来。

当时我并非在寻找爱情，只是买个晚餐而已，但如若爱情来临我也不会回避。

我没有用过手段、使过计谋，那天晚上的事虽然发生了，但同样也有可能不会发生。我的行为，我的穿着打扮，我对这段关系的反应和态度，以及他是否会给我打电话，都没什么特别之处。事实上，他当时还没有从上一段感情的伤痛中完全走出来，起初还在犹豫要不要开始新的关系。而我，要是听从电影《他其实没那么喜欢你》（*He's Just Not That Into You*）的忠告，也绝不会去主动追求他，更不会知道我们竟可以一见钟情。

我生命中唯一做过的直接促成我认识这个男人并和他结婚的事，就是在认识他之前我是单身未婚。而这也并不是我有意为之，我曾多少次后悔自己没有接受不是最好但也过得去的关系，因为我无法向自己证明我的生命中一定会出现更优秀的男人。我想，或许我该面对现实，如果真的想走进恋爱，它就不会是完美的。

但是，大多数时候，我不会去主动追求别人，除非我非常地爱他，因为我更愿意做别的事情，而不愿意和我不爱的男人消磨时间。我放弃这些机会也就意味着，当我爱的人真的出现，我就有去追求的自由。

我幸福地结婚了，因为在这个时代，单身也可以同样幸福。

穿着最好的牛仔裤结婚

女权主义领袖格洛丽亚·斯泰纳姆曾经说她不想结婚，因为她不能在囚禁中做爱，她说："我们自己正成为我们想要委身托付的那个男人。"她曾经说婚姻是一个人与半个人的结合，她曾经抛弃大学时的未婚夫，然而在 66 岁的时候，她还是结婚了。

她的丈夫大卫·贝尔（David Bale）是一名南非环境与动物权利活动家，他们在俄克拉何马州的一个农村结的婚。

斯泰纳姆在谈到她认识贝尔之前的长期单身生活时说："大约就在女权运动进入我生活的那个时候，我认识到，我并非一定要结婚，人们（甚至女性）可以选择不同的生活方式；我无论如何不能结婚，因为结婚就是要放弃我的公民权利（我的信用评级、我的合法居所、我的姓氏等）。"她在成年后经历了许多感情,她和那些男人的关系,用她的话来说,"无须考虑结婚,尤其是当我发现没有孩子很幸福的时候"。

她说她和贝尔之间本就无须考虑结婚,"我们因为相爱而在一起,但是我们的年龄——我们认识的时候他59岁,我65岁——似乎没有理由需要结成法律意义上的夫妻"。然而,那些让人头疼的福利,使他们不得不改变主意,考虑结婚。

贝尔居留美国所持的签证类型前不久被国会取消,移民的事让他大为苦恼。他们咨询了律师,律师说最稳妥的办法就是通过结婚让他获得绿卡。

斯泰纳姆花了不少时间研究妇女运动给婚姻法带来的好处,她认为现在已无须担心结婚会使她失去该有的权利。她还咨询了好朋友、前切罗基族联盟主席威尔玛·曼基勒(Wilma Mankiller),后者在满天星斗的夜空下考虑了一个晚上,最后建议她结婚。

斯泰纳姆和贝尔已经计划好前往俄克拉何马州参加切罗基民族节的庆典。他们一到那里就驾车前往该州的一个小法院领了结婚证书。斯泰纳姆说,和结婚证一起给他们的,还有一袋洗衣粉,以及当地商家免费赠送的各种各样的家用清洁剂样品。贝尔的一个女儿,以及斯泰纳姆的几个朋友早已在那里准备参加这次的大团圆。

黎明时分,曼基勒的丈夫查理·索普(Charlie Soap)围着篝火用切罗基语主持了婚礼,然后一名女法官、曼基勒的朋友主持了法律仪式。"我们吃了丰盛的早餐,"斯泰纳姆说,"仅此而已！"

斯泰纳姆惊讶地发现，他们在农村举行的这场婚礼很快就被媒体知道了，在不到一天的时间里，各种报道铺天盖地而来。有曾经希望她坚持独身的女性对她表示的失望，也有少数人为她终于屈服于她曾力图反抗并改变的制度，而发出胜利的欢呼。大多数人的反应是热烈的，年届66岁的斯泰纳姆已无须担心她要放弃自己独立的地位。让人们感到高兴的是，不管出于何种原因，她终于决定去做她曾经不想做的事情。

当《奥普拉杂志》(O, The Oprah Magazine)要求刊登她的结婚照时，她发了许多张给他们。"可是他们给我的回复说，不对，我们要的是结婚照，可这些照片上你穿着牛仔裤。"斯泰纳姆给他们解释说："那是我最好的牛仔裤啊！"

斯泰纳姆回忆说，贝尔在和她结婚之前和结婚之后，都会陪同她参加校园活动和举行演讲，而且经常在活动之后和学生进行交谈。斯泰纳姆发现，这些学生，其中大多数是年轻女性，非常渴望"能够有一个男性——因为我们的关系，也因为他的身份——来告诉她们，不用放弃自己也可以得到男人的爱"。她说她没想到"她们是如此渴望有人来证明给她们看，然而真实的例子却凤毛麟角"。

事实证明，结婚对于斯泰纳姆和贝尔来说是一个正确的决定。"如果我们没有结婚，大卫就不能享受我的医疗保险，"她说，"大约两年后，他生病被确诊为脑肿瘤，在医院和护理院住了将近一年时间，如果没有我的医疗保险，所有的人，包括他的孩子，都会破产。"

和斯泰纳姆结婚3年后,贝尔离开了人世。

回想那个时候,斯泰纳姆说:"那个时候的热情让我们每个人都发生了深刻的变化。"她继续说,可以说,贝尔的这场病使她明白了"什么叫灾难,但是我不后悔有这样的经历。我想我被派遣到他生命中去,帮助他在他离开世界之前更好地享受生活。他也被派遣到我生命中来,让我认真地过好当下的生活"。

斯泰纳姆说,结婚的经历使她明白了婚姻这个古老的习俗,其"最大的残余思想"是什么,那就是人们对婚姻的理想化,认为它高过其他所有的爱。

"仍有人这样认为,因为我们是合法的夫妻,他就是我生命中的最爱——我也是他生命中的最爱。"斯泰纳姆说,"这是对人类独特性多么大的误解。他以前有过两次婚姻,他有已经成年的孩子,他们都非常出色。我和别的男人也有过幸福的爱情,他们至今仍然是我的朋友,是我特别的家人。有些人终生只有一个伴侣,但是大多数人都不止一个——我们的每一段爱情都是我们生命的重要组成部分,都是独特的。"

第10章
未来怎么办：从单身独居到为人父母

阿曼达·内维尔是品牌和内容策划师，她在德国和弗吉尼亚州长大，现在生活在纽约。她30岁出头的时候结束了一段认真的感情。2003年哥伦比亚广播公司为寻找领养家庭的孩子做过一个专题节目，那是一些年龄较大的孩子，他们描述自己在领养会上希望被人挑中时的心情让她很受触动，从此产生了领养孩子的念头。"我看了很心酸，就像一颗种子埋在了我的心里，"她说，"想到有人没有家，想到他们为了让自己有人爱而去讨好别人，我心里就非常难过。"阿曼达20来岁的时候和她的大学男友结婚了，在他们短暂的婚姻里，她和丈夫讨论过领养孩子的事，但尚未真正落实他们就分手了。

她和她在30来岁分手的那位男朋友，倒是已经开始走领养程序了，虽然后来两人分道扬镳，但她还是不想因此而放弃。"我的任何决定都与我是否有伴侣无关，为什么这次要例外？没有道理的。"30多岁单身的她，不想因为没有伴侣而改变她的人生轨迹，于是她继续申请从埃塞俄比亚领养孩子，当时埃塞俄比亚允许单身人士领养孩子。她在等待合适人选的时候，代理机构又说俄罗斯有一名特殊儿童，于是她三度前往俄罗斯，并在35岁那年带着4岁的聋女妮娜（Nina）回到她纽约的家。

"她是一个非常棒的孩子，有爱心，又可爱又有趣，我非常庆幸上天把我们安排在一起。"阿曼达说，"不过她也是个麻烦，很难应付。"5岁的妮娜植入了新的人工耳蜗，正在慢慢学会辨识声音、听懂一些话，她和阿曼达用唱歌的形式交流。阿曼达经济拮据，她自己开了一家咨询中介；2013年，她又开了一家葡萄酒商店。妮娜上的虽然是公立学校，每天3点钟才放学，但是每个月的托管费至少也要1000美元。她们很少外出，因为妮娜有时会乱发脾气——阿曼达认为这是她在孤儿院待太久的缘故，唯有这样才能引起别人的注意。阿曼达说她们"非常非常孤独"。

单身女性在是否独立生养孩子的问题上拥有越来越大的自由，这引起了许多不安，其中经常提到的就是她们在社会交往上会产生孤立感，同时还会耽误恋爱。但是在妮娜来到这个家庭不久后，阿曼达收到了一封电子邮件，那是她几个月之前认识的一个男子发来的，他主动提出要帮助她。"他在邮件里说：'我甚至无法想象你所经历的这一切，也不知道我可以从哪里开始帮助你，但是我会做饭，会修理东西，如果你需要什么，就告诉我。'"阿曼达邀请他来到家里，不久他们就开始约会了。

2013年年底，他搬来和阿曼达、妮娜共同生活。

从生育角度来说，女性的自由是有限度的。若要证明美国单身女性独立运动的规模、力度和决心，最有说服力的证据恐怕还是在过去40年里，她们是如何想尽一切办法跨越甚至改变身体和生育系统给她们设定的限期。当代女性对是否生育、何时生育以及如何生育的问题重新做了定义。

然而，能替代自然生育并且简单易行的方法却是寥寥无几。对于大多数女性而言，她们生育的最佳时机是有时限的，这是铁定的事实。过去，大多数女性在20岁左右结婚生子，生育的"机会之窗"和婚姻之窗正好重合，长期以来，这将夫妻和婚姻紧紧地捆绑在了一起。而现在，这两个窗口已不再如此贴切地重叠了。

选择冻卵的年轻妈妈

婚姻模式发生改变并造成生育延后，这使我们不禁要问，究竟是晚婚晚育的风潮推动了高利润的生育技术领域的迅猛发展；还是生育技术的出现使女性生育的时限得以扩展，为女性创造了可以安心晚婚晚育的空间和希望？两项发展之间，我们很难界定谁影响了谁，但二者产生的实际作用却是分不开的。

如今，那些推动妇女晚育的生育技术，它们本来并不是为了服务单身或晚婚晚恋的人群才发展起来的，但是它们出现的年代正值职业解放运动、政治解放运动和性解放运动的兴起，正是因为这些解放运动，我们今天的单身女性才能在迈入成年之际拥有丰富而充实的生活。

1978年，第一例体外受精婴儿成功出生。这就是被媒体惊呼为"试管婴儿"的露易丝·乔伊·布朗（Louise Joy Brown），她的母亲是30岁的莱斯利·布朗（Lesley Brown），这位母亲20岁刚出头的时候就结婚了，努力了9年却一直没能怀上孩子。两名英国医生，罗伯特·爱德华兹（Robert Edwards）和帕特里克·斯特普托（Patrick Steptoe）自20世纪50年代起就从事体外受精研究，并为实现他们未来的志向进行了10多年的探索。研究工作尚未取得成功就有人将消息泄露了出去，在科学界和大众媒体上引起了末日般的恐慌。1953年，因共同发现DNA双螺旋结构而获得诺贝尔奖的生物学家詹姆斯·沃森（James Watson），在1974年的国会委员会上说，制造试管婴儿的做法将会造成"各种严重的、恶劣的情形"，"全世界的一切，政治的，道德的，都将失控"。[1]

沃森的预言一语成谶。谁来生育、如何生育以及何时生育的问题，现在确实已经失控，世世代代支配着、塑造着家庭生活的法则和规制已经崩塌。今天，通过体外受精方式出生的婴儿已达500万左右。2010年，罗伯特·爱德华兹因发明体外受精技术并为改变世界做出贡献而获得诺贝尔医学奖。当时，他的搭档斯特普托已经离世。

体外受精技术为一些女性带来的福音产生了令人震惊的影响，但同时也引起了人们的不安。2012年，一名61岁的巴西女子产下一对双胞胎。澳大利亚 55 岁以上产子的女性人数,由 1996 年的 11 人上升到 2006 年的 22 人,至 2011 年,这个数字则达到了 53 人。[2] 在 2010 年的英格兰,母亲年龄在 45 岁及 45 岁以上的新生儿有 1758 名,而在 2000 年,这个数字是 663。[3]

生育技术的发展为那些想要孩子却尚无伴侣的单身女性提供了生育的可能与前景,她们可以通过接受精子捐赠而受孕;它为因多种缘由到 40 岁左右甚至 50 多岁才想生育的女性以及希望拥有孩子的同性伴侣,实现了以前不能实现的愿望;它还为生育技术原先针对的服务对象,即传统模式中较早婚恋但是未能生育的年轻女性,重新绘制了人生蓝图,她们有了拥有孩子更大的可能性。

无须通过两性结合的体外受精方式,催生了许多其他方面的进步和生殖替代方式,使我们在考虑何时生育、和谁生育时有了更大的选择余地。现在,我们可以求助于精子捐赠进行受孕,制订各种代孕计划,冷冻卵子以备后用,还可以在胚胎植入子宫前评估它的健康状况和生命力。

然而,不要天真地以为生育技术只有优点。它的费用视所用技术和尝试的次数,少则数万、多则数十万美元,对于大多数人而言高不可攀。生育技术需要在人体内注入荷尔蒙,而且常常失败,给患者的身体和精神造成一次次的伤害。疾病控制与预防中心报告称,尽管成功率越来越高,新的技术,包括卵子捐赠和冷冻技术,每一年都在提高成功的概率,但是在 40 岁的女性中,医学辅助生殖的活产率只有 22%,而到 44 岁的年龄,这个比例骤然降至5%。[4]

尽管各种生育技术存在种种缺点，但是女性的独立性越来越强，她们一直在努力地克服生育障碍，并创造了一个非常巨大的拓展生育可能性的市场：美国人现在每年在生育治疗上的支出大约是50亿美元。[5]而且由于婚姻的延迟、生育技术的惊人发展，社会保守人士的最大担忧变得更加真实：因为体外受精技术的出现，我们的社会和文化，以及生物学都已不再像过去那样，要求家庭结构必须是异性恋核心家庭。异性恋核心家庭不再是美国社会唯一认可的可以繁衍后代的家庭结构。如今世界各地的家庭结构都呈现出多样化发展的趋势。

高龄妈妈

女性长久单身最明显的结果是，她们生孩子比以前更晚了。美国初为人母的平均年龄从1970年的21.4岁跃升至2013年的26岁，2010年，10个新生儿中有4个以上的母亲年龄在30岁以上，7个中有1个的母亲年龄在35岁以上。[6]不仅如此，2009年，有8%的头胎新生儿，其母亲的年龄超过35岁，而1970年这个比例仅为1%。[7]从1990年至2008年仅这十几年间，35岁以上的产妇数量上升了64%。[8]

然而，推迟生育本身就存在诸多挑战，其中之一就是，如果你是一名超过24岁的未婚女性，你可能已被多种渠道的信息说服并相信自己的卵巢正在萎缩，卵子质量也在下降。而就像此时此刻,你明明读到了这样的信息,却依然没有要怀孕的打算。

2001年我正值26岁,当时美国生殖医学协会在纽约市投放了铺天盖地的生育广告。广告上是一只形似沙漏的奶瓶,瓶中的乳汁即将耗尽,生物钟在嘀嗒作响。"年龄增加影响生育能力",广告上说。我记得有一次一辆巴士从我身边开过,车身上是这则让人发怵的广告,跟在后面的一辆巴士上则贴了凯莉·布拉德肖的海报。

第二年我27岁,经济学家西尔维娅·安·休利特(Sylvia Ann Hewlett)出版了她的畅销书《创造生命:职业女性与生育诉求》(*Creating a Life: Professional Women and the Quest for Children*)。她在书中告诫说,20多岁的女人追求事业而不抓紧结婚生子是错误的,因为女性到27岁卵子质量便开始走下坡路,到35岁会直线下降。她警告说,我们都是在自欺欺人,并不清楚自己的生育能力正在快速下降。生物钟在嘀嗒作响,时间不等人。

休利特的书引起了很大的轰动,《60分钟》(*60 Minutes*)为此拍了一段节目,《时代周刊》(*Time*)发表了题为"孩子vs.事业"("Baby vs. Career")的封面故事,同样发出了紧迫的催促。《纽约》杂志也以"婴儿荒"("Baby Panic")为标题,刊登了记者范妮萨·格里高利阿迪斯(Vanessa Grigoriadis)对一名29岁女子的采访。这名女子说,她看过《60分钟》的那一集节目,第二天早上醒来"又是《纽约》杂志的封面,还有脱口秀节目《视野》(*The View*),我走到哪里都有人在说婴儿荒,纽约就像暴发了什么流行病似的，人人都在警告你要小心，'在家待着别出门！紧急播报：你的卵子快要不行了！'"。

那时，格里高利阿迪斯 28 岁，她承认自己也有这样的恐惧。她在文中这样写道，自从 20 岁以后，她的全部心思就是在执行自己的人生计划，那是"充满征服和冒险的计划：要当作家，要环游世界，要尽情尝试各种生活，直到不得不安顿下来建立一个完美的家庭，一个只要照自己的心愿生活就必然会有的家庭……那时候，拥有独立是多么的美好——至少对于我们这些惯用'美好'一词的人来说——而现在，这样的生活已不再美好了"。[9]因为生物钟在嘀嗒作响，时间不等人。

那些担心卵子质量的人，他们是出于好意，为了不让年轻女性一不小心就像利希滕斯坦（Lichtenstein）的卡通片里那个白痴女人那样叫着："啊，我的天，我忘记生宝宝了！"

然而，这种强烈的焦虑感，是从以往的年代衍生出来的。心理学家珍·特温格在年过三十后对休利特所说的生育能力减弱产生了怀疑。她通过大量的研究发现，人们常说的 35 岁至 39 岁的女性努力一年后仅有 30% 的概率能怀孕的说法——2004 年科学杂志《人类生殖》（*Human Reproduction*）曾经发表过此观点——依据的竟是法国从 1670 年至 1830 年的出生记录。特温格指出，指导数百万女性何时怀孕的建议，"所依据的统计数据竟然来自一个没有电力、没有抗生素、没有不孕症治疗手段的时代"。

而更近代的状况是，第二次浪潮后的一代，相比于她们的下一代，也就是我们这一代，她们的处境更加艰难。那一代人人口数量相对较少，面临的选择也更少，在行为规范上受到更加严厉的评判，在家庭结构和生育时间上也受到更多传统观念的束缚。因此，在当时担任公司要职的一小部分女性中，生育率是很低的。

休利特和她的同僚们犯了一个错误，她们认为如今遍布美国的越来越多的都市单身女性会直接套用过去的模式；事实上，这些单身女性——这些让男人也不得不单身的女性——却正在将生育技术推上一个新台阶，她们会在未来创造一个巨大的市场，或者说已经创造了这样的市场。要知道，就连休利特本人，她在56岁那年出版《创造生命》一书时都已经是5个孩子的母亲了，其中最小的一个年仅5岁。也就是说，多亏了生育治疗技术，休利特才能在51岁时怀孕生下这个孩子。

卵子质量下降这种危言耸听的说法，并没有引发早婚潮的到来，也没有造成初次生育年龄的明显下降，这说明职业单身女性对待新的生活方式的态度是认真坚定的。

也许是单身女性不想听取告诫，更有可能是虽然这些告诫让她们感到不安，但她们也无计可施。单身状态不像我们穿在身上的衣服，冷了就可以脱下换一件厚的；独居生活并不是轻易就可以改变的。这就是她们的生活，她们又能怎么办呢？

在我27岁的时候，热心的妇科医生给我做完检查后，向我汇报了我的纤维瘤情况。她说如果我想要孩子，就要接受手术切除子宫里的这个良性肿瘤。这个医生真是太好了。当我起身告辞的时候,她笑着对我说:"除了还在长,其他一切都好。希望你抓紧时间结婚,这样我们就不用担心了!"

后来我再也没有去找过她,这就是我的生活,我又能怎么办呢?

珍·特温格在她的书中饶有趣味地回忆了 2002 年的一集《周六夜现场》,"根据西尔维娅·安·休利特的说法,职业女性应该赶紧生孩子,因为 27 岁以后我们的生育能力就会大大下降","周末更新"("Weekend Update")环节的主持人蒂娜·菲在节目开始的时候说:"西尔维娅说得没错,我 27 岁的时候应该生个孩子的,在芝加哥开个摩托车手酒吧,每年赚个 1.2 万美元,那样的生活应该不错。"

瑞秋·德莱奇(Rachel Dratch)接着她的话说:"没错,西尔维娅,谢谢你提醒我抓紧生孩子,呃,我和我那四只猫马上就去行动。"

艾米·波勒补充说:"我的邻居有一个非常可爱的中国宝宝,会说意大利语呢……所以,你知道,我这就去买一个。"

玛娅·鲁道夫(Maya Rudolph)则说:"没错,西尔维娅,也许你的下一本书该说说和我们同龄的男人了,叫他们不要再玩《侠盗猎车手 3》(*Grand Theft Auto III*),不要再等《双面女间谍》(*Alias*)里的那种小妞了。"

在拍这集脱口秀的时候,4 个喜剧演员都还没有孩子,但是现在,特温格心满意足地说,她们 4 个一共生了 9 个孩子,在这 9 个孩子中,除了 1 个,其他全都是她们在 35 岁以后生的。

然而，并不是说晚育是最好的解决途径。事实上，和我处境相似的许多人，都没有我们20来岁的时候更加容易怀孕。虽然到目前为止，几乎所有接受过生育治疗的朋友都已经有了孩子，但还是有少数几个未能如愿当上母亲，她们不仅经历了巨大的痛苦，而且付出了高昂的治疗费。

不仅如此，在三四十岁甚至五十多岁的年龄生育，身体上也要经受巨大考验。随着年龄的增长，生下的孩子出现染色体异常、发育异常或罹患自闭症的风险也将越来越高。一些高龄不孕女子在接受生育治疗过程中忍受了巨大的痛苦，医生也尚不确定大剂量的荷尔蒙是否存在长期的副作用。

晚育还会使原本可能多生的家庭少生孩子。劳伦·桑德勒（Lauren Sandler）在她的《独生子女》（One and Only）一书中记录了独生子女家庭数量的上升。根据她的说法，仅生育一个孩子的女性比例，从1990年（当时只有10%）至2010年增加了一倍以上，并在2013年达到了23%。[10] 这其中有部分原因是晚育造成女性可以继续生育的时限缩短，继发性不孕*概率提高。但是，许多妇女推迟生育都事出有因，她们有的在忙其他事情，有的在犹豫要不要孩子，有的则在生育的愿望和经济负担之间进行权衡。对于这些女性而言，少生未必就是坏事。在一个对于女性来说家庭、事业仍然难以两全的国家，为了维护家庭的

---

* 继发性不孕（secondary infertility），育龄妇女曾经怀孕过，但由于输卵管堵塞、卵巢功能障碍等原因，无法再次生育。

财务稳定和良好的婚姻关系,保持夫妻间的性活力,使双方的事业均能得到满意的发展,只生一个孩子不失为一种良策。

而且,在很大程度上,由于许多人过着长久的单身生活,美国人已逐渐醒悟,虽然这世上喜欢孩子、渴望成为父母的人比比皆是,但是认为生命的意义和认同感不仅仅或不是主要来自为人父母的也大有人在。

无子——主动的选择

我们传统思想里对于什么塑造了女性的生活、她们生活的动力是什么的认识已经根深蒂固,所以很难去理解某些女性下定决心不想要孩子的做法。2002年,《时代周刊》刊登了一篇关于休利特的文章,作者在文中向读者建议:"请你们听一听成功女性如何谈论自己未能生育的事,当中充满了悔恨和遗憾"[11]。言下之意就是女子未能生育便是失败,这种一概而论的假定在我们阴魂不散的性别身份观念中占据了非常重要的地位。

但是,有许多成功女性并不这样认为。

"要是我有孩子,我的孩子一定会怨恨我。"奥普拉·温弗瑞在一次接受采访时说,"他们可能会在另一个类似《奥普拉脱口秀》的节目上说我如何如何;因为(在我的生活中)肯定会有人受罪,而且受罪的很可能就是孩子。"

温弗瑞似乎理解,并非每个女性都有同样的做母亲的愿望。她把自己的人生轨迹和她的好朋友盖尔·金(Gayle King)做了比较。她说，盖尔·金"就像一个七年级的孩子，在家政学课上写下自己的名字，还有孩子们的名字。在她梦想着生儿育女的时候，我在梦想着如何成为马丁·路德·金"。[12]

2009年，美食电视网（Food Network）明星瑞秋·雷（Rachael Ray）在记者辛西娅·麦克法登（Cynthia McFadden）问到她"曾经说过很经典的一句话'忙得没有时间要孩子'"时解释说："我今年40岁了，工作占据了我大量的时间。"瑞秋·雷和温弗瑞一样，认为把工作责任让位给育儿是不可思议的。"我对待我的狗狗无异于一位好母亲，但我无法想象如果这是一个小孩会怎么样，而且，我真的不想……我无法想象有人给我3个月或6个月的假去生孩子，这个压力太大了，我觉得这样不仅对孩子不公平，对我的同事来说也是不公平的。"

很少有人承认，女性可以通过无数的办法在这个世上留下自己的印记，生育孩子只是其中之一。生儿育女长久以来都是女性生活的首要原则，生育状态往往被认为是女性身上唯一值得关注的东西，而这掩盖了她们身上的其他兴趣点。伊冯·布里尔（Yvonne Brill）是一位极具开拓精神的火箭科学家，她发明了能使卫星保持在正确轨道运转的推力机制，但是2013年布里尔以88岁高龄去世的时候，《纽约时报》是这样描述她的："她的俄式酸奶炖牛肉堪称一绝，随着丈夫的工作搬迁，有长达8年的时间，她放弃自己的工作专心照顾3个孩子，她的儿子马修说'她是世界上最棒的妈妈'。"这段文字出现在整篇悼文的第一段，接下来才是对她一生科学成就的介绍。

没有孩子的妇女在接受采访时，无论是谈到孩子还是事业，都经常被问到这些问题：你想要孩子吗？你打算生孩子吗？没有孩子你后悔吗？ 2013年，《嘉人》杂志给33岁的女演员佐伊·丹斯切尔（Zooey Deschanel）做人物专访，在记者问她是否会优先考虑生孩子时，她回答说："我不想回答这个问题。我并不是生气你问这样的问题，但是我曾经说过，你们不会问男人这样的问题。"

他们确实不会问男人这样的问题，即使问了，也没有人奇怪听到对方说他们要优先考虑其他事情因此不要孩子，他们肩负各种责任，心怀各种理想和抱负等，也不会奇怪听到他们说有了这些就可以心满意足，没孩子又有何妨。但是，难道女性就没有理想和抱负，女性就不能从孩子以外的地方得到满足吗？

网上有个帖子叫"多萝西·海特的女儿们"，发帖者罗宾·考德威尔（Robin Caldwell）这样描述这位刚刚去世的传奇民权领袖："多萝西·海特终身未婚、身后无嗣，对于有些女性来说这可能是奇耻大辱，但是对于我和其他庆幸世界有这样一位民权活动家、女权运动领袖的人来说，她留下了无数的女儿。"[13]

2015年，《欲望都市》主演金·凯特罗尔（Kim Cattrall）在被问到她没有孩子的问题时回答说："我也是一位母亲，我指导年轻的演员，我有和自己非常亲近的侄子侄女……在今天这个时代，我们无须将自己的名字写进孩子的出生证也同样可以为人母。你可以非常清楚、非常明确地表现出母性的一面，很有满足感。"[14]

凯特罗尔和考德威尔并非是最早说出这种煽情话语的人，在她们之前还有单身君主伊丽莎白一世。1558年，这位君主在议会一再要求她结婚时回答说："我恳请诸位不要责怪我没有子嗣，因为你们中的每一位，以及英格兰的每一位子民，都是我的孩子和亲人。"[15] "在我过世之后，可能会有许许多多的人取代我成为你们的母亲，然而没有人会像我这样，更愿意成为你们所有人的生身母亲。"[16]

即使没有孩子，女性仍然肩负各种责任，包括对其他人的责任、工作上的责任、对同事的责任以及对别人家庭的责任。

20世纪70年代，有十分之一的美国女性未曾在育龄期生育孩子。2010年，这个比例达到近五分之一。[17] 在增加的人数中，约有一半是想要孩子却未能在生物钟嘀嗒完之前及时找到生育的途径，[18] 另一半则是因为有别的生活模式可供选择而放弃生育，至少她们有其他更想做的事情。

历史学家露易丝·奈特曾说，她和她的一些调查对象，创作与写作的动力大大超过了生育的动力。"有一种真实的情感需要表达出来，那是她们内心深处的一种东西，"她谈到简·亚当斯和萨拉·格里姆凯时说，"我理解对于有些女人来说，那种东西就是当母亲的愿望。但是我的内心并没有这种愿望，如果有，我也不会做出这样的选择。"奈特解释说，她的意思并不是说女人有了孩子以后就没有表现自我的欲望，"而是她们的激情全部放在了孩子身上"。奈特回忆起她7岁的时候，看着她的妹妹玩婴儿车和布娃娃感到非常不解,就想:"为什么要这样呢?"她说:"但是单身状态使我这样的人获得了解放,如果不想要孩子就无须假装渴望有孩子。"

不仅是奈特这样的未婚人士感到了解放,那些结了婚但不想生育的女性,也获得了释放。互联网上有无数的网站支持爱侣们主动选择不要孩子的想法。

新闻记者皮珀·霍夫曼(Piper Hoffman)是虔诚的犹太教徒,她曾经写到她和丈夫如何逐渐意识到两人都不想为了孩子而放弃自己的工作,尽管他们这样做面临着来自家人和朋友的巨大压力,因为他们都虔诚地信奉犹太教。她说,发现有这样的群体后就像解放了一样,那些人也像她一样"没有生育和抚养孩子的动力",而且都非常幸福。"他们说了没有孩子的种种好处,我最喜欢的一点就是:和所爱的人过着二人世界,培养忠诚的、有满足感的伴侣关系。"[19]

格洛丽亚·斯泰纳姆告诉我说,经常有人问她是否后悔没有孩子,其中印象最深的一次是在印度一个贫民区的妇女中心里。"有人问我说,你不后悔没有孩子吗?当时我想这地方的人思想非常传统,我若是如实回答就会失去这些听众,但我又转念一想,说假话又有什么意义呢?所以我就如实相告,'一点也不后悔',没想到她们竟然鼓掌了。因为对她们而言,生孩子是迫不得已的事,所以她们很高兴有人可以不用生孩子。"

不用生孩子的自由!这种真切的自由,正在改变着这个世界。

罗斯·多赛特在他2012年《纽约时报》的专栏文章《请再

多给我们一些孩子》中写道:"在某种程度上,回避生育是后现代疲劳的一种症状。这种颓唐的状态最早出现于西方,目前正在全球的富裕社会中徘徊……这种精神让人们信奉现代化带来的安逸与享乐,而忽视最初构成我们文明时所需做出的最基本的牺牲。"

当然,一些人所说的"颓唐"正是另一些人的"个性解放"。令多赛特如此困扰的生养疲劳,也是那些已育有孩子的女性感到的倦意,她们直到最近都还是独立抚养孩子,正是她们做出了"最基本的牺牲"——牺牲了个人认同,牺牲了自己的社会关系,牺牲了对公平平等的追求。

虽然女性可能已将伴侣关系推向了前所未有的平等,双方所做的牺牲也更加平等,但是不管从生物学上来说,还是从依然围绕男人挣钱、女人造人而设计的社会政策来说,女性还是得做大部分的"算术题":有了孩子之后工资、晋升机会的得失、风险和回报,有没有病假和休假制度,有没有母婴室。即便选择生育孩子,女性还是非常在意这些得失的。

"我们非常清楚自己到了一定年龄就会失去生育的能力,"安·弗里德曼这样写道,"但是有了孩子之后我们就失去了在职场上的权力。"[20]歌手凡妮莎·卡尔顿(Vanessa Carlton)对记者杰达·袁(Jada Yuan)说起她的人生导师史蒂薇·尼克斯解释她在玩摇滚的年轻时代,为什么从来不认为自己是一个母亲。"她说:'我希望那个舞台上的每一个单身男人都尊重我,如果我半途而废做了那样的选择,一切都将不同。'"

无子——条件使然

据估计，在 40 岁至 44 岁没有孩子的女性中，大约有一半的人并不是自己选择不要孩子，而是没法选择。

梅兰妮·诺特金（Melanie Notkin）在她的《生活在他处》（*Otherhood*）一书中讲述了她所称的"条件性不育"，她说，这是"我们这一代人的单相思"。对于像诺特金这样的女性来说，没有孩子不是自己的决定，也绝不是她们想要的生活。"我们没有伴侣所以没有孩子，但总是有人误解我们，以为我们不要孩子是自己的选择，这样的误解令我们更加伤心。"[21] 她这样写道。诺特金说，渴望有孩子而自己没有孩子的女性，她们"有许多孩子"："我们可以让自己喜欢的孩子充斥在我们的生活中，如我们的侄子侄女、我们朋友的孩子"。

克里斯蒂娜在俾斯麦带一个女童子军。她在写求职信时说："女人没有孩子似乎有点奇怪。"但是克里斯蒂娜喜欢孩子，她还说："我想，让这些女孩们看到一个 35 岁的女人没有结婚、没有孩子但是事业成功，这是很重要的。"带女童子军对她而言"是融入孩子生活的一个途径，也许我也可以练练怎么为人父母"。

有些女性没有孩子既不是自己的选择，也不是因为什么偶然的原因，是介于两者之间的一些复杂原因导致她们无法生育。对于这些女性而言，喜欢别人的孩子并不总能产生满足感。这些女性并非没有考虑过单独要孩子，随着这种情况越来越普遍，不考虑几乎是不可能的。

华盛顿的那位小说家艾略特有一个女性朋友，38岁仍然没有和任何男性交往，心情非常焦虑。艾略特写到她们之间有过的一段对话："她一直想要孩子，一直想结婚建立家庭，但是她算了一下，感觉（一个人抚养一个孩子）绝无可能。她是老师，每个月的收入只够勉强维持生计。"

艾略特搬到华盛顿后离她的两个侄女更近了一些。她说，她搬家的部分原因是接受了将来自己不会要孩子的事实。从经济和情感上来说，"我一个人抚养孩子负担太重了，我并不是那种有了孩子就认为生活完美的人，所以要接受没有孩子的事实，比接受单身生活更加容易"。

艾略特说，她35岁左右的时候特别想生孩子，后来她就写了一本书。"我现在不再有那种渴望也是因为我创造了另一样东西，我的创造力得到了很大的满足。"艾略特在开始写第二本书了，她说："也许我的生活本来就该这样，我非常幸运，在写作方面有如此广阔的精神空间。"

多黛·斯图尔特39岁的时候在耶洗别网上写到她在发现自己将终生无子时感到的犹豫、彷徨和恐惧："随着朋友和同事一个个结婚生子，有时候感觉我就像晚会上落单的人，别的人都回家了，我还在这里干什么呢？"[22]斯图尔特写到娱乐媒体如何向女性发起"生育宣传"的攻势，说哪个名人怀孕啦、产后如何减肥啦。她还写到时下有关女演员詹妮弗·安妮斯顿（Jennifer Aniston）的空瘪子宫的报道。在报道里，"（安妮斯顿）不是现实生活中的人,而是故事里的一个角色,一个笑容满面、健康快乐的女子,但显然她在内心深处却因未婚没有孩子而暗自伤心"。斯图尔特说这个故事无时无刻不在提醒我们,"如果你没有遵照预期去配偶、交配和繁殖,那么你就是不对的,而且你肯定是有问题的"。

斯图尔特接着还说,若是在理想世界,"这甚至不是个问题,大家各行其是,各得其所,一切安好……然而,这个世界却充满了矛盾:你一定要有所成就,要努力奋斗,要为社会做出有益的贡献,而一旦奋斗成功,你又要被人指责为什么没有孩子"。斯图尔特怀疑,也许我们"不该将自己想象成晚会上落单的人,而是要看得更远,无须对生育之事小题大做。我们要承认,在藩篱的另一边,我们有足够的爱,有美好的时光,我们可以晚睡晚起,可以旅游购物,可以享受欢愉,可以放纵自己,可以体味成功……即使我最后留在这个晚会上而没有中途转场,那也仍然是个晚会;即使我们得不到别人的赞美,我们也可以自己赞美自己"。

的确如此,即使是因没有孩子而伤心落寞的人,也会收获其他意外的回报。

电视评论员南希·吉尔斯说,她一直希望自己有一个女儿。38岁那年她母亲去世,"我母亲过世后,我在街上看到人家母女在一起我就会非常伤心。"她说。她母亲去世的时候,她的两个妹妹都已结婚有了孩子。"孩子是她们的依靠——早上要起来,让孩子们准备好去上学。她们有家庭需要全心照顾,而我却是飘浮不定的,我非常孤单。"但是,也因为母亲去世了,吉尔斯反倒和她父亲在一起的时间多了,这是她的姐妹们无法做到的。她和父亲之间重新建立了更好的关系:"我有生以来第一次成了爸爸的宝贝女儿!"她这样对治疗师说,"和父亲重新建立联系,感受到他特别的爱,这种感觉太美妙了,只是晚了一些。"

吉尔斯说,她绝对无法想象自己一个人要孩子。

为自己生吧

但还是有许多女性选择自己一个人要孩子。

帕梅拉是纽约市立大学大四的学生,24岁。她在17岁的时候意外怀孕。"我感到很委屈,"她说,"长辈们都来问我有什么打算,孩子的父亲是谁,我是不是要和他结婚。"她当时确实有个男朋友,许多人都催着她结婚,但是她不觉得婚后会有什么改变。"即使结了婚我也不会把他绑住,"她说,"所以结不结婚都一样。"她回过头来想,很庆幸自己没有仓促地结婚。帕梅拉认为,女人在决定是否当单身母亲的时候,要认真地考虑自己留下孩子的理由,不管当时有没有伴侣。"不要有了孩子还在经济上依赖别人,"她说,"你要有维持生活的能力,哪怕那个人跑了,哪怕孩子的父亲不能帮你,你也不怕。我并不认为结婚是有时间规定的,也不认为结婚是必须的。"

但是她又说,这个社会谴责女人没有孩子,然后又为她们设下层层复杂的陷阱。"18岁到22岁,他们说你还不具备生孩子的条件,因为你还在上学,这时候有了孩子日子会非常难过。是的,每一天都非常难过。可是再晚一些吧,我可能就有了事业,我需要全心投入我的事业。那么,什么时候才有时间生孩子呢?什么时候可以生孩子呢?所以说,我不知道是不是有一个明确的期限,在这个时间里大家都应该设法生孩子。"

单身母亲独立抚养孩子在低收入社区中是个常态,这是因为早婚现象在低收入社区基本上已经消失,而生育孩子可以让女性找到生活的意义和方向。未婚生育作为一条可选之路对于成功女性来说也日益被接受。那些确定想要孩子,并认为自己有能力要孩子的单身女性,哪怕只是想到自己有可能单独要孩子,也会感到极大的解放。

在我即将跨入 30 岁的时候,我已单身多年,身上的纤维瘤也变大了,我将不得不接受切除手术。我知道,从术后到肿瘤复发前,我有一个窗口时间可以受孕,也就是说,我有一个有限的怀孕机会,然而我认为可以持久的爱情却迟迟没有出现。

于是,30 岁的我订下一个计划,决定要将我在 3 年前离开妇科诊所时的那个心情做一个了结:这就是我的生活,我又能怎么办呢?

我的计划是独立生育孩子。父母说过会帮助我,我自己也会存钱开始准备,在我快到 34 岁的时候我会去做手术,同时留出机会,到 35 岁的时候怀孕,通过精子捐助人,或我的某个男性朋友来帮助我。我还和一位女性朋友讨论过是否有可能两个人搬到相邻的住处,互相照顾孩子和饮食起居,彼此有个照应。

一旦有了这个打算，我心里就感到无比的轻松。并不是说我很想这样，相反，我非常希望不要发生这种情形，非常希望到了约定的时间那个对的人就会出现在我的生活里。现在我非常开心，因为我无须被动地等待这个可以和我共建家庭的人的出现。寻找伴侣和生育孩子可以单独考虑，哪怕只是想想也会让人感到轻松。

我这个单身人士所订的计划表，都按部就班地进行着，而伴侣的出现则在我意料之外。我32岁的时候恋爱了，33岁接受了两次大的手术，35岁生下第一个孩子，39岁生下了第二个孩子。不管从时机上还是从情感上来说，我都是一个非常幸运的人。我无法想象如果没有幸运之神眷顾，我的生活会变成怎样。我并不自夸我有做单身母亲所需的勇气，但是我相信，正是我有当单身母亲的想法，才使我在前进的路上充满能量，充满乐观。

在北达科他州俾斯麦工作的35岁的克里斯蒂娜，也有和我同样的想法。她的父亲给她推荐了一篇关于生育并非一定要结婚的文章，在他的鼓励下，她抛弃了结婚的想法，打算先要孩子。最近，她在俾斯麦重新找了一名妇科医生。"我很害怕，我都35岁了，我非常想要孩子。"克里斯蒂娜身上的节育环将会在她40岁不到的时候失去效用，医生说她不一定要放置新环，言下之意就是说，她40岁不到就没有生育能力了，听完医生的话她紧张极了。

但是令她吃惊的是，这位北达科他州的医生说："你想要孩子？那就要吧，克里斯蒂娜！"没想到这位医生是在上学、仍然单身的时候要了她的第一个孩子。克里斯蒂娜说，现在她的新年计划是"为36岁的到来做好准备，我要照顾好自己，以便生孩子，我在服用产前维生素，现在我的指甲、头发都很健康"。

法学教授帕特丽夏·威廉姆斯曾经有过一段情感关系，当时她"非常希望配合生物钟生下孩子，但是什么也没发生"。40岁的时候，他们分手了，她说那个时候她真的是"走到了人生的十字路口，我问自己：'我要放弃生育孩子的想法吗？'"。但是，她说幸运的是，她"有成功的事业，有通情达理的父母，他们的意思是，我不一定要和男人结婚也有能力要孩子"。

威廉姆斯一直认为，家庭和种族是社会建构的基石，但体外受精的高昂费用让她望而却步，而且对于"女人有了孩子才完整"的观念，她也总是谨慎看待。同时威廉姆斯还关注"非传统家庭模式、部落模式、收养家庭模式、亲缘模式；即在我们现在这种非常计量化的家庭婚姻模式以外，还有许多其他可替代的模式"。

威廉姆斯说，就在她40岁生日到来之际，"大部分人都说'机不可失，时不再来'，虽然我并不这样认为，但我确实是在分手的那会儿才深切地感到我不需要男人也有能力抚养孩子"。

后来威廉姆斯领养了一个儿子。

她感觉自从领养了儿子，人们对她的看法立刻就改变了。她说，在这之前，"我被认为是一个强大的黑人女子，在事业上奋进，是黑人族裔的榜样"。一旦领养了孩子，"我就成了单身黑人妈妈"。她说起在儿子只有5周的时候，她出席了美国共和党全国代表大会，和基督教联盟的拉尔夫·里德（Ralph Reed）分在一个讨论小组，里德对她进行了发难。威廉姆斯难过地说："我为什么不可以单独领养孩子？不只是拉尔夫·里德，我家里也有人这样想。"威廉姆斯说，在纽约私立学校的体制里，"就因为我是单身母亲，人们就断定我是谁的保姆，是东家慷慨解囊供我儿子上学的"。

她说，还有别的说法是，"我是特雷莎修女，这个孩子今后难有出息，这比单身黑人妈妈之类的话更让我讨厌。我讨厌有人说他是个被遗弃的灵魂，他很健康、很漂亮呀。我讨厌人家说，因为是我把他从贫民窟里捡回来的，所以他要感恩。他的生身父母是大学生，但人们就认定他父母是吸毒的"。

然而，当上单身母亲往往不是一个人有意识计划和考虑的结果。

35岁的时候，蕾蒂莎·马雷罗和异地男友在分手之际的最后一次风流后怀孕了。"那个时候，我更想成为一名母亲，而不是一名妻子，"她说，"那是我人生的目标。怀孕以后，我之前的忧郁心情和所有的不愉快，全都烟消云散了。我有生以来第一次清楚地知道我要做什么，我从未像怀孕那段时间那样爱我自己。我是自然分娩的，因为我知道以后我不大有机会再次自然分娩，我还想尽可能延长母乳喂养的时间。"

蕾蒂莎怀孕期间是《明星周刊》（Star）的文字编辑，产假期间她拿平时一半的薪水，但是等到产假结束回去上班的时候，现实的问题迎面袭来——每天15小时的工作时间，没有伴侣，还有一个嗷嗷待哺的小宝宝。于是她不得不放弃工作，后来又因为无法协调育儿和工作的时间，先后失去了三四个工作机会。孩子的父亲并没有从她们的生活中消失，但是他不在纽约，一年只能过来看望她们几次，而且，他的经济也不宽裕。蕾蒂莎数次搬家，租住的公寓一个比一个便宜，社区条件一个不如一个，最近她搬去了生活成本相对较低的弗吉尼亚州。

经历了这一切后，蕾蒂莎说："我要找到生活的出路，为了这个小女孩能过上好的生活。她从来不知道我的银行存款是 35 美元还是 3500 美元。"

婴儿荒

家庭结构的改变造成女性晚婚、不婚的现象，让无论持有哪种意识形态的批评人士都感到恐慌。有些人说，女人怎么可以不结婚生孩子！怎么可以不生孩子！这些担心听上去就像喜剧演员杰基·梅森（Jackie Mason）在嘲讽饭店食物既差又少。举国上下都在担心单身和晚婚对女性自身、对国家造成危害：专栏作家也好，一国总统也好，都将婚姻模式的改变归咎于她们，而长期以来束缚了她们自由的，也正是这些传统的婚姻模式。女性继而觉得相夫教子没那么有意思了。

随着女性倾向于晚婚和不婚，加之结婚的女性除了为人妻母还要为其他事情分心，美国的出生率出现了下降趋势。一般生育率在 2013 年降到了历史最低，每千名育龄妇女仅产下 62.5

名婴儿，差不多只有 1957 年的一半。1957 年是婴儿潮时期的高峰，每千名妇女产下了近 123 名婴儿。[23] 尽管婴儿潮时期的奇高数字，并不能作为我们衡量美国生育水平是否正常的常规标准，但是心存顾虑者仍旧不乏其人。

乔纳森·拉斯特就是其中一个。他在 2013 年出版的《当无人生育时还能期盼什么》一书，以"美国即将来临的人口危机"（America's Coming Demographic Disaster）作为副标题。拉斯特在《华尔街日报》上发表过一篇关于低生育率的报道，重复了西奥多·罗斯福在 100 年前提出的"种族自杀"论，他在文中称，"我们目前面临的许多问题，究其根本，是一直下降的人口出口率导致的"，而出生率的下降虽然和工资滞涨有关，但很大程度上也是女性行为所致。"开始接受大学高等教育的女性数量已经和男性持平了（后来甚至超过了男性数量）"，而且"更重要的一点是，女性开始扩大她们的事业范畴，不再只是教书和做护理工作了"。最后他写道："避孕药加上同居的潮流，联合起来打破了性别、婚姻以及生育之间的铁三角关系。"[24] 虽然拉斯特谨慎地指出，有些方面是在朝着好的方向发展，但他也非常清楚，"即使是完全良性的社会发展也需要付出沉重的代价"。他还说，受过教育的白人女子（被他认为是"中产阶级的杰出代表"的一个群体）的出生率只有 1.6，说明"美国有其独特的独生子女政策，这是我们自己的选择"。保守派专栏作家梅根·麦卡多对此也表示了忧虑，她警告说，那些不重视出生率下降的人不妨看看希腊，看看"当一个国家未来不可避免地出现比过去更严重的贫穷时，会是怎样的情形，那是社会崩溃、政治崩溃和经济瘫痪"。

不只是保守人士，我们的民主党总统对此也表示了关切。虽然总统并没有担心人口数量下降，但是他对单亲家庭的不幸公开表示了担忧。在2008年的父亲节演讲中，奥巴马谴责了不在儿女身边的父亲——特别是黑人父亲——说他们是"擅离职守的士兵"和"失踪的战士"。他认为，缺席的父亲要为黑人儿童的糟糕处境，要为辍学率、入狱率和青少年怀孕率的上升承担部分的责任。

奥巴马谨慎地赞扬了"英勇伟大"的单身妈妈，并恰如其分地提出，"我们要为那些靠自己抚养孩子的母亲提供帮助……她们需要帮助"，但是最后总结说她们所需的帮助是"孩子的父亲在家里"，因为"唯有如此，我们的国家才有牢固的根基"。在演讲中，奥巴马——这位从小没有父亲陪伴的总统——委婉地表示，健康而正确的家庭模式、社会基础和帮助方式只有一个，他还强调，伴侣同居的双亲家庭是人人都向往的家庭模式。

梅丽莎·哈里斯－佩里写到奥巴马对待单亲家庭的态度时说，"奥巴马总统是对的，他说有爱、顾家、在经济上负责的男人，对于孩子的生活和他们所在的社区来说是非常重要的"，但是他"在分析促进儿童发展的必要因素时却缺乏想象力……这有点奇怪，因为这些因素在他个人经历中是非常显著的"。哈里斯－佩里指出，这些因素包括"跨代的支持、优质的教育、旅游和拓展视野的机会"。[25]

认为单身母亲不利于孩子成长的不只是奥巴马一人。2010年的一项皮尤调查显示，有69%的美国人认为，单身母亲现象的增多是"社会的不幸"；有61%的人认为，对于孩子的快乐成长来说，父母亲缺一不可。[26]

其他比较开明的批评人士，包括格洛丽亚·斯泰纳姆，则担心，不仅仅是单亲家庭，将单身母亲也看成是新的常态，可能会产生令人担忧的影响。"让孩子看到男人也会爱护孩子、照顾孩子真的非常重要，"斯泰纳姆说，"他们不一定是孩子的亲生父亲，也不一定是家人；但是如果我们在成长过程中没有看到男人关爱孩子、照顾孩子，我们就会回到过去的性别角色关系中，认定只有女人才能照顾孩子。"

当然，社会需要时间，而且需要好几代的时间，才能适应家庭结构的巨大变化。当女性从传统预期中解放出来，很难马上有新的方法来应对或重新构建这个世界，我们必须努力做出调整，做出改变。凯瑟琳·埃丁继《我信守的承诺》后，于2013年推出了一本关于单身父亲的书——和蒂姆西·尼尔森（Timothy Nelson）合著的《尽我所能》（*Doing the Best I Can*）。为了写这本书，她专门和居住在旧城区里、生活条件贫困的男人相处。这些男人，相比于上一代"缺席"的父亲，有更大的决心建立亲子关系并承担抚养义务。人类总是在改变自己的行为方式，而且会为了适应新的模式一再做出改变，我们不能只是环顾四周就妄下结论说世界就是这个样子，永远不会改变。

然而，对生活在今日的成人和孩子，这些悲观人士又提出了一个非常严肃的观点，并且获得了实证研究的支持。2014年，布鲁金斯学会（Brookings Institute）的社会学家发现，双亲家庭的孩子成年后比单亲家庭的孩子更有可能取得经济上的成功。[27]

博林格林州立大学的社会学家苏珊·布朗（Susan Brown）曾在书中指出，现在约有半数儿童可能会有一段时间无法生活在已婚父母的家庭里。布朗列举的一些调查显示，"和生身父母共同生活的儿童，其教育结果、社会结果、认知结果和行为结果，平均来看都超过其他儿童"。但是，又由于低收入的单亲群体愈加普遍，我们很难区分哪些结果受到父母亲一方缺席的影响，哪些受到生活条件贫困的影响。布朗这样写道："在决定育儿方面的事务和面对育儿方面的压力时，单身父母（主要是单身母亲）因为缺少可以帮助他们、可以和他们共同商量的伴侣，往往会减少对孩子的管教，以及和孩子相处的时间，但是这些原因很容易和社会经济地位的不利处境混同。"[28]

正如布朗所写，单是婚姻或是生物学一方面的原因，都不足以解释不同家庭结构给孩子造成的不同成长结果，"我们未来的研究任务是提出更加周密的理论，提取更加翔实的数据，来破解导致这些差异形成的机制"。那样的理论和数据部分取决于人们对新的家庭结构、新的男女角色认同，以及这些新角色是否能够得到仍然假定所有男女都要结为夫妻的社会政策的支持。我们要做的就是承认世界已经不同，我们要试图让这个世界变得更加人性化，以适应不同个体、伴侣和儿童的要求。

凯蒂·罗菲是一位专栏作家和辩论高手，她在不到30岁的时候描写过她那些长期单身的朋友如何一边享受性的自由，一边追求事业，但同时她也不掩盖自己对简·奥斯丁时代的婚姻关系心存渴望。然而过了40岁，她已是两个孩子的母亲，而且这两个孩子还是和不同的男人所生的。

罗菲现在定期写一些有关单身母亲话题的文章，其观点令人信服。她在《纽约时报》上的一篇文章里说到她自己享有的经济和教育特权，承认她虽然可能并不是"典型的单身母亲……但是，如同不存在典型的母亲一样，当然也不存在典型的单身母亲"。罗菲认为，正是一直以来认为未婚妈妈是非正常现象的想法，"使得人们无法以更加理性、包容的态度来理解丰富多样的家庭模式"。[29]

罗菲援引了萨拉·麦克拉纳汉（Sara McLanahan）正在进行的"弱势家庭及儿童福祉"研究，这些研究表明，单身母亲状态的主要风险并非简单地来自未婚生育，而是根植于贫困，其次是频繁更换恋人（这也可能是贫困加重的结果，因为这些恋人可能处于抑郁、无业状态，有暴力倾向，或可能导致家庭经济更加拮据）。事实上，罗菲从"弱势家庭及儿童福祉"研究中得出推论，"经济状况稳定但父母之间关系紧张、存在冲突的双亲家庭，较之于经济状况稳定但父母之间关系不紧张、没有冲突的单亲家庭，对孩子造成的危害更大"。

"这番道德说教中没有提及的是，"罗菲这样写道，"家庭形式多种多样","没有一种家庭结构一定是幸福的,或一定是痛苦的"。[30]

生育技术的下一个前沿

和体外受精一样,卵子冷冻技术的发明并不是解决单身女性问题的万灵妙药。事实上,20世纪90年代初意大利医生在发明这种方法的时候,是为了规避罗马天主教会禁止已婚女子通过体外受精生育孩子的规定。[31]

卵子冷冻技术直到2012年还被美国生殖医学协会认为是"实验性的",该学会在2012年的一份声明中宣布,一系列的试验表明,在体外受精治疗过程中使用新鲜卵子和冷冻卵子并无明显区别。

卵子冷冻技术在刚开始使用的几年里不是十分可靠有效,但是新的瞬间冷冻技术——可以防止冰晶体破坏卵子的玻璃化冷冻技术的出现,提高了卵子冷冻的成功率,目前可以达到40%左右。[32]虽然美国生殖医学协会并不支持将这一方法"用以延缓生殖衰老",但是使用这种技术的诊所在全美各地单身和晚婚女性的聚集地纷纷涌现。

冷冻卵子,相对于冷冻胚胎而言,从理论上来说可以使女性提前保存卵子,等待她们遇见或选择好合适的男子,再利用他的精子给冻卵授精。对于尚在等待伴侣出现,但又害怕会失去生育能力的单身女性来说,这是一项非常理想的技术。

和大多数为了帮助女性掌控自己生育大权而开发的其他技术一样，卵子冷冻也不是免费的午餐。受术女性必须拿出1万至2万美元用于卵子的抽取、冷冻和保存。这一过程还需注射荷尔蒙，而且能显示其成功率的数据少之又少。《被重组的母性》（*Motherhood, Rescheduled*）的作者萨拉·伊丽莎白·理查兹（Sarah Elizabeth Richards）指出，多数女性冷冻卵子是为了以防万一，并不会积极地计划使用。因此，到2013年年底，虽然有1万多名女性进行了卵子冷冻，但是真正回来取用的却不足1500人。[33]

而且，虽然卵子冷冻技术或可延长女性的生育年龄，但是一旦错过了最佳受孕期，这一技术同样也会失去效用。对38岁以上的女性，一般不鼓励做冷冻卵子，因为这个年龄的卵子质量已经下降，冷冻了也是浪费。[34]

也就是说，如果女性真的要将这一技术作为有效延伸生育能力的手段，那么它的费用必须降下来，而且我们要鼓励她们在育龄中期做出选择，而不是到了后期才考虑。然而，这很难在年轻女性中推销，因为多数人还没有这个经济能力，也无法理解这笔花费的意义，或不想经历这样的疗程，而且她们更愿意相信，有朝一日自己可以正常生育。大多数女性都认为生育是和择偶绑定的，所以在意识到两者有可能无法在同一时间线上进行之前，她们很难在思想上将其分开。

但是，随着卵子冷冻技术的改进和成功率的提高，一些医生和老板，包括42岁初婚且尚未生育的ABC节目主持人黛安·索耶（Diane Sawyer）——都力劝女性尽早考虑冷冻卵子。索耶向许多女性推荐的纽约大学医院专家妮可·诺伊斯（Nicole Noyes）告诉《新闻周刊》，来找她的患者有四分之三的人是因为尚未准备好要孩子，许多人是父母要求她们来的。一名40来岁、没有孩子的女性对《新闻周刊》说："我要献花给黛安，感谢她所做的这一切。"2014年，包括Apple和Facebook在内的几家硅谷公司宣布，他们要推出一项公司福利，为女职工报销冻卵费用。

2013年，萨拉·理查兹在《华尔街日报》报道称，申请冻卵者的年龄"在慢慢下降"；一项针对240名女子进行的调查显示，从2005年至2011年，在纽约一家生殖机构进行生育咨询的女性，其平均年龄从39岁下降到了37岁。理查兹这样写道："有些医生说，少数女性的年龄在35岁以下——这是女性生育能力开始下降的拐点，到这个年龄，在医学上就称她们是'高龄孕妇'了。"[35]

由此我们可以预知未来的样子：这个未来不是说人人都要花巨额费用冷冻卵子，而是在对待生育和择偶的不可分割性上，我们的态度开始发生改变。将来女性或许会听取一些休利特的警告——生物钟在嘀嗒作响，别忘了生孩子——并在较早的时候付诸行动，因为她们的独立意识越来越强；将来她们会更容易将生育的选择和伴侣的选择分开，后者可能会如期出现，也可能不会。

理查兹在写她那本关于冻卵的书时发现，出于非医学原因对冻卵持批评态度的人士称,"生物学上的期限都有其存在的意义",这个期限一旦消除,就会使女性丧失寻找伴侣的动力。但是,她在书中说,她采访的那些女性"并没有因为生育能力'冷藏'好了就只和录像带做伴,事实上,她们说冷冻卵子驱使她们对生活负起责任,她们很放松地生活着,恋爱、结婚、解冻卵子,一步也不耽误"。

故事并未结束

2013年4月,我的朋友萨拉即将跨入39岁。自打从波士顿回来后,她换过几次工作,找到了一处她非常喜欢的新公寓,朋友圈子不仅扩大了而且更坚固了。她出差到过非洲(和我一起),去过冰岛和古巴旅游,还在哥斯达黎加的冲浪营待了一个星期,为一个单身的女性朋友庆祝她40岁的生日。

在回到纽约后的8年时间里,萨拉有过几段感情,有些是随随便便的交往,有些则维持了很长时间。进入40岁以后,虽然怀念从前的男朋友,但是她一边坦然地过着单身的生活,一边继续结识新人,在为自己打造的生活里过得非常充实。

在萨拉过完39岁生日两个月后的一天,我和她吃完饭走在回家的路上,她对我说要去见一个医生,她要冷冻卵子。听到这个消息,我非常吃惊。我们之前谈过孩子的问题,但是她坚持绝不单独行动,她说她是个浪漫的人,一定要坚守到那个人出现。

一个星期后，她从医生的办公室出来打电话给我说，她的条件很好，打算立即行动。电话里的她高兴得几乎要晕过去了，这是我听到过她最激动的一次。

"我一到那里就和医生说了，"她迫不及待地告诉我，"我感觉自己非常确定，非常有力量。"她听上去精力充沛，"我突然觉得好像有什么事情能自己掌控了。"

事实上，虽然医生向她解释了时间的安排，建议她几个月之后再开始，可那天早上她来了月经，而冷冻程序就是在月经周期之初开始的，所以她坚持当天就行动，第二天就给自己注射了药物。

一切都非常顺利，她排卵很多，而且医生评估她的卵子非常健康。但是她的身体承受了很大的痛苦，又是注射荷尔蒙和促排卵药物，又是提取卵子，卵巢也肿胀了，这一切使她感觉非常糟糕。结束的时候，她还略有失望，因为虽然经历了激素水平的变化和"造人行动"带来的极度兴奋，她还没有怀孕的打算。但不管怎样，卵子已经冷冻好了，她总算为她未来的家庭做了点什么，她感觉很好。

11月初的一天，萨拉过来找我，饭后她告诉我说，她开始对随意交往的一个家伙感到不耐烦了，也许是因为对某个前任仍念念不忘。她停下来看着我，然后继续说道："也许是因为，我想明白了，我就是这样的一个人，单身的命。"

冻卵之后，萨拉说，她对自己的独立性又多了一点认识，她还是一个人独立行动最好。"也许我生来就该一个人过，"她说，

"也许这才是我幸福的所在。"

10天之后,我接到萨拉的电话,她让我先坐下来再听她说。

"我结婚了。"她说。

"就是你在随意交往的那个人吗?"我吃惊地问她。"不是的,"萨拉说,是前男友,分手后让她很难走出来的那一个。他们之间的故事有点复杂,总之就是他先联系上了萨拉,说想要和她一起共度余生。他已听说萨拉做了冻卵,然后还说他想要孩子,他爱她、这辈子不能没有她之类的话。4天之后,他们就在市政厅结了婚,她穿着前一天下午才买的衣服。

那时候,萨拉感到非常幸福。

婚后的几个星期,萨拉和她丈夫还不太能适应两个人在一起的生活,就考虑是不是各自都保留独立的居所。虽然结婚是他们两人共同的意愿,但是他们婚后的生活却不符合萨拉想象中的"婚姻",因为她以父母的关系作为参照。萨拉的父母在那年夏天庆祝了结婚50周年。

"只是因为我们俩都太独立了,"她向我解释说,"我一直以来都是一个人生活,11年了,我没有和人合住过。也许我就是喜欢一个人过,虽然我爱布莱恩,想要和他共同创造生活。但这与我心目中的婚姻仍有差距,我不知道该如何处理。"

萨拉不知道他们下一步会怎么走——要搬到一起吗?他们会要孩子吗?是继续耗下去呢还是决定分手?虽然如此,但是有一点她心里非常明确,"这样悄然而又迅速地结婚,"她说,"是我除了冷冻卵子以外做过的最自由的事情。"

我说:"也许是因为这样最能体现你们俩特有的互动关系。""也许吧,"她说,"但也许这只是最能代表我想要什么和不想要什么。"

萨拉竭力向我解释,她的婚姻不是个蝴蝶结,能将其人生幸福地绑紧。她40岁,人生刚刚过半。"而且这和我父母的生活太不一样了。"她对我说。对于未来,萨拉心中充满了迷茫。

"求求你,别弄得好像结婚就是我故事的结局。"她恳求我道。

结　论

在21世纪初的几次大选中，民主党和共和党都非常重视单身女性选民，这主要是因为他们都开始意识到这个群体对于选举有着巨大的影响力。

2012年，贝拉克·奥巴马的竞选宣传片中有一个名叫朱莉娅的卡通人物，这部宣传片描绘了朱莉娅如何出生长大、如何获得大学学位并拥有自己的事业和孩子——在某种程度上，朱莉娅的这一切都得益于政府的资助项目。从这一条极其简单的时间线上看，她的生活里没有包括婚姻。这使保守派们陷入疯狂，一名《华盛顿邮报》（Washington Post）的专栏作家把朱莉娅称为"政府福利政策的宣传大使"，并悲叹说单身父母曾经是可耻的，然而如今单身母亲却成了"让美国骄傲的新群体"。这位作家还将允许独立女性享受政府福利的国家称为可怜的"老公政府"，说她们生活中缺位的丈夫被"山姆大叔"取代了。

认为日益庞大的、有影响力的未婚女性群体要求政府扮演丈夫的角色，显然是有问题的。这种想法把女性能拥有的一切关系归结为婚姻关系，并且认为女性天生就是依赖者，她们需要找人来养活自己——不是丈夫，就是当选的官员，或一套公共福利政策。

但是，如果撇开这些观点中的错误，对于未来单身女性与政府的结合，批评者也好，牵线者也罢，所言都有一定的道理。单身女性希望政府通过更好的福利政策来支持她们的理想和选择，支持她们独立，她们这么做是在声明自己的公民权利——她们要像美国历代男性一样，成为真正的公民。

姑且不论单身女性是否指望政府为她们提供"丈夫般的照顾"，白人已婚男性的确长久享受着政府"妻子般的照顾"——国家和政府为他们的独立提供了各种支持。男性，尤其是富裕的白人已婚男性，长久以来都依赖政府的帮助。政府通过拨款、贷款、奖励刺激、减税等手段帮助他们成家立业，使他们能够积累财富，为他们提供各种条件以便将财富传给下一代。在美国建国之初，政府就确立了白人男性的投票权和对政府的控制权，并一直保护着他们参与政治的权利。政府还通过压制女性在经济上的发展，来保障男性的经济和职业前途：不给女性同等的经济和公民权益保护，使女性被迫依靠男性；将职业做性别划分，女性只能从事低报酬甚至无报酬的家政和幼教工作。将女性囿于家庭空间，进一步确保男性占领公共领域。

但是，越来越多的女性不再过这种依赖男人的生活，这给政府带来了新的压力，政府需要重新创造条件，为女性的独立、为一个新的公民群体提供更为友好的社会环境。如今，组成这个公民群体的，不少都是在经济、事业、两性关系和社会关系方面过着自由生活的女性。

我们需要重新构建的，不仅仅是我们对个人自由和人生道路的固有假设，更是我们的社会经济结构。对女性负起责任，承认她们，支持她们，就像几百年以来我们为男性所做的那样。

我们的女性前辈为了追求社会进步，在包括废奴运动、选举权运动、禁酒运动和劳工运动上，付出了她们的时间和精力，今天的单身女性向社会施加了更多的压力：她们的存在促使我们改变基础政策，以及那些曾经阻碍女性在婚姻之外获得自我发展的文化层面和社会层面的预期。单身女性需要有新的保护机制，为她们独立自由的生活提供支持，使她们能够拥有男性同胞享受已久的同等机会。将婚姻模式奉为唯一生活模式的政策多种多样：从政府不补贴儿童保育，到学校下午3点左右就放学，再到海德修正案禁止用联邦政府的钱为贫困女性堕胎买单。但如果大家都要工作，那么应该由谁来照顾孩子呢？如果不由不上班的母亲而由别人来照顾，那么应该由谁来支付这笔费用呢？此外，海德修正案的出台更使女性无法控制家庭的规模、自己的事业和身体。

安妮塔·希尔在2013年告诉我说，单身女性数量的增长，真正令政客和社会害怕的是，如果女性在两性关系和职业上有了自主权，就会迫使我们"重新思考女性的工作经验、工作时长",以及女性作为真正意义上的成年公民"对经济和文化政治的影响"。

"单身母亲不是妖怪,"希尔跟我说,"问题其实在于这个社会对有生育意愿的女性缺乏支持,顾虑的一部分出自如果我们承认女性可以单独要孩子,那么在政治层面上我们就要调整决策……并搞清楚这将会对经济和文化政治造成哪些影响。"

单身女性正在这个本不是为她们设计的世界里,逐渐占有一席之地。我们是一个新的共和国,有一群新的公民。如果我们想要繁荣壮大,就必须为自由女性提供发展空间,必须对那些建立在"女性只有结婚才有价值"基础上的经济与社会体制做出调整。

简而言之,属于单身女性的新时代就要到来,我们要带着开放的眼界和好奇心拥抱这个时代。只有这样,我们才能走上苏珊·安东尼所憧憬的发展道路。而现在,这条道路已经摆在了我们面前。唯有真正承认女性是平等和独立的个体存在,我们才能使我们的家庭、我们的制度、我们的社会契约更加牢固。

倘若我们的祖母、曾祖母,以及她们那个时代没有结婚的女性同胞,都能预见未来有如此翻天覆地的变化,那么我们就更有责任放远目光,尊重她们所付出的努力和取得的成就。如今的世界,各类女性群体比以往任何一个时代都生活得更加自由,是时候为她们重建这个世界了。

附　录

　　随着越来越多的美国单身女性跻身这个世界，我们的一些国家政策和社会观念也必须做出新的调整和重新评判。

　　·加强同工同酬权利保护。这或许是独立女性在经济层面上的核心诉求：保证自己的劳动不会因为过去遗留下来的旧观念或其他原因而被打折。这些旧观念包括，女性不需要挣钱养家，或女性可以依靠丈夫生活。

　　·提高联邦政府规定的最低工资标准。男性和女性都可逐渐从中受益，但女性受益更多，因为最低工资线上三分之二的劳动者都是女性。提高最低工资标准可以帮助美国工作最辛苦、薪酬最低的劳动者减轻经济负担，改善独立女性的生活，同时也让有可能和她们共同生活、共同抚养孩子的潜在伴侣、朋友和家人受益。

　　·建立一个全国性的医疗保健体系，鼓励不同阶层所有女性更好地监测和关爱自己的生殖健康。这个体系还需覆盖到生殖健康管理，以便让那些想单独要孩子，或推迟生育的女性——不管她们是在等待伴侣出现，正在存钱，还是想要在年轻时做一些其他事情——都能够享受到最好的医疗技术来支持她们生育，无论已婚还是未婚，无论收入多少。

· 规定保险公司条款覆盖试管受精以及其他辅助性受孕手段，以减少人工辅助受孕并发症费用。因为有了保险，女性在选择是否植入多枚胚胎（通常有危险性）时，就不会将高昂的费用视为一个决定性因素了。

· 为单身人士提供更多住房，或为想住在更小空间里的独居人士提供住房补贴（包括减税政策）。独居人士居住在较小的空间里既有利于他们自己，也有利于环境。但是这就同时要求对许多州法规和地方法规进行改革，因为根据许多原来的法规，未婚成年人同居难以成为合法行为；而对无伴侣的美国人来说，同居很有可能成为一种常见的选择。

· 政府要对日托项目进行补贴或全部资助，使更多不同结构的家庭得到健康发展，为儿童保育工作者创造报酬丰厚的工作机会。

· 政府必须强制规定并补贴带薪家事假，为新生儿的父母或需要请假照顾患病家人的男女提供方便。这些政策能使各种形式的家庭受益，而且如果规定新生儿父母双方均能享受此政策，更将大大有助于全职父亲摆脱污名，使单身／结婚的男女在家庭责任的安排上更加趋于平等。

·我们需要普及病假补偿，无论其种族、个人或职业状况如何。必须让独立生活或与家人共同生活的女性都能请病假照顾自己或者家人，而不用担心失去生活来源。

·我们应该增加而不是继续减少所有美国公民的福利保障，承认政府的帮助对美国公民的生活、自由以及对幸福的追求，一向具有至关重要的作用，承认更有力的经济基础可以为家庭和伴侣关系的更好发展创造条件。

·我们需要为公民（无论他们是否有孩子或父母需要照顾）建立带薪休假制度，使他们更好地照顾自己，使他们通过休息和休假获得身心健康。休假不再是传统家庭所有者的福利。

·我们必须保护生育和节育的权利，普及性教育，这样女性就不会因为意外怀孕而被迫进入一段依赖性的关系中。为此，我们必须废除阻止贫困女性获得合法堕胎权利的海德修正案，必须让各种经济状况的女性自己来掌握什么时候生育、是否生育以及在什么状况下生育。

·我们应该支持非传统类型的家庭结构，包括朋友同居、单身人士独居或合住，和伴侣共同抚养孩子或独自抚养子女。现在的一些家庭结构大大不同于我们过去的异性恋婚姻家庭单位，我们需要调整观念来适应这个新的社会常态。

·我们必须改变对待工作、休闲和补偿规定的态度。美国日渐成为一片自由人民的土地，有时我们需要陪伴和关爱，有时我们却更喜欢独处。我们不能再理所应当地认为，每个男人都有一个妻子无偿地照顾他的家庭和孩子，或每个妻子都有一个挣钱的、让她可以依靠的丈夫。我们需要缩短工作时间,为社交、情感、心理和家庭等各方面的健康发展留出更多的空间。

她们近况如何？

多黛·斯图尔特依然单身，但是"最近感觉好一些了，对于谈朋友心情更放松了，也没那么挑剔了。并不是说降低标准了，只是心态放宽了。2015年，我去了很多地方旅游，也继续在Tinder和OkCupid上约会。我现在交往的是一个比我小（小很多）的家伙，很好玩。总的来说，我一个人过很开心——我和一些朋友聊过，他们不是离了婚，就是正在离婚，要不然就是因为婚姻不幸福在考虑离婚。我从她们的眼中看到我自己，我的生活是多么奢侈——一个人'自私'、任性地生活，经常有安静的独处（或无人打扰地看一本书、一部电影）让我获得心灵的愉悦。我喜欢恋爱的感觉，但是在自爱和自我接纳方面，我肯定又提高了一个层次。我现在一切都不错"。

基蒂·柯蒂斯从新泽西搬到了佛罗里达，继续做发型设计师的工作。她依旧单身，但是交到了很多朋友，过得十分开心。

安·弗里德曼依旧住在洛杉矶。最近她的男朋友为了她从英国搬到了洛杉矶,他们同居了。2015年,她和艾米娜搞了一个以远距离友谊为主题的播客,叫"给你的闺蜜打电话"。

艾米娜托·索乌住在北加利福尼亚州,她和安共同主持"给你的闺蜜打电话",她是单身。

艾达·李的父亲不适应没有妻子的生活,于是又从中国回到了美国。但是,现在情况变了,艾达的母亲开心地做着两份工作,有了自己的钱。艾达说:"她现在会对我父亲说'不'了,大家都更开心了,她真正地独立了。"艾达的继女一直没有结婚,已经开始读研究生了,她有男朋友,艾达也很喜欢他。

帕特丽夏·威廉姆斯在她60岁刚出头的时候,和"一个几十年没联系的男人发展了关系。我们20多岁的时候是好朋友,但是之后就失去了联系。我的大半辈子都很坚决地要一个人过,现在又重新开始和另一个人亲密地'讨价还价',这是认真投入的关系中必不可少的事,这种感觉又奇怪又美好。我们原本就是朋友,所以这还好一些,不过在这个年龄,我想我们俩都更有能力去维护一个稳固的、静静培养起来的关系。20多岁的时候不会有现在这样从容淡定的美好感觉,这样的等待是值得的"。

凯特琳·吉格汉真的去参加了飞行课程,并且和她的教练订了婚。"我现在非常幸福,"她说,"他比我生活中的任何人都支持我。"凯特琳说她的工作也很顺利,最近还升到了高级项目主管的位置。她经常旅游,最近去了爱尔兰、加利福尼亚州和犹他州。"我发现我的想法变了很多,"以前她是反对早婚的,但是现在她说,"我碰巧提前遇到了对的人。"凯特琳说,她仍然觉得早婚是冒险的,"我不是说早婚都不好,我只是觉得任何年龄的婚姻,能成功的都不多,尤其因为这自古以来就加在女性身上的社会压力"。

艾略特·霍尔特已经移居巴黎。回忆起我采访她时的单身感受,她显得很吃惊。"几年前你采访我的时候,我刚结束了一段认真交往的关系,当时还在为这件事痛苦着,"她说,"还在痛惜我失去的生活,还在渴望有一个伴侣、一个可以陪伴我一辈子的人。但是现在,我很享受单身生活,庆幸自己没有结婚,也不想和谁结婚,甚至觉得约会都太麻烦。我不想浪费宝贵的时间去和不认识的人约会,我交往的朋友都是我认识了很长时间的。我虽然单身,但是我的生活中并不缺少爱(朋友的爱,姐妹的爱,三个侄子还有侄女的爱)。我喜欢按照自己的方式生活,我就打算一辈子单身了,我不会放弃这样的生活的。"

艾莉森·特库斯单身,住在布鲁克林。她很有可能在资助堕胎或谈论她对佛蒙特州的热爱。她仍然非常肯定不要孩子,不要结婚——"谢谢你们来问!"。

萨拉·斯泰德曼结婚了。"对方是我在接受这本书的采访时正在谈的朋友,我们最近刚搬到圣安东尼奥,我在那里教六年级的社会课。结婚真好,我很幸福!"。

阿曼达·内维尔说:"在半年里,我的母亲去世了、心爱的宠物死了、我和伴侣分手了,然后又有一只宠物死了。我每天晚上给妮娜读《恐龙的离婚》(*Dinosaur's Divorce*),连续读了好几个月,妮娜有好几个星期都在为她的毛绒玩具和布娃娃举办葬礼。那种感觉就像在洪水中背着个孩子寸步难行。我被巨大的悲痛包围,但是为了她,我必须坚持下去。我们最后又领养了两只宠物。那年夏天,我设法安排了很多我俩可以一起做的有趣活动,开始觉得生活又恢复正常了。妮娜活泼了起来,我的伤痛也在慢慢愈合。有时候,我仍然非常难过,但是我觉得自己是坚强的,我知道这需要时间,在这期间我就专心照顾好我的孩子、我们的宠物和我自己。"

梅根·里奇在 2015 年的春季从大学毕业,现在开始在一所既有小学又有中学的学校教书,她的学生是有中度到重度残疾的孩子。她还在意大利的皮亚琴察当了一个月的实习老师,她说,"那是我一生中最美好的经历之一"。梅根"仍然单身。我并不急着改变这种状态。我坚信,你首先要自己开心,对自己满意,然后才能开心地和别人在一起。我现在过得十分快乐,也十分期待上帝给我的安排,现在呢,我只需过好自己的生活,尽力为上帝带来荣耀"。

卡门·黄·乌利齐辞去了她在金融服务公司的董事长职务并退出了合伙人关系,改行投身娱乐行业了。她对经济独立的想法在采访之后发生了变化:"我觉得,我们现在要谨慎对待,认为我们坚持独立就等于拒绝依赖别人的想法。我们是人,如果幸运的话可以活很久,在这一辈子中总会经历一些挫折和磨难。作为女人,我们并非坚不可摧,向别人寻求帮助,接受别人的帮助并没有什么错"。

南希·吉尔斯一直都在找寻"符合两个基本要求的男人：有很强的幽默感，能回我电话"。她没想到自己真的遇见了这样的人，甚至还超出了她的期待，他们现在"平静地在一起"。

克里斯蒂娜现在正和一个男人在认真地谈着，遇到他没多久，她就明确说要孩子，需要的话她单独要也行。在过去的一年里，她失去了两只宠物，还取出了节育器，"现在很开心"。

蕾蒂莎·马雷罗和她的女儿洛拉从弗吉尼亚州那间拥挤的公寓搬到了马里兰州，和洛拉的父亲住在一起。尽管两个人现在还没谈到结婚，但是他们的关系是认真的，他们专心地共同抚养着现在已经10岁的女儿。虽然工作和生活还是很难平衡，家庭经济总是拮据，但是对于蕾蒂莎来说，当妈妈的经历，是任何东西都无法替代的。

霍莉·克拉克说她尊重"那些认为生儿育女是自己的事业的女人，但是我现在有一份令我自豪的工作，我还找到了一个可以接受我这种工作量的男人，接下来的几个月我们会一起找房子，结婚生小孩也在我们的计划之中，我不需要放弃什么"。

苏珊娜·莫里斯在亚特兰大，过着开心的单身生活。

帕梅拉在布朗克斯地方检察官办公室做法律助理。她说她"正在申请读法学院，希望一切顺利"。帕梅拉正怀着她的第二个女儿，还是和原来的伴侣在一起，但是没有结婚。

萨拉和丈夫分开了，是萨拉主动离开的。并不是因为她不想要婚姻，而是她走出那么大的一步却没有得到她想要的东西。

她说她很纠结这么快就离婚,强调说:"我是把它当真正的伴侣关系来看的,不管对方是朋友还是男人……对我来说,婚姻并非一定要像人们普遍认为应该有的样子,但它必须是真实的,我的婚姻并不真实,它不适合我。"

致　谢

我在开始写这本书的时候就有一种直觉，玛丽苏·鲁克（Marysue Rucc）将是本书的编辑。非常幸运，最后果真如此。本书的篇幅和讨论的范畴都有过变动，但是玛丽苏一直耐心有加、目光敏锐，并且得力地引导着我。感谢西蒙＆舒斯特出版公司（Simon & Schuster）乔纳森·卡普（Jonathan Karp）的满腔热情，以及以下各位的勤勉敬业和友好合作：艾米莉·格拉夫（Emily Graff），劳拉·里根（Laura Regan），西尼·古川（Sydney Tanigawa），萨拉·里迪（Sarah Reidy），凯里·戈德斯坦（Cary Goldstein），以及埃博尼·拉德尔（Ebony LaDelle）。我出色的代理人琳达·里奥温萨尔（Linda Loewenthal）在我写作过程中给予我许多支持，我永远感激她。

蕾娜·科恩第一次提出协助我研究时还是个在读大学生，但是她是我见过的最聪明、最勤奋、最能干的助手，她的工作非常重要，为本书的形式和内容奠定了基础。

本书还从我自己专业之外的许多专家学者那里获益良多。感谢以下各位对本书的指正和肯定：米歇尔·施密特，布里特妮·库珀，苏珊娜·莫里斯，露易丝·奈特，艾米莉·努斯鲍姆，米基·哈尔平（Mikki Halpin），以及弗吉尼亚·赫弗南（Virginia Heffernan）。我从和朋友、同事之间的讨论中也受益匪浅，这些同事和朋友包括：莱斯利·贝内茨（Leslie Bennetts），卡莎·波利特（Katha Pollitt），琳达·赫什曼，诺拉·埃夫隆，盖尔·柯林斯，安娜·霍尔姆斯（Anna Holmes），伊琳·卡蒙（Irin Carmon），艾米娜托·索乌，亚当·瑟沃尔（Adam Serwer），琼·沃尔什（Joan Walsh），莉齐·斯库尔尼克（Lizzie Skurnik），达利娅·里斯维克（Dahlia Lithwick），珍·达德里克（Jen Deaderick），米歇尔·戈德伯格（Michelle Goldberg），凯特·波利克，埃里克·克林伯格，莫莉·加利文（Molly Gallivan），爱丽丝·鲁宾（Alice Rubin），马克·舍内（Mark Schone）。感谢J.J.萨夏（J. J. Sacha）为本书多次安排推介会，感谢玛德琳·沃顿巴戈尔（Madeleine Wattenbarger）认真制作的录音稿。艾琳·希伊（Erin Sheehy）为本书做了全面的事实审核，我永远感激她。

特别感谢以下各位在本书写作早期阶段就审读了部分文本：佐伊·海勒（Zoë Heller），卡莎·波利特，里奇·耶塞逊（Rich Yeselson），米歇尔·戈德伯格，伊琳·卡蒙，芭芭拉·特雷斯特（Barbara Traister），以及珍·霍华德（Jean Howard）。

感谢所有接受过我采访的人,无论写入或没有写入本书的,谢谢你们慷慨分享自己的故事。我还要向本书众多的被引用学者致以深深的敬意。作为学术界的晚辈,我深知自己学术能力有限,书中参考了许多历史学家、社会学家、文学评论家和经济学家的文献,在此谨向你们表示感谢。我十分幸运地认识了历史学家瑞秋·塞德曼和艾米·巴斯(Amy Bass)并请她们为我做指导。同样幸运的是,20年来,我一直谨记西北大学教授卡尔·史密斯(Carl Smith)将我引向历史的那些教诲。我访问的许多大学里的老师和学生,我从他们身上学到了很多。尤其感谢加利福尼亚州圣玛丽大学的丹妮丝·维奇格(Denise Witzig),她和我分享了她为一节关于单身女孩的课所写的教学提纲,并且为本项目提供了最初的思路。

感谢那些一直能容忍我的编辑,他们是:劳伦·科恩(Lauren Kern),亚当·摩斯(Adam Moss),劳里·亚伯拉罕(Laurie Abraham),丽萨·柴斯(Lisa Chase),露比·迈尔斯(Robbie Myers),格雷格·维斯(Greg Veis),克洛伊·沙玛(Chloe Schama),加布里埃尔·斯奈德(Gabriel Snyder),瑞安·卡尼(Ryan Kearney),迈克尔·谢弗(Michael Schaffer),富兰克林·弗尔(Franklin Foer),克里·劳尔曼(Kerry Lauerman),以及乔伊·普雷斯(Joy Press)。

我和这些朋友的友情也一直鼓励着我、支持着我,他们是:金伯利·艾伦(Kimberly Allen)和他的妻子琳-李·艾伦(Lin-Lee Allen),朱迪·萨克斯(Judy Sachs),丽萨·霍雷特(Lisa Hollett),贝卡·奥布赖恩·库西宁(Becca O'Brien

Kuusinen），迈克尔·弗里德曼（Michael Freidman），艾比·沃尔特（Abbie Walther），本尼迪克特·齐博拉（Benedicta Cipolla），希瑟·麦克弗森（Heather McPherson）和爱德华·麦克弗森（Edward McPherson），汤姆·麦克格夫兰（Tom McGeveran），罗莉·列伊博维奇（Lori Leibovich），希拉里·弗里（Hillary Frey），佐伊·海勒，凯蒂·贝克（Katie Baker），艾莉森·佩奇（Allison Page）和麦里德斯·芬恩（Merideth Finn），还有萨拉·卡利（Sara Culley）和杰拉尔丁·西里（Geraldine Sealey）。从很多方面来说，这本书是为你们而写。

最后，我要向我的家人表达深切的感谢。芭芭拉·特雷斯特和丹尼尔·特雷斯特（Daniel Traister）让我从家务中解脱出来，他们一连几个星期地照顾我的饮食，为我提供工作的空间。亚伦·特雷斯特（Aaron Traister）和卡雷尔·特雷斯特（Karel Traister）总是逗我发笑，菲洛茨·瓦迪亚（Pheroze Wadia）会找我聊天，珍·霍华德和吉姆·贝克（Jim Baker）经常会在我困难的时候帮我化险为夷。本书交稿不久贝拉（Bella）出生，上市不久罗希（Rosie）出生，是玛丽恩·贝尔（Marion Belle）给了她们特别的照顾，使我和我丈夫得以继续工作。罗希和贝拉，你们的生命将充满无限的可能，那是在书中提到的你们的曾祖母永远也无法想象的，我对你们的未来充满期待。最后，我还想对达瑞斯说：我们相遇时各自都是完整的个体，你让我生命里的每一天、每一分钟都充满快乐，感谢你为我们创造了热闹而疯狂的生活。

参考文献

Addams, Jane. *The Spirit of Youth and the City Streets.* New York: MacMillan, 1909.

Alcott, Louisa May. *An Old-Fashioned Girl.* Seven Treasures Publications, 2009.

Alexander, Michelle. *The New Jim Crow: Mass Incarceration in the Age of Color Blindness.* New York: New Press, 2010.

Bartlett, Elizabeth Ann, ed. *Sarah Grimké: Letters on the Equality of the Sexes and Other Essays.* New Haven: Yale University Press, 1988.

Baxandall, Rosalyn and Linda Gordon, eds. *America's Working Women: A Documentary History, 1600 to the Present, Revised and Updated.* New York: W.W. Norton &Company, 1976 and 1995.

Bennett, Judith M. and Amy M. Froide, eds. *Singlewomen in the European Past, 1250–1800.* Philadelphia: University of Pennsylvania Press, 1999.

Bolick, Kate. *Spinster: Making a Life of One's Own.* New York:

Crown, 2015.

Brown, Kathleen M. *Good Wives, Nasty Wenches, and Anxious Patriarchs: Gender, Race and Power in Colonial Virginia*. Chapel Hill and London: The University of North Carolina Press, 1996.

Burnap, George Washington. *The Sphere and Duties of Woman: A Course of Lectures*. Baltimore: John Murphy, 1848.

Chambers-Schiller, Lee Virginia. *Liberty, A Better Husband: Single Women in America: The Generations of 1780–1840*. New Haven and London: Yale University Press, 1984.

Chevigny, Bell Gale. *The Woman and the Myth: Margaret Fuller's Life and Writings*. Revised ed. Boston: Northeastern University Press, 1994.

Clinton, Catherine and Michele Gillespie, eds. *The Devil's Lane: Sex and Race in the Early South*. New York: Oxford University Press, 1997.

Collins, Gail. *America's Women: Four Hundred Years of Dolls, Drudges, Helpmates and Heroines*. Paperback ed. New York: Harper Perennial, 2004/2003.

———. *When Everything Changed: The Amazing Journey of American Women from 1960 to the Present*. New York: Little, Brown and Company, 2009.

Coontz, Stephanie. *Marriage, A History: From Obedience to Intimacy or How Love Conquered Marriage*. New York: Viking, 2005.

———. *A Strange Stirring: The Feminine Mystique and American Women at the Dawn of the 1960s*. New York: Basic Books, 2011.

Cott, Nancy. *Public Vows: A History of Marriage and the Nation*.

Cambridge: Harvard University Press, 2000.

———. *The Bonds of Womanhood: "Woman's Sphere" in New England, 1780–1835.* New Haven: Yale University Press, 1977 and 1997.

DePaulo, Bella. *Singled Out: How Singles are Stereotyped, Stigmatized, and Ignored, and Still Live Happily Ever After.* New York: St. Martin's, 2006.

Dubois, Ellen Carol, ed. *Elizabeth Cady Stanton and Susan B. Anthony: Correspondence, Writings, Speeches.* Introduction by Gerda Lerner. New York: Schocken Books, 1981.

Edin, Kathryn and Kefalas, Maria. *Promises I Can Keep: Why Poor Women Put Motherhood Before Marriage.* Paperback ed. Berkeley and Los Angeles: University of California Press, 2011 and 2005.

Ephron, Nora. *Crazy Salad: Some Things About Women.* New York: Alfred A. Knopf, 1975.

Faludi, Susan. *Backlash: The Undeclared War Against American Women.* New York: Crown, 1991.

Firestone, Shulamith. *The Dialectic of Sex: The Case for a Feminist Revolution.* New York: Bantam Books, 1971.

Friedan, Betty. *The Feminine Mystique: Twentieth Anniversary Edition.* New York: Laurel Books, 1983.

Giddings, Paula. *When and Where I Enter: The Impact of Black Women on Race and Sex in America.* New York: Bantam Books, 1984.

Gilbert, Elizabeth. *Committed: A Love Story.* New York: Penguin, 2010.

Glenn, Cheryl. *Rhetoric Retold: Regendering the Tradition from*

Antiquity Through the Renaissance. Carbondale, IL: Southern Illinois University, 1997.

Goldman, Emma. *Anarchism and Other Essays*. Second revised ed. New York and London: Mother Earth Publishing, 1911.

Goldstein, Dana. *The Teacher Wars: A History of America's Most Embattled Profession*. New York: Knopf Doubleday, 2014.

Gordon, Ann D. *The Selected Papers of Elizabeth Cady Stanton and Susan B. Anthony, Volume I, In the School of Anti-Slavery, 1840–1866*. New Brunswick: Rutgers University Press, 1997.

Gould, Stephen Jay. *The Mismeasure of Man: The Definitive Refutation to the Argument of the Bell Curve*. New York: W.W. Norton & Company, 1996.

Gunning, Sandra. *Race, Rape, and Lynching: The Red Record of American Literature, 1890–1912*. Oxford and New York: Oxford University Press, 1996.

Guy-Sheftall, Beverly, ed. *Words of Fire: An Anthology of African-American Feminist Thought*. Afterword by Johnnetta B. Cole. New York: The New Press, 1995.

Hadfield, Andrew, ed. *The Cambridge Companion to Spenser*. Cambridge: Cambridge University Press, 2001.

Hamilton, Susan, ed. *Criminals, Idiots, Women & Minors*. Second ed. Ontario: Broadview Press, 2004.

Hayden, Dolores. *The Grand Domestic Revolution*. Cambridge and London: The MIT Press, 1981.

Henry, Astrid. *Not My Mother's Sister: Generational Conflict and Third-Wave Feminism*. Bloomington: Indiana University Press, 2004.

Hill, Anita Faye and Emma Coleman Jordan, eds. *Race, Gender, and*

Power in America: The Legacy of the Hill-Thomas Hearings. New York: Oxford University Press, 1995.

Israel, Betsy. *Bachelor Girl: 100 Years of Breaking the Rule—A Social History of Living Single.* Paperback ed. New York: Harper Perennial, 2003.

Kessler-Harris, Alice. *Out to Work: A History of Wage-Earning Women in the United States.* New York: Oxford University Press, 1982 and 2003.

Klinenberg, Eric. *Going Solo: The Extraordinary Rise and Surprising Appeal of Living Alone.* New York: Penguin, 2012.

Last, Jonathan. *What to Expect When No One's Expecting: America's Coming Demographic Disaster.* New York: Encounter, 2013.

Le Faye, Deirdre, ed. *Jane Austen's Letters.* Fourth ed. Oxford: Oxford University Press, 2011.

Lovett, Laura. *Conceiving the Future: Pronatalism, Reproduction and the Family in the United States, 1890–1938.* Chapel Hill: University of North Carolina Press, 2007.

Maines, Rachel P. *The Technology of Orgasm: "Hysteria," The Vibrator, and Women's Sexual Satisfaction.* Baltimore: Johns Hopkins University Press, 1999.

May, Elaine Tyler. *Homeward Bound: American Families in the Cold War Era.* New York: Basic Books, 1999.

———. *Barren in the Promised Land: Childless Americans and the Pursuit of Happiness.* Cambridge and London: Harvard University Press, 1995.

Meyerowitz, Joanne. *Women Adrift: Independent Wage Earners in Chicago, 1880–1930.* Chicago: University of Chicago Press, 1988.

Moran, Rachel F. "How Second Wave Feminism Forgot the Single Woman." *Hofstra Law Review*. Volume 33, Issue 1, article 5. 2004.

Morton, Patricia, ed. *Discovering the Women in Slavery: Emancipating Perspectives on the American Past*. Athens: University of Georgia Press, 1996.

Norton, Mary Beth. *Founding Mothers and Fathers: Gendered Power and the Forming of American Society*. New York: Alfred A. Knopf, 1996.

———. *Liberty's Daughters: The Revolutionary Experience of American Women, 1750–1800*. 1996 paperback ed. (Cornell Paperbacks). Ithaca: Cornell Press, 1980.

Peiss, Kathy. *Cheap Amusements: Working Women and Leisure in Turn-of-the-Century New York*. Philadelphia: Temple University Press, 1986.

Randall, Mercedes Moritz. *Improper Bostonian: Emily Greene Balch, Nobel Peace Laureate, 1946*. New York: Twayne Publishers, 1964.

Roiphe, Katie. *Last Night in Paradise: Sex and Morals at the Century's End*. New York: Little, Brown and Company, 1997.

Rosenberg, Rosalind. *Beyond Separate Spheres: Intellectual Roots of Modern Feminism*. New Haven: Yale University Press, 1982.

Rosenthal, Naomi Braun. *Spinster Tales and Womanly Possibilities*. Albany: State University of New York Press, 2002.

Sandler, Lauren. *One and Only: The Freedom of Having an Only Child and the Joy of Being One*. New York: Simon & Schuster, 2013.

Sawhill, Isabel V. *Generation Unbound: Drifting into Sex and*

Parenthood Without Marriage. Washington: Brookings Institution Press, 2014.

Smith, Margaret, ed. *The Letters of Charlotte Brontë?, Volume Three: 1852–1855*. Oxford and New York: Oxford University Press, 2004.

Smith-Foster, Frances. *Till Death or Distance Do Us Part: Love and Marriage in African America*. New York: Oxford University Press, 2010.

Smith-Rosenberg, Carroll. *Disorderly Conduct: Visions of Gender in Victorian America*. Paperback ed. New York: Oxford University Press, 1986/1985.

Stansell, Christine. *City of Women: Sex and Class in New York City, 1789–1860*. Paperback ed. Urbana and New York: University of Illinois Press, 1987/1982.

Sugrue, Thomas J. *Sweet Land of Liberty: The Forgotten Struggle for Civil Rights in the North*. Paperback ed. New York: Random House, 2009.

Traub, Valerie. *The Renaissance of Lesbianism in Early Modern England*. Cambridge: Cambridge University Press, 2002.

Trimberger, Ellen Kay. *The New Single Woman*. Boston: Beacon Press, 2005.

Vapnek, Lara. *Breadwinners: Working Women and Independence, 1865–1920*. Champaign, IL: University of Illinois Press, 2009.

Walsh, Joan. *What's the Matter with White People: Finding Our Way in the Next America*. New York: Simon & Schuster, 2012.

Watson, Elwood and Darcy Martin, eds. *There She Is, Miss America: The Politics of Sex, Beauty and Race in America's Most Famous Pageant*. New York: Palgrave MacMillan, 2004.

Willard, Frances and Hannah Whitall Smith. *The Autobiography of an American Woman: Glimpses of Fifty Years*. Evanston: National Women's Christian Temperance Union, 1889.

注 释

序

1. Mather, Mark and Diana Lavery, "In U.S. Proportion Married at Lowest Recorded Levels," *Population Reference Bureau*, 2010 http://www.prb.org/Publications/Articles/2010/usmarriagedecline.aspx.
2. According to Robert B. Bernstein at the Census Bureau, in 1979, the median age rose to 22.1.
3. Mather and Lavery, "In U.S., Proportion Married at Lowest Recorded Levels," 2010.
4. Cohn, D'vera, Jeffery S. Passel, Wendy Wang and Gretchen Livingston, "Barely Half of U.S. Adults Are Married—A Record Low," Pew Research Center, December 14, 2011, http://www.pewsocialtrends.org/2011/12/14/barely-half-of-u-s-adults-are-married-a-record-low/.
5. Mather and Lavery, "In U.S., Proportion Married at Lowest Recorded Levels," 2010.
6. Betts, Hannah, "Being Single by Choice Is Liberating," *The Telegraph*, March 21, 2013.
7. Roiphe, Katie, Last Night in Paradise, via *The New York Times* excerpt, 1997, http://www.nytimes.com/books/first/r/roiphe-paradise.html.
8. Gardner, Page, "Equal Pay Day: Unmarried Women Bear the Brunt of the Pay Gap," *The Voter Participation Center*, August 13, 2015, http://www.voterparticipation.org/equal-pay-day-2015/.
9. Mather, Mark and Beth Jarosz, "Women Making Progress in U.S. But Gaps

Remain," Population Reference Bureau, 2014, http://www.prb.org/Publications/Reports/2014/us-inequality-women-progress.aspx.
10. "America's Families and Living Arrangements: 2014: Adults" (Table 1A), United States Census Bureau, http://www.census.gov/hhes/families/data/cps2014A.html; Lake Research Partners, "The Power of Unmarried Women," The Voter Participation Center, March 2012.
11. Fry, Richard, "No Reversal in the Decline of Marriage," Pew Research Center, November 20, 2012, http://www.pewsocialtrends.org/2012/11/20/no-reversal-in-decline-of-marriage/#src=prc-newsletter.
12. Anthony, Susan B., "The Homes of Single Women," October, 1877. Anthony's essay is cited in many texts, including *Elizabeth Cady Stanton and Susan B. Anthony: Correspondence, Writings, Speeches*, with critical commentary by Ellen Carol DuBois and a foreword by Gerda Lerner (New York: Schocken Books, 1981), 148–149.

第1章 小心那个女人

1. See also, "drapetpomania" a purported mental illness reported by physician Samuel Cartwright to be suffered by slaves fleeing captivity. Here is the imagination of disease when someone who has been disempowered becomes empowered. Cited by Melissa Harris-Perry on "Melissa Harris-Perry," MSNBC, April 7, 2014.
2. Safire, William, "The Plot to Savage Thomas," *The New York Times*, October 14, 1991 http://www.nytimes.com/1991/10/14/opinion/essay-the-plot-to-savage-thomas.html.
3. Hill, Anita Faye, "Marriage and Patronage in the Empowerment and Disempowerment of African American Women," in *Race, Gender and Power in America*, 283.
4. Patty Murray in conversation with Karen Finney at *The Atlantic*'s "Women in Washington" event, September 25, 2013.http://www.murray.senate.gov/public /index.cfm/newsreleases? ContentRecord_id=bc16d80a-aca9-43cc-864a-c645ab30c2cd.
5. "Social Indicators of Marital Health and Well-Being," State of Our Unions Report, 2011, http://www.stateofourunions.org/2011/.social_indicators.php.
6. *Anita: Speaking Truth to Power*, directed by Frieda Mock, Goldwyn Films, 2013.
7. Quayle, Dan, "The Murphy Brown Speech," May 19, 1992 via Michael A. Cohen's *Live From the Campaign Trail*, 2008, http://livefromthetrail.com/about-the -book/speeches/chapter-18/vice-president-dan-quayle.
8. Hymowitz, Kay, Jason S. Carroll, W. Bradford Wilcox, Kelleen Kaye, "Knot Yet: The Benefits and Costs of Delaying Marriage in America," The National Marriage Project

at the University of Virginia, The National Campaign to Prevent Teen and Unplanned Pregnancy, and the Relate Institute, 2013, http://twentysomethingmarriage.org/summary/.

9. Friedan, Betty, *The Feminine Mystique*, 1963/1983, 1.
10. "1.4 million copies…" Menand, Louis, "Books as Bombs: Why the Women's Movement Needed *The Feminine Mystique*," *The New Yorker*, January 24 2011. "Credited with having kicked off…" attributed to, among other places, Nora Ephron's "Miami," published in *Crazy Salad*, 37–46.
11. Henry, Astrid, *Not My Mother's Sister*, 64.
12. Episode One, *Makers: Women Who Make America*, PBS, February 26, 2013.
13. Friedan, Betty, "The National Organization for Women's 1966 Statement of Purpose," October 29, 1966.
14. Guy-Sheftall, Beverly, *Words of Fire*, 97. Via Coontz, *A Strange Stirring*.
15. "In 1970…" from "Median Age at First Marriage: 1890 to the Present," U.S. Census Bureau, Decennial Censuses, 1890 to 1940, and Current Population Survey, Annual Social and Economic Supplements, 1947 to 2014 and via The U.S. Census Bureau.
16. Friedan, Betty, "Up From the Kitchen Floor," *The New York Times Magazine*, March 4, 1973.
17. Friedan, Betty, *The Feminine Mystique*, 18–19.
18. a Few Things with Moses Znaimer," CBC, November 4, 1968, http://www.cbc.ca/player/Digital+Archives/CBC+Programs/Television/The+Way+It+Is/ID/2575079962/.
19. Steinem, Gloria, *letter to Time*, September 16, 2000.
20. Moran, Rachel F., "How Second Wave Feminism Forgot the Single Woman," *Hofstra Law Review*, vol.33, issue 1, article 5, 2004.
21. Cott, *Public Vows*, 199.
22. Faludi, *Backlash*, 108.
23. Moran, Rachel F., "How Second Wave Feminism Forgot the Single Woman," *Hofstra Law Review*, vol. 33, issue 1, article 5, 2004.
24. "Percent Never Married Among Those Aged 35 and older by Sex: 1890–2010" from Elliott, Diana B, Kristy Krivickas, Matthew W. Brault, and Rose M. Kreider, "Historical Marriage Trends from 1890–2010: A Focus on Race," 2012. U.S. Decennial Census (1890–2000) American Community Survey (2010), http://www.census.gov/hhes/socdemo/marriage/data/acs/Elliottetal PAA2012figs.pdf.
25. Rivers, Caryl, "Newsweek's Apology Comes 20 Years Too Late," *Women's eNews*, June 14, 2006, http://womensenews.org/story/uncovering-gender/060614/news

weeks-apology-comes-20-years-too-late.
26. This exact figure is 57.5 percent, according to the Centers for Disease Control.
27. "Marriage, More than a Century of Change," National Center for Family and Marriage Research at Bowling Green State University, July 18, 2013.
28. Martin, Jonathan, "A New Firm Sets Out to Secure Women's Votes for a Vulnerable G.O.P.," *The New York Times*, November 11, 2013.
29. Lake Research Partners Election Eve Omnibus, November 4–6, 2012.
30. Last, Jonathan V., "Start a Family…And Before You Know It, You'll be Voting for the GOP," *Weekly Standard*, April 22, 2013.
31. Stan, Adele M., "After a Generation of Extremism, Phyllis Schlafly Still a Leading General in the War on Women," *Alternet*, April 22, 2012.
32. Kotkin, Joel, "'Demographic Dead End?' Barack Obama's Single Nation," *The Daily Beast*, October 18, 2012, http://www.thedailybeast.com/articles/2012/10/18/demographic-dead-end-barack-obama-s-single-nation.html.
33. Gardner, Page, "How Unmarried Women Can Change the World," *Role Reboot*, August 18, 2015, http://www.rolereboot.org/culture-and-politics/details/2015-08-how-unmarried-american-women-can-change-the-world/.
34. Babbin, Jed, "Fluke the Welfare Queen," *The American Spectator*, March 12, 2012, http://spectator.org/blog/29164/fluke-welfare-queen. Via Joan Walsh, What's the Matter With White People.
35. Sawhill, Isabel V., "Beyond Marriage," *The New York Times*, September 13, 2014. http://www.nytimes.com/2014/09/14/opinion/sunday/beyond-marriage.html.
36. Wakeman, Jessica, "Bad Advice? Or Worst Advice? Mitt Romney Urges 3012 College Grads to Get Married, Have Kids," *The Frisky*, May 1, 2013, http://www .thefrisky.com/2013-05-01/bad-advice-or-worst-advice-mitt-romney-urges-2013-college-grads-to-get-married-have-kids/.
37. Last, Jonathan V., "America's Baby Bust," *The Wall Street Journal*, February 12, 2013.
38. Carmon, Irin, "Pregnancy is Patriotic!" *Salon.com*, February 21, 2013, http://www.salon.com/2013/02/21/decoding_the_fertility_panic/?source=newsletter.

第2章　创造历史的单身女性

1. "That it please your Majesty…" Hadfield, Andrew, *The Cambridge Companion to Spenser*, 191; "I have long since…" Glenn, Cheryl, *Rhetoric Retold*, 162; "one mistress and no master…" *Oxford Dictionary of Political Quotations*, 2012; "If I am

to disclose to you…" Traub, Valerie, *The Renaissance of Lesbianism in Early Modern England*, 128.
2. Bennett and Froide, *Singlewomen in the European Past*, 6–7.
3. Nellie Bly interview with Susan B. Anthony, *The World*, February 2, 1896, http://www.rarenewspapers.com/view/621269?acl=851761768&imagelist=1#full-images&rc=blog.
4. Gordon, Ann D., *The Selected Papers of Elizabeth Cady Stanton and Susan B. Anthony*, 316.
5. Norton, Mary Beth, *Founding Mothers and Fathers*, 39–40; 41.
6. Baxandall, Rosalyn and Linda Gordon, *America's Working Women*, 17.
7. Kessler-Harris, Alice, *Out to Work*, 11.
8. Cott, Nancy, *Bonds of Womanhood*, 27.
9. Chambers-Schiller, *Liberty, A Better Husband*, 11.
10. Dubler, Ariela, "In the Shadow of Marriage: Single Women and the Legal Construction of the Family and the State," *The Yale Law Journal*, May 1, 2003, http://www.highbeam.com/doc/1G1-102910521.html.
11. Cott, *Bonds of Womanhood*, 22.
12. Moran, Rachel F., "How Second Wave Feminism Forgot the Single Woman," *Hofstra Law Review*, vol. 33, issue 1, article 5, 2004.
13. Norton, *Liberty's Daughters*, 299.
14. Chambers-Schiller, *Liberty, A Better Husband*, 1.
15. Goodbeer, Richard, *Sexual Revolution in Early America*, 200.
16. Foster, *Till Death or Distance Do Us Part*, 37. Foster's book also included the reference to Harriet Ann Jacobs' *Incidents in the Life of a Slave Girl*, 1861.
17. Hanger, Kimberly S., "The Fortunes of Women in America: Spanish New Orleans' Free Women of African Descent and Their Relations With Slave Women," in *Discovering the Women in Slavery*, 153–178.
18. Hanger, Kimberly S., "Free Black Women in Colonial New Orleans," in *The Devil's Lane*, 226.
19. *The Young Lady's Book: A Manual of Elegant Recreations, Exercises and Pursuits*. London: Vizetelly, Branston and Co, 1829, 28.
20. Welter, Barbara, "The Cult of True Womanhood: 1820–1860," *American Quarterly*, Volume 18, Issue 2, Part 1, Summer 1966.
21. Collins, *America's Women*, 92.
22. Chambers-Schiller, *Liberty, A Better Husband*, 41.

23. Burnap, George Washington, *The Sphere And Duties of Woman: A Course of Lectures*, Baltimore: John Murphy, 1848, 121–122. Via Chambers-Schiller, *Liberty, A Better Husband*.
24. Chambers-Schiller, *Liberty, A Better Husband*, 54.
25. Ibid., 10.
26. Goldstein, Dana, "The Chicago Strike and the History of American Teachers," *Dana Goldstein*, September 12, 2012, http://www.danagoldstein.net/dana_goldstein/2012/09/the-chicago-strike-and-the-history-of-american-teachers-unions.html.
27. Goldstein, "The Woman Upstairs and the Pedagogy of Love," http://www.danagoldstein.net/dana_goldstein/2013/06/the-woman-upstairs-and-the-pedagogy-of-love.html.
28. Betsey, "A Letter About Old Maids," *The Lowell Offering*, October 1840, 4–5.
29. Olson, Lynne, *Freedom's Daughters: The Unsung Heroines of the Civil Rights Movement 1830–1970*, New York: Scribner, 2001. Via excerpt, *The New York Times*, http://www.nytimes.com/books/first/o/olson-daughters.html.
30. Israel, *Bachelor Girl*, 33; *Encyclopedia of African American History, 1619–1895*, Paul Finkelman, ed. 332.
31. Governor's Address on "the emigration of young women to the West," March 29, 1865, http://archive.org/stream/reportma00mass/reportma00mass_djvu.txt. Via Collins, *America's Women*.
32. Vapnek, Lara, *Breadwinners*, 19–20.
33. Chambers-Schiller, *Liberty, A Better Husband*, 7–8.
34. "The Stakeholder: A quarterly publication of the Cherokee Strip Regional Heritage Center," Winter, 2008.
35. Chambers-Schiller, *Liberty, A Better Husband*, 2–3.
36. "Transcript of the Morrill Act," 1862, http://www.ourdocuments.gov/doc.php?flash=true&doc=33&page=transcript; Linda Eisenmann, *Historical Dictionary of Women's Education in the United States*, 275. Via Chambers-Schiller, 191.
37. Peischl, Bridget Smith, "The History of Mississippi University for Women," *Mississippi History Now*, March, 2012, http://mshistorynow.mdah.state.ms.us/articles/379/the-history-of-mississippi-university-for-women.
38. Chambers-Schiller, *Liberty, A Better Husband*, 176.
39. Ibid.
40. "Myra Bradwell v. State of Illinois," 1873.

41. Gould, Stephen Jay, *Mismeasure of Man*, 135–137. Also via Chambers-Schiller.
42. Gould, Stephen Jay, *Mismeasure of Man*, 135–137.
43. Chambers-Schiller, *Liberty, A Better Husband*, 192.
44. Ibid.
45. Ibid., 196.
46. Cott, *Bonds of Womanhood*, 7.
47. Peiss, Kathy, *Cheap Amusements*, 34.
48. Goldstein, Dana, "The Chicago Strike and the History of American Teachers' Unions," *Dana Goldstein*, September, 12, 2012, http://www.danagoldstein.net/dana_goldstein/2012/09/the-chicago-strike-and-the-history-of-american-teachers-unions.html.
49. Giddings, Paula, *When and Where I Enter*.
50. Peiss, *Cheap Amusements*, 57–58.
51. Ibid.
52. Coontz, Stephanie, *A Strange Stirring*, 41.
53. Coontz, Stephanie, *Marriage, A History*, 200.
54. "Before the Mother's Conference," *A Compilation of the Messages and Speeches of Theodore Roosevelt*, 576.
55. Lovett, Laura, *Conceiving the Future*, 91–92.
56. I first found reference to this in Coontz, Stephanie, *Marriage, A History*, 201, though some discrepancy about Sumner's date of death led me to Bruce Curtis, "Wlliam Graham Sumner on the Family, Women and Sex" in *Victorians Abed*, 101.
57. Hamlin, Kimberly A., "Bathing Suits and Backlash: The First Miss America Pageants, 1921–1927," in *There She is, Miss America*, 28.
58. Coontz, Stephanie, *A Strange Stirring*, 45.
59. May, Elaine Tyler, *Homeward Bound*, 95.
60. Ibid, 101.
61. Heidel, Don, "Coeds: Is It Too Late? Manless Juniors Said Old Maids," *The Florida Flambeau*, February 22, 1957. Via Gail Collins, *When Everything Changed*. https://news.google.com/newspapers?id=4vsyAAAAIBAJ&sjid=4hAGAAAAIBAJ&pg=2112%2C606968.
62. Collins, *When Everything Changed*, 38.
63. Coontz, Stephanie, "Marriage: Saying I Don't," *Los Angeles Times*, January 19, 2012. http://articles.latimes.com/2012/jan/19/opinion/la-oe-coontz-marriage-20120119.

64. Friedan, Betty, *The Feminine Mystique*.
65. Episode One, *Makers: Women Who Make America*, PBS, February 26, 2013.
66. Davis, Kingsley, *Contemporary Marriage*, The Russell Sage Foundation, 1985.
67. Elliott, Diana B., Kristy Krivickas, Matthew W. Brault, Rose M. Kreider, "Historical Marriage Trends from 1890–2010: A Focus on Race Difference," SEHD Working Paper Number 2012-12, 12–13. https://www.census.gov/hhes/socdemo/marriage/data/acs/ElliottetalPAA2012paper.pdf.
68. Margo, Robert A. "Explaining Black-White Wage Convergence, 1940–1950," *Industrial and Labor Relations Review*, Vol. 48, No. 3, April 1995, 470–481, http://www.jstor.org/stable/2524775?seq=1#page_scan_tab_contents.
69. Katznelson, Ira, *When Affirmative Action Was White: An Untold History of Racial Inequality in Twentieth Century America*, New York: W.W. Norton and Company, 2005. Via Ta-Nehesi Coates, "A Religion of Colorblind Policy," *TheAtlantic.com*, May 30, 2013. http://m.theatlantic.com/national/archive/2013/05/a-religion-of-colorblind-policy/276379/.
70. Sugrue, Tom, *Sweet Land of Liberty: The Forgotten Struggle for Civil Rights in the North*, Via Ta Nehesi here: http://www.theatlantic.com/national/archive/2013/02/the-effects-of-housing-segregation-on-black-wealth/272775/.
71. Sugrue, *Sweet Land of Liberty*, 200–201.

第3章 都市诱惑

1. Wile, Rob, "This Southern City has the Most Single Person Households in America," *Business Insider*, April 26, 2012.
2. Klinenberg, Eric, *Going Solo*.
3. Venugopal, Arun, "New York Leads in Never Married Women," wnyc.org, September 22, 2011, http://www.wnyc.org/story/160010-blog-new-york-never-married-women/.
4. Nanos, Janelle, "Single By Choice," *Boston Magazine*, January 2012. "The median age…" from same story, supported by Population Reference Bureau charts drawing on five-year American Community Survey, 2009–2013, http://www.prb.org/DataFinder/Topic/Rankings.aspx?ind=133.
5. Bennett and Froide, *Singlewomen of the European Past*, 2–3.
6. Kowaleski, Maryanne, in Bennett and Froide's *Singlewomen of the European Past*, 53–54.
7. Stansell, Christine, *City of Women*, 13–14.

8. Israel, *Bachelor Girl*, 58.
9. McDougald, Elise Johnson, "The Double Task: The Struggle of Negro Women for Sex and Race Emancipation," *Survey* 53, March 1, 1925, 689–691. Via Giddings, Paula, *When and Where I Enter*.
10. Peiss, *Cheap Amusements*, 13.
11. Nellie Bly interview with Susan B. Anthony, *The World*, February 2, 1896, http://www.rarenewspapers.com/view/621269?acl=851761768&imagelist=1#full-images&rc=blog.
12. Peiss, *Cheap Amusements*, 58.
13. Israel, *Bachelor Girl*, 106.
14. Kaufman, Gena, "Where the Single Men Are," *Glamour*, June 5, 2013, http://www.glamour.com/sex-love-life/blogs/smitten/2013/06/where-the-single-men-are-umev.
15. "The Woman with the Flying Hair," *Swarthmore College Bulletin*, February 1991, http://bulletin.swarthmore.edu/bulletin-issue-archive/index.html%3Fp=1052.html.
16. Israel, *Bachelor Girl*, 112.
17. Stansell, *City of Women*, 255.
18. Stansell, *City of Women*, 84.
19. Meyerowitz, Joanne, *Women Adrift*, 80.
20. Chambers-Schiller, *Liberty, A Better Husband*, 72.
21. Ibid., 74.
22. "between a third and a half…" Moran, "How Second Wave Feminism Forgot Single Women." "Each member…" from Katherine Snyder, "A Paradise of Bachelors: Remodeling Domesticity and Masculinity in the Turn of the Century New York Bachelor Apartment," *23 Prospects: An Annual of American Cultural Studies*, 1998, quoted in Moran.
23. Gray, Christopher, "For Career Women, A Hassle-Free Haven," *The New York Times*, June 28, 2012.
24. Israel, *Bachelor Girl*, 4.
25. Dvorak, Petula, "A City Divided and Increasingly Unaffordable," *The Washington Post*, April 3, 2014.
26. Wax, Emily, "Home Squeezed Home: Living in a 200 Square Foot Space," *The Washington Post*, November 27, 2012.
27. Thompson, Lynn, "Critics of Micro-Apartments Calling for a Moratorium," *Seattle Times*, April 23, 2013.

28. North, Anna, "What the Single Ladies Have Wanted for More Than A Century," *The New York Times*, April 24, 2015, http://www.nytimes.com/2015/04/24/opinion/what-the-single-ladies-have-wanted-for-more-than-a-century.html.

29. Stansell, *City of Women*, 72.

30. Meyerowitz, Joanne, *Women Adrift*, 115.

31. Stansell, *City of Women*, 221.

32. Lovett, Laura, *Conceiving the Future*, 88.

33. "A Deadly Encounter," *Dateline, NBC*, January 20, 2007, http://www.nbcnews.com/id/16713078/ns/dateline_nbc/t/deadly-encounter/#.UbtL8yMkchw.

34. Nussbaum, Emily, "Difficult Women," *The New Yorker*, July 29, 2013.

第4章 危险关系

1. Angier, Natalie, "The Changing American Family," *The New York Times*, November 26, 2013, http://www.nytimes.com/2013/11/26/health/families.html.

2. Smith-Rosenberg, Carroll, *Disorderly Conduct*. 61–62.

3. Bennett and Froide, *Singlewomen in the European Past*, 85.

4. Smith-Rosenberg, Carroll, *Disorderly Conduct*, 60.

5. Ibid., 71–75.

6. Norton, Mary Beth, *Founding Mothers and Fathers*, 354.

7. Lincoln, Abraham, "Dear Speed, Springfield, Ills., Feby 13. 1842," *Collected Works of Abraham Lincoln*, http://quod.lib.umich.edu/l/lincoln/lincoln1/1:292?rgn=div1;view=fulltext, via Jennie Rothenberg Gritz, "But Were they Gay? The Mystery of Same-Sex Love in the 19th Century," *The Atlantic.com*, September 7, 2012.

8. Gritz, "But Were They Gay?" *The Atlantic.com*.

9. Willard, Frances, *The Autobiography of an American Woman*, 642.

10. Chevigny, Bell Gale, *The Woman and the Myth: Margaret Fuller's Life and Writings*, 113.

11. Coontz, Stephanie, *Marriage, A History*, 205–206.

12. All letters cited were written between August and October 1854, from Margaret Smith, ed., *The Letters of Charlotte Brontë: Volume Three 1852–1855*.

13. Mailer, Norman, "The Mary McCarthy Case," *The New York Review of Books*, October 17, 1963, in Nussbaum, Emily, "Hannah Barbaric," *The New Yorker*, February 11, 2013.

14. Episode One, *Makers: Women Who Make America*, PBS, February 26, 2013.

15. Syme, Rachel, "The Broad Strokes," *Grantland.com*, January 14, 2015, http://grantland.com/features/broad-city-season-2-comedy-central-abbi-jacobson-ilana-glazer/.

第5章 我的孤单,我的自我

1. Ortberg, Mallory, "What the Happiest Woman in the World Looks Like," *The Toast.com*, February 11, 2015, http://the-toast.net/2015/02/11/happiest-woman-world-looks-like/#GjSEZ1Sf1HaxYbj6.99.
2. Kurutz, Steven, "One if the Quirkiest Number," *The New York Times*, February 22, 2012.
3. Schwartz, Benjamin E., "Selfishness as Virtue," *The American Interest*, June 10, 2012, http://www.the-american-interest.com/article-bd.cfm?piece=1272#sthash.RdgQ6T9c.dpuf.
4. Parker-Pope, Tara, "In a Married World, Singles Struggle for Attention," *The New York Times*, September 19, 2011, http://well.blogs.nytimes.com/2011/09/19/the-plight-of-american-singles/?_php=true&_type=blogs&_r=0.
5. Bennett and Froide, *Singlewomen in the European Past,* 60–63.
6. Farmer, Sharon, in Bennett and Froide, *Singlewomen in the European Past,* 87.
7. Chambers-Schiller, *Liberty, A Better Husband,* 159.
8. Goldstein, Dana, *The Teacher Wars,* 33.
9. Walker, Ruth, "Why Wait? Single Women Want to Live in Style," *Christian Science Monitor*, February 4, 1979. Via Israel, *Bachelor Girl*.
10. Faludi, Susan, *Backlash,* 108.
11. Gross, Jane, "Single Women: Coping With a Void," *The New York Times*, April 28, 1987, http://www.nytimes.com/1987/04/28/nyregion/single-women-coping-with-a-void.html?pagewanted=all&src=pm.
12. Klinenberg, Eric, *Going Solo,* 5.
13. Williamson, Kevin, "Five Reasons Why You're Too Dumb to Vote," *National Review.com*, September 28, 2014, http://www.nationalreview.com/article/388945/five-reasons-why-youre-too-dumb-vote-kevin-d-williamson.
14. DePaulo, Bella, "That Spinster Stigma Study: Others are Intrusive or they Ignore You," *Psychology Today*, June 10, 2010, http://www.psychologytoday.com/blog/living-single/201006/spinster-stigma-study-others-are-intrusive-or-they-ignore-you.
15. Maria Mitchell Papers Diary 1854–1857; Box One, Folder One. Courtesy of the Nantucket Maria Mitchell Association.

16. Gallagher, Maggie and Linda Waite, *The Case for Marriage*, New York: Crown, 2002, 52.
17. Parker-Pope, Tara, "Married Cancer Patients Live Longer," *The New York Times*, September 24, 2013. http://well.blogs.nytimes.com/2013/09/24/married-cancer-patients-live-longer/?hpw&_r=1.
18. Gottlieb, Lori, "Marry Him! The Case for Settling for Mr. Good Enough," *The Atlantic*, March 2008.
19. Kreider, Rose M. and Renee Ellis, "Number, Timing, and Duration of Marriages and Divorces, 2009," U.S. Census Bureay, May 2011, http://www.census.gov/prod/2011pubs/p70-125.pdf.
20. Israel, *Bachelor Girl*, 42.
21. Goldstein, *The Teacher Wars*, 31.
22. Burnap, George Washington, *The Sphere And Duties of Woman: A Course of Lectures*, Baltimore: John Murphy, 1848, 64. Via Chambers-Schiller, *Liberty, A Better Husband*.
23. Chambers-Schiller, *Liberty, A Better Husband*, 50.
24. Ibid, 55.
25. Collins, *America's Women*, 138.
26. Rogers, Anna A., "Why American Marriages Fail," *The Atlantic Monthly*, Cambridge: The Riverside Press, 1907, via Coontz, Stephanie, *Marriage, A History*.
27. Esfahani Smith, Emily, "Science Says Lasting Relationships Come Down to Two Basic Traits," *The Atlantic.com*, November 9, 2014.
28. Barker, Eric, "These Four Things Kill Relationships," *Time.com*, August 26, 2014, http://time.com/3174575/these-4-things-kill-relationships/.
29. Klinenberg, *Going Solo*, 157.
30. Cobbe, Frances Power, "Celibacy vs. Marriage," in *Criminals, Idiots, Women & Minors*, Susan Hamilton, ed, 57, via Israel, *Bachelor Girl*.

第6章 富有人群

1. Friedan, *The Feminine Mystique*, 158.
2. Rinehart, Mary Roberts, "A Home or a Career?" *Ladies' Home Journal*, April 1921. Via "These Working Wives: The 'Two-Job' Woman in Interwar Magazines," a paper presented by Jane Marcellus in 2004.
3. "Estimated Median Age at First Marriage, by Sex, 1890 to Present," US Bureau of the

Census, 2010.

4. DePaulo, *Singled Out*, 144.
5. Brown, Campbell, "Sexism Sneaks In Over and Open Mic," *Cnn.com*, November 19, 2008.
6. "On Pay Gap, Millennial Women Near Parity—For Now," Pew Research Center, December 11, 2013, http://www.pewsocialtrends.org/2013/12/11/on-pay-gap-millennial-women-near-parity-for-now/.
7. Chambers-Schiller, *Liberty, A Better Husband*, 68.
8. Guy-Scheftall and Johnnetta Cole, *Words of Fire*, 99.
9. Gunning, Sandra, *Race, Rape, and Lynching*, 122.
10. Chambers-Schiller, *Liberty, A Better Husband*, 66.
11. Ibid, 98.
12. Rosin, Hanna, "The End of Men," *The Atlantic*, July/August 2010, http://www.theatlantic.com/magazine/archive/2010/07/the-end-of-men/308135/.
13. "Percentage Degrees Awarded to Women," *The Washington Post online*, May, 2013, http://www.washingtonpost.com/blogs/wonkblog/files/2013/05/its-getting-better-degrees-women.jpg.
14. Mercado, Monica and Katherin Turk, "On Equal Terms: Educating Women at the University of Chicago," The University of Chicago Library, http://www.lib.uchicago.edu/e/webexhibits/OnEqualTerms/NoneDebateOverSexSegregation.html.
15. Rosenberg, Rosalind, *Beyond Separate Spheres: Intellectual Roots of Modern Feminism*, 44.
16. Bronski, Peter, "A Woman's Place," *Vassar Alumnae Quarterly*, January 2011, http://vq.vassar.edu/issues/2011/01/features/a-womans-place.html.
17. D'Emilio, John and Estelle B. Freedman, *Intimate Matters: A History of Sexuality in America*, 1988, 190.
18. Israel, *Bachelor Girl*, 30.
19. Ibid., 39.
20. Weiss, Sasha, "A Study in Farewells: Kristin Wiig and Peggy Olson," *The New Yorker.com*, June 1, 2012, http://www.newyorker.com/online/blogs/culture/2012/06/a-study-in-farewells-kristen-wiig-and-peggy-olson.html.
21. Chambers-Schiller, *Liberty, A Better Husband*, 164.
22. Venker, Suzanne, "Why Women Still Need Husbands," foxnews.com, December 6, 2013, http://www.foxnews.com/opinion/2013/12/06/why-women-still-need

-husbands/.

23. "Many Millennials Say Women Are More Focused on Careers than Men," in "On Pay Gap, Millennial Women Near Parity, Pew Research Center, December 10, 2013, http://www.pewsocialtrends.org/2013/12/11/on-pay-gap-millennial-women-near-parity-for-now/sdt-gender-and-work-12-2013-0-08/.

24. Flock, Elizabeth, "Book Says Supreme Court Crashed Sonia Sotomayor's Personal Life," *USNews.com*, July 17, 2012.

25. Klein, Ezra, "Nine Facts About Marriage and Childbirth in the United States," *The Washington Post*, March 25, 2013, http://www.washingtonpost.com/blogs/wonkblog/wp/2013/03/25/nine-facts-about-marriage-and-childbirth-in-the-united-states/.

26. Ibid.

27. Coe, Alexis, "Being Married Helps Professors Get Ahead, but Only if They're Male," *The Atlantic.com*, January 17, 2013.

28. Miller, Claire Cain, "The Motherhood Penalty vs. The Fatherhood Bonus," *The New York Times*, September 6, 2014.

29. Lemmon, Gayle Tzemach, "I'm Not Your Wife! A New Study Points to a Hidden Form of Sexism," *The Atlantic.com*, June 5, 2012.

30. Rikleen, Lauren Stiller, "Are Working Women Held Back?" *Harvard Business Review*, December 2012.

31. Alazraki, Melly, "Young Single Women Now Earn More than Men," *DailyFinance.com*, September 1, 2010, http://www.dailyfinance.com/2010/09/01/young-single-women-earn-more-than-men/.

32. Miller, Claire Cain, "The Motherhood Penalty vs. The Fatherhood Bonus," *The New York Times*, September 6, 2014.

33. Cardona, Mercedes M., "Single Minded Marketing: A Multitrillion Dollar Opportunity," cmo.com, April 17, 2013, http://www.cmo.com/articles/2013/4/16/single_minded_marketing.html.

34. Swartz, Jon, "How Women are Changing the Tech World," *USA Today*, June 6, 2012.

35. "Indie Women," *The Curve Report*, NBC Universal, http://thecurvereport.com/category/films/indie-women/.

36. Bolick, Kate, "For Women, Is Home Really So Sweet?" *The Wall Street Journal*, February 18, 2012.

37. "Field Guide to Women Homebuyers," Realtor.com, June 2015, http://www.realtor.org/field-guides/field-guide-to-women-homebuyers.

38. Elmer, Vickie, "Wed, in all but Finances," *The New York Times*, July 5, 2012, http://

www.nytimes.com/2012/07/08/realestate/mortgages-wed-in-all-but-finances.html?_r=1&hp.

39. Coontz, Stephanie, *Marriage, A History*, 168.
40. Ibid., 169.

第7章 贫困人群

1. Crenshaw, Kimberlé Williams, "The Girls Obama Forgot," *The New York Times*, July 7, 2014.
2. Hollar, Julie, "Wealth Gap Yawns, and so does Media," FAIR Fairness and Accuracy in Reporting, June 1, 2010, http://fair.org/extra-online-articles/wealth-gap-yawns8212and-so-do-media/.
3. Fairchild, Caroline, "Number of Fortune 500 Women CEOS Reaches Historic High," *Fortune.com*, June 6, 2014, http://fortune.com/2014/06/03/number-of-fortune-500-women-ceos-reaches-historic-high/.
4. Howard, Caroline, "The New Class of Female CEOs," *Forbes*, August 22, 2012, http://www.forbes.com/forbes/welcome/.
5. Rivers, Caryl, "The End of Men? Not so Fast," *The Huffington Post*, http://www.huffingtonpost.com/caryl-rivers/the-end-of-men-eyewash_b_624309.html.
6. Luscombe, Belinda, "Workplace Salaries: At Last, Women on Top," *Time*, September 1, 2010.
7. Coontz, Stephanie, "The Myth of Male Decline," *The New York Times*, September 29, 2012, http://www.nytimes.com/2012/09/30/opinion/sunday/the-myth-of-male-decline.html?pagewanted=all.
8. "On Pay Gap, Millennial Women Near Parity for Now," Pew Research Group, December 11, 2013, http://www.pewsocialtrends.org/2013/12/11/on-pay-gap-millennial-women-near-parity-for-now/. And "Do Men Really Earn More Than Women?" *Payscale.com*, http://www.payscale.com/gender-lifetime-earnings-gap.
9. Coontz, Stephanie, "The Myth of Male Decline," *The New York Times*, September 29, 2012.
10. Schwartz, Madeleine, "Opportunity Costs: The True Price of Internships," Winter 2013, http://www.dissentmagazine.org/article/opportunity-costs-the-true-price-of-internships.
11. DeParle, Jason, "Two Classes, Divided By I Do," *The New York Times*, July 7, 2012, http://www.nytimes.com/2012/07/15/us/two-classes-in-america-divided-by-i-do.html.

12. Confessore, Nick, "Tramps Like Them: Charles Murray Examines the White Working Class in 'Coming Apart'," *The New York Times*, February 10, 2012.
13. Rampell, Catherine, "Bundled Households," *The New York Times*, November 12, 2012, http://economix.blogs.nytimes.com/2012/11/12/bundled-households/.
14. Arnold, Lisa and Christina Campbell, "The High Price of Being Single in America," January 14, 2013, http://www.theatlantic.com/sexes/archive/2013/01/the-high-price-of-being-single-in-america/267043/.
15. Palmer, Kimberly, "Why Single People Are So Financially Stressed," *USNews.com*, October 17, 2010.
16. Correll, Shelley, Steven Bernard, In Paik, "Getting a Job: Is there a Motherhood Penalty?" *American Journal of Sociology*, Vol. 112, No. 5, March, 2007, 1297–1339, http://gender.stanford.edu/sites/default/files/motherhoodpenalty.pdf.
17. Coontz, Stephanie, "Progress at Work, But Mothers Still Pay a Price," *The New York Times*, June 8, 2013, http://www.nytimes.com/2013/06/09/opinion/sunday/coontz-richer-childless-women-are-making-the-gains.html.
18. Wang, Wendy and Kim Parker and Paul Taylor, "Breadwinner Moms," Pew Research Center, May 29, 2013, http://www.pewsocialtrends.org/2013/05/29/breadwinner-moms/.
19. Hymowitz, Kay and Jason S. Carroll, W. Bradford Wilcox, Kelleen Kaye, "Knot Yet Report: What Does the Rising Marriage Age Mean For Twentysomething Women, Men and Families?" 2012, http://twentysomethingmarriage.org/.
20. Castillo, Michelle, "Almost Half of First Babies in US Born to Unwed Mothers," *CBS News*, March 15, 2013, http://www.cbsnews.com/news/almost-half-of-first-babies-in-us-born-to-unwed-mothers/.
21. Angier, Natalie, "The Changing American Family," *The New York Times*, November 26, 2013, http://www.nytimes.com/2013/11/26/health/families.html.
22. Sawhill, Isabel, "The New White Negro," *Washington Monthly*, January/February 2013, http://www.washingtonmonthly.com/magazine/january_february_2013/features/the_new_white_negro042050.php?page=all.
23. Edin, Kathryn and Maria Kefalas, "Why Poor Women Put Motherhood Before Marriage," published by the National Poverty Center, March 12, 2013, https://www.youtube.com/watch?v=wRUj_C5JdHs. Talk stems from Promises I Can Keep by Edin and Kefalas.
24. "Phyllis Schlafly Still Championing the Anti-Feminist Fight," *Tell Me More*, NPR, March 30, 2011, http://www.npr.org/templates/story/story.php?storyId=134981902.
25. Fleischer, Ari, "How to Fight Income Inequality: Get Married," *The Wall Street*

Journal, January 12, 2014.

26. Bruenig, Matt, "The Single Mother, Child Poverty Myth," Demos, April 14, 2014, http://www.demos.org/blog/4/14/14/single-mother-child-poverty-myth.

27. Rector, Robert, "Marriage: America's Greatest Weapon Against Child Poverty," The Heritage Foundation, September 5, 2012, http://www.heritage.org/research/reports/2012/09/marriage-americas-greatest-weapon-against-child-poverty.

28. Mencimer, Stephanie, "The GOP's Dead End Marriage Program," *Mother Jones*, June 25, 2012, http://www.motherjones.com/politics/2012/06/gops-dead-end-marriage-program.

29. Covert, Bryce, "Heritage Panel tells Women that the Road to Economic Security is Marriage, not Feminism," *Think Progress*, April 1, 2014, http://thinkprogress.org/economy/2014/04/01/3421603/heritage-marriage-poverty/.

30. "Minnesota Family Investment Program," Minnesota Department of Human Services.

31. Fremstad, Shawn and Melissa Boteach, "How Progressive Policies Can Strengthen Marriage and Family Life," *Family Studies*, February 10, 2015, http://family-studies.org/how-progressive-policies-can-strengthen-marriage-and-family-life/.

32. "New Hope Project," Promising Practices, http://www.promisingpractices.net/program.asp?programid=269.

33. Gassman-Pines, Anna and Hirokazu Yoshikawa, "Five Year Effects of an Anti-Poverty Program on Marriage among Never-Married Mothers," *Journal of Policy Analysis and Management*, Vol. 25, No. 1, 2006, 11–30, http://steinhardt.nyu.edu/scmsAdmin/media/users/jr189/Five_Year_Effects_of_Antipoverty_Program.pdf.

34. Covert, Bryce, "Senator Floats Idea to Penalize Low-Income Women Who Have Children," *Think Progress*, January 29, 2014, http://thinkprogress.org/economy/2014/01/29/3220881/rand-paul-welfare-cap-children/.

35. "Rand Paul and the Extent of Marital Poverty in Kentucky," CEPR Blog, Center for Economic and Policy Research, January 30, 2014, http://www.cepr.net/blogs/cepr-blog/rand-paul-and-the-extent-of-marital-poverty-in-kentucky. Via Shawn Fremstad, "Temporary Assistance Doesn't Help Impoverished Married Parents," TalkPoverty.org, May 1, 2015, http://talkpoverty.org/2015/05/01/temporary-assistance/.

36. Senate Bill 518, General Assembly of North Carolina, Session 2013, April 1, 2013, http://www.ncleg.net/Sessions/2013/Bills/Senate/PDF/S518v1.pdf.

37. Marcotte, Amanda, "The Worst State for Women?" *The American Prospect*, January 13, 2013, http://prospect.org/article/worst-state-women.

38. Hymowitz, Kay and Jason S. Carroll, W. Bradford Wilcox, Kelleen Kaye, "Knot Yet Report: What Does the Rising Marriage Age Mean For Twentysomething Women, Men and Families?" 2012, http://twentysomethingmarriage.org/.
39. Angier, Natalie, "The Changing American Family," *The New York Times*, November 26, 2013, http://www.nytimes.com/2013/11/26/health/families.html.
40. Edin, Kathryn and Maria Kefalas, "Unmarried with Children," *Contexts*, Vol. 4, No. 2., May, 2005, http://ctx.sagepub.com/content/4/2/16.abstract.
41. Edin, Kathryn and Maria Kefalas, *Promises I Can Keep*, 185.
42. Fragile Families and Child Wellbeing Study, cited by Kathryn Edin Study cited by Edin and Kefalas in "Why Poor Women Put Motherhood Before Marriage" speech.
43. Wang, Wendy, "The Best Cities for Women Looking to Marry," Pew Research Center, October 2, 2014, http://www.pewresearch.org/fact-tank/2014/10/02/the-best-and-worst-cities-for-women-looking-to-marry/.
44. Knafo, Saki, "1 in 3 Black Men Will Go To Prison in their Lifetimes, Report Warns," *Huffington Post*, October 4, 2013, http://www.huffingtonpost.com/2013/10/04/racial-disparities-criminal-justice_n_4045144.html.
45. Porter, Eduardo, "In the U.S., Punishment Comes Before the Crimes," *The New York Times*, April 29, 2014.
46. Coates, Ta-Nehesi, "The Black Family in the Age of Mass Incarceration," *The Atlantic*, October, 2015.
47. Via the Federal Bureau of Investigation.
48. "Criminal Justice Fact Sheet," National Association for the Advancement of Colored People, naacp.org, http://www.naacp.org/pages/criminal-justice-fact-sheet.
49. Angier, Natalie, "The Changing American Family," *The New York Times*, November 26, 2013, http://www.nytimes.com/2013/11/26/health/families.html.
50. Discussion between Marian Wright Edelman, Vivian Nixon, Glenn Martin, Bob Herbert on *The Melissa Harris Perry Show*, MSNBC, July 14, 2012.
51. "Know Your Rights: Housing and Arrests or Criminal Convictions," The Bronx Defenders, October 2, 1010, http://www.bronxdefenders.org/housing-and-arrests-or-criminal-convictions/.
52. Alexander, Michelle, "The Zimmerman Mindset: Why Black Men Are the Permanent Undercaste," July 29, 2013.
53. Ludden, Jennifer, "Can Marriage Save Single Mothers From Poverty?" *Morning Edition*, NPR, September 13, 2012, http://www.npr.org/2012/09/13/161017580/can-marriage-save-single-mothers-from-poverty.
54. Stevenson, Betsey and Justin Wolfers, "Valentine's Day and the Economics of

Love," *Bloomberg View*, February 13, 2013, http://www.bloombergview.com/articles/2013-02-13/valentine-s-day-and-the-economics-of-love.

55. Fremstad, Shawn, "Temporary Assistance Doesn't Help Impoverished Married Parents," TalkPoverty.org, May 1, 2015, http://talkpoverty.org/2015/05/01/temporary-assistance/.
56. Edin and Kefalas, *Promises I Can Keep*, 199.
57. Coontz, Stephanie, "The Triumph of the Working Mother," *The New York Times*, June 1, 2013, http://www.nytimes.com/2013/06/02/opinion/sunday/coontz-the-triumph-of-the-working-mother.html?ref=global-home.
58. Ibid.
59. Boo, Katherine, "The Marriage Cure," *The New Yorker*, August 18, 2003.
60. Coates, Ta-Nehesi, "Of Baguettes and Black Families," *The Atlantic*, September 13, 2013, http://www.theatlantic.com/national/archive/2013/09/of-baguettes-and-black-families/279678/.

第8章 性与单身女孩

1. Coontz, Stephanie, *Marriage, A History*.
2. Addams, Jane, *The Spirit of Youth and the City Streets*, 15–16. Via Louise Knight.
3. Grimké, Sarah, "Marriage," in Sarah Grimke, *Letters on the Equality of the Sexes and Other Essays*. Elizabeth Ann Bartlett, ed., 148.
4. Ibid., 148.
5. Randall, Mercedes Moritz, *Improper Bostonian: Emily Greene Balch*, 398.
6. Caplan, Paula J., "Sex and the Myth of Women's Masochism," *Psychology Today*, August 14, 2012, https://www.psychologytoday.com/blog/science-isnt-golden/201208/sex-and-the-myth-women-s-masochism.
7. Trimberger, Ellen Kay, *The New Single Woman*, 14.
8. Firestone, Shulamith, *The Dialectic of Sex: The Case for Feminist Revolution*, 152.
9. Bilton, Nick, "Tinder, The Fast Growing Dating App, Taps and Age-Old Truth," *The New York Times*, October 30, 2014, http://mobile.nytimes.com/2014/10/30/fashion/tinder-the-fast-growing-dating-app-taps-an-age-old-truth.html?referrer=&_r=0.
10. Sales, Nancy Jo, "Tinder and the Dawn of the 'Dating Apocalypse,'" *Vanity Fair*, August 2015, http://www.vanityfair.com/culture/2015/08/tinder-hook-up-culture-end-of-dating.
11. Massey, Alana, "The Dickonomics of Tinder," *Matter*, April 30, 2015, https://me

dium.com/matter/the-dickonomics-of-tinder-b14956c0c2c7.
12. McCracken, Amanda, "Does My Virginity Have a Shelf Life?" *The New York Times*, November 13, 2013, http://opinionator.blogs.nytimes.com/2013/11/13 /does-my-virginity-have-a-shelf-life/?smid=tw-share.
13. Tyler May, Elaine, *Homeward Bound*.
14. "Sex Will Change Totally, Liza Mundy Predicts in New Book, 'The Richer Sex,' " *Huffington Post*, March 19, 2012, http://www.huffingtonpost.com/2012/03/19/sex-richer-liza-mundy-gender-gap_n_1363917.html#s790489title=Women_Will _Refuse.
15. Freitas, Donna, "Time to Stop Hooking Up (You Know You Want To)," *The Washington Post*, March 29, 2013.
16. Plank, Elizabeth, "There's A Way to Discuss Hookup Culture and this Wasn't It," *mic.com*, July 15, 2013, http://mic.com/articles/54701/there-s-a-way-to-discuss-hook-up-culture-and-this-wasn-t-it.
17. Sessions Stepp, Laura, "Cupid's Broken Arrow," *The Washington Post*, May 7, 2006, http://www.washingtonpost.com/wp-dyn/content/article/2006/05/06/AR2 006050601206.html.
18. Douthat, Ross, "Love in the Time of Hookups," *The New York Times*, July 18, 2013, http://douthat.blogs.nytimes.com/2013/07/18/love-in-the-time-of-hookups/.
19. Rosin, Hanna, "Boys on the Side," *The Atlantic,* September 2012, http://www.theatlantic.com/magazine/archive/2012/09/boys-on-the-side/309062/3/.
20. Ingeno, Lauren, "Let's Talk (Differently) About Sex," *Inside Higher Ed*, July 29, 2013, http://www.insidehighered.com/news/2013/07/29/changing-hook-culture -conversation-college-campuses.
21. Rosin, Hanna, "Boys on the Side, *The Atlantic*, September 2012, http://www.theatlantic.com/magazine/archive/2012/09/boys-on-the-side/309062/3/.
22. Paquette, Danielle, "Why Millennials Have Fewer Sex Partners than their Parents Did," *The Washington Post*, May 6, 2015, http://www.washingtonpost.com /news/wonkblog/wp/2015/05/06/why-millennials-have-sex-with-fewer-partners -than-their-parents-did/.
23. Ingeno, Lauren, "Let's Talk (Differently) About Sex," *Inside Higher Ed*, July 29, 2013, http://www.insidehighered.com/news/2013/07/29/changing-hook-culture -conversation-college-campuses.
24. Rosin, "Boys on the Side," *The Atlantic*.
25. Ibid.

26. Friedman, Ann, "When Women Pursue Sex, Even Men Don't Get It," *New York*, June 4, 2013, http://nymag.com/thecut/2013/06/when-women-pursue-sex-even-men-dont-get-it.html.
27. Kitroeff, Natalie, "In Hookups, Inequality Still Reigns," *The New York Times*, November 11, 2013, http://well.blogs.nytimes.com/2013/11/11/women-find-orgasms-elusive-in-hookups/.
28. Maines, Rachel P., The Technology of Orgasm: "Hysteria," the Vibrator, and Women's Sexual Satisfaction. Via *The New York Times* excerpt, http://www.nytimes.com/books/first/m/maines-technology.html.
29. Hess, Amanda, "Abstinence Won't Solve Hookup Culture," *Slate*, April 1, 2013, http://www.slate.com/blogs/xx_factor/2013/04/01/abstinence_won_t_solve_the_hookup_culture_donna_freitas_is_wrong_about_sex.html.

第9章 单身时代的婚与不婚

1. Waldman, Katy, "Young People in Japan Have Given Up on Sex," *Slate*, October 22, 2013, http://www.slate.com/blogs/xx_factor/2013/10/22/celibacy_syndrome_in_japan_why_aren_t_young_people_interested_in_sex_or.html.
2. Haworth, Abigail, "Why Have Young People in Japan Stopped Having Sex?" *The Guardian,* October 20, 2013, http://www.theguardian.com/world/2013/oct/20/young-people-japan-stopped-having-sex.
3. "Survey Shows One Third of Japanese Think Marriage Is 'Pointless,'" *Japan Daily Press*, July 2, 2013, http://japandailypress.com/survey-shows-one-third-of-japanese-think-marriage-is-pointless-0231559/.
4. Haworth, Abigail, "Why Have Young People in Japan Stopped Having Sex?" *The Guardian.*
5. Eurostat, Statistics Explained, http://ec.europa.eu/eurostat/statistics-explained/index.php/Main_Page. Via Hillary White, "Italians Not Having Kids and Now, Not Getting Married Either, New Stats," *Lifesite News*, June 6, 2011.
6. Evans, Stephen, "Is the German Insult 'Raven Mothers' Holding Back Women at Work?" BBC News, March 11, 2011, http://www.bbc.com/news/business-12703897.
7. Eurostat, Statistics Explained, http://ec.europa.eu/eurostat/statistics-explained/index.php/Main_Page.
8. Luscombe, Belinda, "Who Needs Marriage? A Changing Institution," *Time*, November 18, 2010, http://content.time.com/time/magazine/article/0,9171,2032116,00.html.

9. "Crude Marriage Rate," Chartsbin.com, http://chartsbin.com/view/3219.
10. Hess, Amanda, "When It Comes to 'Having it All,' Men Want More," *Slate*, October 31, 2013,http://www.slate.com/blogs/xx_factor/2013/10/31/work_life_balance_study_professional_men_are_more_likely_than_women_to_want.html.
11. Wade, Lisa, "Most Women Would Rather Divorce than be a Housewife," *The Society Pages*, December 29, 2013, http://thesocietypages.org/socimages/2013/01/28 /mens-and-womens-gender-ideologies-ideals-and-fallbacks/.
12. Cherlin, Andrew J., "In the Season of Marriage, a Question: Why Bother?" *The New York Times*, April 27, 2013, http://www.nytimes.com/2013/04/28/opinion/sunday/why-do-people-still-bother-to-marry.html?pagewanted=all.
13. Adelman, Lori, "Amelia Earhart's Prenup from the 1930s Lays Out a Pretty Darn Modern Vision of Marriage," *Feministing.com*, December 12, 2010, http://feministing.com/2012/12/10/amelia-earhart-prenup-from-1930s-lays-out-a-pretty-darn-modern-vision-of-marriage/.
14. Cotten, Trystan T. and Kimberly Springer eds., *Stories of Oprah: The Oprahfication of American Culture*, University Press of Mississippi, 2010, 23.
15. Tauber, Michelle, "Oprah at 50: Prime Time of Her Life," *People*, February 2, 2004.
16. Rauch, Jonathan, "Red Families, Blue Families, Gay Families and the Search for a New Normal," *Journal of Law and Inequality*, Summer 2010, via http://www.jonathanrauch.com/jrauch_articles/red-blue-and-gay-marriage/. And "Women's Median Age at First Marriage by State," *LiveScience.com*, March 18, 2013, http://www.livescience.com/27974-women-media-age-marriage-states.html.
17. "Women Who Get Hitched Early, Divorce Early," *Indian Express*, November 10, 2011.
18. "U.S. Divorce Rate Statistics," Centers for Disease Control, National Survey of Family Growth, May 23, 2015.
19. Nellie Bly interview with Susan B. Anthony, *The World*, February 2, 1896, http://www.rarenewspapers.com/view/621269?acl=851761768&imagelist=1#full-images&rc=blog.
20. Coontz. Stephanie, "The Disestablishment of Marriage," *The New York Times*, March 23, 2013, http://www.nytimes.com/2013/06/23/opinion/sunday/coontz-the-disestablishment-of-marriage.html?pagewanted=all.
21. "The Decline of Marriage and Rise of New Families," Pew Research Center, November 18, 2010, http://www.pewsocialtrends.org/2010/11/18/the-decline-of-marriage-and-rise-of-new-families/3./.
22. Parker, Kim, "5 Facts About Today's Fathers," PEW Research Center, June 18, 2015, http://www.pewresearch.org/fact-tank/2015/06/18/5-facts-about-todays-fathers/.

23. "American Time Use Survey—2014 Results," Bureau of Labor Statistics, U.S. Department of Labor, June 24, 2015, http://www.bls.gov/news.release/pdf/atus.pdf.
24. Chernoff, Allan, "The Millennials—Ever Optimistic about Jobs," *CNN Money*, May 18, 2011.
25. Dewan, Shaila and Robert Gebeloff, "More Men Enter Fields Dominated By Women," *The New York Times*, May 20, 2012, http://www.nytimes.com/2012/05/21/business/increasingly-men-seek-success-in-jobs-dominated-by-women.html?pagewanted=2&_r=1&emc=eta1.
26. Livingston, Gretchen, "Growing Number of Dads Home with Kids," Pew Research Center, June 5, 2014, http://www.pewsocialtrends.org/2014/06/05/growing-number-of-dads-home-with-the-kids/. Via Miller, Claire Cain, "More Fathers Who Stay at Home By Choice," *The New York Times*, June 5, 2014 http://www.nytimes.com/2014/06/06/upshot/more-fathers-who-stay-at-home-by-choice.html.
27. Esteve, Albert and J. Garcia-Roman and I. Permanyer, "The Gender-Gap Reversal in Education and Its Effect on Union Formation: The End of Hypergamy," *Population and Development Review*, vol. 38, issue 3, September 2012, http://www.sciencedaily.com/releases/2012/10/121030093739.htm.
28. Oxfeld, Jesse, "Yesterday an Oppressed Minority, Today an Old Maid," *New York Observer*, June 2013, http://observer.com/2013/06/yesterday-an-oppressed-minority-today-an-old-maid/#ixzz2nJtZg4lX.
29. Thomas, June, "Don't Be a Wife: I'm a Lesbian and I'm Never Getting Married. Why Are You?" *Slate.com*, November 2012.
30. Goldman, Emma, *Anarchism and Other Essays*, 233–245.
31. Issenberg, Sasha, "With These Words," *New York*, July 27, 2012.
32. Walsh, Susan, "The Chances of Divorce May Be Much Lower Than You Think," *Hooking Up Smart*, June 13, 2012, http://www.hookingupsmart.com/2012/06/13/relationshipstrategies/your-chances-of-divorce-may-be-much-lower-than-you-think/.
33. Angier, Natalie, "The Changing American Family," *The New York Times*, November 26, 2013, http://www.nytimes.com/2013/11/26/health/families.html.
34. North, Anna, "Hanna Rosin: Hookup Culture is Changing," *Salon.com*, September 1, 2013, http://www.salon.com/2013/09/01/hanna_rosin_hookup_culture_is_changing/.
35. Lewin, Tamar, "Census Finds Single Mothers and Live-In Partners," *The New York Times*, November 5, 2010.
36. Stevenson, Betsey and Justin Wolfers, "Valentine's Day and the Economics of

Love," *Bloomberg View*, February 13, 2013, http://www.bloombergview.com/articles/2013-02-13/valentine-s-day-and-the-economics-of-love.

37. Rudder, Christian, "How Your Race Affects The Messages You Get," *Ok Trends Dating Research*, okcupid.com, October 5, 2009, http://blog.okcupid.com/index.php/your-race-affects-whether-people-write-you-back/.

38. Faludi, *Backlash*, 1.

39. Harris, Tami Winfrey, "Marriage Is Like Kitchenware and It Doesn't Matter What Men Want," *Clutch*, February, 2013. http://www.clutchmagonline.com/2013/02 /marriage-is-like-kitchenware-and-it-doesnt-matter-what-men-want/.

40. "Real Talk: Tyrese Says You Need a Man," *Essence.com*, November 17, 2011.

41. Andrews, Helena, "Setting the Record Straight," *Marie Claire*, April 12, 2012, http://www.marieclaire.com/sex-love/advice/a7010/interracial-relationships/.

42. Aronowitz, Nona Willis, "I Wish I Wasn't Married: In Defense of Domestic Partnerships for Straight Couples," *Good*, July 16, 2011, http://www.good.is/posts/do mestic-partnerships-should-be-an-alternative-to-marriage-for-all-couples.

43. *Jane Austen's Letters*, 292.

第10章　未来怎么办

1. Garber, Megan, "The IVF Panic: All Hell Will Break Loose, Politically and Morally, All Over the World," *The Atlantic*, June 25, 2012, http://www.theatlantic.com/technology/archive/2012/06/the-ivf-panic-all-hell-will-break-loose-politically-and-morally-all-over-the-world/258954/.

2. Davey, Melissa and Philip Ly, "Doctors Warn Women Not to Rely on IVF As More Give Birth in their 50s," *Sydney Morning Herald,* June 15, 2013.

3. Martin, Daniel, "Number of Babies Born to Women 45 and Older Trebles in Just Ten Years, *Daily Mail,* January 27, 2012.

4. Kluger, Jeffrey and Alice Park, "Frontiers of Fertility," *Time*, May 30, 2013, http://healthland.time.com/2013/05/30/frontiers-of-fertility/.

5. Ibid.

6. "Common Myths About Having a Child Later in Life," *CBS News*, August 7, 2012.

7. "Births: Final Data for 2013," National Vital Statistics report, Centers for Disease Control, http://www.cdc.gov/nchs/data/nvsr/nvsr64/nvsr64_01.pdf.

8. Livingston, Gretchen, and D'Vera Cohn, "The New Demography of Motherhood," Pew Research Center, May 6, 2010, http://www.pewsocialtrends.org/2010/05/06 /the-new-demography-of-american-motherhood/.

9. Grigoriadis, Vanessa, "Baby Panic," *New York*, May 20, 2002, http://nymag.com/nymetro/urban/family/features/6030/index2.html.

10. Aronowitz, Nona Willis, "Mo' Children Mo' Problems," *The American Prospect*, June 14, 2013, http://prospect.org/article/mo-children-mo-problems.

11. Twenge, Jean, "How Long Can You Wait to Have a Baby?" *The Atlantic*, July 2013, http://www.theatlantic.com/magazine/archive/2013/07/how-long-can-you-wait-to-have-a-baby/309374/.

12. Rothman, Michael, "Oprah Winfrey Reveals Why She Never Had Children," *Good Morning America*, ABC News, December 12, 2013.

13. Caldwell, Robin, "The Daughters of Dorothy Height," *politic365.com*, April 21, 2010, http://politic365.com/2010/04/21/the-daughters-of-dorothy-height/.

14. Interview with Kim Cattrall, "Woman's Hour," BBC, September 14, 2015.

15. Glenn, Cheryl, *Rhetoric Retold*, 162.

16. Hadfield, Andrew, *The Cambridge Companion to Spenser*, 192.

17. Sandler, Lauren, "Having It All Without Having Children," *Time*, August 12, 2013, http://time.com/241/having-it-all-without-having-children/.

18. Abma, J., and G. Martinez, "Among Older Women in the United States: Trends and Profiles," *Journal of Marriage and the Family*, Vol. 68, 2006, 1045–1056.

19. Hoffman, Piper, "Be Jewish and Multiply? Perhaps Not," JTA.org, November 20, 2013, http://www.jta.org/2013/11/20/life-religion/be-jewish-and-multiply-perhaps-not#ixzz2nlqB7srr. not#ixzz2nlqB7srr.

20. Friedman, Ann, "The Real Reason Twentysomething Women Are Worried," *New York*, December 17, 2013, http://nymag.com/thecut/2013/12/real-reason-20-something-women-are-worried.html.

21. Notkin, Melanie, "The Truth About the Childless Life," *Huffington Post*, October 1, 2013.

22. Stewart, Dodai, "When Motherhood Never Happens," *Jezebel.com*, May 8, 2012, http://jezebel.com/5908514/when-motherhood-never-happens.

23. Jacoby, Jeff, "The Baby Bust Generation," *The Boston Globe*, December 6, 2012, http://www.jeffjacoby.com/12678/the-baby-bust-generation.

24. Last, Jonathan, "America's Baby Bust," *Wall Street Journal*, February 12, 2013.

25. Harris-Perry, Melissa, "Obama and the Black Daddy Dilemma," *The Nation*, June 17, 2009, http://www.thenation.com/article/obama-and-black-daddy-dilemma/.

26. "Disapprove of Single Mothers," Pew Research Center, January 6, 2011, http://www.pewresearch.org/daily-number/disapprove-of-single-mothers/.

27. Kurtzleben, Danielle, "Two Parents, Not Just Two Incomes, Are What Help Kids

Get Ahead," *Vox.com*, September 16, 2014, http://www.vox.com/2014/9/16/6135445/marriage-cohabitation-inequality-social-mobility-children-contraception.

28. Brown, Susan L., "Marriage and Child Wellbeing: Research and Policy Perspectives," *Journal of Marriage and Family*, vol. 72, October 2010, 106201063.

29. Roiphe, Katie, "In Defense of Single Motherhood," *The New York Times*, August 11, 2012, http://www.nytimes.com/2012/08/12/opinion/sunday/in-defense-of-single-motherhood.html?pagewanted=all.

30. Ibid.

31. "Why I Froze My Eggs," *Newsweek*, May 1, 2009, http://www.newsweek.com/why-i-froze-my-eggs-79867.

32. Dana, Rebecca, "The Vitrification Fertility Option," *Newsweek*, January 23, 2012, http://www.newsweek.com/vitrification-fertility-option-64265.

33. American Society of Reproductive Medicine.

34. Richards, Sarah Elizabeth, "We Need to Talk About Our Eggs," *The New York Times*, October 22, 2012.

35. Richards, Sarah Elizabeth, "Why I Froze My Eggs (And You Should Too)" *The Wall Street Journal*, May 3, 2013.